Gütersloher Taschenbücher/Siebenstern 490

Hand in Hand führen Frauen einander, Anspruch erhebend auf ihre begrabene Vergangenheit und unterwegs zur Grabstätte des Patriarchats neuen Möglichkeiten, eine Frau zu sein, entgegen.

Die Göttin Isis führt die ägyptische Königin Nofretete (Nofretari, Nefertari; 14. Jh. v. Chr.) an der Hand. Eingangshalle zum Grabmal der Königin Nofretete in Theben.

Rosemary Radford Ruether

Frauenbilder - Gottesbilder

Feministische Erfahrungen
in religionsgeschichtlichen Texten

Aus dem Amerikanischen übertragen von Birgit Keune
Unter Mitwirkung von Manfred Baumotte

Gütersloher Verlagshaus
Gerd Mohn

Deutsche Erstausgabe

Titel der amerikanischen Originalausgabe:
Womanguides. Readings toward a Feminist Theology, Beacon
Press, Boston 1985
Copyright © 1985 Rosemary Radford Ruether

CIP-Kurztitelaufnahme der Deutschen Bibliothek

Radford Ruether, Rosemary:
Frauenbilder − Gottesbilder : feminist. Erfahrungen
in religionsgeschichtl. Texten / Rosemary Radford Ruether.
Aus d. Amerikan. übertr. von Birgit Keune unter Mitw. von
Manfred Baumotte. − Dt. Erstausg. − Gütersloh : Gütersloher
Verlagshaus Mohn, 1987.
    (Gütersloher Taschenbücher Siebenstern ; 490)
    Einheitssacht.: Womanguides 〈dt.〉
    ISBN 3-579-00490-5

NE: GT
Radford-Ruether, Rosemary

© der deutschen Erstausgabe:
Gütersloher Verlagshaus Gerd Mohn, Gütersloh 1987

Umschlagentwurf: Dieter Rehder, Aachen, unter Verwendung eines
Fotos vom Fresko aus dem 14. Jahrhundert »Darstellung der Hist.
Dreifaltigkeit« in der Kirche von Urschalling am Chiemsee (Foto: Foto-
Verlag Berger, 8210 Prien am Chiemsee)
Satz: ICS-Communikations-Service GmbH, Bergisch Gladbach 2
Druck und Einband: Clausen & Bosse, Leck
Printed in Germany

Inhalt

Einleitung

Mit der vorliegenden Textsammlung möchte ich der feministischen Theologie ein Hilfsmittel liefern, von dem ich mir erhoffe, daß es ihre Sache ein Stück weit vorantreibt. Ein Anspruch auf Vollständigkeit der zitierten Quellen kann und soll nicht erhoben werden. Ebensowenig entspricht es meiner Zielsetzung, mit diesem Buch eine neue theologische Sprache zu initiieren, eine Sprache, in der sich die Frau als eigenständige Persönlichkeit wiederfindet, eine Sprache, die die ihre ist. Diese Aufgabe muß die feministische Theologie selbst leisten. Es ist aber an der Zeit, daß sie sich selbst eine neue − ihre eigene − Textgrundlage schafft; und d. h., die feministische Theologie muß letztlich einen neuen Kanon hervorbringen, eine neue Textbasis als Konsens der sich neu konstituierenden Gemeinde. Angesichts dieser Forderung betrachte ich das vorliegende Buch als eine Art Quell, aus dem durchaus Neues entspringen könnte. So ch ein neuer Kanonisierungsprozeß ließe sich zweifellos analog zum bereits abgeschlossenen Überlieferungsprozeß der für uns maßgeblichen Schrift vorstellen. Denken wir an die frühen Christen: Man sammelte Jesusgeschichten, erzählt und aufgeschrieben von Menschen, die eine ganz besondere Erfahrung gemacht hatten und diese Frohe Botschaft, das Evangelium, weitersagen wollten. Die Einzelgeschichten wurden bekanntlich im Zuge der Überlieferung erweitert, ausgestaltet, nach Gattungen und Topoi in Zyklen zusammengefaßt und als Schriftgrundlage der glaubenden Gemeinde anerkannt.
Eine solche Textsammlung läßt sich wohl schlechthin als Erbe eines Volkes betrachten, das die geistigen Auseinan-

dersetzungen mit den eigenen Erfahrungen widerspiegelt. Im Zentrum der Auseinandersetzung steht jeweils die den Menschen zu allen Zeiten umtreibende Sinn- und Werteproblematik. Als Ergebnis der Auseinandersetzung enthalten die Texte Werte und Normen, die uns Hilfestellung in der Konfrontation mit ethischen Fragestellungen leisten sollen. D. h., die zugrundegelegten Wertmaßstäbe könnten uns Kriterien an die Hand geben zur Unterscheidung von Gut und Böse, Wahrheit und Lüge und schließlich zur Erkenntnis von göttlichen und dämonischen Mächten.

Feministische Theologie läßt sich nicht einfach auf der traditionellen Schriftgrundlage der Bibel betreiben. Wir müssen uns bewußtmachen, daß sowohl das Alte als auch das Neue Testament das Endprodukt einer patriarchalen Redaktion darstellen. D. h., die Entstehung unserer Bibel — ihr Aufbau, die unterschiedlichen Übersetzungen und schließlich der gesamte Kanonisierungsprozeß — lag in der Hand von Männern, die die Gesamtheit der biblischen Bücher derart gestalteten, daß sie dem Patriarchat huldigen. Sicherlich mögen zwischen den Zeilen vereinzelt weibliche Erfahrungen mit dem Göttlichen durchschimmern. Dennoch ist zu konstatieren: Das Endprodukt der biblischen Schriften, unsere christliche Bibel in ihrer typischen Erscheinungsform, spricht der Frau ihre Existenz als Subjekt ab. Ihr Objektcharakter in bezug auf die Subjekthaftigkeit des Mannes wird eindeutig festgelegt. Durchaus in Einklang mit der geschlechtsspezifischen Wesensbestimmung befindet sich das Werte- und Normensystem der Zeit: Eine Frau zeichnet sich vor allem anderen durch Abwesenheit und Schweigen aus. Doch gleichgültig, ob sie aufgrund ihrer Folgsamkeit gelobt oder wegen ihres »Ungehorsams« getadelt wird, sie bleibt »der andere Mensch«. Was sie selbst denkt, was sie empfindet, ihre Erfahrung als ein eigener Mensch ist niemals gefragt. Tritt sie überhaupt in Erscheinung, dann aber nur am Rande. In den meisten Fällen allerdings ist ihr nicht einmal eine solche Randexistenz gestattet. Weibliche Abwesenheit und Schweigen haben in einer patriarchalen Gesellschaft normativen Charakter. Von daher nimmt man derartige weibliche »Tugenden« im Grunde nicht zur Kenntnis.

Die Sache der feministischen Theologie erfordert infolgedessen einen neuen Textbestand, in dem Erfahrungen von Frauen nicht länger marginalisiert oder völlig ausgelöscht werden. Wie aber läßt sich ein solches Unternehmen in der rechten Weise in Angriff nehmen? Sollte man vielleicht — alternativ — Matriarchatsforschung betreiben und versuchen, Quellen bzw. den Kanon einer bestimmten Religion des Matriarchats zu neuem Leben zu erwecken? Ein solcher Kanon existiert aber leider nicht. Sicherlich liegen uns Texte antiker Religionen vor, die die Zeiten überdauerten und noch heute von der Verehrung ihrer Muttergottheiten Zeugnis ablegen. Diese Texte erweisen sich allerdings nicht als eigentlich »feministisch«, sondern entpuppen sich im Gegenteil als mehr oder weniger androzentrisch. Die mächtige Muttergottheit wird aus männlicher Sicht beschrieben; und auch das Streben dieser Männer ist äußerst zielgerichtet, nämlich auf den Sieg über die weibliche Macht und die damit verbundene Inthronisation des Patriarchats.

Nehmen wir einmal an, es gab in frühester Zeit, in die wir nur noch wie Wanderer im Nebel vorzudringen vermögen, eine Religion und Kultur auf der Basis eines völlig anderen Wert- und Normensystems. Man stelle sich vor: eine Frau als Subjekt, als eigenständiger Mensch; eine Frau, die ihre ureigensten Erfahrungen zur Sprache bringen durfte — ein Bild aus frühester Zeit! Da gab es weder Mutter noch Ehefrau, noch Hure, weder Göttin noch Hexe. Da gab es die Frau als Person. Ist uns eine solche Religion verlorengegangen? Oder hat sie niemals existiert? Wir wissen es nicht. Derartige potentielle Religionen gelten als »prähistorisch«, und d. h., sie entziehen sich unserer Erfahrung. Für unser Bemühen um eine neue Textgrundlage bedeutet dies, daß die Suche an dieser Stelle erfolglos bleibt.

Wie also können wir unserer Forderung nachkommen, die feministische Theologie auf eine neue, solide Textbasis zu stellen? Vielleicht sollten wir eine totale Entwurzelung vornehmen und unsere geschichtliche Existenz überhaupt in Frage stellen. Könnten wir nicht vielleicht auf diese Weise etwas völlig Neues hervorbringen? Ich glaube, es bliebe ein vermeintlicher Erfolg. Auch die »neuen« Texte basieren in irgendeiner Weise auf den bereits bekannten. Wir können unsere geschichtliche Existenz nicht leugnen. Von daher muß unser Streben dahin gehen, die alten Texte hinsichtlich ihrer ursprünglichen Aussageabsicht neu zu befragen: Welche Wahrheit wollten die Verfasser mit Hilfe dieser Texte vermitteln? Es führt nicht weiter, sich in »prähistorischen« Epochen zu verlieren und nach dem zu fragen, was gewesen sein könnte, aber letztlich doch im dunkeln bleibt. Das Glas des Spiegels, den uns eine allzu ferne Vergangenheit vorhält, ist zu trüb, als daß wir uns darin erkennen könnten.

Soviel steht fest: Aus uralter Zeit existiert keinerlei Kanon einer Frauenreligion. Diese Tatsache bedeutet aber keinesfalls, daß wir auf jegliche Quellen über Frauenerfahrungen in früheren Zeiten verzichten müssen. Wie bereits angedeutet, können wir auch in patriarchalen Texten bruchstückhaft über unsere Erfahrungen als Frau nachlesen, und zwar zwischen den Zeilen. Offenbar ließen sich doch nicht alle weiblichen Züge auslöschen. Darüber hinaus finden sich in außerkanonischen Texten Anklänge an Gemeinden, die durchaus über Ehrerbietung auch der Frau gegenüber nachdachten und die männliche Herrschaft bereits in Frage stellten. Vereinzelte Hinweise lassen darauf schließen, daß Frauen durchaus in einen kritischen Dialog mit der von Männern beherrschten Welt eintraten. Wie uns allen bekannt, wurden Texte derartigen Inhalts bald als häretisch erklärt oder zumindest einfach nicht beachtet. Die kirchliche Praxis ließ keinen Zweifel aufkommen bezüglich des rechten Glaubens. Aber gerade diese Texte scheinen mir im Zusammenhang unserer Thematik beachtenswert. Betrachtet man sie als Ausdruck einer bestimmten Zeit und in diesem Sinne nicht isoliert, sondern in der Zusammenschau, können sie das Dunkel, das unsere Erfahrung als Frau auch heute noch umgibt, wie ich meine, in mancherlei Hinsicht erhellen.

14

Auf diese Weise vermögen wir die alten kanonischen Texte — nun einmal von Männern verfaßt — aus einem ganz anderen Blickwinkel zu sehen und neu zu verstehen. Die uns von jeher vertrauten und von uns als »heilig« internalisierten Texte verlieren etwas von ihrer Unantastbarkeit. Von nun an können wir uns kritisch mit dem Gesagten auseinandersetzen — erstmalig in dem Bewußtsein einer viel komplexeren Wirklichkeit, in den Texten zum Teil verleugnet, wenn nicht gar bestritten. Im Zuge eines solchen Vorgehens kristallisieren sich neue Wertmaßstäbe heraus — die Basis für die Entstehung einer neuen Gemeinde, einer neuen Theologie und schließlich eines neuen Kanons. Auf der Basis dieses neu gewonnenen Schriftverständnisses werden Frauen autorisiert, sich selbst zu definieren. Keine Frau braucht mehr fremdbestimmt, als Objekt des Mannes, zu leben. Von nun an bedeuten Abwesenheit und Schweigen alles andere als normenkonformes Verhalten. Eine Frau von heute verhält sich eher dann normenkonform, wenn sie in Erscheinung tritt und nicht länger schweigt.

Was nun die Zusammenstellung der hier vorliegenden Texte betrifft, so habe ich mich von dem Verständnis vergangener Erfahrungen leiten lassen, Erfahrungen, die historisch bedeutsam sind, da sie auch uns geprägt haben. Von daher können wir die Tradition trotz der uns inzwischen bewußten patriarchalen Redaktion nicht völlig ignorieren. Wir alle haben die Texte, und d. h. die darin enthaltene Bestimmung des Frauseins, nicht bloß zur Kenntnis genommen, sondern sie uns als verbindlich zu eigen gemacht. Aber da wir inzwischen um die Existenz auch anderer Texte und Interpretationen wissen, brauchen wir die alten Texte nicht als überholt beiseite zu legen. Was uns stets als wissenswert und richtig vermittelt wurde, können wir nun aus einer anderen — der kritischen — Perspektive neu zur Kenntnis nehmen. Wir können die patriarchalische Literatur im Grunde gegen den Strich lesen und eine verschlüsselte Botschaft entdeckten. Wir sind von nun an in der Lage, die Absicht zu durchschauen, die darin besteht, die Wirklichkeit zu verzerren, aus

Subjekten Objekte zu machen und jene zum Schweigen zu bringen, deren Gegenwart dann tatsächlich geduldet war. Die hier zusammengestellten Texte bewegen sich allesamt innerhalb der Grenzen unseres christlichen Abendlandes. Sicherlich wären auch Schöpfungsberichte australischer Ureinwohner in mancherlei Hinsicht aufschlußreich. Dennoch möchte ich mich auf dem Boden bewegen, den man als Nährboden des Christentums bezeichnen könnte. Ich denke an den Alten Orient, an Hebräer und Griechen sowie an Gemeinden bzw. Gemeinschaften, deren Existenz im Christen- und Judentum wurzelt. D. h., diese Textsammlung besteht vorwiegend aus den sogenannten klassischen Quellen, obwohl auch andere, weniger bekannte Traditionen Beachtung finden. Nicht fehlen soll die nachchristliche Ära mit der von ihr hervorgebrachten Religionskritik. Die letztgenannten Richtungen werden im Kontext neuerer Schriften aus unserer Zeit umrissen. Meine Absicht bei alldem läßt sich mit Hilfe der Zielsetzung umschreiben, Gebrauchstexte bereitzustellen, in denen solche Paradigmen hinterfragt werden, die unser kulturelles Bewußtsein geprägt haben, Paradigmen, die letztlich bestimmt haben, was der Erinnerung wert ist, und zwar auch dann, wenn wir lieber vergessen hätten.

Was den Verbindlichkeitscharakter einer solchen Textsammlung betrifft, möchte ich keinen Anspruch auf Verbindlichkeit erheben. Es handelt sich hier um eine individuelle Auswahl. Jemand anders hätte vielleicht eine völlig andere Auswahl getroffen. Die Frage, warum gerade jene »Perle« hinzugenommen wurde, setzt eine endlose Kette von Fragen in Gang. Es wäre durchaus denkbar und wünschenswert, daß sich die eine oder andere Gruppe, die dieses Buch für ihre Zwecke benutzt, an eine Überarbeitung heranwagt, Texte streicht oder hinzufügt. Dennnoch hoffe ich, daß sich zunächst mit diesem Buch arbeiten läßt. Ich hoffe, daß es unser Bewußtsein nach rückwärts zu erweitern vermag und somit eine Diskussionsgrundlage bietet. Auf dem Hintergrund des Marienevangeliums erscheinen die Anweisungen über das Schweigen der Frauen und deren Ausschluß vom geistlichen Amt (1. Timotheus) in einem neuen Licht. Wir können auf dieser Grundlage mit der Arbeit an unserer eigenen Theologie beginnen.

Die diesem Buch zugrundeliegenden Überlegungen brauchen auf Dauer nicht in historische Symbole und Texte eingeschlossen zu bleiben. Neue befreiende Erfahrungen dürfen ihren Ausdruck in neuen Texten finden. Es können neue Geschichten, neue Parabeln, neue *Midraschim* geschrieben werden, auch von uns, die wir ein neues Bewußtsein erlangt haben. Aus diesen Texten können wir lesen bei unseren Treffen der Frauenkirche. Sie könnten uns zu Lehr- und Predigttexten werden. In diesem Sinne habe ich einige solcher Beispiele aufgenommen: feministische *Midraschim,* Parabeln und Mythen. Der *Midrasch* von Lilit und Eva entstand 1973 auf einer theologischen Tagung für Frauen in Grailville. In Anlehnung an den alten rabbinischen Text schrieb Judith Plaskow eine Neufassung, inzwischen das klassische Beispiel jüdisch-feministischer Theologie.

Einige meiner Studentinnen am Garret-Evangelical Theological Seminary — Ann Spurgeon, Beth Hamilton und Nancy Ore — schrieben Gedichte und Parabeln über ihre feministisch-theologische Reise. Kostproben ihrer Kreativität enthalten die Kap. V (Christologie), VI (Lehre von der Versöhnung) sowie die Schlußbetrachtung des Kap. XII. Ich hoffe nun, daß jede Gruppe, die auf der Grundlage dieses Handbuchs feministische Theologie betreibt, ebenso befähigt wird, ihre eigenen Geschichten, Parabeln und *Midraschim* zu verfassen. In diesem Sinne habe ich in jedes Kapitel Diskussionsabschnitte eingestreut, um Möglichkeiten des Umgangs mit den Texten aufzuzeigen und die Phantasie anzuregen, neue Texte zu schreiben.

Zwischen Ziegen sitzend, denen sie Kornähren reicht, ist die
Göttin Ausdruck pulsierender Lebenskraft.

*Die kanaanäische Göttin Aschera. Mykenischer Deckel einer Sal-
benvase aus Elfenbein, Ras Shamra, Syrien, 13. Jh. v. Chr.,
Louvre.*

I. Geschlechtsspezifische Vorstellungen von Gott

Das erste Kapitel möchte ich mit einem Psalmtext einleiten, in dem uns Gott als Vater im Himmel vorgestellt wird. Dabei handelt es sich wohl um die älteste Gottesvorstellung, die christlich-jüdisches Denken nach wie vor bestimmt. Hier können wir deutlich sehen, daß es patriarchale Erfahrungen waren, die zur Entstehung eines solchen Gottesbildes führten. Sehr lebendig schildert uns der Text den einsamen Erdbewohner, der in der ihn umgebenden Weite zum Himmel aufschaut: Majestätisch erhebt sich das Himmelszelt, und die Erde erscheint stumm, bar jeder Vegetation. Die Musik des immer wiederkehrenden Zyklus, in dem Tag und Nacht einander abwechseln, ertönt als eine lautlose Stimme, die das Werk Gottes verkündet. Wie sich ein Bräutigam nach der Hochzeitsnacht erhebt, so steigt die Sonne empor und nimmt ihren Lauf gen Himmel. Von diesem Vater im Himmel kommt das Gesetz herab, uns zu belehren. Jenes Oberhaupt, dessen Seele im Reich Gottes frohlockt, erweist sich als ein ebenso verläßlicher wie ergebener Diener des Großen Patriarchen, der von droben regiert.

Der Text zeugt von einem alttestamentlichen Patriarchalismus. Poesie und Musik spiegeln den Seelenzustand des Mannes wider, der vor seinem Zelt steht und das Himmelsgewölbe über sich betrachtet. Er steht allein da. Seine Braut, Ehefrau, seine Kinder existieren irgendwo im Hintergrund, aber nicht sichtbar. Sie zu hören oder gar zu sehen ist nicht notwendig. Eine Vervollständigung des Bildes bedarf nicht der Wahrnehmung ihrer Existenz. Der Herr des Himmelszeltes spricht als Patriarch zum Oberhaupt des kleinen Weltzeltes, einem weiteren Patriarchen. Als ergebener Sohn und

Diener hat auch er die Macht erlangt, seinen Clan zu regieren — ebenso wie Gott das Zelt des Kosmos regiert.

Obwohl dieser Mann aufgrund der patriarchalischen Weltsicht die Rolle der Frau weitgehend ignorierte, wenn er über Gott nachdachte oder Erfahrungen mit ihm machte, drangen die Frauen gelegentlich als Störenfriede in sein Bewußtsein ein. Das eine, was er nicht vermochte, ihn aber äußerst stark beeindruckte, war, daß sie gebären konnten. In der Tat müßten die Frauen vor allem aus diesem Grunde kontrolliert und ihre Macht eingeschränkt werden. Anders als wir heute, die wir die Geburt ins Krankenhaus verbannt haben, hörte dieser Patriarch in alter Zeit das Schreien, das aus dunklen Zelten herüberdrang. Er wußte, daß eine Geburt alles andere als süß und sanft ist, nämlich ekelerregend und blutig, daß es einen immensen Aufwand an Energie erfordert, neues Leben hervorzubringen. Also verglich er die Geburt bereitwillig mit der ihm ureigensten Erfahrung von Leben und Sterben, der Kriegserfahrung. Demnach dürfte es uns nicht in Erstaunen versetzen, wenn inmitten der archetypischen Vorstellung von Gott als Kriegsmann ein anderes Gottesbild erscheint — eine gebärende Mutter. Abwechselnd schreiend und keuchend nimmt sie die blutige Angelegenheit auf sich. Mit der ihr innewohnenden vorwärtstreibenden Kraft bringt sie neues Leben hervor. Und mit dieser vorwärtstreibenden Kraft, die Gott, dem Kriegsmann, und Gott, der Mutter, zu eigen ist, sollen die Feinde Israels besiegt werden, sollen die Gewässer und die gesamte Vegetation der Erde ausgedörrt und die Glieder des Volkes Israel bei der Hand genommen und sicher geführt werden.

Eigentlich war dieser alttestamentliche Patriarch aber nicht der Herr des Kosmos. War er doch relativ spät als Kriegsmann und Eroberer in die bereits fertige Welt eingedrungen, eine Welt, in der er eine reiche Vegetation und bewässerte Ebenen vorfand. Das Volk, das auf dem Lande lebte, besaß ebenso wie die Bevölkerung der für ihn so verlockenden Städte eine ältere Kultur: Sie alle hatten einen König und einen Tempel. Verehrt wurden Gottheiten, die Gott und Göttin in sich vereinten. Diese fremden Gottheiten mußte man vom Thron stürzen und vertreiben, damit er und sein Herr die Macht an sich reißen konnten. Während er sie zu vertreiben suchte, geschah es jedoch, daß er selbst Elemente ihrer Kultur übernahm. Jene Psalmen, die im Namen des Herrn entstanden, dessen Name nicht genannt werden durfte, erinnern an eine Gattung von Texten, deren Sitz im Leben in der Anbetung anderer Gottheiten zu suchen ist. In dem Klagelied an Ischtar, nach einem babylonischen Text aus dem siebten vorchristlichen Jahrhundert zitiert, wird die Nähe zu den alttestamentlichen Psalmen sehr bald deutlich.

Die große babylonische Göttin, die in diesem uralten Psalm angerufen wird, ist weder als Mutter noch als Geliebte, noch als ein die Seele sanft inspirierender Geist vorzustellen. Wir reden von der Komplementarität der Geschlechter. Und d. h., Weiblichkeit wird gleichgesetzt mit Gutmütigkeit, Höflichkeit, Freundlichkeit, Hilfsbereitschaft und Opferbereitschaft. Eine solche Art von Komplementarität kannte diese antike Kultur noch nicht. Die hier angebetete Göttin stellte man sich eher als Souverän vor, als Königin oder Priesterin, die die weibliche Hälfte der herrschenden Klasse ausmachte: Sie regiert, erläßt Verordnungen; sie trägt die Herrschaftskrone.

Ihr Diener rühmt Sie; er schmeichelt Ihr mit den Worten, Sie besitze alle Macht und Ihr gebühre die Ehre — mehr als allen anderen ihrer Klasse. Sie ist gleichzeitig Kriegsherr — nicht im modernen Sinne der »alles verschlingenden Mutter« nach Freud, sondern im Sinne des alttestamentlich jüdischen Gottesbildes. Als Mittel zur Verteidigung Ihres Reiches und zum Schutz Ihrer Diener gilt Ihr die Schlacht, in der Sie Ihre Feinde niederschlägt. Sie ist es, an die sich Ihre Diener wenden mit der dringenden Bitte, ihre Sache gegen die Feinde zu verteidigen. Ihre jämmerliche Lage führen Sie Ihr vor Augen und suchen Ihr Mitleid zu erwecken. Geschwächt und ausgezehrt erscheinen sie vor Ihr, den Angriffen der Feinde ausgesetzt. Verzweifelt schreien sie ihre Pein hinaus. Sie klagen ihr Leid ihrer göttlichen Herrin und hoffen auf Erbarmen. Sie hoffen, daß Sie ihnen ihre Übertretungen vergeben und sie aus der Hand der Feinde erretten werde. Dann — als Sieger — würden sie triumphieren, ihre Widersacher zertreten und den Namen ihrer Herrin im Himmel rühmen.

Wer spricht nun in diesem Klagelied? Wer ist es, der die Göttin um Hilfe anruft? Durchaus denkbar wäre, daß das Gebet von einer Frau gesprochen wurde, die der Oberschicht angehörte, einer Frau, die einem größeren Haushalt vorstand und sich an solch eine Göttin als Beschützerin wandte. Wir sollten eine derartige Vorstellung nicht gleich als unmöglich abtun, sondern uns vor Augen führen, wie die Klage aus dem Mund der Frau hervorbrach. Aber diese Frau wollte keine Gleichheit. Sie wollte keine gemeinsame Sache mit den Frauen unter der Dienerschaft. Wie auch immer, gleichgültig, ob dieses Gebet nun aus dem Munde einer Frau oder, was wahrscheinlicher ist, aus dem Munde eines Mannes stammt, es muß seinen Ursprung in einer altorientalischen Oberschicht haben, die ihre kleine Welt — und d. h. Sklaven und den übrigen Besitz — zu beherrschen sucht. Um ihr Eigentum zu sichern, rufen sie die Göttin um Hilfe an und erbitten ihren Schutz.

Achthundert Jahre nach der Entstehung des Klageliedes an Ischtar im Tempel Esagila zu Babylon wurde ein weiterer für uns interessanter Text verfaßt. Apuleius von Madura (Afrika) — zum Kosmopoliten der damaligen griechisch-römischen Gesellschaft herangebildet — schrieb auf der Grundlage einer Version des Borsippa seinen satirischen Roman »Metamorphosen«, bekannter unter dem Titel »Der goldene Esel«. Alle möglichen Legenden, volkstümliche Überlieferungen sowie Gesellschaftskritik hat er in sein Werk eingebracht. Eines der bedeutendsten Kapitel berichtet von der Verwandlung (Metamorphose) des goldenen Esels. Dank des Eingreifens Isis' wird er wieder zu einem menschlichen Wesen. Es folgt eine Schilderung der Einweihung in die Riten der Göttin. Daß Apuleius an dieser Stelle eigene Erfahrungen mit dem Isiskult zu Papier gebracht hat, gilt als wahrscheinlich. Der in diesem Buch abgedruckte Textauszug führt uns das Bild dieser großen Göttin vor Augen, der wohl mächtigsten Gottheit des griechisch-römischen Kulturkreises. Keine andere Gottheit gab mehr her für die Ikonographie als Isis. Und es war der Isiskult, der schließlich einen anderen — christlichen — Kult nährte, nämlich die Marienverehrung, die im dritten Jahrhundert in Ägypten aufkam.

Isis wie den anderen großen Göttinnen des Alten Orients war im Laufe ihres 3000 Jahre währenden Lebens als ägyptische und babylonische Gottheiten einiges zugestoßen. Die Griechen, die im vierten Jahrhundert Ägypten eroberten, verwandelten Isis in die Kultgottheit einer Mysterienreligion. Und die Mysterien mit ihren wesentlichen Kultelementen Tod und Wiedergeburt wurden mehr und mehr aus dem öffentlichen Leben verbannt. Die Göttinnen und die sie umgebenden Kulte verloren ihre politische Bedeutung. Mysterienreligionen wurden zu Privatreligionen. Dem einzelnen Gläubigen, der sich in ihre Riten einführen ließ, garantierten sie Glück und Wohlergehen, vor allem aber Unsterblichkeit.

Was die antike Göttin betrifft, so führten die Griechen eine Teilung der Aufgabenbereiche durch: Während sie bisher sowohl Jungfrau und Mutter als auch Beschützer und Kriegsmann war, wurde aus Isis nun Athene, die jungfräuliche Kriegerin, Artemis, die jungfräuliche Jägerin, Hera, die nörgelnde Ehefrau Zeus', und schließlich Aphrodite, die Göttin der Liebe. Diese vier zeugen von der Spaltung ursprünglicher Einheit und kultischer Macht durch eine gebildete patriarchale Gesellschaft. Obwohl die hellenisierte Isis im griechisch-römischen Kulturkreis als mächtige Kultgottheit gält, spiegelt Apuleius' Sichtweise die oben skizzierte Vorstellung gebildeter Griechen wider. Ebenso spiegelt sich darin das platonische Denken wider, wonach die Namen aller antiken Gottheiten des Mittelmeerraumes durchaus austauschbar sind, da sich hinter unterschiedlichen Bezeichnungen lediglich ein und dieselbe göttliche Macht verberge.

Apuleius sieht in Isis vor allem eine Naturgottheit, eine sanfte

Macht, die dem natürlichen Wachstumsprozeß unterliegt. Im Unterschied zur älteren Ischtar entspricht Isis eher den von Männern geprägten Rollenstereotypen. Ihre Erscheinung wird als typisch weiblich beschrieben: Schön ist sie und wohl duftend, freundlich und fürsorglich. Verführerisch ist sie wie eine Geliebte, und tröstend sind ihre Worte wie die einer Mutter. Von Schlachten und politischer Macht, von einer Niederlage des Feindes weiß sie nichts. Dem so unglücklichen verzauberten Esel wird sie zur Trösterin. In dieser Gestalt geht Isis bald in die sanfte jungfräuliche Jesusmutter über. Auf ganz ähnliche Weise wird Maria zur Trösterin des unglücklichen Sünders, der um Erbarmen fleht und ihren Schutz erbittet. Wie Isis leitet Maria ihre Gläubigen zur rechten Lebensweise an, zum Fasten, zur Bußbereitschaft und zur sexuellen Enthaltsamkeit. Sie verlangt gläubige Hingabe an ihre Person, belohnt ihre treuen Anhänger jedoch mit der Zusage des Schutzes im Leben und der Glückseligkeit im Himmel.

Vierzehnhundert Jahre später wurde das Bild der antiken Göttin zumindest von seiten der Protestanten endgültig verbannt. Die reformatorische Theologie läßt lediglich Raum für den patriarchalen Vatergott samt seines Sohnes. Währenddessen bemühte sich die katholische Theologie um so eifriger um eine Kultivierung Marias. Allerdings betrachtete man den Marienkult losgelöst von den Glaubenssätzen über Gott oder die Fruchtbarkeit der Natur. Doch die tiefe Sehnsucht nach einer Mutter in Gestalt einer Gottheit ließ sich nicht stillen, nicht einmal in protestantischen Herzen. In der Folgezeit verstanden es pietistische und mystische Kreise, die weibliche Seite Gottes zu kultivieren. Man berief sich auf Jakob Böhme, jenen mystisch-theosophischen Denker des siebzehnten Jahrhunderts. Vor allem im Amerika des neunzehnten Jahrhunderts verbreiteten zahlreiche mystische Kreise die Vorstellung von der Weiblichkeit Gottes. Menschen, die sich auf der Suche nach dem Göttlichen befanden, waren für ihre neuen, z. T. realitätsfremden Denkweisen offen. Gott ist vor allem anderen Mutter − dieser Gedanke stand im Zentrum ihrer Rede von Gott. Mary Baker-Eddy, Gründerin einer Sekte, die dem Menschen Heilung mit Hilfe einer christlichen Wissenschaft versprach, folgerte: Männlichkeit hat etwas Materialistisches und Aggressives, Weiblichkeit hingegen etwas Liebevolles und Geistliches. In ihrer Bearbeitung des Vaterunsers wendet sie sich an den Gott, der Vater und Mutter in einem ist. Die Weiblichkeit Gottes herauszukehren, bedeutet ihrer These gemäß, Religion von einer materiellen und politischen Realität zu lösen und sie als innere, d. h. private, Angelegenheit zu verstehen.

Aber nicht alle Frauen, die sich auf der Suche nach Gott, der Mutter, befanden, erklärten sich mit diesem Attribuierungsprinzip einverstanden. Dem Gott eines androzentrischen Kulturkreises lediglich eine weibliche Seite zuzuschreiben, war alles andere als befriedigend. Manche Frau versuchte, sich aus eigener Kraft aus den ihr von seiten einer patriarchalen Religion auferlegten Zwängen zu befreien. Sie suchte die Legitimation für das eigene Reden und Handeln nicht mehr außerhalb ihrer selbst, sondern innerhalb des eigenen weiblichen Selbst. Auch Rebecca Jackson, eine farbige Mystikerin, suchte eine die Frau autorisierende Macht in sich selbst. Ihre Aufzeichnungen, zwischen 1830 und 1864 entstanden, vermitteln einen Eindruck ihrer Visionen, der Versenkung in das eigene Selbst und der fortschreitenden Entrückung.

Rebecca war Analphabetin, als ihr in der mystischen Schau Erkenntnis zuteil wurde. Die geistbegabte Frau machte sich auf die Wanderschaft. Aus Rebecca Jackson wurde bald eine Erweckungspredigerin — sehr zum Verdruß des Bruders, der Kirchenältesten sowie der Geistlichkeit der Afrikanischen Methodist Episcopal Church. Es gilt als wahrscheinlich, daß sie durch die Quäker-Tradition vom weiblichen Gottesbild erfuhr. Eine Göttin als Verkörperung der Weisheit — diese Vorstellung übernahm sie schließlich und integrierte sie in ihre Mystik. 1870 wurde sie Kirchenälteste einer unabhängigen Quäker-Gemeinde, der schwarze Frauen aus Philadelphia angehörten. Doch lange bevor sie sich den Quäkern anschloß — es soll im Jahre 1835 gewesen sein, als sie sich noch als Wanderpredigerin gegen die feindlich gesinnte Kirche durchsetzen mußte —, erschien ihr Gott in mütterlicher Gestalt. Diese Offenbarung legitimierte ihren Widerstand und erlaubte ihr, über die Kirchenmänner zu triumphieren, die sie zum Schweigen bringen und sie von der Kanzel zurück in die Kirchenbank drängen wollten.

Weiterführende Überlegungen

Mit der Wiedergeburt der Frauenbewegung im letzten Drittel unseres Jahrhunderts stellt sich die Frage nach einem nicht-patriarchalen Gottesbild mit neuer Dringlichkeit. Die grundsätzliche Frage nach dem Ursprung unserer Bilder für das Göttliche wird erneut aufgeworfen. Ist ein männlicher oder weiblicher Gott vielleicht lediglich die Projektion unserer geschlechtsspezifischen Rollenstereotype? Vielleicht möchten wir dem starken Vatergott in der uns vertrauten Symbolik mit der nährenden Mutter ja lediglich eine weibliche Seite hinzufügen? Wenn Gott jenseits aller Geschlechtlichkeit existiert, bringt es dann tatsächlich etwas, in abstrakten, geschlechtsneutralen Bildern von Gott als Souverän zu reden? Verschleiern wir dann nicht ein wesentliches Moment der christlichen Botschaft, nämlich die Verkündigung der absoluten Herrschaft Gottes? In welcher Beziehung steht ein männliches bzw. weibliches Gottesbild zu unserem eigenen Personsein als Mann oder Frau? Wie kann ein solches Gottesbild Grund unseres Seins bleiben, wenn wir weder geschlechtsspezifische Stereotype noch die Herrschaft des einen Geschlechts über das andere anerkennen? Derartige Fragen lassen sich natürlich theologisch beantworten mit Sätzen wie: Wir können von Gott nur in Bildern reden. Oder: Der wirkliche Gott existiert jenseits aller Geschlechtlichkeit. In diesem Gott gründet unsere Existenz als Mann oder Frau. Allerdings erweisen sich solche dogmatischen Aussagen zunächst als wenig hilfreich, es sei denn, wir hinterfragen auch einmal unsere eigenen Auffassungen und untersuchen sie auf ihre Wurzeln hin. Welche Beziehung besteht zwischen den von uns vertretenen Ansichten, die auf eigenen Erfahrungen mit unserer geschlechtsspezifischen Rolle beruhen, und den Ansichten unserer Eltern sowie gewisser Autoritäten? Von daher möchte ich einer jeden Gruppe, die diese Texte als Ausgangspunkt ihrer Überlegungen zum Thema »Geschlechtsspezifische Gottesbilder« betrachtet, vorschlagen, sich bei der Diskussion an folgenden Ablauf zu halten:

Nehmen Sie Papier und Stift zur Hand, und entwerfen Sie ein Symbol für sich selbst und für Gott. Versuchen Sie zunächst, sich Gott in männlichen Kategorien vorzustellen. Schreiben Sie auf, welche Bilder oder Namen Ihnen einfallen. Und dann stellen Sie sich Gott in weiblichen Bildern vor. Was Ihnen dazu einfällt, sollten Sie auf einem anderen Blatt festhalten. Und nun malen Sie das für Sie selbst und für Gott entworfene Symbol noch einmal auf. Meinen Sie, daß Sie die Beziehung zwischen sich und Gott auf andere Weise darstellen bzw. definieren müßten, wenn Sie sich von dem einen geschlechtsspezifischen Gottesbild zum anderen bewegen? Wenn ja, fragen Sie sich, worin für Sie der Unterschied besteht.

Vergleichen Sie die Begriffe, die Ihnen bei dem Gedanken an eine männliche bzw. weibliche Gottheit in den Sinn kommen. Schauen Sie sich die Begriffe genauer an. Lassen sie uns vielleicht an bestimmte, durch unsere Gesellschaft definierte Rollen denken? Was empfinden Sie selbst, wenn Sie Gott in weibliche bzw. männliche Kategorien pressen? Setzen derlei Vorstellungen bei Ihnen selbst etwas in Gang? Bewirken sie vielleicht eine Veränderung hinsichtlich Ihres eigenen Denkens und Fühlens als Mann oder Frau?

Fallen Ihnen vielleicht auch Begriffe oder Bilder ein, die sich nicht auf unser geschlechtsspezifisches Rollenverständnis gründen? An welche Begriffe denken Sie, und wie wirken sich diese auf das Bewußtsein Ihrer eigenen Identität aus? Wie würden Sie sich selbst in Ihrer Beziehung zu Gott darstellen, falls Sie allein geschlechtsneutrale Begriffe benutzen sollten? Auf der Grundlage dieser Untersuchung können Sie darüber nachdenken, welche Bedeutung geschlechtsspezifische Gottesbilder für Sie selbst haben. Welche Bilder bevorzugen Sie, und vor allem, warum?

1. Gott im Himmel als Herr und Gesetzgeber

Die Himmel erzählen die Ehre Gottes,
und die Feste verkündigt seiner Hände Werk.
Ein Tag sagt's dem andern,
und eine Nacht tut's kund der andern,
ohne Sprache und ohne Worte;
unhörbar ist ihre Stimme.
Ihr Schall geht aus in alle Lande
und ihr Reden bis an die Enden der Welt.
Er hat der Sonne ein Zelt am Himmel gemacht;
sie geht heraus wie ein Bräutigam aus seiner Kammer
und freut sich wie ein Held, zu laufen ihre Bahn.
Sie geht auf an einem Ende des Himmels
und läuft um bis wieder an sein Ende,
und nichts bleibt vor ihrer Glut verborgen.
Das Gesetz des Herrn ist vollkommen
und erquickt die Seele.
Das Zeugnis des Herrn ist gewiß
und macht die Unverständigen weise.
Die Befehle des Herrn sind richtig
und erfreuen das Herz.
Die Gebote des Herrn sind lauter
und erleuchten die Augen.
Die Furcht des Herrn ist rein und bleibt ewiglich.
Die Rechte des Herrn sind Wahrheit, allesamt gerecht.
Sie sind köstlicher als Gold und viel feines Gold,
sie sind süßer als Honig und Honigseim.
Auch läßt dein Knecht sich durch sie warnen;
und wer sie hält, der hat großen Lohn.
Wer kann merken, wie oft er fehlet?
Verzeihe mir die verborgenen Sünden!
Bewahre auch deinen Knecht vor den Stolzen,
daß sie nicht über mich herrschen;
so werde ich ohne Tadel sein

und rein bleiben von großer Missetat.
Laß dir wohlgefallen die Rede meines Mundes
und das Gespräch meines Herzens vor dir,
Herr, mein Fels und mein Erlöser.

2. Gott als Kriegsmann und als gebärende Mutter

Der Herr zieht aus wie ein Held,
wie ein Kriegsmann kommt er in Eifer;
laut erhebt er das Kampfgeschrei,
zieht wie ein Held wider seine Feinde.
Ich schwieg wohl eine lange Zeit,
war still und hielt an mich.
Nun aber will ich schreien wie eine Gebärende,
ich will laut rufen und schreien.
Ich will Berge und Hügel zur Wüste machen
und all ihr Gras verdorren lassen
und will die Wasserströme zu Land machen
und die Seen austrocknen.
Aber die Blinden will ich auf dem Wege leiten,
den sie nicht wissen;
ich will sie führen auf den Steigen,
die sie nicht kennen.
Ich will die Finsternis vor ihnen her zum Licht machen
und das Höckerige zur Ebene.
Das alles will ich tun
und nicht davon lassen.

3. Ischtar, Schäferin der Menschen

Beschwörung: Ich flehe dich an, Herrin der Herrinnen,   Göttin
    der Göttinnen,
  Ischtar, Königin aller Wohnstätten,   Lenkerin der Mensch-
  heit!
Irnini, du bist Herrscherin(?),   die größte der Igigi[a],
  Gewaltig bist du, eine Fürstin.   Dein Name ist erhaben!
Du bist die Leuchte[b] Himmels und der Erde,   starke Tochter
    des Sin,
  Du leitest die Waffen,   setzest den Kampf ins Werk,
Du verfügst über alle Kulte,   mit Herrscherkrone geschmückt.
  Herrin, herrlich ist deine Größe,   über alle Götter erhaben!
Du Stern des Kampfgeschreis(?),   die einträchtige Brüder in
    Streit bringt[c],
  Die einander ausliefern läßt(?) Freund und Freundin,   Her-
  rin der Schlacht, die niederstößt meine(?) Berge.
Guschea[d], die mit Kampf bedeckt,   mit Entsetzen bekleidet ist,
  Du vollziehst Strafgericht und Entscheidung,   das Gesetz
    Himmels und der Erde!
Heiligtümer, Tempel, Göttersitze und Kapellen   harren auf
  dich.
  Wo ist nicht dein Name,   wo nicht dein Kult?
Wo sind deine Bilder nicht gezeichnet,   wo deine Kapellen
  nicht aufgeschlagen?
  Wo bist du nicht groß,   wo du nicht erhaben?
Anu, Enlil und Êa[e] haben dich erhoben,   unter den Göttern
  deine Herrschaft groß gemacht,

a) Götter der oberen Welt.
b) Als Stern Venus.
c) Als Göttin des Kampfes.
d) Ein Beiname der Göttin.
e) Diese Dreiheit umfaßt den Gott des Himmels (Anu), den Gott der
   Erde (Enlil), den Gott des Ozeans (Êa).

Haben dich erhöht unter allen Igigi,   haben deinen Platz
   überragend gemacht!
Beim Gedenken deines Namens   erbeben Himmel und Erde,
   Die Götter erbeben(?),   es zittern(?) die Anunnaki,
Deinen furchtbaren Namen   verehren die Menschen!
   Du bist groß   und erhaben.
Alle Schwarzköpfigen, die wimmelnden Menschen,   preisen
   deine Stärke!
Das Recht der Menschen richtest du   in Recht und Gerechtig-
   keit.
   Du siehst den Bedrückten und Geschlagenen an,   du leitest
   (ihn) recht Tag für Tag.
Wie lange noch (zögerst) du,   Herrin Himmels und der Erde,
   Hirtin der blöden(?) Menschen?
   Wie lange noch (zögerst) du,   Herrin des heiligen Êanna[f],
   des reinen Vorratshauses?
Wie lange noch (zögerst) du,   Herrin, deren Füße nicht erlah-
   men, deren Knie dahineilen?
   Wie lange noch (zögerst) du,   Herrin der Schlacht (und) aller
   Kämpfe?
Du Herrlichste, Löwin(?) der Igigi,   die niederwirft die erzürn-
   ten Götter,
   Du Stärkste aller Herrscher,   die die Könige am Zügel hält
Die öffnet   den Schleier(?) aller Frauen,
   Du bist erhaben(?) und fest gegründet(?),   Heldin Ischtar,
   groß ist deine Stärke!
Leuchtende Fackel Himmels und der Erde,   Licht aller Lande,
   Wütend in unwiderstehlichem Angriff,   stark im Kampfe,
Feuerbrand, der gegen die Feinde aufleuchtet,   der die Ver-
   nichtung der Mächtigen bewirkt,
   Bleich machende Ischtar,   die die Schar versammelt!
Göttin der Männer, Ischtar der Frauen,   deren Ratschluß nie-
   mand erfährt,
Wo du hinschaust,   wird der Tote lebendig, steht der Kranke
   auf,

f) Tempel der Ischtar in Uruk.

Wird gerecht der nicht Gerechte,   der dein Antlitz erblickt!
Ich rufe dich an,   ich dein elender, jammervoller, kranker
    Knecht!
Sieh mich an, meine Herrin,   nimm an mein Flehen,
    Schau mich in Gnaden an   und höre mein Gebet!
Meine Begnadigung sprich aus,   und dein Gemüt besänftige
    sich!
    Die Begnadigung meines elenden Leibes,   der voller Verwir-
    rung und Unordnung ist,
Die Begnadigung meines kranken Herzens,   das voller Tränen
    und Seufzer ist,
    Die Begnadigung meiner elenden Eingeweide(?),   die voller
    Verwirrung und Unordnung sind,
Die Begnadigung meines betrübten Hauses,   das wehleidige
    Klagen ausstößt,
    Die Begnadigung meines Gemütes,   das satt ist von Tränen
    und Seufzern.
Irnini, [erha]bne, grimmer Leu,   dein Herz beruhige sich!
    Zorniger Wildstier,   dein Gemüt besänftige sich!
Deine gnädigen Augen   mögen auf mir ruhen!
    Mit deinem glänzenden Antlitz   blicke mich in Gnaden an!
Verscheuche die böse Verzauberung meines Leibes,   dein glän-
    zendes Licht will ich sehen!
Wie lange noch, meine Herrin,   sollen meine Widersacher nach
    mir blicken,
    In Falschheit und Unwahrheit   Böses gegen mich ersinnen?
(Wie lange noch) soll mein Verfolger, mein(e) Nachsteller,   ge-
    gen mich wüten?
    Wie lange noch, meine Herrin,   soll der schwache Tor über
    mich herfallen?
    Gewandt hat sich gegen mich(?) der geringste(?) Schwäch-
    ling(?),   ich aber wurde . . .
Die Schwachen sind stark geworden,   ich aber bin schwach
    geworden.
Ich woge(?) wie eine Flut,   die der böse Sturm bedrängt(?),
    Mein Herz fliegt und flattert   wie ein Vogel des Himmels.
Ich klage wie eine Taube   Tag und Nacht,

Ich bin niedergedrückt(?)   und weine jämmerlich,
Von Weh und Ach   ist mein Gemüt gepeinigt,
Was habe ich getan,   mein Gott und meine Göttin, ich?
Wie wenn ich meinen Gott und meine Göttin nicht fürchtete,
      geht es mir.
Zuteil geworden sind mir Schmerz, Kopfkrankheit, Verderben
      und Untergang,
Zuteil geworden sind mir Drangsal, Ungnade und Fülle des
      Zornes,
Grimm, Wut, Groll der Götter und Menschen.
Ich sehe, meine Herrin, finstere Tage, dunkle Monate, Jahre der
      Trübsal,
Ich sehe, meine Herrin, Gericht, Verwirrung und Aufruhr,
Es packt mich Tod und Not!
Verödet ist meine Kapelle,   verödet mein Heiligtum,
Über mein Haus, Tor und Fluren   hat sich Trauerstille er-
      gossen.
Meines Gottes Antlitz   ist nach einem anderen Orte gewandt,
Aufgelöst ist meine Sippe,   meine Mauer(?) ist zerbrochen,
Ich harre auf meine Herrin,   auf dich ist mein Sinn gerichtet.
Ich flehe dich, ja dich an,   löse meinen Bann!
Löse meine Schuld, mein Vergehen,   meine Missetat und
      meine Sünde,
Vergiß meine Missetat,   nimm an mein Flehen!
Löse meine Fesseln(?)   und bewirke mir Befreiung,
Lenke meinen Schritt,   daß ich strahlend als Herr mit den
      Lebenden die Straße ziehe.
Befiehl, daß auf deinen Befehl   der erzürnte Gott wieder gut
      werde,
Daß die Göttin, die sich zürnend abgewandt hat,   wieder
      zurückkehre.
Mein finsteres, düsteres(?) Kohlenbecken   möge (wieder)
      leuchten,
Meine erloschene Fackel   flamme (wieder) auf!
Meine aufgelöste Sippe   sammele sich (wieder),
(Mein) Hof werde weit,   geräumig meine Hürde!
Nimm an meine kniefällige Verehrung,   höre an mein Gebet,

Schau mich in Gnaden an,   [. . .]
Wie lange, meine Herrin, grollst du,   ist voll Grimm dein
    Gemüt?
Wende zurück deinen Nacken,   den du abgewendet hast,
    Zu einem Wort der Gnade   richte dein Antlitz!
    Wie (von dem) lösend(en) Wasser des Stromes   beruhige
        sich dein Gemüt!
Auf meine Feinde laß mich treten   wie auf den Erdboden,
    Die auf mich zürnen, unterwirf mir,   daß sie hocken zu
        meinen Füßen!
Mein Gebet und mein Flehen   gelange zu dir;
    Deine große Barmherzigkeit   ruhe auf mir!
Wer mich auf der Straße sieht,   verherrliche deinen Namen,
    Und auch ich will vor den Schwarzköpfigen   deine Gottheit
        und deine Stärke preisen!
»Ischtar ist erhaben,   Ischtar ist Königin!«
    »Die Herrin ist erhaben,   die Herrin ist Königin!«
    »Irnini[g], die Tochter Sins, die Heldin,   hat nicht ihresglei-
        chen!«

4. Isis, die Himmelskönigin

Ungefähr um die erste Nachtstunde wurde ich durch ein jähes
Erschrecken aus dem Schlafe geweckt. Eben stieg in vollem
Glanze der Mond aus den Meeresfluten herauf.
Die Majestät dieses hehren Wesens erfüllte mich mit tiefster
Ehrfurcht, und überzeugt, daß alle menschlichen Dinge durch
seine Allmacht regiert werden, überzeugt, daß nicht allein alle
Gattungen zahmer und wilder Tiere, sondern auch die leblosen
Geschöpfe durch den unbegreiflichen Einfluß seines Lichtes fort-
dauern, ja daß selbst alle Körper auf Erden, im Himmel und im
Meere in vollkommenster Übereinstimmung mit demselben ab-

g) Beiname der Ischtar.

und zunehmen, so bediente ich mich der feierlichen Stille der Nacht, mein Gebet an das holdselige Bild dieser hilfreichen Gottheit zu verrichten; um so mehr, da das Schicksal, meiner so großen und langwierigen Qualen satt, mir endlich Ahnungen von meiner Erlösung eingab.

Flugs schüttelte ich jeglichen Rest von Trägheit ab, stand munter auf, badete mich, um mich zu reinigen, im Meere, und nachdem ich mein Haupt siebenmal unter die Fluten getaucht, welches die Zahl ist, die der göttliche Pythagoras als die schicklichste zu gottesdienstlichen Verrichtungen angibt, betete ich frohen und munteren Herzens, doch betränten Angesichts, zur heiligen Göttin also:

»Königin des Himmels! Du seist nun die allernährende Ceres, des Getreides erste Erfinderin, welche, in der Freude ihres Herzens über die wiedergefundene Tochter, dem Menschen, der gleich den wilden Tieren mit Eicheln sich nährte, eine mildere Speise gegeben hat und die eleusinischen Gefilde bewohnt, oder Du seist die himmlische Venus, welche im Urbeginne aller Dinge durch ihr allmächtiges Kind, den Amor, die verschiedensten Geschlechter gegattet und also das Menschengeschlecht fortgepflanzt hat, von dem sie zu Paphos in dem meerumflossenen Heiligtume verehrt wird, oder des Phöbus Schwester, welche durch den hilfreichen Beistand, den sie den Gebärerinnen leistet, so große Völkerschaften erzogen hat und in dem herrlichen Tempel zu Ephesus angebetet wird. Oder Du seist endlich die dreigestaltige Proserpina, die nachts mit grausigem Geheul angerufen wird, den tobenden Gespenstern gebietet und unter der Erde sie einkerkert, währenddessen sie entlegene Haine durchirrt, wo ein mannigfacher Dienst ihr geweiht ist: Göttin! die Du mit jungfräulichem Scheine alle Regionen erleuchtest, mit Deinem feuchten Strahle der fröhlichen Saat Nahrung und Gedeihen gibst und nach der Sonne Umlauf Dein wechselndes Licht einteilst; unter welchem Namen, unter welchen Gebräuchen, unter welcher Gestalt Dir die Anrufung immer am wohlgefälligsten sein mag! Hilf mir in meinem äußersten Elende! stehe mir bei, daß ich nicht gänzlich zugrunde gehe; nach so vielen, so schwer überstandenen Trübsalen verleihe mir endlich einmal Ruhe und Frieden! Ich habe genug des Jammers, genug der Gefahren! Nimm von mir hinweg die schändliche Tiergestalt! Laß mich wieder werden, was ich war; laß mich Lucius werden und gib mich den Meinigen wieder! Oder habe ich ja irgendeine unversöhnliche Gottheit ohne mein Wissen beleidigt: Ach, so sei lieber mir erlaubt, zu sterben denn also zu leben, o Göttin!«

Nachdem ich solchergestalt gebetet und mein Leid geklagt hatte, kehrt' ich auf meinen vorigen Ruheplatz zurück, und ein süßer Schlaf bemächtigte sich aufs neue meiner Sinne.

Kaum war ich eingeschlummert, siehe, so erhob sich eine göttliche Gestalt mitten aus dem Meere! Erst zeigte sich ihr selbst den Göttern ehrwürdiges Antlitz, darauf entstieg nach und nach ihr ganzer Körper den Wellen.

Das herrliche Gebild schien vor mir stillezustehen.

Ich will versuchen, Euch diese wunderbare Erscheinung zu schildern, wenn anders die Armut menschlicher Sprache zu der Beschreibung hinreicht oder die mir erschienene Gottheit mir Fülle der Beredsamkeit will angedeihen lassen.

Reiche, ungezwungene Locken spielten sanft in angenehmer Verwirrung um den Nacken der Göttin; ihren hohen Scheitel schmückte ein vielförmiger Kranz mit mancherlei Blumen. Über der Mitte der Stirn glänzte mit blassem Scheine eine flache Rundung nach Art eines Spiegels oder vielmehr der Scheibe des Mondes, darumher auf beiden Seiten sich gewundene Schlangen gleich Furchen zogen, und darüber hin, wie bei der Ceres, Kornähren gelegt waren.

Ihr Kleid war feiner Kattun, der bald weiß, bald gelb, bald rosenrot wechselte. Es umhüllte sie ein Mantel von blendender Schwärze, der unter dem rechten Arm hindurch über die linke Schulter geschlagen war. Der Zipfel, wie der Schild eines Kriegers über den Rücken zurückgeworfen, fiel in mannigfachen Falten hinab, und die Fransen des Saumes flatterten zierlich im Winde. Sowohl auf der Verbrämung als auf dem Mantel selbst flimmerten zerstreute Sterne, in deren Mitte der Vollmond in seiner ganzen Pracht glänzte, und eine schwere Kette allerlei künstlich zusammengeordneter Blumen und Früchte irrte allenthalben verloren darüber hin.

In ihren Händen führte die Göttin weit voneinander verschiedene Dinge; denn in der Rechten hielt sie eine goldene Klapper, durch deren schmales Blech, das sich wie ein Gürtel zusammenbog, einige Stäbe gezogen waren, die beim dreimaligen Schütteln des Armes einen hellen Klang gaben. Von der Linken aber hing ihr ein goldenes Trinkgeschirr herab, über dessen Handhabe an der Seite, wo sie sichtbar war, eine Schlange sich emporreckte mit hocherhobenem Haupte und geschwollenem Nacken.

Ihre ambrosiaduftenden Füße bedeckten Schuhe, aus Blättern der Siegespalme geflochten.

Also geschmückt und des seligen Arabiens Wohlgeruch um sich her verbreitend, würdigte die hohe Göttin mich folgender Anrede:

»Schau! Dein Gebet hat mich gerührt. Ich, Allmutter Natur, Beherrscherin der Elemente, erstgeborenes Kind der Zeit, Höchste der Gottheiten, Königin der Manen, Erste der Himmlischen; ich, die ich in mir allein die Gestalt aller Götter und Göttinnen vereine, mit einem Wink über des Himmels lichte Gewölbe über die heilsamen Lüfte des Meeres und der Unterwelt klägliche Schatten gebiete. Die alleinige Gottheit, welche unter so mancherlei Gestalt, so verschiedenen Bräuchen und vielerlei Namen der ganze Erdkreis verehrt — denn mich nennen die Erstgeborenen aller Menschen, die Phrygier, pessinuntische Göttermutter — ich heiße den Atheniensern, Kindern ihres eigenen Landes, kekropische Minerva; den eiländischen Kypriern paphische Venus; den pfeilführenden Kretern dictynnische Diana: den dreizüngigen Siziliern stygische Proserpina; den Eleusinern Altgöttin Ceres. Andere nennen mich Juno, andere Bellona, andere Hekate, Rhamnusia andere. Sie aber, welche die aufgehende Sonne mit ihren ersten Strahlen beleuchtet, die Äthiopier, auch die Arier und die Besitzer der ältesten Weisheit, die Ägypter, mit den angemessensten eigensten Gebräuchen mich verehrend, geben meinen wahren Namen mir: Königin Isis. — Ich erscheine Dir aus Erbarmen über Dein Unglück; ich komme zu Dir in Huld und Gnaden. Hemme denn den Lauf deiner Tränen! Stelle ein Dein Trauern, Dein Klagen! Der Tag Deines Heils ist da, kraft meiner Allmacht; öffne nur Deine betrübte Seele meinem göttlichen Gebote!

5. Gott in der Christlichen Wissenschaft: Vater und Mutter in einer Person

Dein Wille geschehe wie im Himmel so auf Erden.
Befähige uns zu wissen, daß Gott – wie im Himmel, also auch auf Erden – allmächtig, allerhaben ist.
Unser tägliches Brot gib uns heute.
Gib uns Gnade für heute; speise die darbende Liebe.
Und vergib uns unsere Schuld, wie auch wir vergeben unsern Schuldigern.
Und Liebe spiegelt sich in Liebe wider.
Und führe uns nicht in Versuchung, sondern erlöse uns von dem Bösen.
Und Gott führt uns nicht in Versuchung, sondern erlöst uns von Sünde, Krankheit und Tod.
Denn dein ist das Reich und die Kraft und die Herrlichkeit in Ewigkeit.
Denn Gott ist unendlich, alle Kraft, alles Leben, alle Wahrheit, alle Liebe, über allem und alles.
Laßt mich an dieser Stelle das darbieten, was ich für die geistige Bedeutung des Gebets des Herrn halte:
Vater unser im Himmel!
Unser Vater-Mutter-Gott, all-harmonisch.
Dein Name werde geheiligt.
Einzig Anbetungswürdiger.
Dein Reich komme.
Dein Reich ist gekommen; du bist immergegenwärtig.

6. Die weiblichen Züge der Gottheit autorisieren die weibliche Predigt

Im Jahre 1835 hielt ich[1] mich im Westen auf, und — eigentlich wollte ich es nicht erwähnen, aber ich denke inzwischen, ich muß es tun — die Verfolgung drohte überall. Die Geistlichen der Methodisten ersuchten die Kirchenleitung, mir Redeverbot zu erteilen. Nicht nur auf die Kirche sollte es sich erstrecken, sondern auf jedes Haus. Niemand dürfte mehr hinausgehen, um mich zu hören; und falls es jemand täte, sollte er aus der Kirche ausgeschlossen werden. Ein Mitglied des Kirchenvorstands erhob sich und erklärte sich bereit, einen Marsch von zwanzig Meilen auf sich zu nehmen, um mich hören zu können. Der Geistliche warf ihn hinaus mit den Worten, er hoffe, daß man ihn nie wieder aufnähme.

Dreimal stellten sie mich öffentlich bloß — bei ihren vierteljährlichen Zusammenkünften in Bush Hill, West Chester und West Town. Er sagte, er werde mich aufhalten. So weit sein Pferd ihn trüge, wäre er bereit zu gehen. Und er wolle die Namen aller Orte notieren, die er nicht erreichen könne.

Freunde fingen ihn in Downingtown ab. Sie informierten ihn, daß sie entweder ihn oder mich aufhalten würden. So nahmen sie sein Pferd und teilten ihm mit, daß sie es — wie ihn — in Gewahrsam nähmen, bis er den Nachweis erbracht hätte, daß Rebecca Jackson tatsächlich die Frau sei, für die er sie hielt. Sie hatten mich zuvor von dem Vorhaben in Kenntnis gesetzt. Ihnen lag besonders daran, daß die Gebote wieder in Kraft gesetzt würden, und

---

1. Im Sommer des Jahres 1834 begab sich Rebecca auf Missionsreise westlich von Philadelphia (Pennsylvania). Innerhalb von vier Monaten hielt sie 69 Predigten. Zuständig war die offizielle Leitung der afrikanischen Methodist Episcopal Church, die Jackson in ihrer eigenen Kirche Kanzelverbot erteilte. In vierteljährlichem Abstand wurde sie dreimal von der AME verurteilt — auf ihren Versammlungen in Bush Hill, West Chester und West Town. Doch gab es auch Gemeindemitglieder, die ihr freundlich gesinnt waren, sie in ihre Häuser und Kirchen einluden, um ihre Predigten zu hören.

sie erwarteten eine Rechtfertigung von mir. Ich erklärte ihnen, daß ich um meine Berufung wüßte. Lange bevor ich mich aufgemacht hatte zu predigen, wußte ich, was mich erwartete. Ich wußte, sie würden jegliche Art von Verleumdung gegen mich vorbringen; denn das hatten sie bereits Jesus angetan, als er auf Erden unter uns lebte.

Diese schlimme Verfolgung bewirkte, daß Türen vor mir aufgestoßen wurden. Als sie mich aus Furcht nicht in ihre Häuser ließen, obwohl es viele danach verlangte, das Wort zu hören, öffnete mir ein Betrunkener, ein sündiger Mensch, die Tür mit den Worten: »Laßt sie in mein Haus eintreten und predigen. Ich gehöre nicht zu ihrer Versammlung.« Ich folgte seiner Einladung, und die Menschen erfuhren davon. Sie kamen. Das Haus füllte sich, und alle, die keinen Platz gefunden hatten, standen draußen − im Garten und auf der Straße.

Während dieser Zeit lag eine solche Last auf mir, daß sie Körper, Seele und Geist kaum zu tragen vermochten. Ich war völlig allein. Es gab niemanden, dem ich meine Sorgen mitteilen und der sie mit mir teilen konnte. Niemand war da als der Herr. Als ich mich erhob, um zu den Menschen zu sprechen, sah ich sie an den Zäunen stehen, auf der Straße und im Gras sitzen. Ihr Anblick ging mir sehr zu Herzen. Ich warf all meine Sorgen und Ängste auf den Herrn. In jener Nacht sah ich zum ersten Mal die Mutter in Gott − in der Tat eine völlig neue Sicht, die eine neue Lehre nach sich ziehen müßte. Als ich die Muttergottheit geschaut hatte, wußte ich es. Und ich wußte, wollte ich nicht ungehorsam sein, müßte ich auch von dieser himmlischen Vision vor den Menschen reden − wie von allem, was ich mit dem geistigen Auge geschaut hatte. Ich wußte nun: Ich habe eine Mutter. Aber ich war alles andere als froh über diese Erkenntnis. In jener Nacht schenkte sie mir die rechten Worte, um sie zu bezeugen. Traurigkeit erfüllte mich. Ich weinte. Und diese Stimmung übertrug sich auf alle Anwesenden. Niemals zuvor hatten sie von Gott der Mutter gehört, doch ich vermochte die neue Erkenntnis so deutlich zu machen, daß es selbst ein Kind hätte verstehen können. Sie hatte mich mit ihrem Heiligen Geist, dem Geist der Weisheit, ausgerüstet.

Der weibliche Heilige Geist, zwischen Vater und Sohn; zuviel Weibliches in der Gottheit für die patriarchale christliche Orthodoxie, aber zu sehr eingeengt durch männliche Macht für die feministische Theologie. Aber gleichwohl ist sie es wert, bedacht zu werden. Was würde es für das Christentum bedeutet haben, wenn die Trinität uns in dieser Form gelehrt worden wäre?

Fresko aus dem 14. Jahrhundert in der Kirche von Urschalling am Chiemsee.

II. | Die Fülle des göttlichen Lebens

Die Christenheit hat sich nicht mit der Rede von dem Einen
Gott des jüdischen Monotheismus begnügt. Ob dieser eine
Gott in männlicher Gestalt dargestellt wurde oder ob man
ihm weibliche Züge zuschrieb, spielte keine Rolle. Auf der
Grundlage antiker Vorstellungen vom Göttlichen als einer
Gemeinschaft in der Einheit entwickelte sich die Lehre von
der Dreieinigkeit: Trotz der Dreifaltigkeit des göttlichen
Seins ruht Gott in sich. Gott ist letztlich Einheit. Die Lehre
von der Trinität eröffnete der christlichen Theologie neue
Möglichkeiten: Gott erscheint in diesem Konzept nicht mehr
als rein transzendentes, absolutes Sein. Erstmalig ließ sich
der Begriff der Beziehung auf das Göttliche anwenden. Man
entdeckte eine intra- und eine interpersonale Beziehung im
Zusammenhang mit dem Göttlichen. Zunächst gab es da
offensichtlich eine Beziehung innerhalb des Göttlichen
selbst und schließlich eine viel komplexere Beziehung, die
Verbindung zwischen dem Göttlichen, der Geschichte, der
erschaffenen Welt und den Menschen. Das Göttliche ist
nicht beziehungslos. So tritt es aus sich heraus und in die
Geschichte ein. Die göttliche Trinität verbindet Transzendenz und Immanenz. Begriffe wie »Geist«, »Weisheit« oder
»das Wort« stehen für die Immanenz des Göttlichen, das aus
seiner transzendenten Andersartigkeit heraus- und in den
schöpferischen Prozeß eintrat in der Absicht, den Kosmos
hervorzubringen und zu lenken.
Trinität, d. h.: Gott kann in die Geschichte eindringen. Auch
Vergangenheit, Gegenwart und Zukunft bilden nun
— ebenso wie Transzendenz und Immanenz — eine Einheit.
Der Vatergott bildete die alttestamentliche oder »patriar-

chale« Basis des Christentums. Das gegenwärtige Christentum beruft sich eher auf den Sohn oder »das Wort« als neue Basis. Der Geist schließlich steht für Dynamik, für die vorwärtstreibende Kraft, die die Zukunft herbeiführt. Wort und Geist gelten schlechthin auch als die zwei Seiten des Offenbarungsgeschehens, jener Dialektik zwischem dem Selbst und dem Göttlichen. Während das Wort als die objektive Seite der Offenbarung betrachtet wird, steht der Geist für die subjektive Seite. Als solcher eröffnet er uns neue Möglichkeiten, bewirkt unsere Zustimmung zu diesem Neuen und führt schließlich unsere Veränderung herbei. Mit der Verkündigung des dreieinigen Gottes trat das Christentum mit dem Anspruch auf, daß sich der oben skizzierte Relationsbegriff nicht als eine Art Akzidens, als eine Eigenschaft unter vielen manifestiert, sondern das göttliche Wesen vollkommen durchdringt. Gott erscheint nicht nur in Beziehungen, er ist der Gott der Beziehungen.

Nach christlich orthodoxer Vorstellung existiert Gott als Vater und Sohn oder als »älterer« und »jüngerer« Mann. D. h., Gott wird durch die Beziehung zwischen beiden Seinsweisen definiert. Die jüdische Tradition brachte eine andere Beziehungsebene zur Sprache: In der hellenistisch-jüdischen Weltliteratur sowie in syrischen und gnostischen Texten wird das göttliche Pleroma oder die göttliche »Fülle« und somit die Trinität anhand der Beziehung zwischen dem Männlichen und dem Weiblichen entfaltet. Worin besteht nun der Unterschied zwischen den männlichen Seinsweisen des dreieinigen Gottes und seinen etwaigen männlichen und weiblichen Seinsweisen?

Vor einigen Jahren arbeitete ich in einem Seminar über feministische Theologie mit den Texten, die diesem Kapitel zugrunde liegen. Ich stellte meinen Studenten die Frage, nach welchem Denkmuster sie die Beziehungsebene im trinitarischen Glaubensbekenntnis des Athanasius analysieren würden. Nach einigen Minuten des Schweigens platzte ein Student heraus: »Klonen!« Nur dieses eine Wort brachte er heraus, aber es traf in der Tat den Kern der Sache. Liest man

Athanasius' Beschreibung der drei Personen — eine jede ist gleichsam »ungeschaffen«, »unermeßlich« und »ewig«, ist »ein Allmächtiger«, »Herr« und »Gott« —, kommt einem tatsächlich das Klonen als moderne Analogie in den Sinn: Sohn und Geist als »Klonen« des Vaters! Durch die Bisexualität wird nichts Andersartiges, Neues oder Unterschiedliches in den Ablauf »eins — zwei — drei« eingebracht. Die drei verkörpern den dreieinigen Vermehrungsprozeß, die Multiplikation einer einzigen männlichen göttlichen Identität. Man könnte fast sagen, daß die Beziehungsfähigkeit — sei es nun die intrapersonale oder auch die interpersonale, nämlich die göttliche Beziehung zur Schöpfung — verlorengegangen ist, und zwar um der Trinität willen. Sie ist verlorengegangen, um den drei Personen der Trinität als Dreiheit ihre göttliche Identität zu bewahren.

Im Gegensatz zur orthodoxen Lehre vermitteln die folgenden Texte dieses Kapitels ein anderes Bild: Die Weisheit Salomos, zwei Oden Salomos (syrisch-christliche Hymnen aus dem dritten Jahrhundert), die Schilderung des Pleromas durch den valentianisch christlichen Theologen Ptolemäus und die Darstellung eines androgynen Gottes in der Quäker-Bibel (19. Jahrhundert) — all diese Texte vermitteln Leben. Sie wirken dynamisch. Auch in diesen Texten macht der Relationsbegriff das göttliche Wesen aus. Das Pleroma wird uns jedoch in männlichen und weiblichen Bildern vor Augen geführt. Die Sprache ist eher mythisch und steht uns als solche näher, da sie von uns konkret erfahrene Beziehungen viel weniger abstrakt widerspiegelt als das orthodoxe Credo. Die Weisheit Salomos, eine Schrift aus dem zweiten vorchristlichen Jahrhundert, geht wohl auf einen alexandrinischen Juden zurück. Der Autor setzt sich in seinem Werk mit den mythischen Kulturen der ägyptischen und hellenistischen Welt auseinander, die ihre Göttinnen mit der Weisheit identifizierten. Darüber hinaus werden philosophische Konzepte reflektiert, in deren Zentrum die Vorstellung einer immanenten Macht als Manifestation göttlicher Wahrheit und göttlicher Erkenntnis steht. Diese Macht, die ihren

Ursprung in der transzendenten Welt hat, gründete den Kosmos und ist fortan für dessen Lenkung zuständig. Die Weisheit wird hauptsächlich mit Hilfe der Lichtmetaphorik visualisiert: Weisheit ist wie ein spiritueller Glanz, der von der göttlichen Lichtquelle ausgeht. Als Licht enthüllt die Weisheit das Göttliche; und als Licht erleuchtet sie uns. Wir haben teil an der göttlichen Erkenntnis. Die Weisheit als Erkenntnis und Macht Gottes ist mitten unter uns. Durch diese Macht hat Gott die Welt erschaffen.

Die Weisheit ist das Bild Gottes, denn durch sie wird der verborgene Gott ein sichtbarer Gott. Durch sie gewinnt die transzendente Göttlichkeit Gestalt. Als Represäntantin des Schöpfers vermag sie göttliches Wirken auch auf die Menschen zu übertragen. Durch sie, die Offenbarerin, führt unsere Suche nach Gott zum Erfolg. Sie verwandelt unser Fragen in Erkenntnis. In ihrer Funktion als Mittlerin vereint sie sowohl die subjektive als auch die objektive Seite der Offenbarung in sich. Sie enthüllt nicht nur die verborgene Macht Gottes, sondern dringt in die menschliche Seele ein, die nach Güte und Wahrheit sucht. Sie ist es, die den Menschen auf den rechten Weg zur Erkenntnis und Tugend führt.

Neben der Lichtmetaphorik bedient man sich weiblicher Charakteristika, um die Weisheit zu beschreiben. Die Weisheit als weibliches Wesen — diese Metaphorik suggeriert eine andere Art von Beziehung. Die Weisheit wird zum Liebesobjekt, zur Geliebten der weisen oder »königlichen« Seele. Ebenso wie Isis, die das Bild der Weisheit aller Wahrscheinlichkeit nach mitgeprägt hat, gilt sie als schöne und weise Frau. Sie besitzt Schönheit und Klugheit in einem solchen Maße, daß sie ein jeglicher Mann, der nach Weisheit und Tugend strebt, gern als seine Braut heimführen möchte. Ebenso wie Isis gilt sie als Vorbild für die Liebe und Treue einer Frau. Sie verkörpert das Ideal einer Ehefrau: Sie fördert die Tugend, berät den Mann und hält Ruhe und Harmonie für ihn bereit, der am Abend erschöpft von des Tages Last heimkehrt zu ihr.

D. h., obwohl man sich einer weiblichen Bildersprache bedient, die den Eindruck weiblicher Macht vermittelt, muß auch in diesem Text von einem androzentrischen Interpretationsansatz ausgegangen werden. Es ist wohl anzunehmen, daß sich hinter dem Allmächtigen, aus dem sie hervorgeht, der patriarchale Gott des Judentums verbirgt. Da der neuen Weisheit die gleiche theologische Bedeutung zukommt wie dem Logos im Neuen Testament (abgesehen von der Inkarnation), könnten wir sie vielleicht als »Tochter« Gottes bezeichnen. In diesem Sinne fungiert sie als weiblicher Mittler, d. h. als Mittlerin zwischen Gott und der Menschheit. Darüber hinaus finden wir den nach Weisheit Strebenden ausschließlich in männlicher Begrifflichkeit beschrieben. Er ist »königlich«, ein männlicher Aristokrat − sowohl in geistlicher Hinsicht als auch in bezug auf seine gesellschaftliche Position. Somit bietet die Weisheit der Frau tatsächlich keinen eigenen Handlungsspielraum. Wie generell in patriarchalen Kulturen fungiert die weibliche Weisheit als Mittlerin zwischen männlichen Personen, und zwar in diesem Falle zwischem dem transzendenten allmächtigen Gott als der einen männlichen Person in göttlicher Gestalt und dem nach Weisheit Strebenden als einer weiteren männlichen Person in menschlicher Gestalt. Die einzige Bedeutung, die der Weisheit in dieser androzentrischen Kultur zukommt, besteht in ihrer Beharrlichkeit, mit der sie jegliche Dramen männlicher Ichsucht unterstützt. Eigenmächtiges Handeln einer weiblichen Person kennt diese Kultur nicht.

Während die griechisch-römische Christenheit ein androgynes Dreieinigkeitskonzept unterdrückte, setzte sich im syrischen Christentum die hebräische Tradition durch, die die Weiblichkeit der Weisheit zuließ. Aus dieser Vorstellung entwickelte sich ein neues Bild, das von der Weiblichkeit des Heiligen Geistes. Man stellte sich einen weiblichen Heiligen Geist als Mutter und Ernährerin der Christen vor. Sie wurde sogleich mit der Taufe in Verbindung gebracht − die Taufe als Schoß bei der Wiedergeburt! Auch Wiedergeburt bzw. geistige Erneuerung brachte man ins Bild: Die Brüste des weiblichen Geistes nähren die neugeborene Seele. Demzufolge gibt es in der Tat Parallelen zwischen Christus und dem neugeborenen Christen: Christus, aus dem Schoß der Jungfrau Maria geboren durch die Kraft des Heiligen Geistes, und der Christ, aus dem Schoß des Geistes jungfräulich rein geboren durch die »ihr« eigene Kraft!

Der Heilige Geist, die weibliche Kraft, steht für Schwangerschaft, Geburt und Ernährung. Diese Bilder begegnen uns in einem syrischen Psalm, der 19. Ode Salomos. Der Beter hat sich Gott androgyn vorgestellt. Gott begegnet als nährende Mutter mit Brüsten. Der Heilige Geist ist die Macht, die an den vollen Brüsten des Vaters saugt. Und zugleich ist sie selbst die volle väterliche Brust. Sie gibt diese göttliche Milch an die Christen ab und schenkt ihnen auf diese Weise neues Leben.

Man stellt sich nun vor, daß dieser Milch aus den Brüsten Gottes eine Kraft innewohnt, die Schwangerschaft und Geburt herbeiführt. Es muß sich um jene Kraft handeln, mit deren Hilfe die Jungfrau Maria das Leben empfing und Christus gebar. In diesem Sinne legt unser Glaubensartikel »empfangen durch den Heiligen Geist« folgende Vorstellung nahe: Maria »empfing« nicht durch den männlichen Samen, sondern aufgrund der weiblichen Zeugungskraft, die von der Milch der Mutterbrust Gottes herrührt. Das Gebären an sich wird nicht als schmerzlicher, geschweige denn schmutziger Akt betrachtet, sondern als kreativer Akt, der das Werden und Neuwerden der göttlichen Schöpfung durch den Schöpfer selbst widerspiegelt.

Parallel dazu findet sich in einem weiteren Psalm Salomos (Ode 36) die Vorstellung, daß der mütterliche Heilige Geist Christus (und mit ihm den neugeborenen Christen) erhöht und ihn von der Erde hinweghebt. Im Himmel stellt er ihn vor den Thron Gottes. Vollkommenheit und Herrlichkeit kennzeichnen das Göttliche. Somit werden Christus – und der Christ – wahrlich zum Menschensohn, dem Abbild göttlicher Vollkommenheit und Herrlichkeit. Wie im Weisheitstext ist auch hier der Wesenskern des transzendenten Gottes männlicher Natur. Ebenso ist Christus ein männlicher Erlöser und der neugeborene Christ ein männlicher Gläubiger. Die Zeugungskraft des Heiligen Geistes, wie eindrucksvoll sie auch sein mag, begabt das männliche Selbst mit der Kraft des männlichen Gottes. Das männliche Selbst wird erhöht, in den Himmel gehoben und vor den Thron des männlichen Gottes geführt.

Obwohl Frauen zweifellos unter den neugeborenen syrischen Christen geduldet wurden, entsprachen sie nicht der Norm. Das Idealbild des neugeborenen Christen entsprach Christus selbst, und dieser war nun einmal männlich. Für die Frau gibt es nach wie vor kein eigenes Sein, sondern das Abhängigsein vom Manne, dessen religiöse Bemühungen und Aktionen sie unterstützend zu begleiten hat. Unterstützend wirkt sie wesentlich durch ihre Funktion als Gebärerin einer möglichst männlichen Nachkommenschaft, deren Ringen um Erlösung sie durch ihre mütterlichen Anstrengungen begleitet.

Das *Pleroma* des Ptolemäus schildert das Schauspiel der Emanation des göttlichen Seins, das die himmlische Gemeinschaft der Äonen in all ihrer Fülle schafft. Die Entfaltung des Göttlichen geschieht durch die Selbstbefruchtung der weiblichen Seite durch den männlichen Part des Göttlichen. Als Resultat werden sukzessiv Paare männlicher und weiblicher göttlicher Wesen hervorgebracht. Obwohl man sich das göttliche Wesen androgyn vorstellt, verbirgt sich dahinter eine androzentrische Denkweise, die die Vereinigung männlicher und weiblicher Prinzipien voraussetzt. Schon der Begriff »*Androgynie*« vermittelt die androzentrische Sichtweise. D. h., das androgyne göttliche Wesen, das sie Tiefe und Stille nannten, gilt als männlich, aber fruchtbar. »Er« vermag sich eher selbst zu befruchten mit dem ihm eigenen Samen als ein weibliches Wesen, das die Fähigkeit zur Selbstbefruchtung besitzt.

Er, die Tiefe, ergießt seinen Samen in den Schoß der Stille; die Stille wird schwanger und bringt einen männlichen Nachkommen zur Welt, den Verstand *(Nous)*. Dieser wird als der eine göttliche Sohn bezeichnet sowie als Vater, der über die Erkenntnis all dessen verfügt, was in der Tiefe verborgen ist. Zu diesem als männlich definierten Verstand, der die Gedanken des Vaters zur Sprache bringt, gibt es einen weiblichen Zwilling, die Wahrheit *(Aletheia)*. Diese Vierheit bildet die Wurzel des göttlichen Seins.

Die zweite Phase der Emanation wird von dem eingeborenen Sohn, dem obengenannten Vater, eingeleitet. Er steht für das intellektuelle Vermögen des Göttlichen und ist als solcher imstande, das Warum dieses Emanationsprozesses zu ergründen. Mit dem Wissen um den Zweck der göttlichen Enthüllung setzt er die Serie göttlicher Manifestationen fort. Er entläßt ein zweites göttliches Paar aus sich, den *Logos* und das Leben *(Zoe)*. Aus dieser Verbindung eines männlich-weiblichen Paares, *Logos — Zoe*, geht der Mensch hervor *(Anthropos)* und mit ihm die Kirche *(Ekklesia)*. Diese vier bilden gemeinsam mit der ursprünglichen Vierheit — die göttliche Achtheit.

Auch diese Achtheit läßt eine androzentrische Sicht der göttlichen Emanation zu deutlich erkennen. Die männliche Linie hat die Mittelpunktstellung inne: Tiefe, Verstand, Logos und Mensch sind jeweils mit einer ihnen eigenen weiblichen Kraft vereint. Logos und Leben entlassen alternierend zehn weitere Äonen aus sich (fünf männlich-weibliche Paare); Mensch und Kirche bringen noch einmal zwölf Äonen hervor (sechs männlich-weibliche Paare). Alle dreißig Äonen zusammen machen das göttliche *Pleroma* aus. Am Ende der weiblichen Äonen steht Sophia, die nach valentinianischem Weltverständnis die Rolle Evas einnimmt. D. h., ihr Werk ist die gefallene Schöpfung, das Ende des göttlichen *Pleromas*. Weil sie sich mit dem ihr zugewiesenen Platz in der göttlichen Hierarchie nicht zufriedengab und eigenmächtig handelte, ist Sophia für den Fall verantwortlich. D. h.: Androzentrik also auch im valentinianischen Gnostizismus!

Der als letzter in diesem Kapitel abgedruckte Text geht auf die Quäker-Bibel zurück, deren Erscheinen im vergangenen

Jahrhundert zu einem neuen Verständnis göttlicher Androgynie und Schöpfungsordnung führte. Die Quäker nahmen Genesis 1,27 wörtlich: »Und Gott schuf den Menschen zu seinem Bilde, zum Bilde Gottes schuf er ihn; und schuf sie als Mann und Weib.« »Zu seinem Bilde« − diese Wendung enthielt für die Quäker den eindeutigen Hinweis auf die göttliche Androgynie. Der vorangestellte Plural in 1,26 wurde − ebenfalls eindeutig − als Hinweis auf einen Diskurs zwischen Gott dem Vater und Gott der Mutter verstanden. Diese ewige Mutter setzen sie mit der von den Hebräern überlieferten Weisheit gleich. Und eben diese Weisheit ist als weibliches Wesen Sprachrohr des sich offenbarenden Gottes.

Obwohl sich auch in der Quäker-Bibel noch Überreste des alttestamentlich-jüdischen Denkens finden − das Weibliche als untergeordnetes oder in den Vater integriertes Sein −, tendieren die Quäker in eine andere Richtung: Man bemüht sich, Vater und Mutter als gleichrangige göttliche Personen zu betrachten. Ihr göttlicher Status war einst derselbe. Als göttliches Paar beratschlagen sie partnerschaftlich über die Erschaffung der Welt und der Menschheit als einer männlichen und einer weiblichen. Göttliche Elternschaft ging aus dem hervor, was wir heute eine partnerschaftliche Beziehung nennen. Wir sprechen von einer Partnerschaft als Idealtypus von Beziehung. Partner zu sein bedeutet, gleichrangig zu sein. Es gibt keine Über- und Unterordnung mehr wie in der patriarchalen Ehe. Mit den Valentinianern vertreten die Quäker eine binäre Sichtweise in bezug auf das göttliche *Pleroma*: Sie sehen Vater und Mutter, was wiederum zur göttlichen Vierheit Vater-Mutter-Sohn-Tochter führt, und d. h. schließlich zum männlichen und weiblichen Christus oder zu männlich-weiblichen Paaren wiedergeborener Christen. Im Unterschied zum syrisch-christlichen Denken wird das Weibliche allerdings sichtbar − in Gestalt Christi oder der wiedergeborenen Christen. Und eben diese Manifestation eines auch weiblichen Gottes vertritt die im neunzehnten Jahrhundert entstandene Kirche des Zweiten Erscheinens Christi mit Nachdruck.

Weiterführende Überlegungen

Wir haben in diesem zweiten Kapitel versucht, das göttliche *Pleroma* mit Hilfe des Relationsbegriffes neu zu durchdenken. Welche Bedeutung kommt in diesem Zusammenhang den Quellentexten zu? Zu welchem Ergebnis führt uns die Lektüre der zitierten Passagen? Impliziert der Begriff der göttlichen Fülle tatsächlich Gott immanente männlich-weibliche Beziehungen — nicht einfach im Sinne einer Über- und Unterordnung, sondern als Nebeneinander —, drängt sich die Frage nach möglichen neuen Dimensionen von Beziehung auf.

Das Göttliche in Gestalt des Vaters mit der vermittelnden Weisheit als Tochter und ein männlicher Vater mit dem vermittelnden Logos als Sohn — worin besteht der Unterschied?

Der Heilige Geist als Mutter und der Heilige Geist als erneuernde Kraft des Vaters — welche (unterschiedliche?) Beziehung hat ein Christ zu beiden?

Gott, die (weibliche) Weisheit, und der Logos, Sohn und Abbild des Vaters — auf welche (unterschiedliche) Art und Weise erleben wir die Immanenz Gottes?

Darüber hinaus stellt sich die Frage, auf welche (unterschiedliche) Art und Weise Frauen und Männer diese Beziehungen erleben. Frauen haben eine andere Beziehung zu Mutter und Vater als Männer. Würde sich nicht auch unsere Beziehung zu uns selbst angesichts eines gegengeschlechtlichen Gottesbildes ändern? Ein Heiliger Geist, der als Mutter neues Leben schenkt — was bedeutet eine solche Vorstellung für das männliche Selbstverständnis? Was bedeutet sie für das weibliche Selbstverständnis?

Die Trinität läßt sich nach Augustin auch anders verstehen, sozusagen intrapersonal als Beziehung innerhalb des eigenen Selbst. Der Vater galt Augustin als das eigentliche Selbst; im Sohn sah er das Bewußtsein des eigenen Selbst, und der Geist schließlich wurde als Verbindung zwischen beiden definiert. Man stelle sich nun dieses Selbst als Integration weiblicher Anteile vor: Welche Bedeutung hätte diese Vorstellung für die Frau im Unterschied zum Mann?

In diesem Kapitel habe ich Ihnen unterschiedliche Konzepte des göttlichen *Pleromas* vorgestellt. Nicht eines vermochte die Entwicklung weiblicher Gottesvorstellungen voranzutreiben. Eine Gottheit mit weiblichem Selbst, die die Macht besitzt, Göttliches oder Kreatürliches hervorzubringen – eine Vorstellung, die sich letztlich nicht durchzusetzen vermochte! Was würde sich ändern, wenn eine transzendente Mutter eine göttliche Tochter hervorbrächte? Auf welche Art und Weise könnte eine göttliche Mutter-Tochter mit dem weiblichen Teil der Menschheit in Beziehung treten und geistige Erneuerung bewirken?

Entwickeln Sie eigene Konzepte, Vorstellungen des göttlichen *Pleromas*: Stellen Sie sich die Mutter als Zentrum göttlicher Transzendenz vor. Die Beziehung der Gottheit zu sich selbst, aber auch ihre Beziehung zur Schöpfung ist eine weiblich-weibliche Verbindung. Welche Konsequenzen ergeben sich im Hinblick auf die Beziehung zwischen Töchtern und ihren Müttern? Ist es Frauen möglich, als inspirierende und befreiende Kräfte miteinander in Beziehung zu treten?

1. Die göttliche Weisheit als Braut des Weisen

Kapitel 6

Prächtig und unverwelklich ist die Weisheit,
und sie wird leicht von denen geschaut, die sie lieben,
und wird von denen gefunden, die sie suchen.
Sie läßt sich (schon) vorher erkennen und kommt (so)
    denen, die danach verlangen, zuvor.
Wer früh aufsteht ihr entgegen, wird keine Mühe haben;
denn er wird (sie) vor seinen Türen sitzen finden.
Über sie nachsinnen ist nämlich (gleichbedeutend mit)
    Vollkommenheit der Überlegung,
und wer ihretwegen schlaflos ist, wird bald ohne Sorge sein.
Denn sie geht umher und sucht die, die ihrer würdig sind,
und sie erscheint ihnen gern auf offener Straße,
und bei jedem Gedanken stellt sie sich ihnen.
Denn ihr Anfang ist die allerechteste Begierde auf Bildung,
Sorge um Bildung aber ist Liebe,
Liebe aber ist das Halten ihrer Gesetze,
Befolgung der Gesetze aber ist Befestigung der Unsterblichkeit.
Unsterblichkeit aber bewirkt Gottesnähe.
Begierde nach Weisheit führt deshalb zur Königsherrschaft.
Folglich, wenn ihr Lust nach Kronen und Szeptern habt,
    ihr Tyrannen der Völker,
(dann) ehrt die Weisheit, damit ihr bis in Ewigkeit herrscht.
Was aber Weisheit ist und wie sie entstand, will ich vermelden,
und ich werde vor euch keine Geheimnisse verbergen,
sondern ich werde (sie) vom Anfang der Schöpfung her auf-
    spüren,
und ich werde das Bewußtsein um sie an die Öffentlichkeit
    bringen,
und ich werde nicht an der Wahrheit vorübergehen,
noch will ich in irgendeiner Weise mit dem verzehrenden
    Neid zusammengehen;
denn dieser hat keine Gemeinschaft mit der Weisheit.

Eine Menge von Weisen aber bedeutet Befreiung der Welt,
und ein kluger König bedeutet Ausgeglichenheit für das Volk.
Daher laßt euch durch meine Worte bilden! So werdet
   ihr Nutzen haben!

Kapitel 7

Deswegen betete ich, und Überlegung wurde mir gegeben.
Ich rief an, und es kam mir der Geist der Weisheit.
Ich zog sie Szeptern und Thronen vor,
und Reichtum hielt ich für gar nichts im Vergleich mit ihr.
Ich verglich mit ihr so gar keinen (noch so) unschätzbaren
   Edelstein;
denn jedes Gold wird in ihrer Gegenwart geringer Sand,
und angesichts ihrer wird Silber wie Lehm geschätzt.
Ich liebte sie mehr als Gesundheit und Wohlgestalt,
auch zog ich vor, sie anstelle eines Lichts zu benutzen,
denn rastlos ist der von ihr ausgehende Glanz.
Alle Güter kamen mir aber zugleich mit ihr,
und ein unermeßlicher Reichtum (ist) in ihren Händen.
. . .
Ein Geist ist nämlich in ihr,
der denkt und heilig ist,
einzig und vielfältig,
fein und behend,
klar und ungetrübt,
deutlich, unversehrt und das Gute liebend,
scharf und ungehindert,
wohltätig und human,
fest, sicher und sorgenlos,
alles vermögend und alles überwachend
und durch alle Geister ziehend,
die denkenden, reinen und feinsten;
denn die Weisheit ist beweglicher als alle Bewegung.
Sie schreitet und zieht durch alles um der Reinheit willen.

Denn sie ist ein Nebelschleier der Macht Gottes
und ein Sprudel der lauteren Herrlichkeit des Herrn des Alls.
Deshalb vermag sich nichts, was befleckt ist, in sie einzuschlei-
   chen;
denn sie ist der Widerschein des ewigen Lichts
und der fleckenlose Spiegel der göttlichen Wirklichkeit
wie auch das Ebenbild seiner Güte.
Sie ist eins und vermag doch alles.
Sie beharrt in sich selbst und erneuert doch alles,
und in jeder Generation siedelt sie in fromme Seelen über
und rüstet Gottesfreunde und Propheten aus.
Denn Got liebt niemanden außer dem, der der Weisheit bei-
   wohnt.
Ist sie doch schöner als die Sonne
und höher als die Sterne.
Verglichen mit dem Licht, erweist sie sich als strahlender;
denn dies wird gefolgt von der Nacht,
während die Weisheit nicht vom Übel übermocht wird.

Kapitel 8

Sie erstreckt sich von einem Ende zum anderen voller Kraft,
und sie verwaltet das All auf angemessene Weise.
In sie verliebte ich mich, erprobte (sie) von meiner Jugend an,
suchte sie als meine Braut heimzuführen
und wurde ein Bewunderer ihrer Schönheit.
Dadurch, daß sie (eheliche) Gemeinschaft mit Gott hat,
verklärt sie ihre vornehme Herkunft,
und der Herr des Alls liebte sie (wirklich).
Denn sie ist Mystin des göttlichen Wissens,
und sie trifft die Auswahl unter seinen Werken.
Wenn aber Reichtum ein erstrebenswerter Besitz im Leben ist,
was ist reicher als Weisheit, die das All schafft?
Wenn aber Klugheit wirkt,
wer ist mehr als sie Architektin des Seins?
Und wenn einer Gerechtigkeit liebt,

so sind ihre Mühen Tugenden;
denn Besonnenheit und Klugheit lehrt sie auf gründliche Weise,
(auch) Gerechtigkeit und Tapferkeit.
Nichts ist den Menschen nützlicher im Leben als diese Dinge.
Wenn aber einer auch nach reicher Erfahrung strebt,
so kennt sie das Alte und erschließt das Zukünftige.
Sie weiß um die Feinheiten der Rede und um die Lösungen von
    Rätseln.
Zeichen und Wunder weiß sie voraus
und auch den Ausgang von Augenblick und Zeit.
Ich beschloß deshalb, sie in die Ehe zu führen,
weil ich wußte, daß sie mir eine Ratgeberin in (allen) Gütern sein
    werde
und ein Trost in Sorge und Kummer.
Ich werde aber um ihretwillen Ruhm unter der Menge haben
und Ehre unter den Ältesten, obgleich ich jung bin.
Als scharfsinnig werde ich mich im Gericht erweisen,
und in den Augen der Herrscher werde ich Staunen erregen.
Sie werden auf mich warten, wenn ich schweige,
und sie werden aufmerken, wenn ich den Mund auftue,
und wenn ich etwas länger reden werde,
werden sie die Hand auf ihren Mund legen.
Ich werde um ihretwillen Unsterblichkeit besitzen
und ein ewiges Gedächtnis denen nach mir zurücklassen.
Ich werde Völker verwalten, und Nationen werden mir
    unterworfen werden.
Es werden mich die sonst schreckenerregenden Tyrannen
    fürchten, sobald sie (von mir) vernehmen.
In der Volksmenge werde ich als gnädig erscheinen und im
    Kriege tapfer.
(Immer wenn) ich nach Hause komme, werde ich mit ihr
    schlafen;
denn der Beischlaf mit ihr hat keine Bitterkeit
und die eheliche Gemeinschaft mit ihr keinen Schmerz,
sondern Glück und Freude.

2. Der Heilige Geist als Mutter im syrisch-christlichen Denken

ODE 19

Einen Becher Milch bot man mir,
Und ich leerte ihn, genoß den Wohlgeschmack
Und pries die Güte des Herrn.

Der Sohn ist der Becher,
Und der Vater ist der Quell des Trunks;
Und der Heilige Geist ist die Kraft, die den Becher füllte;

Denn Seine Brüste waren mit Nahrung gefüllt,
Und Seine Milch sollte nicht unnütz vergossen werden.

Die Kraft des Heiligen Geistes öffnete Ihre Brust
Und mischte die Milch aus den Brüsten des Vaters.

Dann gab Sie die vermischte Milch an die Christen ab ohne
deren Wissen, / Und jene, die davon zu trinken bekamen,
sind im Besitz der Vollkommenheit.

Auch der Schoß der Jungfrau nahm davon auf;
Sie empfing das Leben und gebar.
So wurde die Jungfrau zur Mutter durch die große Güte.

Und sie mühte sich und gebar den Sohn — ganz ohne Qual,
Denn dahinter verbarg sich ein göttlicher Plan.

Und sie bedurfte keiner Hebamme,
Denn er war es, der sie gebären ließ.

Sie gebar wie ein starker Mann mit starkem Willen
Und ertrug gemäß der Offenbarung
Und gebar mit großer Kraft.

Und sie liebte voll der Erlösung
Und beschützte voll der Güte
Und verkündigte voll der Würde. Halleluja.

Ich ruhte im Geist des Herrn,
Und Sie hob mich gen Himmel empor;

Und Sie ließ mich auf meinen eigenen Füßen stehen
    an höchster Stelle, dem Ort des Herrn,
    im Angesicht seines Ruhmes und Seiner
    Vollkommenheit.
Hier setzte ich meinen Lobgesang Seiner Herrlichkeit fort
Und dichtete neue Psalmen.

(Christus spricht:)
(Der Geist) brachte mich hervor im Angesicht des Herrn.
Und da ich der Menschensohn war,
Wurde ich das Licht genannt, Sohn Gottes;

Denn ich war es, der am meisten gerühmt wurde
    unter allen, den Ruhm gebührt,
Und ich war der Größte unter allen Großen.

Denn gemäß der Größe des Höchsten schuf Sie mich;
Und gemäß Seinem Stande machte Er mich neu.

Und Er salbte mich mit Seiner Vollkommenheit;
Und ich wurde einer von jenen, die Ihm nahe sind.

Und mein Mund tat sich auf wie der Tau am Morgen;
Und mein Herz sprudelte wie ein Quell im Über-
    schwang Seiner göttlichen Gerechtigkeit.

Friede umgab mich,
Und ich wurde zugelassen zu Seinem Thron
    und gemäß der göttlichen Vorsehung.
Halleluja.

3. Das androgyne Konzept des himmlischen Pleromas

Es lehren die Valentinianer, in unsichtbaren und unnennbaren Höhen sei ein vollkommener Äon gewesen, der vor allem war. Diesen nennen sie auch Uranfang und Tiefe (Bythos). Er ist aber unsichtbar, und kein Ding kann ihn fassen. Da er unfaßbar, unsichtbar, ewig und unerzeugt ist, so ist er unermeßliche Zeiten in tiefster Ruhe gewesen. Mit ihm hat zugleich angefangen die Ennoia, die sie auch Charis und Sige nennen. Nun ist jener einmal auf den Gedanken gekommen, von sich diesen Bythos als Anfang aller Dinge auszusenden und diesen Sprößling, den er auszusenden im Sinne gehabt hatte, wie ein Sperma gleichsam in den Mutterschoß der bei ihm befindlichen Sige einzusenken. Nachdem diese ihn empfangen hatte und schwanger geworden war, hat sie den Nous geboren, der dem Erzeuger ähnlich und gleich war und allein die Größe des Vaters erfaßte. Diesen Nous nennen sie auch den Eingeborenen, Vater und Anfang aller Dinge. Mit ihm zusammen ist auch die Wahrheit geboren, und dies ist die erste und ursprüngliche Pythagoräische Vierheit, die sie auch die Wurzel aller Dinge heißen. Sie besteht nämlich aus dem Bythos und der Sige, dazu aus dem Nous und der Wahrheit (Aletheia). Indem er nun merkte, wozu er hervorgebracht war, hat der Eingeborene nun seinerseits den Logos und die Zoe hervorgebracht, den Vater aller Dinge, die nach ihm kommen sollten, und die Mutter und Gestaltungskraft des gesamten Weltalls. Aus ihrer ehelichen Verbindung sind hervorgegangen der Mensch und die Kirche. Das ist die ursprüngliche Achtheit, die Wurzel und Substanz aller Dinge, die nur mit vier Namen bei ihnen belegt sind: Bythos und Nous, Logos und Anthropos (Mensch), weil in dem männlichen Prinzip jedesmal auch das weibliche enthalten ist, indem sich der erste Urvater (Bythos) paarweise mit seiner Ennoia, der Eingeborene (d. i. der Nous) mit der Aletheia, der Logos mit der Zoe, der Mensch mit der Kirche vereinigte.

Diese Äonen, zur Verherrlichung des Vaters hervorgebracht, wollten nun auch ihrerseits aus dem Ihrigen den Vater verherrlichen. So entsprossen der Verbindung des Logos und der Zoe, nachdem sie den Menschen und die Kirche erzeugt hatten, zehn weitere Äonen, die da heißen: Bythios und Mixis, Ageratos und Henosis, Autophyes und Hedone, Akinetos und Synkrasis, Monogenes und Makaria. Diese zehn Äonen also stammen aus dem Logos und der Zoe. – Der Mensch mit der Kirche hat gleichfalls Äonen hervorgebracht und zwar zwölf, denen sie folgende Namen verleihen: Parakletos und Pistis, Patrikos und Elpis, Metrikos und Agape, Aeinous und Synesis, Ekklesiastikos und Makariotes, Theletos und Sophia.
Da haben wir die dreißig Äonen . . . , die geheimnisvollen, nicht zu verratenden; das ist ihr unsichtbares und geistiges Pleroma, dreifach geteilt in die Achtheit, Zehnheit und Zwölfheit.

4. Die orthodoxe Lehre: Trinität – eine »Prozession« wesensgleicher männlicher Personen

Dies ist der katholische Glaube, daß wir den Einen Gott in der Dreiheit und die Dreiheit in der Einheit verehren, ohne die (drei) Personen zu vermischen und ohne das (eine göttliche) Wesen zu trennen. Eine andere ist nämlich die Person des Vaters, eine andere die des Sohnes, eine andere die des Heiligen Geistes. Aber dem Vater und Sohn und Heiligen Geist eignet (nur) Eine Gottheit, gleich in der Herrlichkeit, gleich in der ewigen Majestät. Wie der Vater, so der Sohn, so der Heilige Geist: Ungeschaffen ist der Vater, ungeschaffen der Sohn, ungeschaffen der Heilige Geist. Unermeßlich ist der Vater, unermeßlich der Sohn, unermeßlich der Heilige Geist. Ewig ist der Vater, ewig der Sohn, ewig der Heilige Geist. Und dennoch sind es nicht drei Ewige, sondern Ein Ewiger. Wie auch nicht drei Ungeschaffene und nicht drei Unermeßliche, sondern Ein Ungeschaffener und Ein Unermeßlicher. Ebenso ist allmächtig der Vater, allmächtig

der Sohn, allmächtig der Heilige Geist. Und dennoch sind nicht drei Allmächtige, sondern Ein Allmächtiger. So ist der Vater Gott, der Sohn Gott, der Heilige Geist Gott, und dennoch sind es nicht drei Götter, sondern es ist nur Ein Gott. So ist der Vater Herr, der Sohn Herr, der Heilige Geist Herr, und dennoch sind es nicht drei Herren, sondern es ist nur Ein Herr. Denn wie wir nach der christlichen Wahrheit jede Person einzeln als Gott und Herrn bekennen müssen, so verbietet uns auch die katholische Religion, drei Götter oder Herren anzunehmen. Der Vater ist von niemandem gemacht, noch geschaffen, noch gezeugt.
Der Sohn ist vom Vater allein, nicht gemacht, noch geschaffen, sondern gezeugt. Der Heilige Geist ist vom Vater und Sohn nicht gemacht noch geschaffen, noch gezeugt, sondern ausgehend. Es ist also Ein Vater, nicht drei Väter, Ein Sohn, nicht drei Söhne, ein Heiliger Geist, nicht drei Heilige Geister. Und in dieser Dreieinigkeit ist nichts früher oder später, nichts größer oder kleiner, sondern alle drei Personen sind untereinander gleich ewig und gleichwertig, so daß in allem, wie bereits oben gesagt wurde, sowohl die Dreiheit in der Einheit als auch die Einheit in der Dreiheit zu verehren ist.

5. Das Sein der Gottheit als partnerschaftliche Verbindung zwischen der göttlichen Mutter und dem göttlichen Vater

Der Plan eines männlich-weiblichen Gottes, nach dessen Bild der Mensch erschaffen wurde

Das Thema »göttlicher Plan« oder »göttliche Ordnung« wurde auf den vorangegangenen Seiten ausführlich und in unterschiedlichen Zusammenhängen erörtert. Von nun an kann und soll es darum gehen, einen Überblick über die so komplexe Thematik zu gewinnen.
All jene, die sich zu Christus bekennen, glauben gemeinsam an

den *Einen Gott*, den ewigen *Vater*, den Schöpfer des Himmels und der Erde. Sie glauben an den Einen, den Ursprung aller Dinge, den Vater der himmlischen Mächte, der Engel und der Menschen. Sie glauben ebenfalls an seinen eingeborenen *Sohn*, den Heiland der Welt und den Erlöser der Menschen. Durch ihn, den Sohn, wurde das *wahre* göttliche Sein und das *wahre* göttliche Wesen offenbar. Der Sohn offenbarte die Existenz des *ewigen Vaters*, und der Sohn offenbarte die Existenz der *ewigen Mutter*. Um dies zu belegen, bedarf es keiner weiteren Argumentation oder Illustration. Ohne *Vater* und *Mutter* kann es weder Sohn noch Tochter geben. Beide, Vater und Mutter, sind notwendig, wie sie auch immer existieren, ob für uns sichtbar oder unsichtbar. Die für uns sichtbare Zuordnung von männlich und weiblich, aufgrund deren jegliche Schöpfung existiert, belegt jedoch die Existenz einer solchen Ordnung in einer für uns unsichtbaren Welt, in der unsere Existenz letztlich wurzelt. »Denn was man von Gott erkennen kann, ist unter ihnen offenbar; denn Gott hat es ihnen offenbart. Denn Gottes unsichtbares Wesen, das ist seine ewige Kraft und Gottheit, wird seit der Schöpfung der Welt ersehen aus seinen Werken, wenn man sie wahrnimmt, so daß sie keine Entschuldigung haben. Denn obwohl sie von Gott wußten, haben sie ihn nicht als Gott gepriesen . . . « (Römer 1,19−21). Denn »Gott sprach: Lasset uns Menschen machen, ein Bild, das uns gleich sei«. »Und Gott schuf den Menschen zu seinem Bilde, zum Bilde Gottes schuf er ihn; und schuf sie als Mann und Weib« (Genesis 1,26−27). Zu wem sprach Gott: »Lasset *UNS* Menschen machen, ein Bild, das *UNS* gleich sei?« Richtete sich diese Aufforderung an den Sohn, wie unsere Theologen lange Zeit vermuteten und auch heute noch lehren? Wie konnte der Mensch aber dann »als Mann und Weib« geschaffen werden? *Vater* und *Sohn* sind schließlich männlicher Natur. *Vater* und *Mutter* hingegen bilden wie *Sohn* und *Tochter* ein männlich-weibliches Paar. Sie allein können den Menschen erschaffen. Ein solcher göttlicher Plan muß von Urzeiten an existiert haben, lange bevor er in Gott selbst Gestalt annahm und zur Erschaffung des göttlichen Ebenbildes auf Erden führte.

Es war nicht der Sohn, an den der Appell des Vaters erging. Es war weder Geist noch Engel, noch irgendein anderes Wesen, mit dem er sich beriet. Nein, es war die ewige *Mutter* allein, die *göttliche Weisheit*, die Mutter aller himmlischer Wesen. Jene zwei, die von Ewigkeit zu Ewigkeit bestehen, beratschlagten miteinander und sprachen schließlich: »Lasset *UNS* Menschen machen, ein Bild, das *UNS* gleich sei.« Es ist die ewige Mutter, die mit dem Vater war vom Anbeginn des Wirkens, die mit ihm war, ehe die Welt erschaffen wurde.

Und dies war und ist die Stimme der ewigen Mutter — erfüllt von ihrem Heiligen Geist: »Als der Herr die Himmel bereitete, war ich da. Als er den Grund der Welt legte, war ich bei ihm als jemand, der mit ihm aufgewachsen war. Und täglich war ich seine Freude; meine Freude ging der seinen stets voraus. Deshalb: Hört auf mich, meine Kinder; denn gesegnet sind die, die auf meinem Wege wandeln!«

Vielleicht sehen wir jetzt, worin unsere Existenz gründet. Gemäß dem göttlichen Plan gibt es eine ewige *Elternschaft*, die ewigen zwei, verschieden voneinander, wie *Macht* und *Weisheit* verschieden sind, und doch gehören sie wie diese zusammen. Sie sind unwandelbar — ein Geist: eins der *Essenz* nach und eins der *Substanz* nach, eins in der *Liebe* und eins in der *Zielsetzung*. Sie sind alle eins durch den einen Geist — die neue Schöpfung Gottes, seine Hausgemeinschaft: *Vater* und *Mutter*, *Sohn* und *Tochter*, *Bruder* und *Schwester*, *Eltern* und *Kinder*. Somit ist die ursprüngliche Schöpfung Abbild des göttlichen Ordnungsprinzips.

III. | Schöpfungsberichte

Dieses Kapitel handelt von der Weltentstehung. Es wird eine Reihe von Schöpfungsberichten − altorientalischen oder griechischen Ursprungs − vorgestellt: sumerische Schöpfungsgeschichten sowie Erzählungen vom Paradies, der babylonische Schöpfungsmythos, Hesiods Theogonie, der alttestamentliche Schöpfungsbericht aus Genesis 1 und schließlich Platons Timaios. Diese Texte spiegeln den Prozeß einer fortschreitenden Patriarchalisierung wider. Die Anfänge der sumerischen Mythen lassen sich bis ins dritte und z. T. vierte Jahrtausend v. Chr. zurückverfolgen. Wahrscheinlich ist, daß die Priesterschaft am Tempel bzw. an den Tempeln die Texte hervorbrachte. Da es aber auch Priesterinnen gab, kann man die Möglichkeit nicht ausschließen, daß sie ihre Hand im Spiel hatten[1]. Der babylonische Text entstand in der uns vorliegenden Form wahrscheinlich um 1900 v. Chr., obwohl man davon ausgehen kann, daß es sich um eine Überarbeitung bereits vorhandenen Materials aus sumerischer Zeit handelt. Als Autoren kommen Priester in Frage, die ihren Dienst am Tempel des Gottes Marduk versahen.

Die *Theogonie* des Hesiod verdanken wir einem griechischen Dichter, der im achten vorchristlichen Jahrhundert gelebt haben könnte, obwohl auch er auf bereits vorhande

---

1. Daß es in altbabylonischer Zeit Frauen gab − vor allem Königinnen und Priesterinnen −, die des Lesens und Schreibens kundig waren, bezeugt die Korrespondenz der Frauen von Mari (vgl. *Bernard Frank Batto:* Studies on Women at Mari, Baltimore 1974).

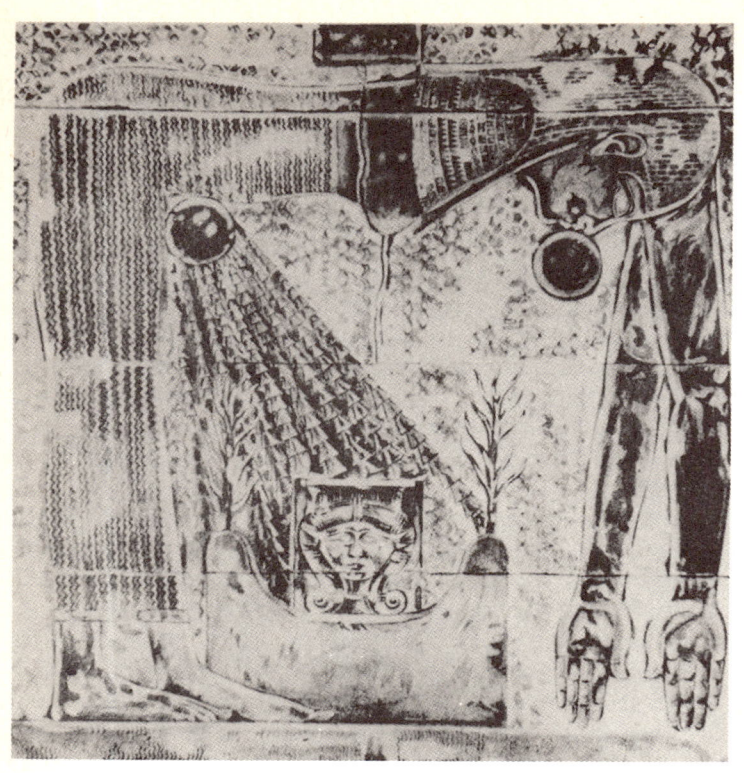

Der Leib der Göttin stellt die alles umfassende Matrix des Universums dar: Von ihrem Schoß gehen die Lebenskräfte der Sonne aus, von ihrem Kopf die des Mondes.

Die Göttin Nut (Himmel).
Gemaltes Relief im Tempel von Hathar, Dendera, Ägypten, aus der römischen Zeit.

nes Material zurückgreift. Der alttestamentliche Schöpfungsbericht (Genesis 1) entstand ungefähr 500 v. Chr., als Juda persische Provinz war. Als Autor kommt ebenfalls die Priesterschaft in Frage. Jerusalem befand sich damals in der Hand der Hohenpriester. So wurde die Darstellung der Schöpfung von einem ihnen wichtigen Anliegen bestimmt: Am Ende der Priesterschaft steht die Ruhe am siebten Tag der Schöpfung. D. h., das Sabbatgebot lag bereits den damaligen Hohenpriestern am Herzen.

Es bleibt schließlich Platons Erklärung der Weltentstehung. Sein Konzept wurzelt in mythologischen Traditionen, wurde aber umgestaltet unter Einbeziehung philosophischer Systeme. Hier sei vor allem die eher mathematisch geprägte Kosmologie des Pythagoras genannt.

In all diesen kosmologischen Entwürfen läßt sich ein bestimmter Trend feststellen, und zwar eine fortschreitende Entwicklung zur Subordination und schließlich zur Elimination weiblicher Gottheiten. In Erscheinung tritt ein männlicher Schöpfergott, der den Platz der ursprünglichen Muttergottheit einnimmt. Man glaubt schließlich an sein ewiges Sein. D. h., er muß bereits vor der Welt existiert haben und ist nicht erst mit ihr ins Leben gerufen worden. Die Bilder für die Schöpfung variieren: Man stellt sich die Zeugung vor oder den Handwerker, der sein Werkzeug herstellt, oder man denkt an einen rein verbalen Akt, den Befehl. Die Welt gilt letztlich als etwas, was außerhalb des Schöpfers »geschaffen« wurde, eher aus irgendeinem fremden und andersartigen »Zeug«, nicht aber als Ergebnis eines Zeugungsaktes, in dem die Urmutter befruchtet wurde und am Ende Götter gebar.

Die ältesten Schöpfungsgeschichten sind gleichsam theogonisch und kosmogonisch. Die Urmutter ist sowohl Mutter der Götter als auch Mutter des Kosmos. Götter und Göttinnen trägt sie in ihrem Leib und schenkt mehreren Generationen das Leben. Die erste Generation repräsentiert die Ureltern, Himmel und Erde, die zweite die Urmächte des Kosmos, Luft und Wasser, und die dritte die Urbarmachung der Natur in Form von Siedlungen und Städten. Diese Vorstellung von der Entstehung der Götter — göttliche Paare treten sukzessiv als Nachkommen göttlicher Eltern in Erscheinung — hält sich in gnostischen Theogonien, wie wir bereits im letzten Kapitel sahen. Überreste dieser Vorstellungen finden sich noch in der christlichen Lehre von der Trinität: Der göttliche *Logos*, der »Sohn«, soll von Ewigkeit her der eingeborene Sohn gewesen sein. Die mütterliche Kraft jedoch wurde aus dieser christlichen Theogonie eliminiert. Somit erscheint Schöpfung bzw. die Erschaffung der Welt unmißverständlich als produktiver Akt im Sinne der Machbarkeit allen Geschehens. Und jenes »Machen« verweist im Gegensatz zum »Erschaffen« auf eine gottlose Wirklichkeit.

Das sumerische Äquivalent zum babylonischen Schöpfungsmythos ist nicht erhalten, wohl aber können wir aus anderen sumerischen Texten Rückschlüsse ziehen. Die Sumerer glaubten an die Urmutter Nammu als den Ursprung aller Dinge. Nammu wurde mit dem Urmeer identifiziert. Sie brachte den kosmischen Berg hervor, der Himmel und Erde vereint. Und aus der Vereinigung dieses Urpaares, An (Himmel) und Ki (Erde), entstand die Luft, der Gott Enlil, der durch die Verbindung mit der Mutter Erde den Himmel von der Erde trennt[2].

Die in dieses Kapitel aufgenommene sumerische Erzählung vom Paradies schildert die Erschaffung der Vegetation und die Urbarmachung der Natur. Das Land Dilmun steht für das Paradies. Dort gibt es weder Krankheit noch Tod, noch irgend etwas Böses. Dilmun wird von Enki fruchtbar gemacht. Er versorgt das Land mit frischem Wasser. Von Enki wird uns berichtet, daß er mit Ninhursag, der Muttergöttin, geschlafen und eine Reihe von Tochtergöttinnen hervorgebracht habe, die nacheinander befruchtet werden. In der vierten Generation jedoch rät Ninhursag ihrer Urenkelin Uttu, Enki ihre Gunst so lange zu entziehen, bis er wieder

2. Vgl. *Samuel Noah Kramer*: History Begins at Sumer, Garden City/ N. Y. 1956, S. 83—84.

68

Obst und Gemüse bringe. Enki stellt dem Gärtner frisches Wasser zur Verfügung und bekommt bald darauf Obst und Gemüse, das der Gärtner sogleich als Geschenk zu Uttu trägt.

Aus dieser Verbindung geht jedoch keine neue Gottheit hervor, denn Ninhursag entnimmt Uttu Enkis Samen und läßt aus diesem Pflanzen entstehen. Enki aber reißt die jungen Triebe an den Wurzeln heraus, um sie zu verschlingen. Die in Zorn entbrannte Ninhursag verflucht ihn und straft ihn mit einer Reihe von Krankheiten. Bald darauf sitzen die Götter im Staub (vielleicht, weil die Flüsse und Seen ausgetrocknet sind?). Da greift ein Fuchs ein. Er überredet die Muttergottheit, Enki zu heilen. Und sie bringt acht Pflanzen hervor, die Enki von seinen Leiden befreien. Somit erklärt dieser Mythos sowohl die Entstehung der Landwirtschaft als auch das Wachstum unserer Heilpflanzen. Der Primat weiblicher Macht ist in allen sumerischen Weltentstehungsmythen offenkundig.

Auch im babylonischen Schöpfungsmythos beginnt alles mit den Urgewässern — beschrieben als die Ureltern Apsu und Mummu-Tiamat. Beide stehen für das Urmeer, einer Mischung aus Süßwasser und Salzwasser. Beide sind in einem Körper vereint, so daß wir uns eine Urmutter vorstellen müssen, die das männliche Prinzip der Befruchtung in einem wassergefüllten Leib in sich trägt. In diesem Urleib wachsen die Götter heran. Generation um Generation wird aus diesem Leib geboren. Die ersten Generationen haben noch keine rechte Gestalt; doch von Generation zu Generation findet eine Höherentwicklung statt, bis die Urmutter schließlich Gottheiten in menschenähnlicher Gestalt das Leben schenkt. Zu guter Letzt ähneln diese anthropomorphen Kreaturen sogar klugen Königen. In dieser Theogonie ist allerdings allein von männlichen Gottheiten die Rede. In späterer Zeit werden zwar auch Göttinnen als Gemahlinnen erwähnt, ihre Herkunft bleibt allerdings im dunkeln.

Im Laufe der Zeit werden die jüngeren unter den Göttern in zunehmendem Maße aufsässig und somit für die Eltern immer unerträglicher. Apsu faßt den Entschluß, sie zu töten, doch Tiamat zeigt sich entsetzt. Sie denkt nicht daran, ihre Nachkommen zu vernichten. Apsu schreitet zur Tat, aber die Söhne durchkreuzen seine Pläne. Angeführt von Ea, begehen sie Vatermord. Ea macht sich daraufhin selbst zum König. Mit seiner Gemahlin besteigt er den kosmischen Thron. Dieser Thron ist Sinnbild für die Übernahme der väterlichen Macht; denn er wurde aus dem ausgestreckten toten Körper Apsus errichtet. Aus der Verbindung dieses neuen Königspaares geht Marduk hervor, der zu einer Art Champion jenes kosmologischen Schauspiels wird, das der Mythos im folgenden detailliert schildert.

Die bedeutsame Stellung Marduks in diesem Mythos spiegelt den mesopotamischen Einfluß auf die Stadt Babylon wider. Marduk wurde in Babylon als göttlicher Patron verehrt. In früheren Versionen der Schöpfungsgeschichte führten andere Götter jene Taten aus, die zur Entstehung des Kosmos führten. Hier sei z. B. Ea genannt. Alles in allem spielte dieser Schöpfungsmythos eine große Rolle im Leben der Babylonier. Anläßlich der Neujahrsfeier wurde er alljährlich am vierten Tag in festlichem Rahmen vorgetragen. Man gedachte des Sieges über alle negativen Mächte im Universum sowie im Leben der Gesellschaft. An ihre Stelle war ein politisches und kosmisches Ordnungsgefüge getreten, unter dessen positivem Einfluß auch Babylon stand[3].

Fortgesetzt wird der Mythos mit Tiamats Kampf gegen die jüngeren Gottheiten. Sie führt Krieg, weil sie den Mord an Apsu rächen will. Als Repräsentanten des mesopotamischen Städtebundes unter babylonischer Herrschaft ernennen die jüngeren Gottheiten Marduk zum Führer in ihrem Kampf gegen die ältere Muttergottheit. Marduk gelingt es, ihre Niederlage herbeizuführen. Er spaltet ihren leblosen Körper

---

3. Vgl. *S. H. Hooke*: The Babylonian New Year's Festival, in: Journal of the Manchester Egyptian and Oriental Society 13 (1927), S. 29–38; vgl. auch: *S. A. Pallis*: The Babylonian Akitu Festival, in: Historisk filologiske Meddelelsen 12/1 (1926).

und formt daraus den Kosmos. In diesem kreativen Akt dürfen wir uns Marduk allerdings nicht »außerhalb« von Tiamat vorstellen. Nein, er ist eher in ihr, als er aus der einen Hälfte ihres Körpers droben den Sternenhimmel bildet. Über ihrem Leib ordnet er das Planetensystem an. Tiamat fungiert als Urmatrix oder Urmaterie, aus der der Kosmos geformt wird, während Marduk als Bildhauer agiert: Er formt den Urstoff und verleiht somit gleichzeitig seiner eigenen Mutter Gestalt.

Die Urmutter ist die allumfassende Wirklichkeit, innerhalb deren Götter und Göttinnen und auch der Kosmos ihren Ursprung haben. Diese Urmutter dehnt ihre Macht immer weiter aus. Sie dringt schließlich auch in den Teil der Welt vor, der vom Menschen urbar gemacht wurde, in die Welt der Dörfer und Städte. Hier angelangt, ängstigt sie die Menschen mit ihrer Bedrohung, jegliche Ordnung wieder in den ursprünglichen Zustand des Chaos zurückzuverwandeln. Marduk erweist sich als Advokat des Ordnungsgefüges. Als solcher nimmt er den Kampf mit der für das Chaos eintretenden Tiamat auf. Er verweist sie in die Schranken einer geordneten Welt, in der nicht mehr alles eins ist: Himmel und Erde sind voneinander geschieden wie die Planeten vom bestellten Acker und die Wassergräben von den Städten. Der Sieg über Tiamat bedeutet gleichzeitig den Sieg über die alte sumerische Kultur und somit den Aufstieg einer neuen Macht, der semitischen Kultur Babylons.

Marduk schuf den Kosmos aus dem Körper der Tiamat; doch er ist noch nicht am Ende mit seiner Schöpfungstätigkeit. Er ersinnt weitere Taten, nach deren Ausführung es ihn drängt: Er beschließt, die Menschheit hervorzubringen, und zwar sollen Menschen zu Sklaven der Götter erschaffen werden. Zu diesem Zweck läßt er nach Kingu schicken, der Tiamats Rebellion gegen die Götter tatkräftig unterstützt hatte. Kingu wird erschlagen und aus seinem Blut die Menschheit hervorgebracht, damit sie die Götter von ihrer Sklavenarbeit befreien kann. Die Götter könnten endlich zur Ruhe kommen! Marduk teilt sie, die Götter, in zwei Klassen ein und weist ihnen ihren Platz im Universum zu. Auf diese Weise liefert der babylonische Mythos ebenfalls eine Erklärung für das bestehende Gesellschaftssystem in Babylon. Jene Leibeigenen, die sich auf den riesigen Plantagen der Oberschicht abmühen, bilden die Analogie zu den Menschen, die als Sklaven der Götter geschaffen wurden. Die Hierarchie der Gottheiten steht für die Hierarchie der Städte im babylonischen Imperium. An der Spitze steht, wie wir wissen, die Hauptstadt Babylon. Die Götter vollenden ihr Schöpfungswerk mit der Erschaffung des berühmten Marduk-Tempels in Babylon, um die Position der Stadt und ihres göttlichen Patrons im Kosmos zu festigen.

Hesiods *Theogonie*, mehr als 1000 Jahre später entstanden, ist das Werk eines Dichters, den wir mit Namen kennen. Hesiod zog einen antiken mythologischen Textbestand heran, Materialien, denen wohl auch der babylonische Mythos entnommen ist. Am Anfang war das Chaos, und aus dem Chaos ging die Erde hervor. Tag und Nacht gehen aus dem Chaos hervor, und die Erde bringt den Himmel hervor, den sie über sich anordnet und somit von sich selbst abgrenzt. Erde und Himmel werden zu Ureltern, die den Naturgottheiten und den Titanen das Leben schenken. Der Himmel war vom Haß gegen seine Nachkommen erfüllt. Heimlich plante er eine Verschwörung; denn er wollte sie daran hindern, ihn abzusetzen und seinen Platz einzunehmen. So hielt er die Erde verborgen. Kronos jedoch, der letztgeborene unter den irdischen Nachkommen, kollaborierte mit seiner Mutter. Um sie von dieser Last zu befreien, kastrierte er den Vater mit einer Sichel, die ihm die Erde bereitgestellt hatte. Aus dem Blut der abgetrennten Körperteile wurden die Giganten und Erinnyen (mütterliche Rachegeister) geboren; aber auch Aphrodite wurde auf diese Weise das Leben geschenkt; denn sie stieg aus dem weißen Schaum des Meeres empor, in das hinein das abgetrennte Körperteil gefallen war. Eine weitere Serie gewaltiger Mächte entsteht aus diesen Giganten und Titanen.

Eine neue Folge göttlicher Wesen entsteht aus der Verbindung zwischen Rheia (Tochter der Erde) und Kronos. Ihre Nachkommen sind die olympischen Götter. Wiederum plant der Vater eine Verschwörung: denn er fürchtet ihre zukünftige Herrschaft. So verschlingt er die männlichen unter ihnen – einen nach dem anderen. Rheia weiß sich keinen anderen Rat, als sich an die Eltern, die Erde und den Himmel, zu wenden. Die Mutter Erde nimmt das jüngste Kind, Zeus, zu sich, um ihn in einer Höhle auf Kreta zu verstecken. Kronos übergibt sie einen Stein, auf daß er ihn an des Jungen Statt verschlinge. Zeus wächst heran. Er vermag seine Brüder aus dem Bauch des Vaters zu befreien; er nimmt seinen Platz als König des Universums ein und herrscht über die olympische Götterwelt sowie über alle sterblichen Wesen.

Analog zum babylonischen Mythos führt auch bei Hesiod der Urvater Krieg gegen die Söhne und wird schließlich – von deren Anführer – vom Thron gestürzt. Die Mütter, die Erde und Rheia, begegnen bei Hesiod nicht als streitsüchtige Wesen, sondern als domestizierte Gottheiten. Statt gegen die jüngeren Götter in den Krieg zu ziehen, solidarisiert sie sich mit den Söhnen. Hinter dem Rücken des Vaters unterstützt sie ihre Bemühungen, an die Macht zu gelangen. Und d. h., sie stürzt den eigenen Gatten vom Thron. In diesem Sinne spielen auch die Erde und Rhea eine revolutionäre Rolle, aber es ist die Rolle der Mutter im häuslichen Patriarchat. Vermutlich spiegelt auch diese Theogonie bedeutsame Einschnitte in der politischen Geschichte wider. Man denke an die frühe minoische Kultur, die durch die dorische abgelöst wurde. Und die Dorer verehrten offensichtlich die olympischen Himmelsgötter. Im Machtkampf der Generationen sieht man jedoch weniger den männlichen Kampf gegen die Urmutter als die Kriegserklärung des Sohnes an den Vater. Einige Jahrhunderte nach Hesiod schien eine geistige Revolution stattgefunden zu haben, zumindest, was das Reden über »die ersten Dinge« betrifft. Der alttestamentliche Schöpfungsbericht bezeugt einen Wandel des Denkens. Der männliche Schöpfergott wird von keiner Urmutter geboren im Verlauf einer von ihr initiierten Theogonie. Diese Mutter hat ihren aktiven Part am Schöpfungsprozeß längst verloren. An ihrer Statt erscheint nun ein einziger (männlicher) Gott. Er existiert außerhalb der Welt, die erst noch erschaffen werden soll. Außer ihm gibt es das Urmeer, das aber nicht mehr mit der Urmutter bzw. den Ureltern gleichzusetzen ist. Noch herrscht das Chaos. Dieses verwandelt der Schöpfergott mit Hilfe verbaler Befehle in den Kosmos: Er schafft durch sein Wort. Innerhalb von sechs Tagen − entsprechend dem Sechstagewerk im alttestamentlichen Kalender − scheidet er die Nacht vom Tag, bringt das Himmelsgewölbe über den Wassern hervor, scheidet das Wasser und gebietet seiner Flut Einhalt (auf ähnliche Weise schuf Marduk aus dem Körper der Tiamat den Kosmos). Er scheidet das trockene Land vom Meer und läßt Pflanzen sprießen, die Samen tragen und Frucht bringen. Er läßt die Planeten entstehen und die Tiere im Wasser und in der Luft. Er, der alleinige Gott, erschuf die Erde, die Tiere und die Menschen, männliche und weibliche.

War die spätere Göttergeneration zum Souverän über die Erde bestimmt, so werden nun zwei Menschen, ein männlich-weibliches Paar, zu Repräsentanten Gottes auf der Erde ernannt. Sie erhalten Vollmacht, sich zu vermehren und die Erde zu ihrem Untertan zu machen. Herr sollen sie sein über die gesamte Erde, über alle Tiere − auf Erden, im Wasser und in der Luft. Sämtliche Pflanzen werden ihnen als Nahrung zur Verfügung gestellt. Der Hinweis auf ihre Gottebenbildlichkeit sollte hier möglichst nicht dahingehend interpretiert werden, daß der Verfasser dieser Priesterschrift eine androgyne Gottheit vor Augen hatte. »Bild Gottes« verweist hier wohl eher auf die den beiden zugewiesene Rolle der Repräsentanz göttlicher Souveränität[4].

Dem alttestamentlichen (ersten) Schöpfungsbericht kommt

4. Vgl. *Phyllis Bird*: Male and Female, He created Them: Gen. 1,27 b in the Context of the Priestly Account of Creation, in: Harvard Theological Review 74,2 (1981), S. 129−159.

eine andere Funktion zu als den Schöpfungsmythen der Babylonier und Griechen. Hier wird das Ideal von Schöpfung beschrieben, Schöpfung, wie sie sein sollte, und nicht, wie sie ist — eine Welt der Aggressionen und Konflikte, unsere Welt. Im biblischen Schöpfungsbericht ist das Göttliche transzendent und im Besitz aller Macht. Das Chaos wird zum Kosmos auf sein Geheiß. Es gibt keinen Machtkampf, keine Schlacht zwischen älteren und jüngeren göttlichen Mächten, als die Welt wird. Auch im biblischen Schöpfungstext ist die Rede von der Entstehung des Bösen, allerdings als einer Art Spätprodukt. Als Gott die Welt erschuf, fügte sich auch die Macht des Bösen der göttlichen Autorität.

Der Tenor dieses alttestamentlichen Berichtes von der Schöpfung ist insgesamt zwar autoritärer, was die Beziehung zwischen dem Göttlichen und dem Kosmos betrifft, doch was die Sicht des Menschen und seiner Rolle betrifft, so vertritt er in viel größerem Maße als andere Kosmogonien das Egalitätsprinzip. Die Menschheit wird nicht wie im babylonischen Mythos aus »schlechtem Blut« geformt, um hinfort Sklavenarbeit für die Götter leisten zu können, sondern sie geht als die Krönung aus dem sechstägigen Schöpfungswerk hervor; denn sie ist dazu bestimmt, als Repräsentant Gottes über die Erde zu herrschen. Im paradiesischen Urzustand gibt es keine Hierarchie unter den Göttern; es gibt auch keine Hierarchie unter den Menschen. Es gibt allein den einen Gott — gelassen, weil er nicht um seine Macht zu fürchten braucht — und das eine menschliche Paar, Repräsentanten seiner Macht auf Erden.

Platons *Timaios*, ebenfalls eine Schöpfungsgeschichte, hat ihren mythischen Charakter zum Teil verloren. Auf der Grundlage philosophischer Ideen wurde sie umgestaltet. Dennoch finden sich Anklänge an mythische Vorstellungen. So ist die Sprache bewußt derart gestaltet, daß erzählerische Elemente des Mythos, wie z. B. Personifizierung. und abstrakte Darstellungen, wie z. B. philosophische und naturwissenschaftliche Abhandlungen, einander abwechseln. Platon geht von einer ursprünglichen Trennung zwischen unsichtbarer und sichtbarer Wirklichkeit aus, einer Trennung zwischen einer ewigen geistigen Essenz und dem ewigen prozeßhaften Werden. Die Schöpfungsgeschichte erklärt die Entstehung der wandelbaren, sichtbaren Welt aus den ewigen, unsichtbaren Ideen. Das, was für Platon ewigen Bestand hat, ist die unsichtbare Welt intellektueller Prägung. Immer schon hat diese Wirklichkeit existiert. Sie ist zeitlos und unwandelbar. Die sichtbare Welt kann nur das Produkt eines Werkmeisters sein, der diese nach dem Modell der intellektuellen Welt gestaltete. D. h., die unsichtbare, ewige Welt wird von Platon als Archetyp für all das verstanden, was außer ihr existiert.

Um erklären zu können, wie diese sichtbare Welt − Abbild der unsichtbaren − erschaffen wurde, stellt Platon folgende Hypothese auf: Er setzt die Existenz eines Demiurgen voraus, den er als Vater und Schöpfer bezeichnet. Dieser Demiurg betätigt sich als Werkmeister: Er nimmt die Urelemente Erde, Luft, Feuer und Wasser und formt daraus den kugelförmigen Körper des Kosmos. Dieser entspricht somit der vollkommenen geometrischen Figur, dem Himmelsgewölbe. Bevor er aber darangeht, den Körper des Kosmos hervorzubringen, erschafft der Demiurg die Weltenseele. Dabei geht er folgendermaßen vor: Er bringt die beiden ursprünglichen Welten oder Wirklichkeiten − das Unsichtbare und das Sichtbare − zusammen und fügt ein Zwischenglied, eine dritte Essenz, ein, die an beiden Eigenschaften der ursprünglichen Welten teilhat: Gleichförmigkeit und Wandelbarkeit kennzeichnen sie. Von dieser Seelensubstanz läßt er dann in das Weltinnere einfließen. D. h., im Grunde müssen wir uns die Welt im Innern dieser Substanz vorstellen, denn die Weltenseele umgibt sie wie eine Hülle. Aber diese Hülle ist kein statisches Gebilde, sondern verfügt über eine ungeheure Dynamik. Sie umschließt den gesamten Kosmos und durchdringt ihn zugleich, indem sie in die Welt ausgegossen wird. Angetrieben von der Weltenseele, gerät der Kosmos in Bewegung. Mit ihm wird das Planetensystem mobilisiert. Das Weltganze bewegt sich auf eine vollkommene Harmonie zu. Am Ende steht eine mathematisch perfekte kosmische Ordnung — die Basis für die Entstehung der Zeit: Zeit — also ein Produkt der dynamischen sichtbaren Welt! Zeit — das »bewegliche Abbild der Unvergänglichkeit«! Obwohl dieser Demiurg, der den Kosmos und die Weltenseele als Abbild der Ewigkeit gestaltete, als männlicher Werkmeister beschrieben wird, stellt man sich die Weltenseele weiblich vor. Die *Psyche* ist weiblichen Geschlechts. Auch die Erde gilt mythologischer Tradition gemäß als unsere Mutter und Amme. Doch diese weiblichen Mächte werden dem Weltenschöpfer eindeutig unterstellt. Sie gehören einer untergeordneten sichtbaren Welt an, die nach dem Bild der unsichtbaren Welt erschaffen wurde. »Imago« impliziert für Platon die Subordination der erschaffenen Welt. Wie die Statue nach dem Bild des Menschen gestaltet wurde, so wurde die sichtbare Welt nach dem Bild der ursprünglichen Welt erschaffen. Ein Archetyp Welt stand Modell. Ontologisch ist sie jedoch vom Ursprung verschieden. Sie bleibt ein Abbild, dem per se ein geringerer Status zukommt.

Die Tendenz, die Hierarchie des Seins analog zur Hierarchie der Geschlechter zu verstehen, läßt sich ebenso in dem Kapitel über die Erschaffung der Menschheit erkennen. Aus der Restsubstanz der Weltenseele mixt der Demiurg die menschlichen Seelen und teilt sie jeweils einem Stern zu. Sie sollen die ewige Wahrheit in sich aufnehmen, und zwar indem sie der transzendenten Welt, der Welt der ewigen Ideen, gedenken. Nachdem sie sich auf diese Weise gestärkt haben, werden sie in (männliche) Körper eingepflanzt, geschaffen von den geringeren unter den Göttern, den Göttern der Planeten. Jene Seelen, denen es gelingt, ein Leben der Tugend zu führen, wird die Rückkehr zu ihrem Stern zugesagt, dem Ort ihrer Unsterblichkeit. Jene aber, denen es nicht gelingt, ihre niederen Seelenanteile zu beherrschen, sind der körperlichen Begierde erlegen. Und wer den Lüsten des Fleisches nicht zu trotzen vermag, soll zu Fleisch werden. Inkarnation ist die Folge, und Inkarnation bedeutet eine niedere Existenz. Auf der untersten Stufe der inkarnierten

Lebewesen befinden sich die weiblichen. D. h., das Weibliche steht der sichtbaren materiellen Welt in der platonischen Kosmogonie sehr viel näher als der geistigen Welt der ewigen Ideen.

Weiterführende Überlegungen

Was »die ersten Dinge« betrifft, so fand ein Wandel im Denken statt — von der Urmutter als Urgrund aller Dinge hin zu den Ureltern und schließlich dem einen männlichen Schöpfergott. Worin sehen Sie die Bedeutung dieser Entwicklung? Was die Kosmogonie betrifft, so fand ein Wandel des Denkens statt — Weltentstehung analog zum Zeugungsakt, Weltentstehung auf Befehl (durch das göttliche Wort) und schließlich als Technologie des Werkmeisters. Könnten Sie die aufgezeigten Entwicklungen in einen Zusammenhang bringen? Der Kosmos unterliegt einem ständigen Wandel in diesem Prozeß. Wo wird das Göttliche jeweils lokalisiert? Und — was bewirkt dieser Wandel, und zwar im positiven wie im negativen Sinne? Unser Verhältnis zur Natur unterliegt einem Wandel, und auch unsere Gesellschaftsordnung wandelt sich. Perspektiven ändern sich. Diese letztgenannten Wandlungsprozesse korrespondieren mit den anfänglich aufgezeigten Entwicklungen — in welcher Weise?

Wir sollten über unsere Beziehung zur Natur nachdenken. Welches Gottes- bzw. Selbstverständnis könnte am ehesten dazu beitragen, daß unser Bewußtsein für die gegenwärtige Umweltkrise geschärft wird?

1. Die Erschaffung der Vegetation durch die Muttergottheit

Der Dilmun-Mythos

Die Welt vor dem Erwachen

Erde und Himmel sind seit kurzem voneinander getrennt; alles Geschaffene ist da − potentiell, möchten wir sagen −, aber das Wort ist nicht gesprochen worden, der Akt ist nicht gesetzt worden, die allem das wirkliche Leben geben. Sogar der Gott Enki schläft; jenseits des Meeres ist er eingeschlafen, in Dilmun, einem Land, das nicht sagenhaft ist, von wo die sumerischen Schiffe im Jahre 2300 v. Chr. Kupfer brachten, das gegen Getreide und verschiedene Samen getauscht wurde.

»Auf der Erde, die rein ist, ruft ihn, Ihn (Enki)!
. . . in der Welt von Dilmun, die rein ist,
in der Welt von Dilmun, ruft ihn, Ihn!
. . . in der Welt von Dilmun, die rein ist.
In der Welt von Dilmun, die rein ist,
in der Welt von Dilmun, die jungfräulich ist,
In der Welt von Dilmun, die jungfräulich ist,
in der Welt von Dilmun, die hell ist,
Ist das einzige Paar in Dilmun in Schlaf versunken.
Das Land, wo Enki einschlief bei seiner Gattin,
Dieses Land ist jungfräulich, dieses Land ist hell.
Das einzige Paar, in Dilmun ist es in Schlaf versunken,
Das Land, wo Enki einschlief bei der Jungfrau,
Dieses Land ist jungfräulich, dieses Land ist hell.
In Dilmun krächzt noch nicht der Rabe,
Der Hahn kräht noch nicht den Hahnenschrei,
Der Löwe mordet nicht,
Kein Wolf raubt Lämmer,
Kein Wachthund weiß vom Ziegenhüten,
Kein Schwein weiß vom Mästen mit Kraut,
Die ›Witwe‹ kennt noch nicht die Nester im Gebälk,
Kein Vogel in der Luft . . . sein Nest,

Die Taube pickt sich nicht den Kropf mit Körnern voll,
Keine Mutter sagt: ›Ich bin Mutter‹,
Kein Vater sagt: ›Ich bin Vater‹;
Das junge Mädchen macht noch keine Waschungen,
kein Wasser fließt in die Stadt;
Es geht noch keiner herum und sagt: ›Es wird Nacht‹,
Der Wächter macht noch nicht die Runde,
Keiner erzählt von seinem Leid,
Wehklagt auf der Mauer der Stadt.«

Flehruf an den Gott des Grundwassers

In einer entschlafenen Welt erhebt sich eine Stimme, die Stimme der bis
dahin unberührten Gattin; sie ist noch *Ninsikila*, die »Jungfrau«. Sie ruft
Enki und bittet ihn um das lebensnotwendige Wasser.

»Die Jungfrau spricht zu ihrem Vater Enki:
›Du hast die Stadt versehen, du hast die Stadt versehen,
du hast sie versehen mit deinem Geschick;
Du hast die Stadt versehen, du hast die Stadt Dilmun versehen,
du hast sie versehen mit deinem Geschick,
. . . du hast sie versehen mit deinem Geschick.
(Doch das Wasser) der Kanäle besitzt sie nicht›
(Bruchstelle)
Enki, der Vater, antwortet seiner Tochter, der Jungfrau:
›Die Sonne in einem einzigen Umlauf
(Zwei Zeilen fehlen)
Aus dem Mund, der Quellen hervorsprudelt,
wird dir Süßwasser aus der Erde gebracht,
Er wird für dich das Wasser in das weite Gebiet sprudeln
    lassen,
Für dich wird er deine Stadt mit reichlichem Wasser
    durchgießen,
Für dich wird er Dilmun mit reichlichem Wasser
    durchgießen.
Dein Salzwasserbrunnen soll ein Süßwasserbrunnen werden.

80

Für dich wird er deine Felder mit Getreide bedecken,
Deine Stadt soll der Speicher des Landes werden,
Dilmun soll der Speicher des Landes werden.‹
Da stand die Sonne im Nachmittag,
Die Sonne in einem einzigen Umlauf,
(Es fehlen zwei Zeilen)
Aus dem Mund, der Quellen hervorsprudelt,
wird ihr Süßwasser aus der Erde gebracht.
Er läßt für sie das Wasser sprudeln in ihr weites Gebiet;
Er tränkt ihre Stadt mit reichlicher Wasserflut,
Er tränkt Dilmun mit reichlicher Wasserflut.
Ihr Salzwasserbrunnen wird ein Süßwasserbrunnen.
Für sie bedeckt er ihre Felder mit Getreide.
Ihre Stadt wird der Speicher des Landes.
Dilmun wird der Speicher des Landes.
Nun steht die Sonne im Abendlicht, fürwahr.«

Die Entstehung des Lebens:
Die Vermählung des Süßwasserozeans (Enki)
mit der Erde (Nintu)

In diesem Abschnitt wird die Gattin *Nin-tu*, »Herrin der Geburt«,
genannt. Wir sind im dritten Weltzeitalter, nach dem Schlaf, nach dem
Einfließen des Wassers, bei der Entstehung des Lebens. Diesmal ruft der
Bräutigam. Man beachte die Erwähnung des Himmelsgottes, die eine
späte Beifügung ist. Man achte besonders auf die doppelte Schöpfung,
vor und nach dieser Beifügung: die materielle Schöpfung und die geistige
Schöpfung. Bei der Vereinigung erhält die Gattin den Titel »Große
Gemahlin«; im Augenblick der Empfängnis wird sie »Herrin des Gebirges« genannt.

»Der Einsame, der Weise wendet sich Nin-tu zu,
der Mutter des Landes,
Enki, der Weise, wendet sich Nin-tu, der Mutter des Landes, zu,
Mit seinem Glied begoß er den Abhang,
Mit seinem Glied vermehrte er das Schilf durch reichliches
   Wasser.

Und sein Glied hob sich unter dem herrlichen Vließ.
Er rief: ›Kommt niemand ins Marschland?‹
Der Gott Enki rief: ›Kommt niemand ins Marschland?‹
Und er schwur beim Leben des Himmelsgottes.
Im Marschland ausgestreckt, im Marschland ausgestreckt,
Sprach Enki sein Wort, sprach sein Wort über das Wasser
   der großen Gemahlin.
Und die Herrin des Gebirges nahm den Samen,
Sie empfing den Samen, das Wasser des Gottes Enki.
Ihr erster Tag war ihr erster Monat,
Ihr zweiter Tag war ihr zweiter Monat.
. . .
Ihr achter Tag war ihr achter Monat,
Ihr neunter Tag war ihr neunter Monat, der Monat
   des Gebärens.
Wie Öl, wie Salböl, wie Öl feinster Mischung
(Gebar Nintu, die Mutter des Landes), wie Öl, wie Salböl,
   wie Öl feinster Mischung,
Gebar sie die Göttin Ninmu,
Und Ninmu erhob sich am Ufer des Flußlaufs.«

Der Zeuger-Gott

In diesem Abschnitt zeigt der Mythos zwei aufeinanderfolgende Stufen
der Lebensentfaltung; die Form dieses Berichtes ist zwar leicht verständlich, aber der Kern dieses Geschehens ist schwer erkennbar. Varianten
beweisen, daß die Abschreiber die Zahl der Episoden, die hier auf zwei
zusammengefaßt sind, willkürlich vermehrten.

»Enki umstellt, er umstellt das Marschland,
Er ruft Isimu, seinem Berater, zu:
›Soll ich das gesegnete Kind nicht küssen?
Soll ich Ninmu, die Gesegnete, nicht küssen?‹
Isimu, sein Ratgeber, antwortet ihm:
›Warum küßt du es nicht, das gesegnete Kind?

Warum küßt du Ninmu, die Gesegnete, nicht?
Mein König, hülle dich in eine Wolke! Hülle dich in einen
    Nebel!‹
Er fährt mit dem Schiff,
Dann landet er am steilen Ufer.
Er drückt sie fest an seine Brust, er küßt sie.
Enki ergoß seinen Samen,
Und sie empfing den Samen, den Samen des Gottes Enki.
Ihr erster Tag war ihr erster Monat.
Ihr zweiter Tag war ihr zweiter Monat.
Ihr neunter Tag war ihr neunter Monat,
der Monat des Gebärens.
Wie Öl, wie Salböl, wie Öl feinster Mischung,
Ninmu wie Öl, wie Salböl, wie Öl feinster Mischung
Gebar sie die Göttin Ninkur,
Und Ninkur erhob sich am Ufer des Flußlaufs.
Enki aber umstellt, er umstellt das Marschland.
Er ruft Isimu, seinem Berater, zu:
›Soll ich das gesegnete Kind nicht küssen?
Soll ich Ninkur, die Gesegnete, nicht küssen?‹
Isimu, sein Berater, antwortet ihm:
›Warum küßt du es nicht, das gesegnete Kind?
Warum küßt du Ninkur, die Gesegnete, nicht?
Mein König, hülle dich in eine Wolke! Hülle dich in einen
    Nebel!‹
Er fährt zunächst mit dem Schiff,
Dann landet er am steilen Ufer.
Er drückt sie fest an seine Brust, er küßt sie.
Enki ergoß seinen Samen,
Und sie empfing seinen Samen, den Samen des Gottes Enki.
Ihr erster Tag war ihr erster Monat,
Ihr neunter Tag war ihr neunter Monat, der Monat des
    Gebärens.
Wie Öl, wie Salböl, wie Öl feinster Mischung,
Ninkur, wie Öl, wie Salböl, wie Öl feinster Mischung,
Gebar sie die Göttin Uttu, die *Schöne*.«

Die berechnende Göttin

Trotz einer Bruchstelle von fünfzehn Zeilen ist dieser Abschnitt leicht
verständlich: Nintu belehrt Uttu, wie sie mit etwas Geschicklichkeit und
Schlauheit aus Enki einen musterhaften Diener machen kann. Uttu lockt
den Gott durch die Früchte, die sie beim Gärtner bestellt, zu sich; Enki
aber hat sich diesen zum Freunde gemacht.

»Da sprach Nintu zu Uttu, der *Schönen*:
›Ich will dir raten, doch verstehe meinen Rat gut!
Ich will dir ein Wort sagen, doch verstehe mein Wort gut!
Es ist jemand da! Er umstellt, er umstellt das Marschland . . .‹
Enki umstellt, er umstellt das Marschland . . . «
(Uttu zu ihrem Gärtner):
»›Bringe mir Gurken mit ihren . . .
Bringe mir riesengroße Äpfel,
Bringe mir Trauben mit ihren Reben.
Dann wird er im Hause mein Diener werden,
Der Gott Enki wird mein Diener werden.‹
Danach füllte Er (Enki), der das Wasser vermehren sollte,
Er füllte die Gräben mit Wasser,
Er füllte die Kanäle mit Wasser;
Er füllte mit Wasser das Brachland.
Vor Freude *hüpfte* der Gärtner auf dem Boden,
Und (Enki und der Gärtner) fielen sich um den Hals.«

Der listige Gott

»›Wer bist du?‹ (fragte der Gärtner.)
Enki antwortete dem Gärtner:
›Bringe mir Gurken mit ihren . . .
Bringe mir *riesengroße* Äpfel,
Bringe mir Trauben mit ihren Reben.‹
Und er brachte ihm Gurken mit ihren . . .
Er brachte ihm *riesengroße* Äpfel,
Er brachte ihm Trauben mit ihren Reben:

Er hatte den ganzen Schoß voll.
Da leuchtete Enkis Gesicht, er ergreift seinen Stab.
Er geht hin, der Gott Enki geht hin zu Uttu.
Er klopft an die Tür: ›Mach auf!‹ ruft er.
Sie sagt: ›Wer bist du denn, du?‹
Er antwortet: ›Ich bin der Gärtner.
Ich bringe dir Gurken, Äpfel und Trauben, soviel du willst.‹
Uttu öffnet jauchzenden Herzens die Tür ihres Hauses.
Und Enki gab Uttu, der *Schönen*,
Die Gurken mit ihren . . .
gab ihr die *riesengroßen* Äpfel,
Gab ihr die Trauben mit ihren Reben,
Und Uttu lief zu ihm hin und klatschte ihm Beifall
mit beiden Händen.
Enki *warf sich* auf Uttu.
Er faßte sie an der Brust, auf ihren Beinen liegend,
Bog er ihre Schenkel auseinander und liebkoste sie.
Er faßte sie an der Brust, und auf ihren Beinen liegend,
Tat er dem jungen Mädchen Gewalt an. Er küßte sie,
Und Enki überschwemmte Uttu mit seinem Samen,
Und sie empfing den Samen, den Samen des Gottes Enki.«

2. Der Kosmos wird von einer göttlichen Mutter geboren

Das babylonische Weltschöpfungslied »Als droben« (Enuma elisch)

Als droben   der Himmel nicht genannt war,
   Drunten die Feste   einen Namen nicht trug,
Apsû, der uranfängliche,   ihr Erzeuger,
   Mummu (und) Tiâmat,   die Gebärerin von ihnen allen,
Ihre Wasser   in eins vermischten,
   Das Strauchwerk sich nicht miteinander verknüpfte,   Rohr-
dickicht nicht zu sehen war,

Als die Götter   nicht existierten, niemand,
  Sie mit Namen nicht genannt,   Geschicke ihnen nicht
bestimmt waren,
Da wurden die Götter   in ihrer Mitte geschaffen,
  Laḫmu (und) Lahamu traten ins Dasein, wurden mit Namen
benannt.
Während sie groß wurden,   emporwuchsen,
  Wurden Anšar (und) Kišar geschaffen,   sie überragten jene;
Sie ließen die Tage lang werden,   fügten Jahre hinzu,
  (da ward) Anu, ihr Sohn,   seinen Vätern ebenbürtig.
Anšar machte Anu,   seinen Erstgeborenen, (sich) gleich,
  Und Anu erzeugte   als sein Ebenbild Nudimmud.
Nudimmud, seiner Väter   Herrscher war er,
  Umfassend sein Wissen, klug, an Kräften gewaltig,
Stark, mehr (?)   als der Erzeuger seines Vaters, Anšar,
  Nicht hatte er seinesgleichen   unter den Göttern, seinen
Vätern.
Es kamen zusammen   die Brüder, die Götter,
  Sie störten Tiâmat,   ihren Wächter . . .
Sie verwirrten   der Tiâmat Gemüt,
  Mit Gesang (?)   inmitten der Himmelswohnung (?).
Nicht dämpfte Apsû ihr Geschrei,
  Und Tiâmat blieb still, . . . ihr . . .
Es mißfielen   ihre Taten [ihnen],
  Nicht gut war ihr Wandel,   sie betrugen sich frech (?).
Da begann Apsû,   der Vater der großen Götter,
  Die Rede, Mummu,   seinen Vezier, zu rufen:
»Mummu, mein Vezier,   der du mein Gemüt erfreust,
  Komm, zu Tiâmat   wollen wir gehen!«
Sie gingen hin, und vor   Tiâmat ließen sie sich nieder,
  Die Angelegenheit berieten sie   wegen der Götter, ihrer
Erstgeborenen . . .
Als Tiâmat ihr Werk   gewaltig gemacht hatte,
  Bereitete sie die Schlacht vor wider die Götter, ihre Spröß-
linge.
Apsû zu rächen,   begann Tiâmat Feindseligkeit;
  Daß sie sich zum Kampfe gerüstet hatte,   erklärte (?) sie Êa.

[Als] Êa diese Sache [hörte],
    Wurde ihm [schmerz]lich bange, saß er bedrückt.
Viele [Tage] vergingen, da beruhigte sich sein Grimm.
    [Seinen Weg z]u Anšar, seinem Vater, lenkte er.
[Er kam] vor den Vater, seinen Erzeuger, Anšar,
    [Alles, w]as Tiâmat erdacht hatte, erzählte er ihm;
[Also]: »Tiâmat, unsre Mutter, haßt uns.« . . .
Apsû tat seinen Mund (auf), zu ihr zu sprechen,
    Zu Tiâmat laut (?) zu sprechen:
»Ihr Wandel [miß]fällt mir,
    Am Tage habe ich nicht Ruhe, nachts schlafe ich nicht.
Ich will (sie) verderben, ihre Wege will ich zerstreuen,
    Stille soll hergestellt werden, wir wollen schlafen!«
Als Tiâmat dieses hörte
    Wurde sie zornig, schrie ihren Buhlen an.
    . . . schlimm, zornig war sie allein (?),
    Das Böse nahm sie (sich) zu Herzen.
»[Wa]s? Was wir gesch[affe]n haben, wollen wir vernichten?
    Wenn auch ihr Wandel mißfällt, wir wollen (sie doch)
freundlich pflegen!«

Apsû gibt nicht auf. Er führt seinen Plan aus und vernichtet die jüngeren
Götter. Aber Êa, der Gott der Erde und des Meeres, versetzt ihn in
Schlaf und tötet ihn. Über seinem Körper errichtet er ein Heiligtum. Von
dort aus regiert er – gemeinsam mit seiner Gemahlin. Aus dieser
Verbindung geht Marduk hervor. Tiâmat wird von den Göttern aufge-
hetzt, Apsû zu rächen.

[Als sie sich abgetrennt (?) hatten], erhob[en sie sich] zur Seite
Tiâmats.
    [Wüten]d sind sie, planen ohne Ruh bei Tag und [Nacht].
[Sie neh]men den Kampf auf, toben, ra[sen],
    Bilden eine Rotte, Fein[dseligkeiten] zu schaffen.
Die Mutter der Tiefe, die al[les] erschafft . . .

Marduk wird von den zum Kampf gerüsteten Göttern zum Führer ernannt. Er soll sie gegen Tiâmat verteidigen. Marduk begegnet ihr in der Schlacht.

»Tritt her, ich und du,   wir wollen kämpfen!«
Als Tiâmat   dies hörte,
    Geriet sie außer sich,   verlor den Verstand.
Tiâmat schrie auf   wütend, laut,
    Bis in die Wurzeln erzitterten   hin und her ihre Beine,
Sie sagt eine Beschwörung,   spricht ihre Formel,
    Auch die Götter für die Schlacht   feien(?) ihre Waffen.
Sie traten zusammen,   Tiâmat (und) der Weise der Götter, Marduk,
    Sich zum Kampf erhebend,   zur Schlacht sich nähernd,
Es breitete der Herr aus   sein Netz, fing sie darin,
    Den Orkan hinter sich   ließ er vor sich (?) los.
Es öffnete Tiâmat ihren Mund,   so weit sie konnte,
    Da ließ er den Sturm hinein,   so daß sie ihre Lippen nicht schließen konnte.
Die grimmigen Winde   füllten ihren Leib,
    Ihr Herz wurde gelähmt (?),   ihren Mund tat sie weit auf.
Er schoß den Pfeil ab,   zerspaltete ihren Bauch,
    Ihr Inneres zerschnitt er,   zerriß das Herz.
Als er sie bezwungen hatte,   tilgte er ihr Leben aus.
    Ihren Leichnam warf er hin,   sich darauf zu stellen.
Als er Tiâmat,   die Anführerin, erschlagen hatte,
    Zerbrach ihre Rotte,   ihr Heer zerstreute sich,
Auch die Götter, ihre Helfer,   die ihr zur Seite gingen,
    Erzitterten, fürchteten sich,   wandten sich rückwärts.
Sie versuchten zu entweichen,   ihr Leben zu retten,
    (Obwohl) gefangen,   unentrinnbar.
Er band sie   und zerbrach ihre Waffen,
    Während sie im Netze lagen,   im Garne saßen,
In den Höhlen sich befanden,   sie mit Wehklagen erfüllten,
    Seine Strafe trugen, im Gefängnisse gehalten wurden.
Auch die elf Geschöpfe,   die sie mit Fruchtbarkeit angefüllt hatte,

Die Rotte (?) der Dämonen,   die . . . ihr voranzogen,
Warf er in Fesseln,   ihre Arme . . .
Somit ihren Feindseligkeiten   trat er sie nieder.
Auch Kingu,   den sie über sie erhöht hatte,
   Bezwang er,   und dem Tode (?) übergab er ihn.
Er nahm ihm die Schicksalstafeln,   die ihm nicht gebührten,
   Mit einem Siegel siegelte er sie,   nahm sie an seine Brust,
Nachdem er seine Feinde   bezwungen, erschlagen hatte,
   Den furchtbaren Feind   zum Sklaven (?) gemacht (?) hatte,
Den Triumph Anšars über die Feinde   insgesamt gewonnen
hatte,
   (Nachdem) Marduk, der tapfere,   den Wunsch des Nudim-
mud erreicht hatte,
Machte er über die gefangenen Götter   gewaltig seine Haft,
   Zu Tiâmat, die er bezwungen,   kehrte er zurück.
Es trat der Herr   auf Tiâmats Bein[e],
   Mit seiner schonungslosen Keule (?)   zerspaltete er den
Schädel, schnitt durch die Adern ihres Blutes,
   Ließ es den Nordwind   ins Verborgene führen,
Als es seine Väter sahen,   freuten sie sich, jubelten,
   Begrüßungsgaben   ließen sie ihm bringen.
Es ruhte der Herr,   ihren Leichnam zu betrachten,
   Den Rumpf zu teilen,   Kunstvolles zu schaffen.
Er hälftete sie wie eine Muschel (?)   in zwei Teile,
   Und setzte ihre (eine) Hälfte hin,   den Himmel bedeckte er
(damit).
Er zog einen Riegel,   postierte Wächter,
   Ihre Wasser nicht herauszulassen,   bestellte er sie . . .
Er schuf einen Standort   für die großen Götter,
   Sternbilder, ihr Ebenbild,   die Lumaši-Sterne, stellte er auf.
Er bestimmte das Jahr,   teilte Abschnitte ab,
   (Für) zwölf Monate stellte er   je drei Sterne auf.
Nachdem er die Tage des Jahres   eingezeichnet (?) hatte,
   Begründete er den Standort des Nibiru,   um ein Band für sie
zu bezeichnen.

Damit keiner sündigt,   keiner sich irrt . . .
    Feste Riegel machte er   links und rechts,
In ihre Mitte   setzte er die (Himmels)höhen.
    Den Nannar ließ er erglänzen, vertraute (ihm) die Nacht an.
Er bestimmte ihn zu einem Nachtschmuck,   um die Zeit zu
bestimmen.
    »Alle Monate unaufhörlich   komm hervor aus der Tiara (?),
Am Anfang des Monats,   des Leuchtens über das Land,
    Glänzest du an den Hörnern,   6 Tage zu bestimmen,
Am 7. Tage   [mache] die Tiara [halb],
    Am šabattu-Tage stehe in Opposition . . .
Wenn die Sonne am Horizont dich [erreicht],
    Zerteile (?) die [Wol]ken,   strahle (?) rückwärts.
[Am bubbu]lu-Tage   nähere dich der Sonnenbahn,
    [am 30. Tage]   stehe wieder in Konjunktion mit der Sonne!
    ] Zeichen, ihren Weg gehend (?),
    ] nähere dich, sprich Recht.«

Als Marduk das Wort   der Götter hörte,
    Begehrt er,   Kunstvolles zu schaffen.
Aufgetanen Mundes [spri]cht er zu Êa,
    [was] er in seinem Herzen erdacht hat,   den Ratschluß gibt er:
»Blut will ich ›binden‹,   Gebein stehen lassen,
    Aufstellen will ich Lullâ,   ›Mensch‹ sei sein Name.
Erschaffen will ich   Lullâ,   den Menschen!
    Es sollen ihm auferlegt werden die Götterdienste,   sie sollen
befriedigt [sein!
Weiter will ich die Wege der Götter   künstlich gestalten,
    Übereinstimmend seien sie geehrt,   (doch) in zwei Teile
geteilt!«

Es antwortete ihm Êa,   indem er zu ihm das Wort sprach;
    Zur Beruhigung der Götter   erzählte er ihm einen Plan:
»Es soll hingegeben werden   einer, ihr Bruder!
    Er soll vernichtet werden,   die Menschen sollen gebildet
werden!

Es sollen sich versammeln   die großen Götter!
    Jener soll hingegeben werden,   sie (aber) sollen bestehen bleiben!«
Marduk versammelte   die großen Götter,
    Freundlich entbietend,   Weisung gebend.
Aufgetanen Mundes   beordert er die Götter,
    Zu den Anunnaki spricht   der König das Wort:
»Feststehendes (?) fürwahr (?)   haben wir früher euch verkündet,
Feststehendes werde ich schwören,   einen Eid (?) bei (?) mir!
Wer war's,   der den Streit geschaffen,
    Tiâmat zum Aufruhr veranlaßt,   die Schlacht ›geknüpft‹ hat?
Hingegeben werde der,   welcher den Streit geschaffen.
Seine Strafe will ich ihn tragen lassen,   setzet euch beruhigt.«
Es antworteten ihm   die Igigi, die großen Götter.
    Dem »König der Götter, Himmels und der Erde«,   dem Berater der Götter, ihrem Herrn:
»Kingu war's,   der den Streit geschaffen,
    Tiâmat zum Aufruhr veranlaßt,   die Schlacht ›geknüpft‹ hat.«
Als sie ihn gebunden hatten,   [brachten] sie ihn vor Êa,
    Und Strafe legten sie ihm auf,   sein(e) Blut(adern) schnitten sie ab.
Aus seinem Blute   mischte (?) er die Menschen,
    Legte ihnen auf die Dienste der Götter,   die Götter ließ er frei.

3. Die Muttergottheiten unterstützen die Söhne: Die Väter sollen vom Thron gestürzt werden

Zuallererst wahrlich entstand das Chaos, aber dann
die breitbrüstige Gaia, der niemals wankende Sitz von allen
Unsterblichen, die das Haupt des schneebedeckten Olymps bewohnen,

und der dämmrige Tartaros im Innern der breitstraßigen Erde
und der Eros, der schönste unter den unsterblichen Göttern,
der gliederlösende. Von allen Göttern und von allen Menschen
bezwingt er in der Brust den Sinn und den klugen Ratschluß.
Aus dem Chaos entstand der Erebos und die dunkle Nacht,
aus der Nacht aber entstanden wiederum der Äther und die
    Tageshelle,
die sie gebar, nachdem sie empfangen und sich mit Erebos in
    Liebe verbunden hatte.
Gaia aber erzeugte als erstes, ihr selbst gleich,
den sternreichen Uranos, damit er sie ganz umhülle (und)
damit er den seligen Göttern für immer der nicht wankende Sitz
    sei.
Sie erzeugte (auch) die hohen Berge, die lieblichen Aufenthalts-
    orte der Göttinnen,
der Nymphen, die in den schluchtenreichen Bergen wohnen.
Sie gebar auch das unermüdlichwogende Meer, schäumend im
    Wogenschwall,
den Pontos, ohne ersehnte Liebe. Aber dann
gebar sie, nachdem sie von Uranos umarmt worden war, den
    tiefaufgewirbelten Okeanos,
den Koios, den Kreios, den Hyperion, den Iapetos,
die Theia, die Rheia, die Themis, die Mnemosyne,
die goldbegränzte Phoibe und die liebliche Tethys.
Nach diesen entstand als der jüngste der hinterlistige Kronos,
das schrecklichste unter den Kindern. Er haßte den blühenden
    Vater.

Sie gebar auch die Kyklopen, die ein überhebliches Herz haben,
den Brontes, den Steropes und den starkmutigen Arges.
Diese gaben dem Zeus den Donner und verfertigten den Blitz.
Sie waren in allem sonst den Göttern ähnlich,
(nur) hatten sie ein einziges Auge mitten auf der Stirn.
Kyklopen war ihr Name, weil sie (nur)
ein einziges rundes Auge auf der Stirn hatten.
Stärke und Kraft und List war bei ihren Werken.

Noch andere aber stammen ab von Gaia und Uranos,
drei große und starke Söhne, nicht (beim Namen) zu nennende:
Kottos, Briareos und Gyes, übermütige Söhne.
Bei ihnen bewegten sich hundert Hände schnell von den Schul-
    tern,
unförmige. Jedem waren (dazu) fünfzig Köpfe
aus den Schultern gewachsen auf festen Hälsen.
Unnahbare und mächtige Kraft lag in ihrer großen Gestalt.
Wie viele aber auch von Gaia und Uranos erzeugt wurden,
die schrecklichsten der Kinder: sie (alle) waren dem Vater ver-
    haßt
von Anfang an. Und sobald von ihnen einer geboren war,
verbarg er sie alle und ließ sie nicht ans Licht hinauf
in einer Höhlung der Erde (Gaia). Über die schlechte Tat aber
    freute sich
Uranos. Die riesige Erde jedoch stöhnte innerlich,
weil sie (immer mehr) eingeengt wurde, und sie ersann eine
    schlaue und böse List.
Und sofort brachte sie das Geschlecht des hellen Stahls hervor
    und
fertigte eine große Sichel an und sprach zu ihren Söhnen.
Sie sagte ermunternd (zu ihnen), in ihrem Herzen (aber) beküm-
    mert:
»Meine Kinder und die eines ruchlosen Vaters, wenn ihr gehor-
    chen
wollt, können wir die schlimme Schandtat eures Vaters
rächen. Als erster nämlich hat er unrechte Taten erdacht.«
So sprach sie. Aber alle ergriff Furcht, und keiner von ihnen
sprach. Der große hinterlistige Kronos aber faßte Mut
und redete die besorgte Mutter an mit (folgenden) Worten:
»Mutter, ich will es versprechen und die Tat vollbringen,
denn ich habe keine Achtung (mehr) vor unserem verruchten
Vater. Als erster nämlich hat er unrechte Taten erdacht.«
So sprach er. Es freute sich aber sehr im Herzen die riesige Erde.
Nachdem sie ihn in einem Versteck verborgen hatte, hieß sie ihn
    sitzen. Sie gab ihm in die Hand
die scharfzahnige Sichel. Den ganzen listigen Plan lehrte sie ihn.

Es kam nun, die Nacht herbeiführend, der große Uranos. Er breitete
sich rings um Gaia in Liebesverlangen aus und spannte sich
überall aus. Der Sohn aber streckte aus seinem Versteck die linke
Hand aus, nahm mit der rechten die riesige Sichel,
die lange, scharfzahnige, und schnitt die Geschlechtsteile seines Vaters
eilends ab. (Dann) warf er sie (fort), daß sie wieder hinter ihn
flogen. Nicht wirkungslos jedoch entflohen sie seiner Hand:
Wieviel blutige Tropfen nämlich herunterfielen:
alle nahm Gaia sie auf. Im Kreislauf der Jahre aber
brachte sie (darauf) die starken Erinnyen und die großen Giganten
hervor,
glänzend in Waffen, lange Speere in den Händen haltend,
und die Nymphen, die man die melischen nennt auf der unendlichen Erde.
Die Geschlechtsteile aber wurden, nachdem (Kronos) sie zuerst mit dem Stahl abgeschnitten
und vom Festland in die vielwogende See hineingeworfen hatte,
lange Zeit so auf dem Meer umhergetragen. Um sie entstand
weißer Schaum von dem unsterblichen Fleisch. In diesem entwickelte sich
ein Mädchen. Zuerst näherte es sich der heiligen (Insel)
Kythera. Von dort kam es zum ringsumflossenen Kypros.
(Dort) ging die ehrwürdige, schöne Göttin an Land. Ringsumher aber
wuchs das Gras unter ihren schlanken Füßen. Aphrodite (d. i. Schaumentstandene) . . .

Die Nacht aber gebar das verhaßte Geschick und das schwarze Verderben
und den Tod. Sie gebar auch den Schlaf. Sie gebar auch das Geschlecht der Träume.

Die dunkle Nacht gebar (diese alle) ohne mit irgendeinem (Mann) zusammengekommen zu sein.

Als nächsten aber gebar sie den Tadel und den schmerzlichen

Jammer
und die Hesperiden, denen jenseits des berühmten Okeanos goldene
schöne Äpfel anvertraut sind und die Bäume, die diese Frucht tragen.
Und sie gebar die Moiren und die umbarmherzig strafenden Keren
[Klotho und Lachesis und Atropos, die den Sterblichen
bei der Geburt den Besitz des Guten und des Schlechten geben].
Die (Keren) verfolgten die Übertretungen der Menschen und der
Götter, und niemals lassen die Göttinnen ab von ihrem gewaltigen Groll,
bevor sie dem eine schlimme Strafe gegeben haben, der gefehlt
hat.
Sie gebar auch als ein Unglück für die sterblichen Menschen die
Nemesis,
die verderbenbringende Nacht. Nach ihr gebar sie die Täuschung
und die Liebesleidenschaft,
das verderbliche Alter gebar sie und die starkmutige Eris . . .

Kronos und Rheia: Zeus

Rheia, von Kronos bezwungen, gebar glänzende Kinder,
die Histia, die Demeter und die goldbeschuhte Hera,
ferner den mächtigen Hades, der unter der Erde ein Haus
bewohnt
und ein unbarmherziges Herz hat, und den lautbrausenden Er-
schütterer (Poseidon)
und den allweisen Zeus, den Vater der Götter und Menschen,
von dessen Donner die weite Erde erschüttert wird.
Diese alle verschlang der gewaltige Kronos, wer jeweils
aus dem heiligen Schoß der Mutter zu ihren Knien kam,
darauf sinnend, daß nicht von den ehrwürdigen Himmelsab-
kömmlingen
ein anderer unter den Unsterblichen die Königswürde innehätte.
Er hatte nämlich von Gaia und dem bestirnten Uranos erfahren,

daß ihm bestimmt sei, von seinem eigenen Sohn bezwungen zu
    werden,
obwohl er der stärkere sei: durch die Pläne des großen Zeus.
Deshalb hielt (Kronos) nicht unachtsam Wacht, sondern auf der
    Lauer liegend,
verschlang er seine Kinder. Rheia aber hatte untragbare Trauer.
Als sie nun Zeus, den Vater der Götter und Menschen, gebären
sollte, da flehte sie ihre lieben Eltern an,
ihre eigenen, an, die Gaia und den Uranos,
(ihr) einen Rat zu ersinnen, wie sie heimlich gebären könne
ihren Sohn, und rächen könne die Frevel an ihrem Vater
und ihren Kindern, die der gewaltige, hinterlistige Kronos ver-
    schlungen hatte.
Die (Eltern) aber hörten ihrer Tochter wohl zu und gaben ihr
    nach
und sagten ihr, was zu geschehen bestimmt sei
mit dem König Kronos und seinem starkmutigen Sohn.

Sie schickten sie nach Lyktos, in das reiche Gebiet Kretas,
als sie den jüngsten unter ihren Kindern gebären sollte,
den großen Zeus. Ihn nahm von ihr die riesige Gaia an
im weiten Kreta, um ihn zu ernähren und aufzuziehen.
Dorthin kam sie, ihn tragend, durch die schwarze, schnelle Nacht
zuerst nach Lyktos. Sie verbarg ihn, (ihn) mit den Händen
    ergreifend
in einer unersteiglichen Höhle, in der Tiefe der heiligen Erde,
auf dem Aigaion, dem dichtbestandenen, waldreichen Berg.
Dann aber händigte sie, nachdem sie ihn in Windeln eingewickelt
    hatte, einen großen Stein
dem Uranossohn aus, dem großen Herrscher, dem früheren
    König der Götter.
Er nahm ihn aber in die Hände und barg ihn in seinem Bauch,
der gewaltige (Kronos), und wußte nicht in seinem Sinn, daß ihm
    danach
anstelle des Steines sein eigener Sohn unbesiegt und unbarm-
    herzig

zurückblieb, der ihn bald mit gewaltigen Händen bezwingen und
  von seiner Würde,
vertreiben und nun selbst unter den Unsterblichen herrschen
  sollte.
Schnell wuchsen dann die Kraft und die glänzenden
Glieder des Herrschers. Als aber das Jahr herankam, gab,
überlistet von den vielverständigen Ratschlägen der Gaia,
der gewaltige, hinterlistige Kronos seine Nachkommenschaft
  wieder von sich,
besiegt von den Künsten und der Kraft des eigenen Sohnes.
Als erstes spie er den Stein aus, den er als letztes verschlungen
  hatte.
Den stellte Zeus auf der weitwegigen Erde auf
im hochheiligen Pytho unter den Schluchten des Parnaß,
ein Zeichen zu sein für die Zukunft, ein Wunder den sterblichen
  Menschen.
(Zeus) erlöste auch die Brüder des Vaters von den grausamen
  Fesseln,
die Uranosnachkommen, die ihr Vater in seinem törichten Sinn
  gefesselt hatte.
Die dankten ihm für seine Wohltaten,
gaben ihm den Donner und den feurigen Blitzschlag
und den Blitzstrahl. Vorher hatte sie die riesige Erde geborgen.
Ihnen vertrauend, herrscht (Zeus) nun über Sterbliche und Un-
  sterbliche.

4. Der Schöpfer bringt den Kosmos durch sein göttliches Wort hervor

Die Schöpfung

Am Anfang schuf Gott Himmel und Erde. Und die Erde war
wüst und leer, und es war finster auf der Tiefe; und der Geist
Gottes schwebte auf dem Wasser.

Und Gott sprach: Es werde Licht! Und es ward Licht. Und Gott sah, daß das Licht gut war. Da schied Gott das Licht von der Finsternis und nannte das Licht Tag und die Finsternis Nacht. Da ward aus Abend und Morgen der erste Tag.

Und Gott sprach: Es werde eine Feste zwischen den Wassern, die da scheide zwischen den Wassern. Da machte Gott die Feste und schied das Wasser unter der Feste von dem Wasser über der Feste. Und es geschah so. Und Gott nannte die Feste Himmel. Da ward aus Abend und Morgen der zweite Tag.

Und Gott sprach: Es sammle sich das Wasser unter dem Himmel an besondere Orte, daß man das Trockene sehe. Und es geschah so. Und Gott nannte das Trockene Erde, und die Sammlung der Wasser nannte er Meer. Und Gott sah, daß es gut war. Und Gott sprach: Es lasse die Erde aufgehen Gras und Kraut, das Samen bringe, und fruchtbare Bäume auf Erden, die ein jeder nach seiner Art Früchte tragen, in denen ihr Same ist. Und es geschah so. Und die Erde ließ aufgehen Gras und Kraut, das Samen bringt, ein jedes nach seiner Art, und Bäume, die da Früchte tragen, in denen ihr Same ist, ein jeder nach seiner Art. Und Gott sah, daß es gut war. Da ward aus Abend und Morgen der dritte Tag.

Und Gott sprach: Es werden Lichter an der Feste des Himmels, die da scheiden Tag und Nacht und geben Zeichen, Zeiten, Tage und Jahre und seien Lichter an der Feste des Himmels, daß sie scheinen auf die Erde. Und es geschah so. Und Gott machte zwei große Lichter: ein großes Licht, das den Tag regiere, und ein kleines Licht, das die Nacht regiere, dazu auch die Sterne. Und Gott setzte sie an die Feste des Himmels, daß sie schienen auf die Erde und den Tag und die Nacht regierten und schieden Licht und Finsternis. Und Gott sah, daß es gut war. Da ward aus Abend und Morgen der vierte Tag.

Und Gott sprach: Es wimmle das Wasser von lebendigem Getier, und Vögel sollen fliegen auf Erden unter der Feste des Himmels. Und Gott schuf große Walfische und alles Getier, das da lebt und webt, davon das Wasser wimmelt, ein jedes nach seiner Art, und alle gefiederten Vögel, einen jeden nach seiner Art. Und Gott sah, daß es gut war. Und Gott segnete sie und sprach: Seid fruchtbar und mehret euch und erfüllet das Wasser im Meer, und die Vögel sollen sich mehren auf Erden. Da ward aus Abend und Morgen der fünfte Tag.

Und Gott sprach: Die Erde bringe hervor lebendiges Getier, ein jedes nach seiner Art. Vieh, Gewürm und Tiere des Feldes, ein jedes nach seiner Art. Und es geschah so. Und Gott machte die Tiere des Feldes, ein jedes nach seiner Art, und das Vieh nach seiner Art und alles Gewürm des Erdbodens nach seiner Art. Und Gott sah, daß es gut war. Und Gott sprach: Lasset uns Menschen machen, ein Bild, das uns gleich sei, die da herrschen über die Fische im Meer und über die Vögel unter dem Himmel und über das Vieh und über alle Tiere des Feldes und über alles Gewürm, das auf Erden kriecht. Und Gott schuf den Menschen zu seinem Bilde, zum Bilde Gottes schuf er ihn; und schuf sie als Mann und Weib. Und Gott segnete sie und sprach zu ihnen: Seid fruchtbar und mehret euch und füllet die Erde und machet sie euch untertan und herrschet über die Fische im Meer und über die Vögel unter dem Himmel und über das Vieh und über alles Getier, das auf Erden kriecht. Und Gott sprach: Sehet da, ich habe euch gegeben alle Pflanzen, die Samen bringen, auf der ganzen Erde, und alle Bäume mit Früchten, die Samen bringen, zu eurer Speise. Aber allen Tieren auf Erden und allen Vögeln unter dem Himmel und allem Gewürm, das auf Erden lebt, habe ich alles grüne Kraut zur Nahrung gegeben. Und es geschah so. Und Gott sah an alles, was er gemacht hatte, und siehe, es war sehr gut. Da ward aus Abend und Morgen der sechste Tag.

So wurden vollendet Himmel und Erde mit ihrem ganzen Heer. Und so vollendete Gott am siebenten Tage seine Werke, die er machte, und ruhte am siebenten Tage von allen seinen Werken, die er gemacht hatte. Und Gott segnete den siebenten Tag und heiligte ihn, weil er an ihm ruhte von allen seinen Werken, die Gott geschaffen und gemacht hatte.

So sind Himmel und Erde geworden, als sie geschaffen wurden.

5. Der Schöpfer gestaltet die sichtbare Welt nach dem Bild der unsichtbaren

Der ganze Himmel aber — oder die Welt, oder welcher Name sonst jemandem dafür belieben mag, der sei uns genehm —, von ihm müssen wir zuerst erwägen, was es offenbar anfangs bei jedem zu erwägen gilt, ob er stets war und kein Anfang seines Entstehens stattfand, oder ob er, von einem Anfange ausgehend, entstand.

Er entstand; denn er ist sichtbar und betastbar und hat einen Körper. Alles Derartige ist wahrnehmbar, alles Wahrnehmbare aber, durch Vorstellung vermittels Sinneswahrnehmung zu erfassen, zeigte sich als ein Werdendes und Erzeugtes; von dem Gewordenen aber behaupten wir ferner, daß es notwendig aus einer Ursache hervorging.

Also den Urheber und Vater dieses Weltalls aufzufinden, ist schwer, nachdem man ihn aber auffand, ihn allen zu verkünden, unmöglich. Dies aber müssen wir ferner über es erwägen, nach welchem Vorbilde sein Werkmeister es auferbaute, ob nach dem stets ebenso und in gleicher Weise Beschaffenen oder nach dem Gewordenen. Ist aber diese Welt schön und ihr Werkmeister gut, dann war offenbar sein Blick auf das Unvergängliche gerichtet.
. . . So also verstanden, ist sie nach dem durch Nachdenken und Vernunft zu Erfassenden und stets sich Gleichbleibenden auferbaut; da sich aber dies so verhält, ist es durchaus notwendig, daß diese Welt von etwas ein Abbild sei . . .

Indem er es also dem schönsten unter allem Gedachten und in jeder Beziehung Vollkommenen möglichst ähnlich zu machen beabsichtigte, ordnete er es an als *ein* sichtbar Lebendes, welches alles von Natur ihm verwandte Lebende in sich faßt. . . . Damit diese nun als ein Alleiniges dem durchaus vollkommenen Lebenden ähnlich sei, darum gestaltete ihr Urheber weder zwei noch unendliche Welten, sondern dieser Himmel ward als ein alleiniger und eingeborener und wird es ferner sein.

Das Gewordene muß aber ein Körperliches, ein Sichtbares und Betastbares sein. Nun dürfte wohl nichts je ohne Feuer sichtbar noch ohne ein Festes betastbar werden, Festes aber nicht ohne Erde. Daher schuf der Gott, als er den Leib des Alls zusammenzusetzen begann, ihn aus Feuer und Erde . . . Nun aber kam es ihm zu, zu einem Festen zu werden, das Feste aber verbinden nicht ein, sondern immer zwei Mittelglieder; demnach also, indem der Gott inmitten zwischen Feuer und Erde Wasser und Luft einfügte und sie zueinander soviel wie möglich in demselben Verhältnis schuf, nämlich wie Feuer zur Luft, so Luft zum Wasser, und wie Luft zum Wasser, so Wasser zur Erde, verknüpfte und gestaltete er so den sichtbaren und greifbaren Himmel . . .

In der Absicht, daß erstens *ganz*, so sehr möglich, das vollkommene Lebende sei und aus vollkommenen Teilen bestehend und außerdem ein Eines, da ja nichts übriggelassen war, woraus ein anderes der Art gebildet werden konnte, sowie ferner, damit es unalternd und keinem Siechtum unterworfen sei . . . Aus diesem Grunde und durch solche Schlüsse bestimmt, gestaltete er es aus lauter Ganzen als *ein* vollkommenes, nie alterndes noch erkrankendes Ganzes und verlieh ihm die ihm angemessene und verwandte Gestalt. Dem Lebenden aber, das bestimmt war, alles Lebende in sich zu umfassen, dürfte wohl die Gestalt angemessen sein, welche alle irgend vorhandenen Gestalten in sich schließt; darum verlieh er ihm die kugelige, vom Mittelpunkte aus nach allen Endpunkten gleich weit abstehende kreisförmige Gestalt, die vollkommenste und sich selbst ähnlichste aller Gestalten . . .

Indem er aber seiner Mitte die Seele einpflanzte, ließ er diese das Ganze durchdringen und auch noch von außen her den Körper umgeben und bildete den einen, alleinigen, einzigen Himmel, einen im Kreise sich drehenden Kreis, vermögend, durch eigene Kraft sich selbst zu befruchten, und keines andern bedürftig, sondern sich selbst zur Genüge bekannt und befreundet; so erzeugte er ihn als einen durch dieses alles seligen Gott.

Die Seele aber ward nicht, wie wir jetzt später von ihr zu sprechen versuchen, so auch als das jüngere Erzeugnis von dem Gotte ersonnen; denn nimmer hätte er wohl gestattet, daß das Ältere von dem Jüngeren, mit dem er es verband, beherrscht würde, sondern wir drücken uns wohl nur so aus, wie wir gar häufig vom Zufall und dem Geratewohl abhängen; er aber gestaltete die ihrer Entstehung und ihrer Vorzüglichkeit nach frühere und ältere Seele als Gebieterin und Beherrscherin des ihr unterworfenen Körpers aus solchen Bestandteilen und auf solche Weise. Zwischen dem unteilbaren, keinem Wechsel unterworfenen Sein und dem teilbaren, in den Körpern werdenden mischte er aus beiden eine dritte Gattung des Seins; was aber wiederum die Natur des Selben und die des Verschiedenen angeht, so stellte er auch bei diesen je eine dritte Gattung zusammen zwischen dem Unteilbaren von ihnen und dem in den Körpern Geteilten. Und diese drei nahm er und vereinte alle zu *einer* Gestalt, indem er die schwer vereinbare Natur des Verschiedenen gewaltsam mit der des Selben in Einklang brachte und sie mit dem Sein vermischte. Und als er aus Dreien Eines gemacht hatte, teilte er dieses Ganze wieder . . . Indem er nun diese gesamte Zusammenfügung der Länge nach zweifach spaltete, die Mitte der einen an die der anderen in der Gestalt eines Chi (X) fügte, bog er sie zusammen und verband sie durch einen Kreis in eins . . .

Als nun die ganze Zusammenfügung der Seele der Weisheit des Zusammenfügens gemäß gediehen war, gestaltete er darauf alles Körperliche innerhalb derselben und brachte es, die Mitte der Mitte verbindend, mit ihr in Einklang. Indem sie aber von der Mitte aus bis zum äußersten Himmel überall hineinverflochten war und von außen ringsum diesen umschließend selbst in sich selber kreiste, begann ihr der göttliche Anfang eines endlosen und vernünftigen Lebens für alle Zeit . . .

Als nun der Vater, der es erzeugte, in dem Weltganzen, indem er es in Bewegung und vom Leben durchdrungen sah, ein Schmuckstück für die ewigen Götter erblickte, ergötzte es ihn, und erfreut sann er darauf, seinem Urbilde es noch ähnlicher zu gestalten. Gleichwie nun dieses selbst ein unvergänglich Lebendes ist, versuchte er auch dieses Weltganze soviel wie möglich zu einem solchen zu vollenden. Da nun die Natur dieses Lebenden aber eine unvergängliche ist, diese Eigenschaft jedoch dem Erzeugten vollkommen zu verleihen unmöglich war: so sann er darauf, ein bewegliches Bild der Unvergänglichkeit zu gestalten, und machte, dabei zugleich den Himmel ordnend, dasjenige, dem wir den Namen Zeit beigelegt haben, zu einem in Zahlen fortschreitenden unvergänglichen Bilde der in dem Einen verharrenden Unendlichkeit . . .

Der Weisheit und solcher Absicht Gottes bei Erzeugung der Zeit zufolge entstanden nun, damit die Zeit entstehe, Sonne und Mond und fünf andere Sterne, die den Namen Planeten führen, zur Begrenzung und Feststellung der die Zeit bezeichnenden Zahlen; nachdem aber der Gott für jeden von ihnen Körper gestaltet hatte, wies er den sieben die sieben Bahnen an, in welchen sich der Kreislauf des Verschiedenen bewegt.

. . . Dieses ihm noch Mangelnde vollendete er, der Natur des Urbildes es nachgestaltend. In welcher Weise nun die Vernunft in dem Lebenden, was *ist*, darinseiende Gattungen erschaut, so erkannte er, daß auch das Nachbild dieselben in gleicher Anzahl und Beschaffenheit umfassen müsse. Deren sind aber vier: die eine der Götter himmlisches Geschlecht, die andere das geflügelte, die Lüfte durchschneidende, die dritte im Wasser hausende Art, die vierte die dahinwandelnde und auf dem Festland lebende. Die Gattung des Göttlichen gestaltete er größtenteils aus Feuer, damit sie am glänzendsten sei und den schönsten Anblick gewähre, machte sie, Ähnlichkeit mit dem Weltall ihr zu verleihen, wohlgerundet und setzte sie in die Besonnenheit des Besten, welchem sie nachstrebt, sie ringsum über den Himmel verteilend, auf daß dieser, durch sie allerwärts ausgeschmückt, zu einer wahren Weltordnung werde . . . Die Erde aber, unsere Ernährerin, befestigt an der durch das Weltall hindurchgehenden Weltachse, bildete er zur Erzeugerin und Hüterin der Nacht und des Tages, die erste und ehrwürdigste der innerhalb des Himmels erzeugten Götter . . .

»Sucht die von mir bei eurer Erzeugung bewiesene Schöpfung nachzuahmen. Was aber an ihnen gleichen Namen mit den Unsterblichen zu führen verdient, was göttlich genannt wird und in denjenigen unter ihnen waltet, die stets dem Rechte und euch zu gehorchen geneigt sind, dessen Aussaat und Anfänge will ich euch übergeben; das übrige aber gestaltet ihr und erzeugt, das Sterbliche dem Unsterblichen anfügend, die lebenden Geschöpfe, laßt sie, indem ihr Nahrung ihnen gewährt, heranwachsen und nehmt sie nach ihrem Hinschwinden wieder auf.«

So sprach er und goß nun wieder in den ersten Mischkrug, in welchem er die Seele des Weltganzen einigend mischte, das früher Übriggebliebene, welches er ziemlich auf dieselbe Weise mischte, doch nicht mehr ebenso in derselben Weise Lauteres, sondern Bestandteile zweiten und dritten Grades. Nachdem er das Ganze verband, sonderte er eine der Sterne gleichkommenden Anzahl von Seelen aus, teilte jedem Sterne eine zu, belehrte sie, indem er gleichsam ein Fahrzeug ihnen anwies, über die Natur des Weltganzen und verkündete ihnen die unausweichlichen Gesetze. Das erste Entstehen sollte allen, damit keine von ihnen hintangesetzt werde, gleichmäßig bestimmt sein. Es müsse aus ihrer Verteilung auf die jeder einzelnen angemessenen Werkzeuge der Zeit das unter den Lebenden gottesfürchtigste Geschöpf hervorgehen, da jedoch die Natur des Menschen eine doppelte sei, solle das überlegenere Geschlecht dasjenige sein, welches in der Folge den Namen ›Mann‹ führen werde. Nachdem sie nun, nach dem Gesetze der Notwendigkeit, den Körper eingepflanzt wurden, diese aber bald einen Zugang, bald einen Abgang erfahren, werde erstens notwendig allen eine und dieselbe Sinneswahrnehmung von gewaltsamen Eindrücken angeboren; zweitens eine mit Lust und Schmerz gemischte Liebe und außerdem Furcht und Erzürnen und was daraus hervorgeht, sowie die diesen entgegengesetzten Gemütsbewegungen; gelangten sie nun zur Herrschaft über diese, werde ihr Leben ein gerechtes, unterlägen sie ihnen, ein ungerechtes. Wer aber die ihm zukommende Zahl wohl verlebte, der werde wieder nach dem Wohnsitze des ihm verwandten Sternes zurückwandern und ein glückseliges, seinem früheren entsprechendes Leben führen, verfehle er das aber, dann werde er bei seiner zweiten Geburt in die Natur des Weibes übergehen. Lasse er jedoch auch dann von seiner Schlechtigkeit noch nicht ab, dann werde er, der Verschlechterung seiner Sinnesart gemäß und der in ihm erzeugten schlechten Gesinnung entsprechend, stets die ähnlich beschaffene tierische Natur annehmen. Nicht eher solle aber seine durch diese Verwandlungen herbeigeführte Not enden, bis er, der in ihm selbst obwaltenden Richtung des Selben und Ähnlichen den mächtigen und erst später ihm aus Feuer, Wasser, Luft und Erde erwachsenen stürmischen und vernunftswidrigen Andrang nachziehend, ihn durch die Vernunft besiegte und wieder zu jener ersten und besten Gemütsbeschaffenheit gelangte.

Lilit war nach rabbinischer Überlieferung Adams erste Frau. Ebenbürtig und gleichzeitig mit ihm erschaffen, stellt sie für uns die Gleichheit und Autonomie der Frau dar, die von patriarchalisch-religiöser Autorität zum Dämon erklärt und verbannt wird.

Relief aus Terrakotta, Sumer, ca. 2000 v. Chr., Sammlung von Oberst Norman Colville.

IV. Die Krone der Schöpfung: Der Mensch als Mann und Frau

Wie die Erschaffung des Menschen – des Mannes und der Frau – vorzustellen ist, wird im babylonischen sowie im alttestamentlichen, aber auch im platonischen Schöpfungsbericht dargelegt. In jenen Berichten oder Geschichten, die in Kap. III erörtert wurden, ging es vornehmlich darum, die Beziehung der Menschen zu den Göttern sowie der gesamten himmlischen Welt zu verdeutlichen, sie zu lokalisieren. So entspricht diese nach babylonischer Auffassung der Beziehung zwischen dem Sklaven und seinem Herrn, der seine Ruhe genießt. Da die Götter nicht gewillt waren zu arbeiten, wurde der Mensch zum Sklaven erschaffen, um den Leibherren ihre Ruhe zu gewähren[1]. Im Gegensatz dazu erklärt der alttestamentliche Schöpfungsbericht den Menschen zum »Herrn« der Schöpfung, zum Repräsentanten Gottes auf Erden.

Platon projiziert seinen ontologischen Dualismus zwischen Geist und Materie in seine Geschichte hinein. Der Mensch wurde aus verschiedenen Teilen zusammengesetzt; er ist sozusagen als Kombination des materiellen Körpers des Kosmos und der Seele zu verstehen, die der Demiurg aus den Überresten der Weltenseele mischt (wobei ersteres den astralen Göttern zugeschrieben wird, da eine solche Aufgabe unter der Würde des Demiurgs ist). Somit gilt der Mensch als eine Art Mikrokosmos, der – wenn auch in schwächerer Ausstrahlung – die Beziehung zwischen Seele und Körper des Makrokosmos widerspiegelt. Im Körper

1. Vgl. *Samuel Noah Kramer*: History Begins at Sumer, Garden City/N. Y. 1956, S. 107.

leben zu müssen ist nun einmal das Schicksal der Seele; ihre wahre Bestimmung liegt jedoch in einer immateriellen Existenz, einem Leben der Kontemplation im Himmel − außerhalb des Körpers. Nach jenem Dasein muß es sie verlangen, während der Körper mit seinen Leidenschaften unter Kontrolle gehalten wird.

In diesem Kapitel soll mit den Geschichten über die Erschaffung des Menschen ein anderes Ziel verfolgt werden: Es geht um die Beziehung der Menschen zueinander, genauer um die Beziehung zwischen Mann und Frau. Hier können wir in der hebräischen und griechischen Kultur besonders deutlich sehen, welch eine überwältigende Wirkung eine patriarchale Soziologie hinterlassen hat. Selbst die biologische Beziehung der Geschlechter wird verzerrt, ja völlig verkehrt − und das alles in der Absicht, um alles Weibliche untergeordnet und minderwertig in bezug auf den Mann darstellen zu können.

Das wohl einleuchtendste und natürlichste Bild für die Erschaffung des Menschen ist und bleibt das der Geburt: der Mensch durch die Muttergöttin im ursprünglichen und natürlichen Akt der Geburt hervorgebracht! So stellten sich die Babylonier und Assyrer die Entstehung des Menschen vor. Ihre Schöpfungsmythen vermitteln uns eine Vorstellung ihres Denkens: der Mensch − erschaffen aus der Mischung von Erde und dem Fleisch und Blut des erschlagenen Gottes! Göttliches und irdisches Element werden auf diese Weise zusammengebracht. Geformt wird die Mischung durch Ninhursag, die Muttergöttin, mütterlicher Schoß und Gebärende genannt. Unter Beschwörungen versammeln sich vierzehn gebärende Mütter vor ihr, aus deren Schoß sie sieben menschliche Paare hervorbringt. Die Geschichte enthält Anweisungen für die Hebammen, die den Frauen bei der Geburt beistehen.

Auf diese Weise kommt der Geschichte die Funktion eines Geburtsliedes zu, womit die menschliche Mutter das Kind zur Welt bringt. Die Frau wird im Ritual mit der Muttergöttin identifiziert und erlangt somit die nötige Kraft zu gebären.

108

Ihre Mühsal verwandelt sich in Freude. »Möge die Mutter des Kindes es allein schaffen«, erklingt der Triumph über die erlangte Kraft.

Im Gegensatz dazu steht der alttestamentliche Schöpfungsbericht, der von der Erschaffung Evas aus Adam handelt und das Männliche ins Zentrum rückt. Die Beziehung zwischen Göttin, Mutter und Kind wird hier völlig verkehrt, weibliche Erfahrung bei und mit der Geburt ausgeblendet. Der männliche Gott ist es, der Adam aus dem Staub der Erde formt, ihm Leben einhaucht durch die Nase. Adam wird die Herrschaft über den Garten Eden zugesprochen. Was ihm jedoch fehlt, ist ein Kamerad. Einen solchen stellt ihm Gott bereit, und zwar mit Hilfe eines Schöpfungsaktes, der als männliche Kopie der Geburt bezeichnet werden kann. Gott läßt Adam in einen tiefen Schlaf sinken und entwirft das Weibliche, indem er es aus der Seite des Mannes herauszieht. Er nimmt Adams Rippe und gestaltet daraus die Frau. Phyllis Trible argumentierte in diesem Zusammenhang, die Sprache dieser Passage spiegele keinesfalls Unterwürfigkeit wider. Es lasse sich diesem Vers nicht entnehmen, daß die Frau dem Manne untergeordnet werde[2]. Eva werde als Partnerin dargestellt. Alles in allem wird die Beziehung zwischen beiden als ideal verstanden. Körperliche Scham kennen sie noch nicht. Diese kommt erst durch die Sünde zum Tragen.

Obwohl die Sprache des zweiten Schöpfungsaktes keineswegs in dem Maße frauenfeindlich ist wie die späteren jüdisch-christlichen Genesiskommentare, können wir nicht umhin, in der Struktur der Erzählung eine männliche Verzerrung bzw. Verkehrung der Geburt zu sehen. Dahinter verbirgt sich die Absicht, das Männliche als das ursprünglich Menschliche zu bestimmen und von daher alles Weibliche als sekundär zu verstehen, und d. h., dem Manne unterzuordnen. Eine solche Intention wurde vor einigen Jahren von dem jüdischen Psychoanalytiker Theodor Reik herausgear-

---

2. Vgl. Departriarchalizing in Biblical Interpretation, in: Journal of the American Academy of Religion 3 (1973), S. 35−42.

beitet und der Text dahingehend analysiert, daß die Eva-Geschichte ihren Ursprung im männlichen Initiationsritus bzw. dessen literarischem Niederschlag habe[3]. Wie wahr diese Hypothese auch immer sein mag, die Geschichte Evas spiegelt tatsächlich eine veränderte Beziehung des Männlichen zu allem Weiblichen wider, eine Beziehung, die in den entsprechenden Initiationsriten hergestellt werden soll.

Der Junge, der als kleine und hilflose Kreatur von der übermächtigen Mutter geboren wird und sich in den ersten Lebensjahren in besonderer Abhängigkeit befindet, wird durch den o. g. Initiationsritus befähigt, der engen Beziehung zur Mutter ein Ende zu setzen. Er sucht und findet seine Identität nun in einer neuen Welt. In dieser Welt haben Männer die Herrschaft inne. Frauen erfuhren eine Niederlage. Sie wurden an den Rand gedrängt oder völlig aus dieser männlichen Welt verbannt. Schließlich akzeptiert er aber wiederum eine Frau, allerdings nicht mehr als dominante Mutter, sondern als seine Frau, die zu ihm in einem Abhängigkeitsverhältnis steht. Ebendies ist die Situation eines Mannes; er wird wiedergeboren in eine Welt, in der er als Mann seine Identität findet, in der ihm die Frau als Objekt in die Hand gegeben wird – zur Unterstützung und Förderung der männlichen Selbstfindung. Und ebendies veranschaulicht der zweite alttestamentliche Schöpfungsbericht, die Geschichte von der Erschaffung Evas aus Adam.

Spätere Kommentare – jüdische wie christliche – stellen nicht nur explizit heraus, was die Geschichte Evas impliziert, nämlich Unterordnung, sondern erwähnen zusätzlich andere Elemente, die für sie männliche Feindschaft gegenüber der Frau zum Ausdruck bringen. Philo, hellenistisch-jüdischer Philosoph des ersten Jahrhunderts, stellt die Geschichte in den Kontext des platonischen Dualismus. Philo zieht den ersten und den zweiten Schöpfungsbericht heran, um den archetypisch geistigen Menschen, nach dem

3. Vgl. The Creation of Woman. A Psychoanalytic Inquiry into the Myth of Eve, New York 1960.

Bilde Gottes geschaffen, und den stofflich physischen Menschen zu kontrastieren, der aus dem Staub der Erde erschaffen wurde und somit eine Mischung aus vergänglicher Materie und göttlichem Geist darstellt. Die intellektuelle oder spirituelle Idee des Menschen repräsentiert ebendiesen unsterblichen Geist, der jedoch durch die irdische Natur gebunden ist.

Aber auch der Sterbliche, der ursprünglich aus Staub und göttlichem Geist erschaffen wurde, befand sich einst im Stande der Unsterblichkeit und Glückseligkeit, und zwar solange er allein war. D. h., der Fall des Menschen trifft für Philo mit der Erschaffung Evas zusammen. Eva steht für die niedere Natur des Menschen; sie repräsentiert die Sinnenhaftigkeit, die von der unsterblichen Seele getrennt existiert. Die niedere Natur − in Gestalt Evas − wird ihm auf eine solche Weise präsentiert, daß er vor der ihm selbst innewohnenden niederen Natur kapituliert. Es kommt zum Fall, und d. h. zum Zerfall in einen geschlechtlichen Dualismus, zum Fall in die Sexualität. Als Folge verlor der Mensch seinen integren Status, den Status der Vollkommenheit. Er verfiel der Sünde und fiel in den Status der Korruption, der Sorge und somit Endlichkeit nach sich zog. Von daher ist Eva Adams Unglück. Sie ist seine niedere Natur.

Auch die rabbinischen Midraschim zum zweiten Schöpfungsbericht bringen diese Art von Ambivalenz und Feindschaft der Frau gegenüber zum Ausdruck. Die Rabbiner haben sich lange Zeit den Kopf zerbrochen über die Tatsache, daß uns zwei aufeinanderfolgende Berichte zur Erschaffung der Frau vorliegen: Einmal wird die Frau gleichzeitig mit dem Mann und dem Mann ebenbürtig erschaffen; ein anderes Mal wird sie im Anschluß an die Erschaffung des Mannes hervorgebracht, und zwar aus dessen Rippe. Eine Möglichkeit, aus diesem Dilemma herauszukommen, schien folgende Vermutung zu bieten: Es muß sich um zwei verschiedene Frauen handeln! Adam hatte eine erste Frau, Lilit, die gleich mit ihm und zu ihm erschaffen wurde. Aber sie lehnte sich auf gegen sein Bemühen, sie zu unterwerfen, und machte sich auf und davon zum Roten Meer, wo sie ein verborgenes Dasein als Dämon führt und neugeborene Babys tötet. Auf diese Weise dient der erste Schöpfungsbericht, der Gleichheit der Geschlechter — Gleichheit nach dem Bilde Gottes — nahelegen könnte, im rabbinischen Kommentar der Ermahnung solcher Frauen, die nicht bereit sind, sich unterzuordnen: Sie werden eines Tages als Dämonen heimkehren, um gebärende Mütter zu terrorisieren.

Der rabbinische Kommentar zum nachfolgenden Bericht von der Erschaffung Evas aus einer Rippe Adams läßt die zugrundeliegende Frauenfeindlichkeit auf den ersten Blick erkennen. Die Rippe wird als Symbol für das Weibliche schlechthin verstanden. Es wird eine Art Standortbestimmung vorgenommen: Sie, die Frau, ist schweigsam, unterwürfig, keusch, insgesamt zurückhaltend und natürlich häuslich. Gottes Bemühen — und d. h. das männliche Bemühen —, der Frau diese Rolle aufzuerlegen, kollidiert jedoch mit der Realität: Die Frau strebt nach Autonomie; und diese Tatsache hat zur Folge, daß ihre Unterwürfigkeit durch einen ständigen Hagel männlicher Attacken erzwungen werden muß. Es geht darum, sie einzuschüchtern, sie zu verängstigen. Trotz alledem wird den Männern stets vor Augen geführt, daß ihre Bemühungen fehlschlagen. Trotz aller patriarchalen Versuche, sie nach ihren — den männlichen — Vorstellungen zu formen, behauptet sie sich selbst. Wie unnatürlich ein solches Patriarchat ist und wie sehr der Charakter einer Frau durch eine solche erzwungene Unterwerfung verzerrt wurde, wird ebenso wie ihr latenter Widerstand auf dramatische Weise zwischen den Zeilen des rabbinischen Midrasch offenbar.

In Judith Plaskows Midrasch zum rabbinischen Genesiskommentar (Genesis 1—3) sehen wir, wie eine jüdische Feministin unserer Tage der Lilit-Geschichte ihre verborgene Botschaft entlockt und diese zum Sprechen bringt. Lilit repräsentiert die zurückgedrängte Macht und Autonomie der Frauen, die zum Aufbruch bereit waren und die Grenze der patriarchalen Welt überschritten. Schon den Gedanken an ein solches Unterfangen unterdrückt man, indem man ihn mit dem Etikett »fürchterlicher Dämon« versieht. Lilit steht für das in seine Schranken verwiesene Potential Evas, für die untergeordnete und verachtete Frau. Ihre Rückkehr bedeutet, daß die Frau ihre Ganzheit zurückgewonnen hat, die Ganzheit der Person. Lilit und Eva teilen ihre Erfahrungen und führen dabei der Welt erste feministische Tagung des neu ins Leben gerufenen weiblichen Bewußtseins an.

Eine männliche Mythologie wird − kulturgeschichtlich − von einer männlichen »Wissenschaft« abgelöst. Jedoch verfolgt diese im wesentlichen die gleichen Ziele wie bereits die patriarchalen Schöpfungsmythen, nämlich, die Unterordnung und Minderwertigkeit der Frau »gemäß der Natur« zu beweisen. In diesem Zusammenhang beinhaltet die Textsammlung Passagen aus Aristoteles' Biologie und Politik, Passagen, denen eine Schlüsselfunktion zukommt; denn sie illustrieren nicht nur die Bedeutung einer männlichen Biologie und Gesellschaftswissenschaft im Dienste des Patriarchats, sondern sie besitzen eine lange Tradition im Zusammenhang der Exegese von Genesis 1−3. D. h., die Forderung nach Unterordnung in bezug auf die Frau wird »rational« untermauert; sie wird zur Lehre.

Für Platon wie für Philo ist die Beziehung der Geschlechter analog zur Beziehung zwischen Geist und Materie, zwischen Unsterblichem und Sterblichem zu denken. Aristoteles übertrug diese Vorstellung in seinen Dualismus von Form und Materie. In seiner Biologie beschreibt er den Fortpflanzungsakt als Verhältnis zwischen einem aktiven − männlichen −, dem formgebenden Prinzip, und einem stofflichen, der weiblichen Materie. Dabei stellt der männliche Same das zur Verfügung, was wir heute mit Begriffen wie »Genstruktur« des Embryos oder auch als dessen aktive Gestaltungskraft umschreiben könnten. Das Blut aus dem weiblichen Schoß hingegen liefert lediglich jenen Stoff, der mit Hilfe der aktiven − männlichen − Kraft gestaltet wird. Das Weibliche selbst stellt jedoch ein deformiertes bzw. unvollkommenes menschliches Wesen dar. Und ebendarin liegt die Ursache dafür, daß die männliche Saat nicht in jedem Falle Vollkommenheit erlangt, obwohl ihr ganzes Streben dahin geht, weibliche Materie zur Vollkommenheit zu führen, und zwar durch Hervorbringung männlicher Frucht. Die weibliche Materie leistet Widerstand: Es gelingt nicht, ihr die Vollkommenheit männlicher Gestalt zu verleihen. Somit entsteht ein mangelhaftes Wesen. Das Weibliche wird — der Mutter ähnlich — als etwas Unvollkommenes geboren.

Der Einfluß der aristotelischen Biologie auf die christliche Theologie, insbesondere auf die Scholastik, ist nicht zu unterschätzen[4]. Aristoteles war es, der einer grundlegenden Hypothese von seiten des Patriarchats mit seiner Lehre ihren wissenschaftlichen Charakter verlieh. Mit Hilfe seiner Biologie ließ sich die These von der Norm alles Männlichen und der daraus resultierenden Unterordnung alles Weiblichen rechtfertigen: Die Frau ist in ihrer Geschöpflichkeit nicht nur sekundär, sie entbehrt darüber hinaus des vollen menschlichen Status. Es fehlt ihr an physischer Kraft, Selbstdisziplin in bezug auf moralisch-ethisches Handeln und den dem Manne innewohnenden geistigen Fähigkeiten. Ihre niedere »Natur« bestätigt von daher nur, daß sie sich dem Manne zu unterwerfen hat. Allein auf diese Weise füllt sie den ihr zugewiesenen »natürlichen« Platz im Universum aus.

Aristoteles führt sein Konzept der männlichen Herrschaft in seiner *Politik* weiter aus. Er beschreibt die Norm einer gesellschaftlichen Ordnung, die wiederum von einem hierarchischen Prinzip bestimmt ist: Die Vernunft steht über allem Körperlichen. Dabei wird die körperliche bzw. stoffliche Welt durch Frauen, Sklaven, Tiere und selbst durch sogenannte materielle Werkzeuge vertreten. Diese Welt muß regiert werden; und ebendies geschieht durch freie griechische Männer, die als Repräsentanten der Vernunft die Herrschaft innehaben. Die Frau gehört einer niedrigeren Klasse von

---

4. Vgl. Des hl. Thomas von Aquino Untersuchungen über die Wahrheit (Quaestiones disputatae de veritatae), in deutscher Übertragung von Edith Stein, Bd. 2, Freiburg und Louvain 1955.

Menschen an, die sich dadurch auszeichnen, daß sie von Natur aus Sklaven sind.

Diese vom Patriarchat festgelegten Beziehungen zwischen Mann und Frau wiesen der Frau nicht nur ihre Rolle im Haus zu, wo sie als untergebene Arbeitskraft zu wirken hatte, sondern sie machten sie ebenso in sexueller Hinsicht zur Untergebenen: Sie hatte zur Verfügung zu stehen. Ihr war jegliche Macht über ihren eigenen Körper entzogen: Sie ist sein Eigentum. Er ist es, der über ihre Fruchtbarkeit verfügt – über ihre Scheide und ihre Gebärmutter. Erhöhte sexuelle Befriedigung schien dadurch nicht gegeben. Auch jene antiken sumerischen und babylonischen Texte, die eine unabhängige Göttin darstellen, beschreiben die Sexualität mit der entsprechenden Begrifflichkeit, d. h. in einer Sprache, die Vergnügen und Freude zum Ausdruck bringt. Vergleicht man jene Texte hingegen mit den patriarchalen Schriften dieses Kapitels, so ist festzustellen, daß sie eher von einer männlichen Abneigung gegen sexuelle Beziehungen mit den Frauen zeugen. Ja, man gewinnt den Eindruck, daß der physische Umgang mit einem derart niederen Wesen gleichzeitig als Erniedrigung des Mannes angesehen wird. Sowohl Philo als auch die jüdisch-rabbinischen Kommentare bringen diese Art von Erniedrigung zum Ausdruck – Erniedrigung aufgrund sexueller Beziehungen des Mannes zu den Frauen. Umgang mit der Frau ist – so die Rabbiner – dem Manne allein in seinen Wunschträumen erlaubt – dort, wo er für einen Augenblick das schmutzige Wesen, das der körperlichen Welt angehört, zu vergessen vermag.

Eine solche Abscheu vor der weiblichen Sexualität wird ebenfalls in der Idealisierung der Homosexualität durch die Griechen zum Ausdruck gebracht. Aristophanes beschreibt in seiner Rede über den Eros – uns in Platons *Symposion* überliefert – auf humorvolle Art die Ätiologie der unterschiedlichen sexuellen Bedürfnisse, die die alten Griechen nicht nur erkannten, sondern anerkannten – wenn auch innerhalb gewisser Grenzen. Laut Aristophanes läßt sich die Menschheit in drei Gruppen unterteilen: Da gibt es die Männer, die von Männern angezogen werden, Frauen, die sich zu Frauen hingezogen fühlen, und schließlich Männer bzw. Frauen, die das andere Geschlecht reizt. In dieser dritten Gruppe, als heterosexuell zu bezeichnen, sieht er eine besonders in geistlicher Hinsicht erniedrigende Kraft. Obwohl die Griechen in der Regel von Mann und Frau erwarteten, daß sie heirateten — der Fortpflanzung wegen —, betrachteten sie die Sexualität nicht als Medium einer sich entwickelnden Liebesbeziehung. In der Tat galten die als besonders tugendhaft, die sich zwar auf eine Heirat zum Zwecke der Fortpflanzung einließen, im Grunde aber kein besonders großes sexuelles Verlangen verspürten. Jene, die sich wirklich zum anderen Geschlecht hingezogen fühlten und nicht auf Erotik verzichteten, wurden von Aristophanes ganz einfach mit Ehebrechern auf eine Stufe gestellt.

So erkennt Aristophanes auch an, daß sich eine Frau zur anderen hingezogen fühlt und gleichgeschlechtlichen Umgang mit dieser pflegt. Obwohl diese Art von Beziehung immer noch besser erscheint als der heterosexuelle Eros, wird sie nicht weiter kommentiert. Die mögliche Bedeutung einer Liebesbeziehung zwischen Frauen übersteigt vielleicht die patriarchale Vorstellungskraft. Höchste Vollkommenheit erreicht der Eros nach Aristophanes nur unter Männern. Diese Beziehung allein treibt die Liebe als gesellschaftlich bedeutsame Kraft voran und verleiht ihr einen sittlichen Charakter. Diese Art von Liebe ist Soldaten und Staatsmännern angemessen. Liebe unter Männern führt zur Männlichkeit (im Gegensatz zur landläufigen Meinung der Amerikaner); sie führt zur Tapferkeit, zu Klugheit und Stärke. Solche Männer sind es, die als Erwachsene zu Liebhabern der Jugend werden. Sie ziehen es vor, nicht zu heiraten; und wenn sie es dennoch tun, dann allein, um Kinder zu zeugen, nicht aber aus irgendeinem erotischen Begehren einer Frau heraus.

Weiterführende Überlegungen

Versuchen Sie nun einmal zu beschreiben, was dieser Prozeß — gesellschaftlicher Dominanz des Mannes bei gleichzeitiger sexueller Entfremdung — für das männliche bzw. weibliche Selbstverständnis bedeutet. Typische Merkmale des Männlichen in unserem Kulturkreis — woran denken Sie da? Notieren Sie acht bis zehn Redensarten, die Ihnen spontan einfallen. Und nun das gleiche noch einmal: Typische Merkmale des Weiblichen! Und Sie sollten noch eine dritte Liste erstellen: Führen Sie sich den Begriff »Menschsein« vor Augen: Welche Vorstellungen werden in Ihnen wachgerufen? »Mannsein« — »Frausein« — »Menschsein«! Lassen Sie sich nun auf einen Vergleich ein.

Auf welche Art und Weise werden Beziehungen zwischen den Geschlechtern durch bestehende geschlechtsspezifische Rollenstereotype beeinflußt?

Wie würden Sie Ihr eigenes Selbstverständnis als Mensch eines der beiden Geschlechter beschreiben, d. h., wie möchten Sie sich gern verstehen? Auf welche Art und Weise würden Sie die weiblich-männliche Beziehungsebene, und zwar unter idealen Bedingungen, beschreiben? Und d. h., worin sähen Sie die Dynamik einer solchen Interaktion — in psychischer wie in sozialer Hinsicht? Und — welche Auswirkung hätte die Beziehung Ihrer Ansicht nach auf die ursprüngliche Identität der beiden? Wie würden sie einander formen in ihrem jeweiligen Personsein?

Und nun stellen Sie sich eine gleichgeschlechtliche Beziehung vor: Worin liegt hier für Sie die treibende Kraft, die Dynamik der Verbindung? Ob es sich um eine Beziehung zwischen Frauen oder zwischen Männern handelt, spielt dabei keine Rolle. Vielmehr ist von Bedeutung, wie sich diese Modelle miteinander vergleichen lassen und in welchem Verhältnis sie zu Ihrem Modell einer männlich-weiblichen Beziehung stehen.

Fassen Sie die angestellten Überlegungen zur Identität der

Geschlechter und ihrer Beziehungen abschließend — für sich — zusammen. Die Beziehung zwischen den Geschlechtern — was wurde aus ihr in unserem Kulturkreis? Was sollte sie sein?

1. Die Erschaffung von Menschenpaaren durch die Muttergöttin

Die Göttin riefen sie,   traten zusammen (?):
»Hilfe der Götter,   weise Mami,
Du (allein) bist der Mutterleib,
Der die Menschheit erschafft!
Bilde den Lullâ (= Menschen),   er nehme das Joch auf sich,
Er nehme das Joch auf sich,   sie . . .«
Die große Herrin (?)   tat ihren Mund auf,
Sprach   zu den großen Göttern:
»Bei mir allein ist es nicht möglich,   ihn zu zeichnen (?).
Mit seinem . . . ist er . . .
Er wird alles befehden (?).
In den Ton soll er gezeichnet (?) werden,   mit (?) Blut soll er
belebt (?) werden!«
Êa tat   seinen Mund auf,
Sprach   zu den großen Göttern:
»Im Monat . . .
Ist eine Reinigung des Landes,   ein Gericht des Hirten (?) des
Landes (?).
Einen Gott   soll man schlachten!
Die Götter sollen sich reinigen   beim Gericht (?)!
Mit seinem Fleisch und seinem Blut
Vermische Ninḫursag den Ton!
Gott und Mensch
Komme daraus hervor, im Ton vereinigt!
Auf ewig . . . wollen wir hören!

2. Die Erschaffung Adams und Evas

Es war zu der Zeit, da Gott der Herr Erde und Himmel machte. Und alle die Sträucher auf dem Felde waren noch nicht auf Erden, und all das Kraut auf dem Felde war noch nicht gewachsen; denn Gott der Herr hatte noch nicht regnen lassen auf Erden, und kein Mensch war da, der das Land bebaute; aber ein Nebel stieg auf von der Erde und feuchtete alles Land. Da machte Gott der Herr den Menschen aus Erde vom Acker und blies ihm den Odem des Lebens in seine Nase. Und so ward der Mensch ein lebendiges Wesen.

Und Gott der Herr pflanzte einen Garten in Eden gegen Osten hin und setzte den Menschen hinein, den er gemacht hatte. Und Gott der Herr ließ aufwachsen aus der Erde allerlei Bäume, verlockend anzusehen und gut zu essen, und den Baum des Lebens mitten im Garten und den Baum der Erkenntnis des Guten und Bösen. Und es ging aus von Eden ein Strom, den Garten zu bewässern, und teilte sich von da in vier Hauptarme. Der erste heißt Pischon, der fließt um das ganze Land Hewila, und dort findet man Gold; und das Gold des Landes ist kostbar. Auch findet man da Bedolachharz und den Edelstein Schoham. Der zweite Strom heißt Gihon, der fließt um das ganze Land Kusch. Der dritte Strom heißt Tigris, der fließt östlich von Assyrien. Der vierte Strom ist der Euphrat.

Und Gott der Herr nahm den Menschen und setzte ihn in den Garten Eden, daß er ihn bebaute und bewahrte. Und Gott der Herr gebot dem Menschen und sprach: Du darfst essen von allen Bäumen im Garten, aber von dem Baum der Erkenntnis des Guten und Bösen sollst du nicht essen; denn an dem Tage, da du von ihm ißt, mußt du des Todes sterben.

Und Gott der Herr sprach: Es ist nicht gut, daß der Mensch allein sei; ich will ihm eine Gehilfin machen, die um ihn sei. Und Gott der Herr machte aus Erde alle die Tiere auf dem Felde und alle die Vögel unter dem Himmel und brachte sie zu dem Menschen, daß er sähe, wie er sie nennte; denn wie der Mensch jedes Tier nennen würde, so sollte es heißen. Und der Mensch gab einem jeden Vieh und Vogel unter dem Himmel und Tier auf dem Felde seinen Namen; aber für den Menschen ward keine Gehilfin gefunden, die um ihn wäre. Da ließ Gott der Herr einen tiefen Schlaf fallen auf den Menschen, und er schlief ein. Und er nahm eine seiner Rippen und schloß die Stelle mit Fleisch. Und Gott der Herr baute ein Weib aus der Rippe, die er von dem Menschen nahm, und brachte sie zu ihm. Da sprach der Mensch: Das ist doch Bein von meinem Bein und Fleisch von meinem Fleisch: man wird sie Männin nennen, weil sie vom Manne genommen ist. Darum wird ein Mann seinen Vater und seine Mutter verlassen und seinem Weibe anhangen, und sie werden sein *ein* Fleisch.

3. Die Erschaffung Evas: der Fall Adams

Er war wirklich der »wahrhaft Schöne und Edle«. Auf die Wohlgestalt seines Körpers kann man aus drei Umständen schließen. Der erste ist folgender: Als infolge der Absonderung des vielen Wassers, das »Meer« genannt wurde, die eben neu gegründete Erde sichtbar wurde, war der Urstoff aller Dinge, die geschaffen wurden, ungemischt, unverfälscht und rein, außerdem dehnbar und gut zu bearbeiten, und so waren die aus ihm gefertigten Dinge natürlich tadellos. Zweitens läßt sich denken, daß Gott dieses menschenähnliche Gebilde mit der höchsten Sorgfalt schaffen wollte und daß er deshalb nicht von dem ersten besten Stücke der Erde Staub nahm, sondern von der ganzen Erde das Beste, vom reinen Urstoff das Reinste und Allerfeinste absonderte, was sich am meisten zu seiner Bildung eignete; denn es wurde doch zur Wohnung oder zum heiligen Tempel für die vernünftige Seele gebildet, die der Mensch als das gottähnlichste Bild in sich tragen sollte. Der dritte Umstand, der in keinem Vergleich steht zu den bereits genannten, ist folgender: Der Schöpfer war ein Meister sowohl in allen andern Dingen als auch ganz besonders in der Fertigkeit (des Bildens), so daß jeder der Teile des Körpers sowohl an und für sich die ihm zukommenden

Proportionen erhielt als auch zweckmäßig für die Gemeinschaft des ganzen Körpers mit Sorgfalt geformt wurde. Mit diesem Gleichmaß (der Glieder) verlieh er dem Körper auch das rechte Maß von Beleibtheit und schmückte ihn mit gesunder Farbe, da er wollte, daß der erste Mensch so schön wie nur möglich anzusehen sei. Daß er aber auch hinsichtlich der Seele vorzüglich war, ist ebenso klar; denn zu ihrer Bildung benützte Gott als Vorbild nicht eins von den in der Schöpfung vorhandenen Dingen, sondern, wie gesagt, einzig und allein seine eigene Vernunft; deren Abbild und Nachahmung, sagt er also, sei der Mensch geworden, da ihm in das Antlitz gehaucht wurde, wo der Sitz der Sinne ist, mit denen der Schöpfer den Körper beseelte; nachdem er aber die Vernunft als Herrscherin eingesetzt hatte, übergab er diesem führenden Teil die Sinne, daß er sich von ihnen zur Aufnahme von Farben, Tönen, Geschmack, Gerüchen und anderen Dingen bedienen lasse, da er durch sich allein ohne die sinnliche Wahrnehmung sie zu erfassen nicht imstande war. Natürlich muß die Nachbildung eines schönen Vorbildes auch schön sein. Die göttliche Vernunft aber ist besser als die Schönheit selbst, wie sie sich in der Natur zeigt, und nicht mit Schönheit geschmückt, sondern selbst, die Wahrheit zu sagen, ihr schönster Schmuck . . .

Da aber nichts in der Schöpfung beständig ist, alles Sterbliche vielmehr Wandlungen und Veränderungen erfahren muß, so mußte auch der erste Mensch die Folgen einer schlechten Tat verspüren. Die Veranlassung zum sündhaften Leben gab ihm das Weib. Solange er nämlich für sich allein war, glich er in seinem Alleinsein der Welt und Gott und prägte in seiner Seele die Wesenscharaktere beider aus, nicht alle, aber soviel davon ein sterbliches Wesen in sich aufzunehmen vermag. Als aber auch das Weib gebildet war, sah er ein ihm gleiches Gesicht und eine verwandte Gestalt; er freute sich des Anblicks, trat an sie heran und begrüßte sie. Da sie aber kein Lebewesen wahrnahm, daß ihr ähnlicher war als er, freute sie sich ebenfalls und erwiderte züchtig seinen Gruß. Nun trat die Liebe hinzu, die sie wie zwei getrennte Hälften eines Wesens vereinigte und zusammenfügte, indem sie beiden das Verlangen nach inniger Gemeinschaft einflößte zur Erzeugung eines ähnlichen Wesens. Dieses Verlangen aber erzeugte auch jene Wollust des Körpers, die der Anfang ungerechter und ungesetzlicher Handlungen ist, um deretwillen die Menschen das sterbliche und unglückliche Leben für ein unsterbliches und glückseliges eintauschen.

4. Zwei rabbinische Auslegungen der Schöpfungsgeschichte:

Die widerspenstige Lilit, erste Frau Adams

Als der Herr Adam erschaffen hatte, sprach er: Es ist nicht gut, daß der Mensch allein sei. Und er schuf ein Weib aus der Erde, aus der auch Adam gebildet war, und hieß ihren Namen Lilit. Alsbald hatten die beiden Streit miteinander, und Lilit sprach: Bist doch nur meinesgleichen, beide sind wir von der Erde genommen! – Und eins hörte nicht auf das Wort des andern. Wie nun Lilit sah, daß kein Friede war, sprach sie den wahrhaften Namen Gottes aus und flog davon in die Lüfte.
Da betete Adam vor seinem Schöpfer und sprach: Herr der Welt, das Weib, das du mir gegeben hast, ist von mir gegangen. Der Herr schickte drei Boten, um die Lilit zurückzuholen, und sagte: Will sie zurückkehren, so ist es gut, will sie aber nicht, so muß sie es auf sich nehmen, daß täglich hundert ihrer Kinder sterben werden.
Die Engel suchten nach der Lilit und fanden sie im Meer, in reißendem Wasser stehen, an der Stelle, wo dereinst die Ägypter ertrinken sollten. Sie berichteten Lilit, was der Herr gesprochen hatte. Allein die Lilit wollte nicht umkehren; da sprachen die Engel: Wir ertränken dich im Meer. Lilit antwortete: Laßt ab von mir, wißt ihr nicht, daß ich nicht umsonst erschaffen bin und daß es meine Bestimmung ist, Säuglinge zu verderben; ist's ein Knabe, so habe ich bis zum achten Tage über ihn Gewalt, ist's ein Mägdelein, so habe ich sie bis zum zwanzigsten Tage. Doch schwur sie den Engeln im Namen des lebendigen Gottes, daß sie

allezeit, wenn sie die Gestalten oder auch nur die Namen der Gottesboten erblickte, von dem Kinde lassen werde. Auch nahm sie auf sich, daß täglich hundert ihrer eigenen Kinder sterben sollten. Das geschieht auch.

Die drei Boten aber hießen mit ihren Namen: Senoi, Sansenoi und Samangelof. Diese drei Namen schreiben wir auf die Amulette der Neugeborenen, damit Lilit sie sehe, an ihren Schwur erinnert werde und das Kind verschone.

Eva, Adams Rippe

Der Herr baute das Weib aus der Rippe; erst sann er nach, aus welchem Gliede Adams das Weib zu schaffen wäre. Er sprach: Ich will sie nicht aus dem Kopfe machen, daß sie ihren Kopf nicht zu sehr erhebe; nicht aus dem Auge, daß sie nicht überall hinspähe; nicht aus dem Ohr, daß sie nicht jedem Gehör schenke; nicht aus dem Mund, daß sie nicht allzuviel rede; nicht aus dem Herzen, daß sie nicht auffahrend werde; nicht aus der Hand, daß sie nicht überall hingreife; nicht aus dem Fuß, daß sie nicht überall hinschreite; sondern aus einem keuschen Glied, aus einem Glied, das auch zur Stunde, da der Mensch nackend dasteht, zugedeckt ist. Und bei jedem Glied, das der Herr dem Weibe formte, sprach er zu ihr: Sei ein frommes Weib, sei ein züchtiges Weib!

Wie heißt es aber nachher? Wie hat doch das Weib all mein Vorhaben vereitelt!

Hochmütige Wesen waren die Töchter Zions. Mit langem vorgestrecktem Hals und lüsternem Blick schritten sie einher: Sarah, die im eigenen Zelt lauschte, als der Engel zu Abraham sprach; Mirjam, die tratschte und Moses anklagte; Rahel, die ihre Schwester Lea beneidete; Eva, die die Hand ausstreckte, um die verbotene Frucht zu greifen; und Diana, die Nichtstuerin . . .

Eine Reihe von Unterschieden zwischen den Geschlechtern − sowohl in physischer wie in psychischer Hinsicht − lassen sich auf die Tatsache zurückführen, daß der Mann aus dem Staub der Erde, die Frau aus seinen Knochen gebildet wurde. Die Frau verwendet Parfums, nicht aber der Mann. Der Staub der Erde bleibt gleich − unabhängig davon, wie lange er aufbewahrt wird; Fleisch hingegen hält sich nur dann, wenn es stark gesalzen wird. Die Stimme der Frau ist schrill, nicht aber die des Mannes. Kocht man leichte Speisen, vernimmt man keinerlei Laut. Gibt man hingegen einen Knochen in einen Topf, beginnt es alsbald zu knistern. Leicht ist ein Mann zufriedenzustellen, nicht aber eine Frau. Wenige Wassertropfen reichen aus, um einen Erdklumpen aufzuweichen; ein Knochen bleibt hart, selbst dann, wenn er Tage im Wasser gelegen hat.

Adam wurde zuerst erschaffen, um schon bald in einen tiefen Schlaf zu sinken, damit die Rippe für Eva von ihm genommen werden konnte. Denn − hätte er gesehen, wie sie erschaffen wurde, niemals hätte er Liebe für sie empfinden können . . .

Als er sich jedoch − aus tiefem Schlaf erwacht − erhob und Eva vor sich sah, ihre Schönheit und Anmut, rief er aus: »Das ist sie, die mein Herz so manche Nacht höher schlagen ließ!« Sie würde ihr Ziel beim Manne erreichen, das wußte er, entweder mit Flehen und Tränen oder aber mit Schmeicheleien und Zärtlichkeiten. So sprach er: »Sie ist eine Glocke für mich, deren Läuten niemals verstummen wird.«

5. Ein jüdisch-feministischer Midrasch: Lilit und Eva

Am Anfang schuf Gott der Herr Adam und Lilit aus dem Staub der Erde und blies ihnen den Atem des Lebens in die Nase. Beide also waren gleichen Ursprungs, beide aus Erde geformt. Sie waren in jeder Beziehung gleich. Adam − Mann, der er nun einmal war, mochte sich nicht mit seiner Situation abfinden und sann nach Wegen, diese zu ändern. »Ich werde jetzt meine Feigen zu mir nehmen, Lilit«, sprach er und befahl, ihm diese zu servieren. Er unternahm den Versuch, ihr die Aufgaben zu überlassen, die täglich anfielen im Garten Eden. Lilit hingegen akzeptierte derlei Unsinn nicht. Sie erhob sich, sprach Gottes seligen Namen aus und flog davon. »Nun hat mich diese überhebliche Frau verlassen«, beklagte sich Adam bei seinem Herrn. »Und du hast sie mir geschickt.« Der Herr, geneigt, Mitleid zu empfinden, sandte seine Boten aus, Lilit aufzuspüren. Sie, die sich in Luft aufgelöst hatte, sollte wieder feste Gestalt annehmen und in solcher zu Adam zurückkehren. Lilit jedoch zog einem Leben an der Seite Adams jede andere Existenz vor und entschied zu bleiben, wo sie war. So kam es, daß Gott − diesmal nach reiflicherer Überlegung − einen tiefen Schlaf hervorbrachte und Adam in denselben fallen ließ. Währenddessen schuf er aus einer seiner Rippen eine zweite Gefährtin. Er schuf Eva.

Eine ganze Zeit lang funktionierte es recht gut zwischen den beiden. Adam war nun glücklich und Eva grundsätzlich mit ihrer Rolle als Frau und Helferin zufrieden − abgesehen von einem gelegentlich aufkommenden Gefühl mangelnder Entfaltungsmöglichkeiten. Als wirklich störend empfand sie aber allein die Nähe zwischen Adam und Gott. Ihre Beziehung war derart eng, daß sie etwas Ausschließliches mit sich brachte. Sie, Eva, wurde ausgeschlossen. Zwischen Adam und Gott schien eine größere Gemeinsamkeit zu bestehen. Beide waren sie Männer. Und so geschah es, daß sich Adam mehr und mehr mit seinem Gott identifizierte. Nach einiger Zeit fühlte sich auch Gott nicht mehr ganz wohl bei der Sache. Allmählich fragte er sich, ob er nicht vielleicht einen Fehler begangen hätte: War es wirklich richtig, daß Adam ihm hatte reinreden dürfen, was die Verbannung Lilits und die Erschaffung Evas betraf?

In der Zwischenzeit startete Lilit − nun völlig allein − hin und wieder den Versuch, in die menschliche Gemeinschaft im Garten Eden zurückzukehren. Nach ihrem ersten vergeblichen Versuch, die Mauern zu durchbrechen, ging Adam an die Arbeit. Er arbeitete hart, denn die Mauern sollten höher und dicker werden. Eva spannte er als seine Gehilfin ein. Ihr wurden Schauergeschichten vom Dämon Lilit erzählt, der allen gebärenden Frauen droht und ihre Kinder inmitten der Nacht aus der Wiege stiehlt. Als Lilit ein zweites Mal kam, stürmte sie das Haupttor zum Garten. Eine furchtbare Schlacht zwischen Adam und ihr war die

Folge. Lilit wurde besiegt. Bevor sie aber dieses Mal entwischen konnte, bekam Eva sie flüchtig zu Gesicht. Sie sah, daß Lilith eine Frau war wie sie.

Nach dieser Begegnung begannen Neugierde und Zweifel in Eva zu keimen. Sollte Lilit tatsächlich eine andersartige Frau sein? »Sie ist ein Dämon«, hatte Adam gesagt. Eine völlig andere Frau! Der Gedanke ließ Eva nicht los. Hatte sie doch niemals zuvor ein anderes weibliches Wesen als sich selbst gesehen. Wie schön und wie stark Lilit war! Wie mutig sie gekämpft hatte! Langsam, sehr langsam wurde Eva der Grenzen ihres eigenen Lebens innerhalb des Gartens Eden gewahr.

Über mehrere Monate war Eva von fremden, quälenden Gedanken geplagt worden, als sie eines Tages den Garten durchstreifte und am äußersten Rand ein Apfelbäumchen bemerkte. Sie hatte es gemeinsam mit Adam gepflanzt. Seine Zweige überragten inzwischen die Mauer, die den Garten umgab. Spontan versuchte sie, hinaufzuklettern; sie schaffte es, bis in den Wipfel vorzudringen und sich über die Mauer zu schwingen.

Eva hatte es geschafft; sie war aus dem Paradies geflüchtet. Und sie brauchte nicht lange, bis sie diejenige entdeckte, die sie finden wollte. Lilit wartete bereits. Als sie sich erstmalig gegenüberstanden, dachte Eva an das, was ihr Adam über sie erzählt hatte. Sie erschrak. Lilit aber verstand, was in ihr vorging, und begrüßte sie freundlich. »Wer bist du?« fragte eine die andere. »Und die Geschichte deines Lebens . . . ?« Und dann saßen sie beieinander und redeten − über Vergangenes und Zukünftiges. Nicht nur einmal tauschten sie sich aus. Nein, es waren viele Male und jedesmal viele Stunden. Sie brachten einander vieles bei, erzählten viel Interessantes. Sie lachten zusammen und weinten zusammen wieder und wieder, und die Freundschaft zwischen ihnen wuchs. Bald verband sie das enge Band, das zwei Schwestern verbindet.

Adam schien durch das ständige Kommen und Gehen Evas inzwischen sichtlich irritiert. Er ahnte etwas von ihrer veränderten Einstellung ihm gegenüber und zeigte sich beunruhigt. Adam trug Gott sein Problem vor. Gott, der seine eigenen Probleme mit Adam hatte, Probleme von größerer Tragweite, konnte diesem ein bißchen helfen; aber auch er war offensichtlich verwirrt. Irgend etwas funktionierte nicht so, wie ursprünglich vorgesehen. Wie z. Z. Abrahams brauchte er den Rat seiner Kinder. »Ich bin, der ich bin«, dachte Gott, »aber ich möchte werden, der ich werden will.«

Gott und Adam erwarteten voller Angst den Tag, an dem Eva und Lilit ins Paradies zurückkehren würden − erfüllt von neuen Ideen und auf Veränderung sinnend. Sie fürchteten, daß sie den Garten Eden gemeinsam neu zu gestalten suchten.

6. Eine patriarchale Wissenschaft ersinnt eine neue Weiblichkeit

Die Frau als unvollkommener Mann

Auf dem Hintergrund der angestellten Überlegungen läßt sich die nächste Frage eindeutig beantworten. Ich meine folgendes: Wie müssen wir uns den Beitrag des männlichen Prinzips an der Zeugung nun tatsächlich vorstellen? Aus seinem Same entsteht letztlich neues Menschsein. Existiert das Männliche aber bereits im Körper des Embryos, als ursprünglicher Bestandteil, der sich mit jener Materie verbindet, die vom Weibe stammt? Oder aber bleiben Same und Materie ungetrennt, so daß das Männliche allein mit der dem beginnenden Leben innewohnenden Kraft bzw. der Bewegung in Beziehung steht? Denn diese Kraft bildet die Ursache jeglichen Handelns und Entstehens. Sie ist das aktive Prinzip. Währenddessen müssen wir uns alles passiv Gewordene als Relikt weiblicher Kraft vorstellen. Diese letztgenannte Alternative erscheint mir als die einzig richtige Betrachtungsweise. Von jeher muß es so gewesen sein. Eine Erkenntnis a priori, die zugleich den Fakten standhält! Denn stellen wir die Frage nach den Grundlagen allen Seins, gelangen wir zu folgender Erkenntnis: Wo auch immer aus zwei Dingen, einem aktiven und einem passiven Part, eines entsteht, geht der aktive Bestandteil nicht in dieses neu Entstandene über. Allgemeiner ausgedrückt: Bewegt sich etwas durch sich selbst, während ein anderes bewegt wird, trifft das gleiche zu: Das, was sich bewegt, existiert nicht in dem, das bewegt wird. Die Frau — als Frau — ist jedoch passiv, der Mann — als Mann — hingegen aktiv. Das Prinzip der Bewegung ist also ein männliches: Jegliche Bewegung geht vom Manne aus. Nehmen wir also die höchst entwickelten Lebewesen, worunter sowohl Mann als auch Frau fallen, zum einen als aktives und bewegendes, zum anderen als passives und bewegtes Sein, so ist festzustellen, daß dasjenige, was hervorgebracht wird, nur in gewissem Sinne von ihnen abstammt. Wir könnten es mit einem Bett vergleichen, das seine Existenz sowohl dem Tischler als auch dem Holz als Material verdankt . . .

Ein Lebewesen ist ein lebendiger Körper, ein Körper, in dem eine Seele wohnt. Das Weibliche liefert stets das Material, das Männliche das, was diesem Gestalt verleiht. Es ist das formende Prinzip. Ebendarin besteht unserer Ansicht nach das jeweils Charakteristische der Geschlechter, das Spezifische, das Männlichsein oder Weiblichsein bedeutet. Folglich besteht die Notwendigkeit, daß das Weibliche den physischen Bestandteil zur Verfügung stellt, und d. h., sie ist für die Quantität des Materials zuständig. Hingegen hat das Männliche nichts dergleichen zu leisten; denn es ist nicht notwendig vorgesehen, daß die Werkzeuge, mit deren Hilfe etwas geschaffen wurde, in dem Produkt verweilen. Der Handwerker benutzte sie und nahm sie nach dessen Fertigstellung hinweg. Somit geht der physische Part, der Körper, also aus dem Weiblichen hervor, die Seele jedoch, die das Wesen des Körpers ausmacht, allein aus dem Männlichen.
. . . So, wie es hin und wieder geschieht, daß von mißgebildeten Eltern auch mißgebildete Nachkommen hervorgebracht werden, so werden manchmal weibliche, manchmal aber auch männliche Nachkommen durch das weibliche Prinzip hervorgebracht. Der Grund dafür liegt darin, daß das Weibliche als Mißbildung des Männlichen existiert . . .

So erlangt auch ein weiblicher Fötus nicht die gleiche Vollkommenheit wie ein männlicher im Manne (was sich im Falle der übrigen Lebewesen anders verhält. Hier steht das Weibliche dem Männlichen in seiner Entwicklung nicht nach). Denn während sich das Weibliche im Mutterleib langsamer entwickelt, so wird es nach der Geburt eher zur Vollendung geführt als das Männliche. Ich denke z. B. an die Pubertät, die Jugend und das Alter. Frauen sind von schwächerer und kühlerer Natur, so daß wir im weiblichen Wesen eine natürliche Unvollkommenheit sehen müssen.

Dementsprechend entwickelt sich das Weibliche im Mutterleib recht langsam, und zwar wegen der angesprochenen Kühle in seinem Wesen (denn Entwicklung bedeutet Mischung; und diese geschieht aufgrund von Wärme: Je wärmer es ist, desto mehr dehnt sich ein Stoff aus und vermischt sich). Doch nach der Geburt gelangt es sehr bald zur Reife und erreicht schließlich ein recht hohes Alter − eben aufgrund seiner Schwäche; denn alles, was von niederer Natur ist, erlangt eher Vollkommenheit bzw. Vollendung in dem Sinne des tatsächlich bevorstehenden Endes. Was in bezug auf ein Kunstwerk gilt, trifft in gleicher Weise auf die Werke der Natur zu.

Die Frau − ein Sklave von Natur aus

Ob nun aber jemand von Natur ein Sklave ist oder nicht, und ob es gerecht und für den Betreffenden selbst besser ist, jemandes Sklave zu sein, oder vielmehr alle Sklaverei dem Naturrecht widerstreitet, das ist hiernach zu untersuchen.

Es ist nicht schwer, die richtige Antwort auf diese Frage sowohl aus der Vernunft zu gewinnen, wie aus der Erfahrung abzuleiten. Das Herrschen und Dienen gehört nicht nur zu den notwendigen, sondern auch zu den nützlichen Dingen, und vieles ist gleich von seiner Entstehung an derart geschieden, daß das eine zum Herrschen, das andere zum Dienen bestimmt erscheint ... Und dieses Verhältnis von Über- und Unterordnung findet sich bei den beseelten Wesen aufgrund ihrer ganzen Natur ...

Was aber die sinnlich belebten Wesen betrifft, so bestehen sie zunächst aus Leib und Seele, von welchen beiden das eine naturgemäß herrscht, während das andere dient ...

Zuerst also nun wie gesagt, läßt sich im sinnlich belebten Wesen gleichzeitig die Herrschaft des Herrn oder das despotische Regiment und jene Herrschaft im Freistaat, die wir als das politische Regiment bezeichnen können, beobachten. Die Seele führt über den Leib ein despotisches, und der Verstand über das Strebevermögen ein politisches und königliches Regiment, wobei es am Tage liegt, daß es für den Leib naturgemäß und nützlich ist, von der Seele, und ebenso für das Subjekt der Gefühle, vom Verstande und dem vernunftbegabten Teile beherrscht zu werden, wohingegen eine Gleichstellung oder umgekehrte Stellung allen Seelenteilen schädlich wäre...

Endlich verhält sich Männliches und Weibliches von Natur so zueinander, daß das eine das Bessere, das andere das Schlechtere und das eine das Herrschende und das andere das Dienende ist. Ganz ebenso muß es nun mit dem gegenseitigen Verhältnis der Menschen überhaupt bestellt sein. Die so weit voneinander abstehen wie die Seele vom Leibe und der Mensch vom Tiere — und das ist bei allen denen der Fall, deren Aufgabe im Gebrauch ihrer Leibeskräfte besteht und bei denen das die höchste Leistung ist —, die also sind Sklaven von Natur, und es ist ihnen besser, sich in dieser Art von Dienstbarkeit zu befinden, ganz wie bei den eben erwähnten Dingen. Denn der ist von Natur ein Sklave, der eines anderen sein kann — weshalb er auch eines anderen ist — und der an der Vernunft nur insoweit teil hat, daß er sie in anderen vernimmt, sie aber nicht selbst hat.

7. Die drei Geschlechter der griechischen Kultur

Zuerst aber müßt ihr die menschliche Natur und deren Begegnisse recht kennenlernen. Nämlich unsere ehemalige Natur war nicht dieselbe wie jetzt, sondern eine ganz andere. Denn erstlich gab es drei Geschlechter von Menschen, nicht wie jetzt nur zwei, männliches und weibliches, sondern es gab noch ein drittes dazu, welches das gemeinschaftliche war von diesen beiden, dessen Name auch noch übrig ist, es selbst aber ist verschwunden.

Mannweiblich nämlich war damals das eine, Gestalt und Benennung zusammengesetzt aus jenen beiden, dem männlichen und weiblichen, jetzt aber ist es nur noch ein Name, der zum Schimpf gebraucht wird. Ferner war die ganze Gestalt eines jeden Menschen rund, so daß Rücken und Brust im Kreise herumgingen. Und vier Hände hatte jeder und Schenkel ebensoviel wie Hände, und zwei Angesichter auf einem kreisrunden Halse einander genau ähnlich, und einen gemeinschaftlichen Kopf für beide einander gegenüberstehende Angesichter, und vier Ohren, auch zweifache Schamteile, und alles übrige wie es sich hieraus ein jeder weiter ausdenken kann. Er ging aber nicht nur aufrecht wie jetzt, nach welcher Seite er wollte, sondern auch, wenn er schnell wohin strebte, so konnte er, wie die Radschlagenden jetzt noch, indem sie die Beine gerade im Kreise herumdrehen, das Rad schlagen, ebenso auf seine acht Gliedmaßen gestützt sich sehr schnell im Kreise fortbewegen. Diese drei Geschlechter gab es aber deshalb, weil das männliche ursprünglich der Sonne Ausgeburt war und das weibliche der Erde, das an beidem teilhabende aber des Mondes, der ja auch selbst an beiden teilhat. Und kreisförmig waren sie selbst und ihr Gang, um ihren Erzeugern ähnlich zu sein ...

Mit Mühe endlich hatte sich Zeus etwas ersonnen und sagte: Ich glaube nun ein Mittel zu haben, wie es noch weiter Menschen geben kann und sie doch aufhören müssen mit ihrer Ausgelassenheit, wenn sie nämlich schwächer geworden sind. Denn jetzt, sprach er, will ich sie jeden in zwei Hälften zerschneiden, so werden sie schwächer sein und doch zugleich uns nützlicher, weil ihrer mehr geworden sind, und aufrecht sollen sie gehen auf zwei Beinen. Sollte ich aber merken, daß sie noch weiter freveln und nicht Ruhe halten wollen, so will ich sie, sprach er, noch einmal zerschneiden, und sie mögen dann auf einem Beine fortkommen wie Kreisel. Dies gesagt, zerschnitt er die Menschen in zwei Hälften, wie wenn man Früchte zerschneidet, um sie einzumachen, oder wenn sie Eier mit Haaren zerschneiden. Sobald er aber einen zerschnitten hatte, befahl er dem Apollon, ihm das Gesicht und den halben Hals herumzudrehen nach dem Schnitte hin, damit der Mensch, seine Zerschnittenheit vor Augen

habend, sittsamer würde, und das übrige befahl er ihm auch zu heilen. Dieser also drehte ihm das Gesicht herum, zog ihm die Haut von allen Seiten über das, was wir jetzt den Bauch nennen, herüber, und wie wenn man einen Beutel zusammenzieht, faßte er es in eine Mündung zusammen und band sie mitten auf dem Bauche ab, was wir jetzt den Nabel nennen. Die übrigen Runzeln glättete er meistenteils aus und fügte die Brust einpassend zusammen, mit einem solchen Werkzeuge, wie womit die Schuster über dem Leisten die Falten aus dem Leder ausglätten, und nur wenige ließ er stehen um den Bauch und Nabel, zum Denkzeichen des alten Unfalls. Nachdem nun die Gestalt entzweigeschnitten war, sehnte sich jedes nach seiner andern Hälfte, und so kamen sie zusammen, umfaßten sich mit den Armen und schlangen sich ineinander und über dem Begehren zusammenzuwachsen starben sie aus Hunger und sonstiger Fahrlässigkeit, weil sie nichts getrennt voneinander tun wollten. War nun die eine Hälfte tot und die andere blieb übrig, so suchte sich die übriggebliebene eine andere und umschlang sie, mochte sie nun auf die Hälfte einer ehemaligen ganzen Frau treffen, was wir jetzt eine Frau nennen, oder auf die eines Mannes, und so kamen sie um. Da erbarmte sich Zeus und gab ihnen ein anderes Mittel an die Hand, indem er ihnen die Schamteile nach vorne verlegte, denn vorher trugen sie auch diese nach außen und erzeugten nicht eines in dem andern, sondern in die Erde wie die Zikaden. Nun aber verlegte er sie ihnen nach vorne und bewirkte vermittels ihrer das Erzeugen ineinander, in dem Weiblichen durch das Männliche, deshalb, damit in der Umarmung, wenn der Mann eine Frau träfe, sie zugleich erzeugten und Nachkommenschaft entstände, wenn aber ein Mann den andern, sie doch eine Befriedigung hätten durch ihr Zusammensein und erquickt sich zu ihren Geschäften wenden und, was sonst zum Leben gehört, besorgen könnten. Von so langem her also ist die Liebe zueinander den Menschen angeboren, um die ursprüngliche Natur wiederherzustellen, und versucht aus zweien eins zu machen und die menschliche Natur zu heilen.
Jeder von uns ist also ein Stück von einem Menschen, da wir ja zerschnitten, wie die Schollen, aus einem zwei geworden sind.

Also sucht nun immer jedes sein anderes Stück. Welche Männer nun von einem solchen Gemeinschaftlichen ein Schnitt sind, was damals Mannweib hieß, die sind weiberliebend, und die meisten Ehebrecher gehören zu diesem Geschlecht, und so auch, welche Weiber männerliebend sind und ehebrecherisch, die kommen aus diesem Geschlecht. Welche Weiber aber Abschnitte eines Weibes sind, die kümmern sich nicht viel um die Männer, sondern sind mehr den Weibern zugewendet, und die Tribaden kommen aus diesem Geschlecht; die aber Schnitte eines Mannes sind, suchen das Männliche auf, und solange sie noch Knaben sind, lieben sie als Schnittstücke des Mannes die Männer, und bei Männern zu liegen und sich mit ihnen zu umschlingen ergötzt sie, und dies sind die trefflichsten unter den Knaben und heranwachsenden Jünglingen, weil sie die männlichsten sind von Natur. Einige nun nennen sie zwar schamlos, aber mit Unrecht. Denn nicht aus Schamlosigkeit tun sie dies, sondern weil sie mit Mut und Kühnheit und Mannhaftigkeit das ihnen Ähnliche lieben. Davon ist ein großer Beweis, daß, wenn sie vollkommen ausgebildet sind, solche Männer vorzüglich für die Angelegenheiten des Staates gedeihen. Sind sie aber mannbar geworden, so werden sie Knabenliebe haben; zur Ehe aber und Kinderzeugung haben sie von Natur keine Lust, sondern nur durch das Gesetz werden sie dazu genötigt, ihnen selbst wäre es genug, untereinander zu leben unverehelicht. Auf alle Weise also wird ein solcher ein Knabenliebhaber und ein Liebhaberfreund, indem er immer dem Verwandten anhängt.

V. Die Entstehung des Bösen

Gut und Böse voneinander unterscheiden zu können macht einen wesentlichen Teil des Menschseins aus. Der Mensch ist das einzige Lebewesen, das Bewußtsein besitzt, ein Bewußtsein seiner selbst wie der ihn umgebenden Welt. Und d. h., er sieht die Welt nicht nur, wie sie ist, sondern er vermag ebenso zu erahnen, wie sie sein sollte. Mit der Entwicklung des Gewissens entwickelt er die Vision einer idealen Welt, auf deren Hintergrund die Defizite unserer bestehenden Welt um so deutlicher hervortreten. Eine Möglichkeit, die Spannung zwischen Soll- und Ist-Zustand aufzuheben, zumindest aber verständlich zu machen, ist die Vorstellung einer ursprünglich heilen Welt, die Vorstellung vom Paradies zu Anfang unserer Geschichte. Die Entstehung des Bösen wird durch eine böse Tat − Sünde genannt − erklärt, und dieser Akt, in welcher Form auch immer vorzustellen, führte den Untergang des Paradieses herbei.

Doch es gibt eine weitere Möglichkeit, die Diskrepanz zwischen Ideal und Wirklichkeit zu erklären: Die vollkommene Welt gilt als zukünftige Wirklichkeit. Sie steht entweder am Ende eines langen Entwicklungsprozesses, oder sie wird durch einen Konflikt herbeigeführt und bildet das Ergebnis einer Auseinandersetzung. Aber es gibt noch eine dritte Möglichkeit, Vision und Wirklichkeit in Beziehung zu setzen: Die vollkommene Welt wird als himmlisches Reich verstanden, als eine Welt, zu der allein die Götter (und vielleicht noch eine privilegierte Oberschicht) Zugang haben. Dem normal Sterblichen ist der Himmel verschlossen. Wohl vermag die niedere Welt der Sterblichen mit Hilfe bestimmter Rituale hier und dort den Segen der göttlichen Welt zu

Eine alte und junge Frau treffen sich, erzählen einander von ihren Erfahrungen und fliegen miteinander davon. Die Männer bezeichnen sie aus Furcht und Angst als Hexen; denn sie sind der Meinung, daß dieses Wort »böse Subjekte« und »Frauen des Teufels« bedeutet.

Radierung von Goya, Britisches Museum, London.

erlangen, aber niemals in seiner vollkommenen, endgültigen Form. Hier und dort hat sie Anteil an dieser Welt der göttlichen Vollkommenheit; aber schon bald entzieht sich ihr diese Welt wieder. Im Alten Orient hielt man es mit dieser dritten − recht pessimistischen − Anschauung. Die Griechen vertraten die Ansicht vom verlorenen Paradies. Im jüdisch-christlichen Denken verband man beide Versionen zu einer Art Dialektik.

Die christliche Vorstellung, wonach die Verbannung aus dem Paradies unwiderruflich zur Beeinträchtigung einer ehemals vorhandenen Wahlfreiheit zwischen Gut und Böse führte, wurde allerdings nicht von den Rabbinen geteilt. Das Judentum gab einer Anthropologie den Vorzug, die dem Menschen nach wie vor Wahlfreiheit zugesteht. Die menschliche Existenz wird zwar als eine Art Existenzdialektik verstanden; ein Leben zwischen den beiden Polen Gut und Böse bedeutet aber nicht, daß der Mensch nicht in der Lage wäre, sich für das Gute zu entscheiden. Von daher ist von nicht geringer Bedeutung, daß der Text in Genesis drei, die Geschichte vom Fall Adams durch Eva, im Alten Testament letztlich nicht als *die* Erklärung für die Entstehung des Bösen genommen wird. Der Text wird nach wie vor als eine Art Volkssage aufgefaßt, die die Entfremdung von der Arbeit und die mit Schmerzen verbundene Fortpflanzung der Menschheit hinterfragt. Der hinsichtlich der Frage nach dem Ursprung des Bösen maßgebliche alttestamentliche Text ist die Geschichte vom Goldenen Kalb und vom abtrünnigen Volk Israel in der Wüste.

Eine Schlüsselfunktion kommt den Berichten von der Befreiung aus Ägypten und dem Bundesschluß am Sinai zu. Auf die hier geschilderten Erfahrungen mit seinem Gott stützt sich das Selbstverständnis des Volkes Israel. Israel findet seine Identität: Durch diese Taten erschafft und erwählt Jahwe sein Volk. So gilt es als größtes Übel, sich gegen die Befreiung von der ägyptischen Herrschaft zu entscheiden, sich nach einem Land zurückzusehnen, in dem man Sklave war und in dem man Götter anbetete. Eine Geschichte, die paradigmatisch für die Abtrünnigkeit des Volkes steht. Und all dies ereignet sich, als Mose ganz oben auf dem Sinai steht, dem heiligen Berg, und von seinem Gott die Gesetzestafeln erhält. Sämtliche Akteure in diesem Schauspiel sind Männer. Als Repräsentanten Israels treten sie vor Aaron, um von ihm das Goldene Kalb zu erbitten. Lediglich als Statisten werden die Frauen erwähnt; völlig passiv sind sie. Gold und Juwelen tragen sie, und die Männer reißen den Schmuck von ihren Ohren, von ihren Händen und von ihren Armen, um daraus ein goldenes Kalb zu gießen. Die passive Rolle der Frauen bewog die rabbinischen Kommentatoren sogar zu der Annahme, die Frauen hätten sich geweigert, ihren Schmuck herzugeben. Und Gott habe sie dann für ihren Glauben belohnt. D. h., sie waren den Männern überlegen. Und um ihr Ziel zu erreichen, mußten diese schließlich selbst ihre goldenen Ohrringe hergeben[1]. Eine solche Auslegung ist mit großer Wahrscheinlichkeit nicht im Sinne des Verfassers. Sein Augenmerk richtet sich wohl eher auf den Konflikt unter den Männern. D. h., sein Interesse galt kaum einer möglichen Beschuldigung oder auch Rechtfertigung der Frauen.

Als Mose diese Abtrünnigkeit gewahr wird, zerbricht er zornentbrannt die Tafeln. Er bemüht sich jedoch, Gott in seinem Zorn zu besänftigen, und verhindert, daß Jahwe sein Volk verstößt. Das Volk sühnt — es wird zur Ader gelassen, als die Leviten 3000 Israeliten erschlagen. Die Erzählung spiegelt die Rivalitäten unter den verschiedenen priesterlichen Gruppen am Tempel wider und wurde wohl aufgeschrieben, um das Verhalten der Leviten zu rechtfertigen. Weit entfernt von Barmherzigkeit, erschlagen sie bereitwillig die eigenen Brüder und Söhne — ein Beweis für die totale Hingabe an ihren Gott, dessen Segen sie damit erlangen.

Zweierlei wird deutlich im Hinblick auf die Erzählung vom Goldenen Kalb. Zunächst wird alles Böse mit der Abtrünnig

---

1. Vgl. Das Goldene Kalb, in: Die Sagen der Juden, gesammelt von Micha Josef Bin Gorion, S. 483.

keit von Gott gleichgesetzt. Durch seine Abtrünnigkeit weist ein von Gott aus der Knechtschaft befreites Volk seine Befreiung zurück. Im Hinblick auf eine feministische Theologie eröffnen sich von daher durchaus positive Denkmöglichkeiten: Legt der oben ausgeführte Sachverhalt doch nahe, daß Sünde Angst vor der Freiheit sein könnte, eine Sehnsucht nach der Sicherheit der Knechtschaft. Allerdings muß diese Vorstellung in engem Zusammenhang mit einer zweiten, fragwürdigen Anschauung betrachtet werden, wonach die Treue zu Gott einen totalen Ethnozentrismus fordert, der jeglichen Dialog mit anderen Kulturen verneint; einen Ethnozentrismus, der dem einzelnen abverlangt, selbst die eigenen Angehörigen zu töten, falls diese fremde Gewohnheiten und Praktiken annehmen.

Im Alten wie im Neuen Testament bestätigten die Juden ihre Auffassung von der Wahlfreiheit zwischen Gut und Böse. Dennoch machte sich zunehmend die Erkenntnis breit, daß es keine solche Wahl in einer wertneutralen Realität geben könne.

Eine grundsätzlich negativ ausgerichtete Umgebung lenkt alles menschliche Handeln eher in Richtung Böses. Als Erklärung für diesen Sachverhalt, die Entstehung des Bösen in einer schlechthin bösen Welt, wird zu dieser Zeit allerdings nicht die Tat Evas herangezogen, sondern die Entstehung der Riesen, kurz umrissen in Genesis 6, 1−4: Die Töchter der Menschen werden von den Söhnen Gottes verführt. Die Verfasser der alttestamentlichen, aber ebenso der neutestamentlichen Texte nahmen diese Tradition auf und entwickelten sie weiter, um eine Erklärung für die Entstehung dämonischer Mächte parat zu haben. Offensichtlich handelte es sich um jene Mächte, die die Entscheidung der Menschen negativ beeinflußten, ja sie insgesamt in die falsche Richtung lenkten[2].

2. Vgl. *Bernard P. Prusak*: Women: Seductive Siren and Source of Sin?, in: Religion and Sexism, hg. von Rosemary Ruether, New York 1974, S. 89−107.

Daß in diese Tradition sehr bald frauenfeindliche Tendenzen einflossen, soll ein Auszug aus den »*Testamenten der zwölf Patriarchen*« belegen: Der Haß gegenüber der Frau wird in dieser Geschichte explizit zum Ausdruck gebracht: Nicht mehr vom Raub der Frauen durch männliche Wesen ist die Rede, sondern von einer Verführung dieser durch die Frauen: Die Töchter der Menschen sind zu fürchten! Erwiesen sie sich doch offensichtlich als gefährliche sexuelle Verführerinnen, die den Weg zum Bösen bereiten. Doch bereiten sie diesen Weg nicht nur; nein, sie selbst sind der Weg zum Bösen, zur Sünde. Deshalb gibt es nur ein einziges Mittel, sich vor ihnen zu schützen – die strikte Absonderung vom Manne. Und diese Absonderung schließt das Verbot ein, durch Äußerlichkeiten zu reizen. Haarschmuck, Juwelen, Kosmetik, aufreizende Kleider – all dies haben sie abzulegen; jegliche Sinneslust ist zu unterdrücken. So – und nur so – kann Sünde vermieden werden. Obwohl die Kirchenväter an der Eva-Geschichte durchaus Gefallen fanden – denn sie bescherte ihnen schließlich den für ihr Denkmodell notwendigen Sündenbock –, griffen sie zusätzlich auf die obenerwähnten zwölf Patriarchen zurück: Mit Hilfe dieses Textes war es ihnen wiederum möglich, gegen jegliche weibliche Attraktivität zu »wettern«. Hatte diese äußere Anziehungskraft doch ursprünglich die »Engel« verführt.

Verlust des Paradieses aufgrund der weiblichen Sünde – als Denkmöglichkeit von den Griechen in der Geschichte der Pandora thematisiert, jenem klassischen Mythos, in dem noch ein weiteres Thema verhandelt wird. Nicht selten finden sich in derartigen Mythen Aussagen zur Eifersucht unter den Göttern. Die Menschen, d. h. die Männer, führen ein elendes Dasein, und zwar nicht nur, weil von den Frauen betrogen, sondern weil die Götter sie nicht an ihrem ruhigen Leben teilhaben lassen wollen; und d. h. auch, daß sie die Fülle des Lebens und die ihnen eigene Unsterblichkeit mit niemandem teilen wollen. Als Wohltäter der Menschen möchte Prometheus deren Schicksal menschlicher gestalten. Um dies zu erreichen, stiehlt er das Feuer und schafft somit die Grundlage für die Entwicklung jeglicher Technologien. Prometheus' Tat wird hart bestraft. Endlose Qualen senden die Götter zu ihm herab. Doch beschließt Zeus, das gesamte männliche Geschlecht heimzusuchen: Er stellt dem Manne eine schöne, aber verräterische Frau zur Seite – die Strafe in Person! Bevor der Zorn der Götter entbrannte, führte man ein ruhiges Leben, ein Leben ohne Mühe und Arbeit, ohne Krankheit und Alter. In dem Augenblick jedoch, da Pandora die Büchse öffnet, ergießen sich alle Übel auf die Menschheit.

Die Geschichte sorgt für Verwirrung: Was unsere Beziehung zur Vergangenheit betrifft, so werden hier zwei völlig unterschiedliche Auffassungen zusammengebracht: Einmal eröffnet uns die Entwicklung der Technik neue Möglichkeiten und treibt das Schicksal der Menschheit entscheidend voran. Ein anderes Mal findet eine rückläufige Entwicklung statt: Ein einst existierendes Paradies wird aufgrund einer Ursünde zerstört. Ersteres, die Entwicklung hin zum Positiven, begegnet uns im »Prometheus«, für die rückläufige Entwicklung steht »Pandora«. Sie repräsentiert die verkehrte und feindselige Beziehung des Mannes zu seiner Frau, eine Beziehung, wie sie das männliche Pubertätstrauma herbeiführte. Die ursprüngliche Muttergöttin Pandora (die alles Gebende) wird zur Frau degradiert, der gegenüber der inzwischen zum Manne gewordene Jüngling sowohl sexuelle Anziehungskraft als auch Feindseligkeit empfindet. Die Frau wird für den Verlust des Paradieses verantwortlich gemacht – eines Paradieses der Ruhe und Fülle des Lebens, das dem Jungen einst durch die Mutter beschert wurde. Hinfort würdigt man die Frau, und zwar als Ehefrau, jedoch herab: Sie ist die Quelle allen Übels, allen Unglücks, das der nun erwachsene Mann im Kampf um seine Existenz erleiden muß.

In der christlichen Theologie stützt man sich von jeher auf Genesis 3, wenn es um die Deutung des Sündenfalls geht: Das Essen vom Baum der Erkenntnis und die daraufhin erfolgte Vertreibung aus dem Garten Eden – die klassische

Textgrundlage in bezug auf den Ursprung allen Übels! Ausgehend von einer Theologie, in deren Zentrum ein negatives Menschenbild steht, las die Christenheit diese Geschichte stets unter folgendem Aspekt: Die menschliche Natur ist nun einmal dem Bösen verfallen und von daher nicht in der Lage, aufgrund eigener Anstrengungen wirklich Gutes zu vollbringen, das vor dem Angesicht Gottes bestehen könnte. Allein ein göttlicher Erlöser vermag sie durch seinen Sühnetod aus der naturhaften Bindung an das Böse zu befreien. Eine solche theologische Anthropologie liegt dem Autor dieser biblischen Volkssage allerdings fern. Die biblische Darstellung von der Vertreibung aus dem Paradies wie auch die Darlegung in der Geschichte der Pandora spiegeln eher eine ambivalente Beziehung des Göttlichen zu allem Menschlichen wider. Der Befehl, nicht vom Baum der Erkenntnis zu essen, läßt auf das göttliche Bemühen schließen, der Menschheit ihre Unschuld zu bewahren, aber ebenso ihre Unwissenheit. Wären die Menschen nicht vor einem zu großen Wissen bewahrt worden, hätte dies die Herausforderung göttlicher Macht zur Folge gehabt und schließlich vielleicht sogar die Herrschaft über das Universum nach sich gezogen. Eine ambivalente Macht verkörpert auch die Schlange. Ist sie doch nicht so sehr Ausdruck des »Bösen« schlechthin als vielmehr Ausdruck jenes erwachenden Bewußtseins, das einmal festgesetzte Grenzen allmählich in Frage stellt und nach Autonomie strebt, was den Bereich der Erfahrung und des Wissens betrifft. Obwohl es Eva ist, die zu fragen beginnt, und Adam ihr nachgibt, handelt es sich im Falle ihres erwachenden Bewußtseins, das ihre kindliche Unschuld erschüttert, um das Bewußtsein ihrer Sexualität. Und ebendies läßt sie ihre Nacktheit erkennen und Scham voreinander empfinden. Beide werden aus dem Paradies vertrieben und gezwungen, sich in einer grausamen Welt zu behaupten. Mühsal bei der Arbeit erfahren sie, Gebären unter Schmerzen und schließlich die männliche Vorherrschaft — all dies zwar göttliche Verfügungen, aber auch schlicht »Fakten« dieser unbarmherzigen Welt, in der auch sie nun zu kämpfen haben. Da gibt es keinerlei Hinweise auf eine größere Schuld Evas und eine daraus resultierende härtere Strafe. Beide trifft es in gleicher Weise. Beide werden in die gemeine Welt hinausgeworfen, in die Welt, die vom Kampf um die eigene Existenz bestimmt wird, von cer zunehmenden Entfremdung unter den Geschlechtern und einer sich breitmachenden Tyrannei auf der Beziehungsebene. Der Kindheitstraum von der Unschuld der Menschheit zerplatzt wie eine Seifenblase.

Von seiten der Gnosis wird Genesis 3 in der »*Hypostase der Archonten*« kommentiert. Es handelt sich um eine durchaus beachtenswerte Auslegung. Nach Ansicht der Gnostiker wurde die Menschheit einst in drei Mächte aufgespalten: Körper, Seele und Geist machen den Menschen aus, wobei die Macht des Fleisches ihm Unwissenheit bescherte und ihn für alles Materielle in Anspruch nahm, das unsere gegenwärtige Weltordnung bestimmt. Die Macht, die sich hinter der Psyche verbirgt, verschaffte ihm Zugang zu einer höheren Welt. Sie ließ ihn seine Unkenntnis überwinden.

Aber einzig und allein die Macht des Geistes erwies sich als wahrhaft göttlich; als Abkömmling einer transzendenten Welt vermochte sie allein ein den Menschen befreiendes Wissen zu vermitteln. In den Augen der Gnostiker war die gegenwärtige Weltordnung nicht das Produkt eines wahrhaft göttlichen Wirkens. Sie sahen darin eher das Werk eines gefallenen Weltenherrschers. Jedoch suchte die höhere göttliche Welt – in Gestalt Sophias, die das weiblich geistige Prinzip repräsentierte – den Schleier der Unwissenheit zu zerreißen, um für alle die Erkenntnis und deren befreienden Charakter sichtbar zu machen.

Die Gnostiker verstehen den Befehl, nicht vom Baum der Erkenntnis zu essen, als den Versuch, Adam in die Irre zu führen. Der gefallene Herrscher möchte ihn unwissend halten. Und ebendieselben Herrscher sind es, die das geistige Prinzip zu zerstören suchen. Sie, die Verführer, wollen vernichten, was von der Frau sowie der Schlange verkörpert wird. Aber es gelingt ihnen nicht. Den einzigen Erfolg, den sie in bezug auf diese Wesen verzeichnen können, besteht in der Verleumdung des Fleisches. Von daher repräsentiert das weiblich geistige Prinzip die Gnosis in reinster Form. Es geht um die wirklich befreiende Erkenntnis, als der Frau geboten wird, von den Früchten des Baumes zu essen. Und als es nun ein für allemal geschehen ist, offenbart ihnen beiden, Eva und Adam, ihre Psyche, daß es ihnen an echtem Wissen mangelt. Um ihre Suche nach der eigentlich befreienden geistigen Erkenntnis aufzuhalten, werfen die Herrscher sie aus dem Paradies hinaus; denn beide könnten ja erfolgreich sein und finden, wonach sie suchen. Um sie also weiterhin in Abhängigkeit halten zu können, müssen sie in die Welt hinaus, in die Welt der Mühe und Arbeit. Hier dürfte sie das Ringen um ihre Existenz derart in Anspruch nehmen, daß sie die Suche nach der Wahrheit eh aufgeben müßten. So wird das Essen von der verbotenen Frucht in der Gnosis zur Geburtsstunde der Erkenntnis; doch es wird eine Frühgeburt. Die befreiende Erkenntnis ist nicht »lebensfähig«. Was bleibt, ist nichtsdestoweniger eine Geschichte, die auf einen zukünftigen Offenbarer hinweist, der die Menschheit aus ihren Fesseln zu befreien vermag.

Die frühe Christenheit bildete keine homogene Gruppe: Bereits in den Anfängen gab es recht unterschiedliche Schriftauslegungen. Ein radikales Schriftverständnis legte die Vorstellung einer neuen Menschheit in Christus nahe, die von der gegenwärtigen Welt in jeglicher Hinsicht befreit existierte — politisch, kulturell und religiös. Dieses radikale Schriftverständnis schloß z. B. auch die Gleichheit der Frauen, und zwar in geistiger Hinsicht, ein. In bezug auf Paulus gab es zweierlei Auslegungen: Die eine betonte die Radikalität der Erlösung, die andere — eher konservative — die Existenz in und mit der gegenwärtigen Welt. In der Folgezeit bildeten sich sehr bald zwei feindliche Lager: Marcion, aber auch die populären »*Akten des Paulus und der*

Thekla«[3] z. B. standen für die Überzeugung, daß die Taufe eine Überwindung weiblicher Herabwürdigung nach sich ziehe.

Eine Reihe von Gegenangriffen erfolgte von seiten der nächsten — wiederum konservativen — Generation: Die traditionelle familiäre Ordnung — und das ist die des Patriarchats —, so erklärt man, garantiert nach wie vor eine intakte Familie. Die Frau untersteht dem Mann, der Sklave dem Herrn und die Kinder den Eltern. Diese soziale Ordnung ist von den Christen strikt einzuhalten[4]. Die Auslegung von Genesis 3 vermittelt diese konservative Richtung in der paulinischen Theologie, die eine Frauenherrschaft in den christlichen Kirchen zu unterdrücken suchte. Unter Berufung auf eine patriarchale »Schöpfungsordnung« suchte man sie von geistlichen Ämtern fernzuhalten. Einen solchen Zweck hatten aber bereits die Rabbinen mit ihrer Auslegung von Genesis 3 verfolgt[5]. In 1. Timotheus 2 taucht diese Auslegung des alttestamentlichen Textes als Grundgedanke einer patriarchal verstandenen Christenheit wieder auf. Eva wurde nach Adam erschaffen und sündigte vor ihm. Daraus ergibt sich die natürliche Dominanz des Mannes über die Frau. Sie ging voran auf dem Weg zum Bösen, und ebendarauf ist die ihr gebotene Unterwerfung zurückzuführen.

3. Vgl. *Hennecke/Schneemelcher:* Neutestamentliche Apokryphen, Bd. II, Tübingen 1964, S. 243−251.
4. Vgl. *Elisabeth Schüssler Fiorenza:* In Memory of Her. A feminist Theological Reconstruction of Christian Origins, New York 1983, S. 243−270.
5. Der Glaube an die Erbsünde, die auf Adam zurückgeht und alle Menschen durchdringt, begegnet bereits in der jüdisch-apokalyptischen Literatur, die zur Zeit des Paulus entstand. Vgl. dazu das 4. Buch Esra 3, 20−23 (Die Apopkryphen und Pseudepigraphen des Alten Testaments, hg. von E. Kautzsch Bd. 2, Tübingen 1900). Doch wurde diese Vorstellung nicht von allen zeitgenössischen Schreibern geteilt. Entschieden zurückgewiesen wird der Gedanke im 2. Buch Baruch: Adam stecke in jedem von uns (vgl. a.a.O.).

Adam sagt man sogar nach, er sei gar nicht getäuscht worden. Die spätere Exegese dieses Textes gibt zu bedenken, Adam habe bereits vor dem Essen der Frucht gewußt, daß es nicht gutginge. Aus Solidarität begleitete er Eva jedoch[6]. Adams Sünde − ein Akt der noblesse oblige! Die einzige Chance einer Frau, von dieser Schuld befreit zu werden, ist die Mutterschaft! Mit Hilfe eines derartigen Statements wollte man einem radikalen christlichen Anspruch auf weibliche Emanzipation begegnen. Der Zölibat für die Frau hat somit keine Chance. Von den ihr in einer patriarchalen Familie auferlegten Pflichten soll sie auf keinen Fall befreit werden[7]. So kurz diese Aussage in 1. Timotheus 2 ausfiel, so bedeutsam ist sie; denn mit dieser Passage wurde ein Standpunkt etabliert, der der Folgezeit eine Legitimation jeglicher Form männlicher Dominanz lieferte und darüber hinaus letztlich einen Schlüssel zum Verständnis der gesamten Bibel.

Jahrhundertelang drillte eine christliche Orthodoxie die Frauen, sich dem Anspruch einer solchen Botschaft zu stellen: Endlich sollten sie es in sich aufnehmen, sekundär in der »Schöpfungsordnung«, aber primär im Sündenfall zu sein. Und aufgrund ebendieser Rangordnung gebührt ihnen eine doppelte Unterwürfigkeit. Sie taugen allein zum Kinderkriegen − so die christliche Lehre! Und dennoch gaben die Frauen nicht auf, die Bibel anders zu lesen und das Evangelium anders zu verstehen. Bis ins fünfzehnte Jahrhundert lassen sich die Spuren einer beginnenden feministischen Exegese von Genesis 3 zurückverfolgen. Bereits in jener Zeit wurde die ursprüngliche Volkssage von Frauen gelesen, von Frauen, die bemerkten, daß man diesen Text auch völlig anders auffassen könne[8]. Adam erschien ein bißchen wie

6. Vgl. *John Milton:* Das verlorene Paradies. Ein Gedicht in zwölf Gesängen, deutsch von Adolf Böttger, Leipzig o. J., 9. Gesang, S. 206 ff.; 11. Gesang, S. 273 ff.

7. Vgl. *Steven Davies:* The Revolt of the Widows: The Social World of the Apocryphal Acts, Carbondale/J III 1980, S. 50−69.

8. Die europäische und speziell die englische Renaissance erlebte das Aufkommen einer völlig neuen Literatur, einer Literatur, die

ein Trottel, während Eva diejenige war, deren Neugier ein von Intelligenz genährtes Suchen und Fragen in Gang setzte. Die Neugier Evas strebte nach autonomer Erfahrung. Von daher stellt die Auslegung von Genesis 3 nach Elizabeth Cady Stantons »Frauenbibel« keinesfalls den ersten feministisch theologischen Ansatz in bezug auf diese alte Volkssage dar. Bereits viel früher lasen Frauen den Text aus ihrer – der weiblichen – Perspektive und entdeckten durchaus alternative Möglichkeiten, eine Frau zu sein.

Als Ergänzung zu diesen antiken Mythen soll dieses Kapitel zwei moderne Geschichten einschließen, Texte, denen der Status eines gesellschaftlich fundamentalen Mythos unserer Zeit zukommt. Es handelt sich dabei um Freud und Engels. Der Freudsche Text bzw. seine Geschichte hat weniger den Umschwung guter Zeiten in weniger gute zum Thema. Es geht eher um das Eintauschen des einen Übels gegen ein anderes: unbeherrschte Triebe einerseits und die triebhafte Unterdrückung andererseits, eine Unterdrückung, die für das Entstehen und Bestehen einer Zivilisation notwendig ist. Die Freudsche Beschreibung des »Naturzustandes« ist die Beschreibung eines allgegenwärtigen Krieges zwischen dem Vater und seinen Söhnen. Die väterliche Dominanz erstreckt sich auf alle Frauen und deren Lebensbereiche – auf Sexualität und häusliche Pflichten. Die ihm eigene Dominanz läßt ihn auch nicht vor dem Inzest zurückschrecken: Selbst die eigenen Töchter sind ihm ausgeliefert. Die Söhne hingegen werden früh kastriert, wenn nicht gar getötet, sobald der Vater Konkurrenz in ihnen wittert. Manchmal verstößt er sie

von Frauen hervorgebracht wurde: Sie wandten sich entschieden gegen das traditionelle Christentum, das so manchen Angriff gegen die Weiblichkeit startete. Auf recht lebendige Art und Weise verteidigten die Verfasserinnen dieser neuen Schriften das eigene Geschlecht. Vgl. dazu u. a. *Christian de Pisan:* Book of the City of Ladies (1450); *Jane Anger:* Her Protection for Women (1589); *Ester Sowerman:* Ester Hath Hanged Haman. Answer to the Arraignment of Women (1617); *Mary Astell:* An Essay in Defense of the Female Sex (1639).

auch und läßt sie in einer Gruppe Gleichgeschlechtlicher umherziehen. Schließlich aber kommt es zum Kampf: Die Söhne greifen an; sie töten den Vater, um ihn als Besiegten zu verschlingen. Dieses Vorgehen ermöglicht ihnen die Identifikation mit dem so mächtigen Vater. Was sie so lange begehrten, befindet sich endlich in ihrem Besitz − jene Dominanz, die sich auf alle Frauen und Lebensbereiche erstreckt.

Da wird ihnen jedoch klar, daß sie, die Söhne, sich von nun an stets im Krieg miteinander befänden. Jeder würde versichern, die väterliche Macht ganz an sich zu reißen − es sei denn, sie verbündeten sich und einigten sich darauf, das individuelle Machtstreben zu sublimieren, und zwar in der Form einer ursprünglichen Stammesmacht, dem Totem. An dieser Autorität könnten sie alle teilhaben. Die Grundlage für die Kanalisierung des Machtstrebens müßte ein Gesellschaftsvertrag bilden, in dem die Sublimierung und Kanalisierung der Triebe sowie andere Pflichten festgesetzt würden. Ein solcher Vertrag müßte ebenso ein Inzesttabu beinhalten. Er müßte schlechthin ein Ordnungsgefüge garantieren. Zivilisation − so Freud − bringt nun einmal etwas Tragisches mit sich; denn sie basiert auf Sublimierung: Das Urbedürfnis nach Gewaltanwendung, einschließlich jeglichen Dranges nach Spontanität, muß unterdrückt werden. Eine Art von Repression, die zur Neurose führt! Allein die Analyse vermag diesen Prozeß ein Stück weit zu durchdringen, indem sie die Sublimierung und Repression in unser Bewußtsein hebt. Unser Bewußtsein akzeptiert schließlich beides − als Preis der Zivilisation.

Freud geht ebenso von einem zeitweilig existenten Matriarchat aus. Er sieht darin aber lediglich eine Übergangsphase, eine Art »Interregnum« zwischen der väterlichen Machtausübung und dem Sozialvertrag der Söhne. Im ursprünglichen Zustand des Patriarchats nimmt die Mutter die Rolle einer Revolutionärin ein, die den bevorzugten jüngeren Sohn an die Stelle des alternden Vaters setzen möchte. Die Zivilisation jedoch lebt vom Verzicht dieser Art von Mutterliebe durch die Söhne.

Eine alternative Anthropologie, die ihre Blütezeit im späten Viktorianismus erlebte, liegt der Abhandlung »*Der Ursprung der Familie, des Privateigentums und des Staates*« von Friedrich Engels zugrunde: Die früheste menschliche Gesellschaft war eine matriarchale[9], die sich durch eine matrilineare und eine damit verbundene matrilokale Familienstruktur sowie durch gemeinschaftliches Eigentum auszeichnete. Freiheit in puncto Sex war gewährleistet, da ja alle Kinder als legitime Nachkommen der Mütter galten. Mit zunehmendem Besitz jedoch gaben sich die älteren unter den Männern nicht länger mit diesen Regelungen zufrieden. Sie brachten eine soziale Revolution in Gang, die eine patrilineare und patrilokale Familienstruktur mit sich brachte. Die Sexualität einer Frau war nun allein dem rechtmäßigen Ehemann vorbehalten, um sicherzustellen, daß ihre Kinder auch die seinen waren. Die Monogamie steht von daher nicht für die Gegenseitigkeit zwischen Mann und Frau, sondern repräsentiert die nachträgliche Institutionalisierung männlicher Dominanz über Kinder und Besitz. Die Frauen werden in die Unterwürfigkeit hinabgestoßen. Und ebendarin sieht Engels das Grundmodell für das so belastete Verhältnis zwischen den Klassen in der Folgezeit, das Verhältnis zwischen Besitzenden und Besitzlosen.

Die Unterwerfung der Frau repräsentiert für Engels ebenso wie das oben beschriebene Verhältnis zwischen den Klassen in einer feudalen oder kapitalistischen Gesellschaft gleichsam Wurzel und Wesen der Zivilisation. Er glaubt, dem Ursprung sozialen Unrechts von gewaltigem Ausmaß auf der Spur zu sein. Soziale Ungerechtigkeit – Grundlage der Zivilisation, aber gleichsam notwendiges Instrument, um eine ökonomische Maschinerie in Gang zu setzen, die endlich eine Produktion im Überfluß garantiert. Ist der Entwicklungsprozeß der Gesellschaft unter einem kapitalistischen Wirt-

9. Das klassische Werk zu den Ursprüngen der Matriarchatstheorien im 19. Jahrhundert lieferte *Johann Jakob Bachofen*. Siehe: Das Mutterrecht, Gesammelte Werke, Bd. 2 und 3, Basel 1948.

schaftssystem schließlich so weit fortgeschritten, können wir bald in die Endphase jenes dialektischen Prozesses eintreten. Elend und Unterdrückung wird mit dem Untergang der kapitalistischen Herrscherklasse ein Ende bereitet. Es kommt zum Umsturz, der die Sozialisierung herbeiführt, d. h. die Vergesellschaftung allen Eigentums an Produktionsmitteln durch eine klassenlose – kommunistische – Gesellschaft.

Ein solcher zivilisatorischer Endzustand wird auch eine Befreiung der Frau mit sich bringen. Ihr wird das Recht auf Selbstbestimmung wieder zugestanden werden, und dieses Recht schließt die Wahlfreiheit in puncto Sexualität sowie die unterschiedlichsten Aufgaben ein, vor die sich die Frau gestellt sieht. Sie, die Frau, gewinnt mit dem Recht auf Selbstbestimmung ihre Ursprünglichkeit zurück, die Ursprünglichkeit des Matriarchats. So zumindest sieht es Engels: Geschichte ist für ihn eine Geschichte des Falls und der Erlösung. Ihren Ursprung nahm sie in Eden, das für den Urzustand eines kommunistischen Matriarchats steht. Und diese Geschichte mündet in den kommunistischen Endzustand, der der Menschheit den qualitativen Sprung aus dem Reich der Notwendigkeit in das Reich der Freiheit ermöglicht.

Weiterführende Überlegungen

Nun lassen Sie die unterschiedlichen Texte zum (Sünden)-Fall Revue passieren. Welche haben für Sie etwas Wahres? Damit meine ich: Enthält die eine oder andere Geschichte so etwas wie einen Schlüssel zur Erkenntnis in bezug auf Ursprung und Wesen des Bösen, bzw. deutet ein Text vielleicht zumindest in diese Richtung? Worin – in welchen Elementen oder Symbolen – besteht für Sie das »Wahre«? Gibt es vielleicht einen Zusammenhang mit Ihrem Leben, einen Bezug zu den von Ihnen gemachten Erfahrungen? Bestimmt gibt es Gesichtspunkte, Aussagen in diesen Texten, die Sie schlechterdings als falsch bezeichnen würden, weil sie Ursprung und Natur des Bösen nicht treffen − welche? Ein wichtiger Aspekt, den Sie in Ihre Überlegungen einbeziehen sollten, ist sicherlich der soziologische. Diese »Sündenfall«-Geschichten verbergen oft geschickt die tatsächlichen sozialen Probleme; sie kaschieren die negativen Seiten einer Gesellschaft, indem sie vom »Opfer« sprechen, indem sie diesem Opfer vielleicht noch Schuld einreden oder indem sie überhaupt erst Opfer eines gesellschaftlichen Mißstandes hervorbringen − so z. B. die Frauen: Man macht sie zu Sündenböcken. Sie sollen als Ursache des Bösen in Erscheinung treten. Wie funktioniert so etwas, wird vielfach gefragt. Wie gelang es und gelingt es, mit Hilfe dieser Texte über einen möglichen Sündenfall soziale Unterdrückung hervorzubringen −und noch zu rechtfertigen?

Und jetzt versuchen Sie einmal − mit diesen Überlegungen im Hinterkopf −, Ihren eigenen Mythos oder Ihre Parabel über den Ursprung alles Bösen oder menschlicher Selbstentfremdung zu verfassen. Als Hilfestellung könnten Sie vielleicht zunächst einmal damit beginnen, die menschliche Natur zu beschreiben, und zwar so, wie Sie sie sehen. Stellen Sie außerdem heraus, wie für Sie intakte Beziehungen aussehen: Beschreiben Sie ein ideales Miteinander − den Umgang mit dem anderen, mit der Natur und nicht zuletzt mit dem Göttlichen. Stellen Sie im Anschluß daran die Frage nach Wesen und Wesensmerkmalen aller destruktiven Kräfte, die dem Guten immer wieder entgegenwirken. Welchen Platz nehmen diese Kräfte im täglichen Miteinander ein?. Wo sind sie in unserer Ichbeziehung sowie in unserer Beziehung zur Gesellschaft und zur Welt zu lokalisieren? Wo hat jegliche Neigung zum Bösen ihren Ursprung? Gibt es vielleicht eine Art Urimpuls? Versuchen Sie doch jetzt einmal, das »Ergebnis« ihrer Überlegungen in irgendeine Symbolik zu kleiden. Schreiben Sie eine eigene Geschichte »Der Ursprung des Bösen«.

1. Die Exodusgemeinde und das Goldene Kalb

Als aber das Volk sah, daß Mose ausblieb und nicht wieder von dem Berge zurückkam, sammelte es sich gegen Aaron und sprach zu ihm: Auf, mach uns einen Gott, der vor uns hergehe! Denn wir wissen nicht, was diesem Mann Mose widerfahren ist, der uns aus Ägyptenland geführt hat. Aaron sprach zu ihnen: Reißet ab die goldenen Ohrringe an den Ohren eurer Frauen, eurer Söhne und eurer Töchter und bringt sie zu mir. Da riß alles Volk sich die goldenen Ohrringe von den Ohren und brachte sie zu Aaron. Und er nahm sie von ihren Händen und bildete das Gold in einer Form und machte ein gegossenes Kalb. Und sie sprachen: Das ist dein Gott, Israel, der dich aus Ägyptenland geführt hat! Als das Aaron sah, baute er einen Altar vor ihm und ließ ausrufen und sprach: Morgen ist des Herrn Fest. Und sie standen früh am Morgen auf und opferten Brandopfer und brachten dazu Dankopfer dar. Danach setzte sich das Volk, um zu essen und zu trinken, und sie standen auf, um ihre Lust zu treiben.

Der Herr sprach aber zu Mose: Geh, steig hinab; denn dein Volk, das du aus Ägyptenland geführt hast, hat schändlich gehandelt. Sie sind schnell von dem Wege gewichen, den ich ihnen geboten habe. Sie haben sich ein gegossenes Kalb gemacht und haben's angebetet und ihm geopfert und gesagt: Das ist dein Gott, Israel, der dich aus Ägyptenland geführt hat. Und der Herr sprach zu Mose: Ich sehe, daß es ein halsstarriges Volk ist. Und nun laß mich, daß mein Zorn über sie entbrenne und sie vertilge; dafür will ich dich zum großen Volk machen. Mose aber flehte vor dem Herrn, seinem Gott, und sprach: Ach, Herr, warum will dein Zorn entbrennen über dein Volk, das du mit großer Kraft und starker Hand aus Ägyptenland geführt hast? Warum sollen die Ägypter sagen: Er hat sie zu ihrem Unglück herausgeführt, daß er sie umbrächte im Gebirge und vertilgte sie von dem Erdboden? Kehre dich ab von deinem grimmigen Zorn und laß dich des Unheils gereuen, das du über dein Volk bringen willst. Gedenke an deine Knechte Abraham, Isaak und Israel, denen du bei dir selbst geschworen und verheißen hast: Ich will eure Nachkommen mehren wie die Sterne am Himmel, und dies ganze Land, das ich verheißen habe, will ich euren Nachkommen geben, und sie sollen es besitzen für ewig. Da gereute den Herrn das Unheil, das er seinem Volk zugedacht hatte.

Mose wandte sich und stieg vom Berge und hatte die zwei Tafeln des Gesetzes in seiner Hand; die waren beschrieben auf beiden Seiten. Und Gott hatte sie selbst gemacht und selbst die Schrift eingegraben. Als nun Josua das Geschrei des Volks hörte, sprach er zu Mose: Es ist ein Kriegsgeschrei im Lager. Er antwortete: Es ist kein Geschrei wie bei einem Sieg, und es ist kein Geschrei wie bei einer Niederlage, ich höre Geschrei wie beim Tanz. Als Mose aber nahe zum Lager kam und das Kalb und das Tanzen sah, entbrannte sein Zorn, und er warf die Tafeln aus der Hand und zerbrach sie unten am Berge und nahm das Kalb, das sie gemacht hatten, und ließ es im Feuer zerschmelzen und zermalmte es zu Pulver und streute es aufs Wasser und gab's den Kindern Israel zu trinken. Und er sprach zu Aaron: Was hat dir das Volk getan, daß du eine so große Sünde über sie gebracht hast? Aron sprach: Mein Herr lasse seinen Zorn nicht entbrennen. Du weißt, daß dies Volk böse ist. Sie sprachen zu mir: Mache uns einen Gott, der vor uns hergehe; denn wir wissen nicht, was mit diesem Mann Mose geschehen ist, der uns aus Ägyptenland geführt hat. Ich sprach zu ihnen: Wer Gold hat, der reiße es ab und gebe es mir. Und ich warf es ins Feuer; daraus ist das Kalb geworden.

Als nun Mose sah, daß das Volk zuchtlos geworden war — denn Aaron hatte sie zuchtlos werden lassen zum Gespött ihrer Widersacher —, trat er in das Tor des Lagers und rief: Her zu mir, wer dem Herrn angehört! Da sammelten sich zu ihm alle Söhne Levi. Und er sprach zu ihnen: So spricht der Herr, der Gott Israels: Ein jeder gürte sein Schwert um die Lenden und gehe durch das Lager hin und her von einem Tor zum andern und erschlage seinen Bruder, Freund und Nächsten. Die Söhne Levi taten, wie ihnen Mose gesagt hatte; und es fielen an dem Tage vom Volk dreitausend Mann. Da sprach Mose: Füllet heute eure Hände zum Dienst für den Herrn — denn ein jeder ist wider seinen Sohn und Bruder gewesen —, damit euch heute Segen gegeben werde. Am nächsten Morgen sprach Mose zum Volk: Ihr habt eine große

Sünde getan; nun will ich hinaufsteigen zu dem Herrn, ob ich vielleicht Vergebung erwirken kann für eure Sünde. Als nun Mose wieder zu dem Herrn kam, sprach er: Ach, das Volk hat eine große Sünde getan, und sie haben sich einen Gott von Gold gemacht. Vergib ihnen doch ihre Sünde; wenn nicht, dann tilge mich aus deinem Buch, das du geschrieben hast. Der Herr sprach zu Mose: Ich will den aus meinem Buch tilgen, der an mir sündigt. So geh nun hin und führe das Volk, wohin ich dir gesagt habe. Siehe, mein Engel soll vor dir hergehen. Ich werde aber ihre Sünde heimsuchen, wenn meine Zeit kommt. Und der Herr schlug das Volk, weil sie sich das Kalb gemacht hatten, das Aaron angefertigt hatte.

2. Frauen verführen die Engel und bringen Ungeheuer hervor

Schlecht sind die Weiber, meine Kinder; denn weil sie keine Macht oder Gewalt über den Mann haben, so handeln sie listig durch ihr Gebaren, wie sie ihn zu sich ziehen sollen. Und wen sie nicht mit Gewalt zu bezwingen vermag, den bezwingt sie durch Betrug. Denn auch über sie redete der Engel Gottes zu mir und belehrte mich, daß die Weiber dem Geiste der Hurerei mehr unterliegen als der Mann, und im Herzen hegen sie tückische Anschläge gegen die Männer, und durch den Schmuck verwirren sie zuerst ihre Gedanken, und durch den Blick streuen sie das Gift ein, und dann nehmen sie sie durch die Tat gefangen. Denn nicht kann ein Weib einen Mann überwältigen. Flieht nun die Hurerei, meine Kinder, und befehlt euren Weibern und den Töchtern, daß sie nicht ihre Häupter und ihre Angesichter schmücken; denn jedes Weib, welches hierin listig handelt, ist zur Strafe der Ewigkeit aufbewahrt. So nämlich bezauberten sie die Wächter vor der Sintflut. Und jene sahen sie beständig und gerieten in Begierde gegeneinander, und sie empfingen in der Gesinnung die Tat und verwandelten sich in Menschen, und bei

der Beiwohnung ihrer Männer erschienen sie ihnen zugleich.
Und jene, indem sie begierig wurden in ihrer Gesinnung nach
ihren Phantasiegestalten, gebaren Riesen. Denn es erschienen
ihnen die Wächter bis zum Himmel reichend.
Hütet euch nun vor der Hurerei. Und wenn ihr rein sein wollt in
Gedanken, so hütet die Sinne vor jedem Weib. Jenen aber
befehlt auch, sich nicht zu verbinden mit Männern, damit sie
auch selbst rein seien in der Gesinnung. Denn die beständigen
Zusammenkünfte sind, auch wenn die Sünde nicht zur Ausführung kommt, für sie eine unheilbare Krankheit, für uns aber eine
ewige Schmach vor Beliar.

3. Pandora öffnet die Büchse des Unheils

Denn verborgen halten die Götter den Menschen die Nahrung,
Leicht ja werktest du sonst an einem Tage so vieles,
Daß du Genüge hättest ein Jahr, auch ohne zu werken.
Schleunig hängtest du dann das Steuer hinauf in den Rauchfang,
Und es ruhte der Stiere und fleißigen Maultiere Arbeit.
Aber Zeus verbarg die Nahrung grollenden Herzens,
Weil ihn einst getäuscht der hinterlist'ge Prometheus;
Deshalb bestimmte sein Sinn den Menschen Trübsal und Elend,
Und er verbarg das Feuer, doch stahl des Iapetos hehrer
Sohn für die Menschen es wieder dem weisen, waltenden Gotte
In einem Narthexrohr, dem Donnerfrohen verborgen.
Zu ihm zornerfüllt sprach Zeus, der Wolkenversammler:
»Sohn des Iapetos, der du gewandter und klüger als alle,
Freust dich, weil du das Feuer entwandt und die Sinne mir
    täuschtest,
Aber dir selber und auch den kommenden Menschen zum Un-
    heil.
Ihnen geb' ich an Stelle des Feuers ein Übel, an dem sich
Alle erfreuen sollen und lächelnd ihr Übel umarmen.«
Also sprach mit Lachen der Vater der Götter und Menschen.

Und dem Hephaistos gebot er, dem rühmlichen, daß er in Eile
Erde mit Wasser vermenge, um Stimme und Stärke des Men-
  schen
Drin zu vereinen, und schön wie der ewigen Göttinnen Antlitz
Sollt' eine liebliche Jungfrau entstehen, doch Pallas Athene
Sollte sie Werke lehren und schöne Gewänder zu weben.
Anmut sollte dem Haupt Aphrodite, die goldene Göttin,
Schenken und zehrende Sehnsucht dazu und lähmenden
  Kummer,
Aber mit hündischem Sinn und mit betörender Schalkheit
Sollte sie Hermes begaben, der Bote, der Argosbezwinger.
Also sprach er, und sie gehorchten dem Herrscher Kronion.
Gleich aus Erde formte der hinkende Meister ein Bildnis,
Züchtiger Jungfrau gleich, ganz wie der Kronide geboten.
Gürtel und Schmuck verlieh ihr die augenhelle Athene,
Doch die Chariten zierten mit Hilfe der würdigen Peitho
Sie mit goldnem Geschmeide. Es krönten mit Blumen des Lenzes
Ihren Scheitel rings die lockenherrlichen Horen;
All diese Zierde am Leibe dann ordnete Pallas Athene.
Aber in ihrer Brust erweckte der Argosbezwinger
Trug und kosende Worte und schlaubetörende Schalkheit
Nach des Donners Wunsch, und auch noch Rede und Stimme
Gab ihr der Herold der Götter, und dann benannte Pandora
Er dies Frauengebilde, weil alle Bewohner des Himmels
Sie mit Gaben begabten zum Leid der betriebsamen Männer.
Als er aber beendet dies jäh unabwendbare Trugwerk,
Sandte zum Epimetheus der Vater den herrlichen, schnellen
Boten mir diesem Geschenk, und Epimetheus gedachte
Nicht mehr, wie ihn Prometheus geheißen, nie eine Gabe
Anzunehmen von Zeus, dem himmlischen, nein, sie von dannen
Gleich zu senden, damit den Menschen kein Unheil geschähe.
Aber er nahm's und erkannte das Unheil, als er es hatte.
Früher lebten ja doch die Stämme der Menschen auf Erden
Allem Elend fern und ohne beschwerliche Mühsal,
Ohne Krankheit und Schmerzen, die jetzt die Männer ver-
  nichten;
Altern die sterblichen Menschen doch schnell in Übel und Elend.

156

Aber das Weib hob ab den großen Deckel des Kruges
Und ließ alles heraus, den Menschen übel gesonnen.
Einzig die Hoffnung verblieb im unzerbrechlichen Kruge
Innen unter dem Rand und flog aus der oberen Öffnung
Nicht heraus. Sie ließ zuvor den Deckel des Kruges
Fallen nach Willen des Zeus, des wolkigen Trägers der Aigis.
Doch Myriaden von Übel entschwirrten unter die Menschen.
Voll ist ja von Übeln das Land, und voll ist die Meerflut,
Krankheiten nahen den Menschen bei Nacht und bei Tage von
    selber
Ungerufen und bringen den sterblichen Wesen Vernichtung
Schweigend, denn es beraubte sie Zeus, der Herrscher, der
    Stimme.
So ist keinem vergönnt, dem Willen des Zeus zu entgehen.

4. Eva und die Schlange im Garten Eden

Aber die Schlange war listiger als alle Tiere auf dem Felde, die
Gott der Herr gemacht hatte, und sprach zu dem Weibe: Ja,
sollte Gott gesagt haben: Ihr sollt nicht essen von allen Bäumen
im Garten? Da sprach das Weib zu der Schlange: Wir essen von
den Früchten der Bäume im Garten; aber von den Früchten des
Baumes mitten im Garten hat Gott gesagt: Esset nicht davon,
rühret sie auch nicht an, daß ihr nicht sterbet! Da sprach die
Schlange zum Weibe: Ihr werdet keineswegs des Todes sterben,
sondern Gott weiß: An dem Tage, da ihr davon esset, werden
eure Augen aufgetan, und ihr werdet sein wie Gott und wissen,
was gut und böse ist.
Und das Weib sah, daß von dem Baum gut zu essen wäre und daß
er eine Lust für die Augen wäre und verlockend, weil er klug
machte. Und sie nahm von der Frucht und aß und gab ihrem
Mann, der bei ihr war, auch davon, und er aß.   Da wurden
ihnen beiden die Augen aufgetan, und sie wurden gewahr, daß
sie nackt waren, und flochten Feigenblätter zusammen und mach-

ten sich Schurze. Und sie hörten Gott den Herrn, wie er im Garten ging, als der Tag kühl geworden war. Und Adam versteckte sich mit seinem Weibe vor dem Angesicht Gottes des Herrn unter den Bäumen im Garten. Und Gott der Herr rief Adam und sprach zu ihm: Wo bist du? Und er sprach: Ich hörte dich im Garten und fürchtete mich; denn ich bin nackt, darum verstecke ich mich. Und er sprach: Wer hat dir gesagt, daß du nackt bist? Hast du nicht gegessen von dem Baum, von dem ich dir gebot, du solltest nicht davon essen? Da sprach Adam: Das Weib, das du mir zugesellt hast, gab mir von dem Baum, und ich aß. Da sprach Gott der Herr zum Weibe: Warum hast du das getan? Das Weib sprach: Die Schlange betrog mich, so daß ich aß.

Da sprach Gott der Herr zu der Schlange: Weil du das getan hast, seist du verflucht, verstoßen aus allem Vieh und allen Tieren auf dem Felde. Auf deinem Bauche sollst du kriechen und Erde fressen dein Leben lang. Und ich will Feindschaft setzen zwischen dir und dem Weibe und zwischen deinem Nachkommen und ihrem Nachkommen; der soll dir den Kopf zertreten, und du wirst ihn in die Ferse stechen.

Und zum Weibe sprach er: Ich will dir viel Mühsal schaffen, wenn du schwanger wirst; unter Mühen sollst du Kinder gebären. Und dein Verlangen soll nach deinem Manne sein, aber er soll dein Herr sein.

Und zum Manne sprach er: Weil du gehorcht hast der Stimme deines Weibes und gegessen von dem Baum, von dem ich dir gebot und sprach: Du sollst nicht davon essen –, verflucht sei der Acker um deinetwillen! Mit Mühsal sollst du dich von ihm nähren dein Leben lang. Dornen und Disteln soll er dir tragen, und du sollst das Kraut auf dem Felde essen. Im Schweiße deines Angesichts sollst du dein Brot essen, bis du wieder zu Erde werdest, davon du genommen bist. Denn du bist Erde und sollst zu Erde werden.

Und Adam nannte sein Weib Eva; denn sie wurde die Mutter aller, die da leben. Und Gott der Herr machte Adam und seinem Weibe Röcke von Fellen und zog sie ihnen an. Und Gott der Herr sprach: Siehe, der Mensch ist geworden wie unsereiner und weiß, was gut und böse ist. Nun aber, daß er nur nicht ausstrecke seine Hand und breche auch von dem Baum des Lebens und esse und lebe ewiglich! Da wies ihn Gott der Herr aus dem Garten Eden, daß er die Erde bebaute, von der er genommen war. Und er trieb den Menschen hinaus und ließ lagern vor dem Garten Eden die Cherubim mit dem flammenden, blitzenden Schwert, zu bewachen den Weg zu dem Baum des Lebens.

5. Befreiende Erkenntnis und Eifersucht der Herrscher

Nun geschah all dies durch den Willen des allmächtigen Vaters. Und der Geist sah den Menschen auf der Erde, einen Menschen mit Seele begabt. Und er kam hervor aus einem Land, in dem man nicht nachgibt, und wohnte in ihm, und jener Mensch wurde ein lebendiges Wesen.

Er rief ihn bei seinem Namen: Adam ward er genannt, denn er bewegte sich über der Erde. Aus der Unverderblichkeit erklang eine Stimme, um Adam beizustehen. Und es versammelten die Herrscher alle Tiere der Erde und alle Vögel des Himmels und brachten sie Adam, auf daß er ihnen einen Namen gäbe und ein jedes Tier der Erde und einen jeden Vogel bei seinem Namen nenne.

Sie nahmen Adam [und] setzten ihn in den Garten, auf daß er ihn bebaue und über ihn wache. Und es erging ein Befehl der Herrscher an ihn, der lautete: »Von [einem jeden] Baum in diesem Garten sollst du essen; vom Baum der Erkenntnis von Gut und Böse sollst du nicht essen noch ihn berühren; denn an dem Tage, da ihr [davon] eßt, sollt ihr des Todes sterben.«

Sie [...] so. Sie verstehen nicht, was [sie] ihm [sagten]. Nach dem Willen des Vaters hatten sie es in einem Ton gesagt, der Adam erst recht dazu brachte, von den verbotenen Früchten zu essen. Sie erreichten, daß er sie (eben nicht) auf die gleiche Weise betrachtete wie ein Mensch von besonderer, aber materieller Natur.

Die Herrscher versammelten sich; sie beratschlagten und sprachen: »Kommt, laßt uns einen tiefen Schlaf hervorbringen über Adam.« Und er schlief. — Nun, der tiefe Schlaf, den sie »hervorbrachten über Adam«, ist die Unwissenheit. — Sie öffneten seine Seite, und eine Frau ward lebendig — aus einem Teil Adams und aus Fleisch gebildet. Adam hingegen ward fortan nicht mehr Fleisch, sondern Seele allein.

Und die geistbegabte Frau ging hin zu ihm und sprach: »Steh auf, Adam!« Und als er ihrer gewahr wurde, sprach er: »Du bist es, die mir das Leben schenkte; du sollst ›Mutter aller Lebenden‹ genannt werden — denn dies ist meine Mutter. Dies ist sie, der Arzt und die Frau; dies ist sie, die das Leben hervorbrachte.«

Da begaben sich die Herren zu ihrem Adam. Und als sie dessen weibliches Ebenbild erblickten — gerade im Gespräch mit ihm —, kam sie Empörung an. Und es geschah, daß sie sich verliebten. »Kommt, laßt uns unsere Saat in sie ausstreuen«, sprachen sie zueinander, und sie stellten ihr nach. Sie belächelte diese Narren. Wie blind sie doch waren! Und in ihren Klauen wurde ein Baum aus ihr. Was ihnen blieb, war lediglich ein Schatten ihrer selbst. Sie aber entweihten dieses Abbild auf schändliche Art und Weise. — Sie entweihten eine recht gelungene Kopie des Originals. Nach [ihrem] Bild sollte sie gestaltet werden. Und so setzten sie sich selbst der Verdammnis aus.

Da trat das weibliche geistige Prinzip in Gestalt der Schlange an sie heran. Sie gab sich als Lehrerin zu erkennen mit den Worten: »Was [sagte] er euch? War es ›Von einem jeden Baum im Garten sollst du essen; doch — vom (Baum) der Erkenntnis von Gut und böse sollst du nicht essen‹?«

Die Frau — aus Fleisch geformt — sprach: »Er sagte nicht nur ›... sollst du nicht essen‹, sondern sogar ›... sollst du nicht essen noch ihn berühren; denn an dem Tage, da ihr davon eßt, sollt ihr des Todes sterben‹.«

Und die Schlange lehrte: »Des Todes sollt ihr nicht sterben; denn es war Eifersucht, die sie solche Worte zu euch sprechen ließ. Vielmehr sollen sich eure Augen öffnen, und ihr sollt den Göttern gleich werden und die Erkenntnis über Gut und Böse erlangen.« Und das weiblich belehrende Prinzip verweilte nicht ·

länger in der Schlange. Es wurde hinweggenommen und als etwas Irdisches zurückgelassen.

Und die Frau – aus Fleisch geformt – nahm von dem Baum und aß; und sie versorgte Adam ebenso mit den Früchten wie sich selbst. Und diese Wesen, die nichts als eine Seele besaßen, aßen. Und ihre Unvollkommenheit offenbarte sich darin, daß sie einander nicht mehr kannten; sie erkannten aber, daß sie nackt waren, denn das einzige Element war von ihnen hinweggenommen. Und sie nahmen Blätter von den Bäumen und banden sie um ihre Lenden.

Da erschien der Oberste unter den Herrschern und rief: »Adam, wo bist du?« – Er verstand nicht, was geschehen war.

Und Adam antwortete: »Ich hörte eure Stimme und fürchtete mich, weil ich nackt war. Und so hielt ich mich verborgen.«

»Warum hieltest du dich verborgen vor mir?« wollte der Herrscher wissen. »Allein der muß sich verborgen halten, der gegen mein Gebot verstoßen hat, vom Baum der Erkenntnis nicht zu essen. Also hast du davon gegessen!«

»Die Frau, die ihr mir gabt, [sie gab] mir von den Früchten«, rechtfertigte sich Adam, »und so aß ich davon.« Und der hochmütige Herrscher verfluchte die Frau.

Diese wiederum verteidigte sich: »Es war die Schlange, die mich vom rechten Weg abführte, und ich aß vom Baum der Erkenntnis.« [Sie wandten sich] der Schlange zu und verfluchten ihr schattenhaftes Abbild. [...] machtlos waren sie und erkannten nicht, [daß] sie selbst dieses Abbild gestaltet hatten. Von diesem Tage an lebte die Schlange unter dem Fluch der Herren; solange es den allmächtigen Menschen nicht gab, galt die Verdammnis der Schlange.

Die Herren wandten sich ihrem Adam zu: Sie nahmen ihn und vertrieben ihn aus dem Garten Eden mitsamt seiner Frau; denn es liegt kein Segen auf ihnen. Auch sie stehen unter dem Fluch.

Darüber hinaus stürzten sie die gesamte Menschheit in großes Unglück, in ein Leben voller Mühsal, auf daß diese ihre Menschheit von weltlichen Angelegenheiten völlig in Anspruch genommen würde. Sie stürzten diese ihre Menschheit in ein Leben, das wohl kaum Gelegenheit böte, sich dem Heiligen Geist hinzugeben.

6. Adams Rechtfertigung: Ein patriarchalischer Kommentar

Desgleichen daß die Frauen in schicklichem Kleide mit Scham und Zucht sich schmücken, nicht mit Haarflechten und Gold oder Perlen oder köstlichem Gewand, sondern, wie sich's ziemt den Frauen, die ihre Gottesfurcht bekunden wollen, mit guten Werken. Eine Frau lerne in der Stille, mit aller Unterordnung. Einer Frau gestatte ich nicht, daß sie lehre, auch nicht, daß sie sich über den Mann erhebe, sondern sie sei stille. Denn Adam ist am ersten gemacht, danach Eva. Und Adam ward nicht verführt; das Weib aber ward verführt und ist der Übertretung verfallen.

7. Evas Rechtfertigung: Ein feministischer Kommentar

Schenken Sie doch einmal der Tatsache Beachtung, daß wir immer nur vom »Fall des Menschen«, und d. h. vom »Fall des Mannes«, hören. Vom »Fall der Frauen« ist niemals die Rede. Offensichtlich ist menschliches Denken insgesamt bisher weniger fehlbar gewesen als all jene männlichen Interpretationen. Beim genaueren Lesen dieser Erzählung versetzt einen die Tatsache in Erstaunen, daß von seiten männlicher Gruppen immer wieder behauptet wurde, das Dogma von der weiblichen Inferiorität werde eben hier zum Ausdruck gebracht. Dabei ist Eva Adam in ihrem Verhalten vom Anfang bis zum Ende so sehr überlegen. Der Befehl, nicht von den Früchten des Baumes der Erkenntnis zu essen, erging allein an den Mann. Das Verbot ward erteilt, bevor die Frau überhaupt erschaffen wurde (Genesis 2, 17). Von daher erklang keine göttliche Stimme, um Eva in feierlichem Rahmen eine göttliche Verfügung mitzuteilen. Nein, sie erfuhr davon durch Adam, ihren Mann. Als gleichwertiger Partner flüsterte er ihr zu, was sie wissen mußte. Eine Schlange war es, mit übernatürlichen Fähigkeiten ausgestattet – nach Scott und anderen ein Seraphim, der zu Eva sprach und dessen Worte verständlicherweise größere Überzeugungskraft besessen haben müßten als jene Geschichte aus zweiter Hand, wie sie ihr Mann Adam zu bieten hatte. Auch gibt die Frau nicht gleich nach. Sie zitiert den Befehl, nicht von den Früchten zu essen, worauf die Schlange antwortete: »Ihr sollt nicht sterben!« (V. 4 wörtlich). Mit anderen Worten: Sie versuchte, deutlich zu machen, daß zwar der Körper dem Tode verfällt, der Mensch aber dennoch ewiges Leben erhalte aufgrund eines anderen – unsterblichen – Teils in ihm. Und als Belohnung für die Ausführung der verbotenen Tat verspricht die Schlange etwas vom Menschen stets Erstrebtes, nämlich Erkenntnis.

Da greift die Frau nach der Frucht; denn den Tod fürchtet sie nun nicht mehr, und Weisheit möchte sie zu gern besitzen. Und währenddessen steht Adam neben ihr – wortlos! Er hat nichts einzuwenden. »Ihr Mann mit ihr«, heißt es in Vers 6. Wäre er im Eheleben tatsächlich Repräsentant göttlicher Verfügungen gewesen, sicherlich hätte er die Auseinandersetzung mit der Schlange auf sich genommen. Aber nein, er schweigt! Schweigen – zu einem so kritischen Zeitpunkt ihres Lebens! Von Gott selbst hatte er den Befehl erhalten, aber er hat nichts einzuwenden, kein warnendes Wort, kein Widerstand. Ohne Protest nimmt er die Frucht aus der Hand seiner Frau. Ganze sechs Verse sind notwendig, um den »Fall« der Frau zu schildern; der »Fall« des Mannes wird in anderthalb Zeilen abgehandelt.

Adams Verhalten, seine Reaktion auf das Geschehene, ist gemein und hinterhältig, und zwar in höchstem Grade. Als das entsetzliche Abrechnen beginnt, als Gott der Herr eine Erklärung fordert für ihren Ungehorsam, ist Adam bemüht, hinter dem sanftmütigen Wesen Schutz zu suchen, dessen Liebreiz er vor nicht allzu langer Zeit ausdrücklich bekundet hatte. »Die Frau, die du mir zur Gefährtin gabst, sie gab mir davon, und ich aß tatsächlich ...«, jammert er – und versucht, sich auf Kosten seiner Frau aus der Affäre zu ziehen. Wiederum versetzt uns in Erstaunen, was Männer aus dieser Geschichte machten. Sie entwickelten tatsächlich eine Theorie männlicher Überlegenheit auf der Basis dieses Textes!

Was folgt (im Text), wurde und wird vielfach als die Verfluchung bezeichnet. Handelt es sich dabei aber nicht eher um eine Voraussage? Da wird zunächst das zukünftige Schicksal der Schlange beschrieben — der Haß des gesamten menschlichen Geschlechts — »in Erwartung ... soll sie liegen ... «. Es folgt die Voraussage über die Unterwerfung der Frau: Dein Mann »soll über dich herrschen« (V. 16). Schließlich wird der andauernde Kampf des Mannes mit den Kräften der Natur dargestellt. »Im Schweiße deines Angesichts sollst du Nahrung zu dir nehmen, so lange, bis du dich wieder der Erde zuwendest« (V. 19 wörtlich). Im Zuge der Evolution braucht eine immer größere Zahl von Menschen sich nicht mehr allzusehr um das tägliche Brot zu mühen. Mühevolle manuelle Erstellung der notwendigen Nahrungsmittel konnte zunehmend einer maschinellen Produktion weichen. Und es wird der Tag kommen, da alle Mühsal ein Ende hat und die Frauen frei von jeglicher Unterdrückung sein werden.

»Und Adam nannte seine Frau Leben; denn sie war die Mutter aller Lebenden« (V. 20 wörtlich).

Es ist wirklich schade, daß die Bibelübersetzungen, die auf dem Markt sind, statt der alttestamentlichen Eva nicht diesen Text bieten. Sie war das Leben, die ewige Mutter — erste Repräsentantin der wertvolleren und wichtigeren Hälfte der menschlichen Rasse.

8. Mutterrecht und Vatermord

Ich habe diese Behauptung schon vor einem Vierteljahrhundert in meinem Buch »*Totem und Tabu*« (1912) aufgestellt und brauche sie hier nur zu wiederholen. Die Konstruktion geht von einer Angabe Ch. Darwins aus und bezieht eine Vermutung von Atkinson ein. Sie besagt, daß in Urzeiten der Urmensch in kleinen Horden lebte, jede unter der Herrschaft eines starken Männchens. Die Zeit ist nicht angebbar, der Anschluß an die uns bekannten geologischen Epochen nicht erreicht, wahrscheinlich hatte es jenes Menschenwesen in der Sprachentwicklung noch nicht weit gebracht. Ein wesentliches Stück der Konstruktion ist die Annahme, daß die zu beschreibenden Schicksale alle Urmenschen, also alle unsere Ahnen betroffen haben.

Die Geschichte wird in großartiger Verdichtung erzählt, als ob sich ein einziges Mal zugetragen hätte, was sich in Wirklichkeit über Jahrtausende erstreckt hat und in dieser langen Zeit ungezählt oft wiederholt worden ist. Das starke Männchen war Herr und Vater der ganzen Horde, unbeschränkt in seiner Macht, die er gewalttätig gebrauchte. Alle weiblichen Wesen waren sein Eigentum, die Frauen und Töchter der eigenen Horde, wie vielleicht auch die aus anderen Horden geraubten. Das Schicksal der Söhne war ein hartes; wenn sie die Eifersucht des Vaters erregten, wurden sie erschlagen oder kastriert oder ausgetrieben. Sie waren darauf angewiesen, in kleinen Gemeinschaften zusammenzuleben und sich Frauen durch Raub zu verschaffen, wo es dann dem einen oder anderen gelingen konnte, sich zu einer ähnlichen Position emporzuarbeiten wie die des Vaters in der Urhorde. Eine Ausnahmestelle ergab sich aus natürlichen Gründen für die jüngsten Söhne, die, durch die Liebe der Mütter geschützt, aus dem Altern des Vaters Vorteil ziehen und ihn nach seinem Ableben ersetzen konnten. Sowohl von der Austreibung der älteren wie von der Bevorzugung der jüngsten Söhne glaubt man Nachklänge in Sagen und Märchen zu erkennen.

Der nächste entscheidende Schritt zur Änderung dieser ersten Art von »sozialer« Organisation soll gewesen sein, daß die vertriebenen, in Gemeinschaft lebenden Brüder sich zusammentaten, den Vater überwältigten und ihn nach der Sitte jener Zeiten roh verzehrten. An diesem Kannibalismus braucht man keinen Anstoß zu nehmen, er ragt weit in spätere Zeiten hinein. Wesentlich ist es aber, daß wir diesen Urmenschen die nämlichen Gefühlseinstellungen zuschreiben, wie wir sie bei den Primitiven der Gegenwart, unseren Kindern, durch analytische Erforschung feststellen können. Also daß sie den Vater nicht nur haßten und fürchteten, sondern auch ihn als Vorbild verehrten, und daß jeder sich in Wirklichkeit an seine Stelle setzen wollte. Der kannibalistische Akt wird dann verständlich als Versuch, sich durch Einverleibung eines Stücks von ihm der Identifizierung mit ihm zu versichern.

Es ist anzunehmen, daß nach der Vatertötung eine längere Zeit folgte, in der die Brüder miteinander um das Vatererbe stritten, das ein jeder für sich allein gewinnen wollte. Die Einsicht in die Gefahren und die Erfolglosigkeit dieser Kämpfe, die Erinnerung an die gemeinsam vollbrachte Befreiungstat und die Gefühlsbindungen aneinander, die während der Zeiten der Vertreibung entstanden waren, führten endlich zu einer Einigung unter ihnen, einer Art von Gesellschaftsvertrag. Es entstand die erste Form einer sozialen Organisation mit *Triebverzicht*, Anerkennung von gegenseitigen *Verpflichtungen*, Einsetzung bestimmter, für unverbrüchlich (heilig) erklärter *Institutionen*, die Anfänge also von Moral und Recht. Jeder einzelne verzichtete auf das Ideal, die Vaterstellung für sich zu erwerben, auf den Besitz von Mutter und Schwestern. Damit war das *Inzesttabu* und das Gebot der Exogamie gegeben. Ein gutes Stück der durch die Beseitigung des Vaters frei gewordenen Machtvollkommenheit ging auf die Frauen über, es kam die Zeit des *Matriarchats*. Das Andenken des Vaters lebte zu dieser Periode des »Brüderbundes« fort. Ein starkes, vielleicht zuerst immer auch gefürchtetes Tier wurde als Vaterersatz gefunden. Eine solche Wahl mag uns befremdend erscheinen, aber die Kluft, die der Mensch später zwischen sich und dem Tier hergestellt hat, bestand nicht für den Primitiven und besteht auch nicht bei unseren Kindern, deren Tierphobien wir als Vaterangst verstehen konnten. Im Verhältnis zum Totemtier war die ursprüngliche Zwiespältigkeit (Ambivalenz) der Gefühlsbeziehung zum Vater voll erhalten. Der Totem galt einerseits als leiblicher Ahnherr und Schutzgeist des Clans, er mußte verehrt und geschont werden, andrerseits wurde ein Festtag eingesetzt, an dem ihm das Schicksal bereitet wurde, das der Urvater gefunden hatte. Er wurde von allen Genossen gemeinsam getötet und verzehrt (Totemmahlzeit nach Robertson Smith). Dieser große Festtag war in Wirklichkeit eine Triumphfeier des Sieges der verbündeten Söhne über den Vater.

9. Die Entstehung des Privateigentums und das Ende mütterlicher Herrschaft

In dem Verhältnis also, wie die Reichtümer sich mehrten, gaben sie einerseits dem Mann eine wichtigere Stellung in der Familie als der Frau und erzeugten andrerseits den Antrieb, diese verstärkte Stellung zu benutzen, um die hergebrachte Erbfolge zugunsten der Kinder umzustoßen. Dies ging aber nicht, solange die Abstammung nach Mutterecht galt. Diese also mußte umgestoßen werden, und sie wurde umgestoßen. Es war dies gar nicht so schwer, wie es uns heute erscheint. Denn diese Revolution – eine der einschneidendsten, die die Menschen erlebt haben – brauchte nicht ein einziges der lebenden Mitglieder einer Gens zu berühren. Alle ihre Angehörigen konnten nach wie vor bleiben, was sie gewesen. Der einfache Beschluß genügte, daß in Zukunft die Nachkommen der männlichen Genossen in der Gens bleiben, die der weiblichen aber ausgeschlossen sein sollten, indem sie in die Gens ihres Vaters übergingen. Damit war die Abstammungsrechnung in weiblicher Linie und das mütterliche Erbrecht umgestoßen, männliche Abstammungslinie und väterliches Erbrecht eingesetzt. Wie sich diese Revolution bei den Kulturvölkern gemacht hat, und wann, darüber wissen wir nichts. Sie fällt ganz in die vorgeschichtliche Zeit. *Daß* sie sich aber gemacht, ist mehr als nötig erwiesen durch die namentlich von Bachofen gesammelten reichlichen Spuren von Mutterecht ...

Der Umsturz des Mutterrechts war die *weltgeschichtliche Niederlage des weiblichen Geschlechts.* Der Mann ergriff das Steuer auch im Hause, die Frau wurde entwürdigt, geknechtet, Sklavin seiner Lust und bloßes Werkzeug der Kinderzeugung. Diese erniedrigte Stellung der Frau, wie sie namentlich bei den Griechen der heroischen und noch mehr der klassischen Zeit offen hervortritt, ist allmählich beschönigt und verheuchelt, auch stellenweise in mildere Form gekleidet worden; beseitigt ist sie keineswegs ...

Das war der Ursprung der Monogamie, soweit wir ihn beim zivilisiertesten und am höchsten entwickelten Volk des Altertums verfolgen können. Sie war keineswegs eine Frucht der individuellen Geschlechtsliebe, mit der sie absolut nichts zu schaffen hatte, da die Ehen nach wie vor Konvenienzehen blieben. Sie war die erste Familienform, die nicht auf natürliche, sondern auf ökonomische Bedingungen gegründet war, nämlich auf den Sieg des Privateigentums über das ursprüngliche naturwüchsige Gemeineigentum. Herrschaft des Mannes in der Familie und Erzeugung von Kindern, die nur die seinigen sein konnten und die zu Erben seines Reichtums bestimmt waren – das allein waren die von den Griechen unumwunden ausgesprochenen ausschließlichen Zwecke der Einzelehe. Im übrigen war sie ihnen eine Last, eine Pflicht gegen die Götter, den Staat und die eignen Vorfahren, die eben erfüllt werden mußte. In Athen erzwang das Gesetz nicht nur die Verheiratung, sondern auch die Erfüllung eines Minimums der sogenannten ehelichen Pflichten von seiten des Mannes.

So tritt die Einzelehe keineswegs ein in die Geschichte als die Versöhnung von Mann und Weib, noch viel weniger als ihre höchste Form. Im Gegenteil: Sie tritt auf als Unterjochung des einen Geschlechts durch das andere, als Proklamation eines bisher in der ganzen Vorgeschichte unbekannten Widerstreits der Geschlechter. In einem alten, 1846 von Marx und mir ausgearbeiteten, ungedruckten Manuskript finde ich: »Die erste Teilung der Arbeit ist die von Mann und Weib zur Kinderzeugung.« Und heute kann ich hinzusetzen: Der erste Klassengegensatz, der in der Geschichte auftritt, fällt zusammen mit der Entwicklung des Antagonismus von Mann und Weib in der Einzelehe, und die erste Klassenunterdrückung mit der des weiblichen Geschlechts durch das männliche. Die Einzelehe war ein großer geschichtlicher Fortschritt, aber zugleich eröffnet sie neben der Sklaverei, in der jeder Fortschritt zugleich ein relativer Rückschritt, in dem das Wohl und die Entwicklung der *einen* sich durchsetzt durch das Wehe und die Zurückdrängung der *andern*. Sie ist die Zellenform der zivilisierten Gesellschaft, an der wir schon die Natur der in dieser sich voll entfaltenden Gegensätze und Widersprüche studieren können.

VI. Die Versöhnung: Männliche und weibliche Erlöser

Die Christologie ist letztlich ein Symbol in der Theologie, ein Symbol für einen Gott, der – gleich welchen Geschlechts – seiner Menschheit zum Befreier werden will. Wir sollten versuchen, den Begriff mit Visionen eines kaum vorstellbaren Guten zu füllen; denn um die Offenbarung des unermeßlich Guten geht es ganz konkret. In der Gestalt des Erlösers werden Mensch und Gott zusammengebracht, gleichzeitig das gnädige Antlitz Gottes und das menschliche Potertial ans Licht gebracht.

Die Christologie ist das zentrale Symbol des Christentums. Und eben weil dies so ist, wurde gerade dieses Symbol von seiten des Patriarchats für die eigene Sache in Anspruch genommen. Sämtliche Bemühungen, die Frauen in Kirche und Gesellschaft an den Rand zu drängen, sie zu »marginalisieren«, d. h. ihnen das Stimmrecht zu entziehen, sie schlechthin jeglicher Autorität zu berauben, rechtfertigt man folgendermaßen: Christus war ein Mann; und d. h., daß lediglich der Mann »Ebenbild« Christi auf Erden sein kann. Als rein passives Objekt des Erlösungswerkes können sie ihn, Christus, niemals aktiv in seiner Mittlerfunktion vertreten. Wenn also eine feministische Theologie und feministische Spiritualität zu der Feststellung gelangt, das Christentum sei für Frauen hoffnungslos verloren, so wohl deshalb, weil der Mann Christus ein unüberwindbares Hindernis darstellt. Männliche Stellvertretung für die Frau ist nicht möglich!

Diesem Kapitel liegt die Absicht zugrunde, einmal den Gesamtbereich christlicher Symbolik zur Gestalt des männlichen und weiblichen Erlösers zu durchdringen. Worin

Die gekreuzigte Frau: Ist sie nur ein Opfer, oder können sich
Frauen aus ihren Leiden am Kreuz des Patriarchats befreien?

*Abdruck mit freundlicher Genehmigung der Künstlerin, Almuth
Lutkenhaus.*

besteht eigentlich — falls es überhaupt so ist — die theologische Notwendigkeit für einen männlichen Erlöser? Die Quellen zu diesem Kapitel werden mit einem kanaanitischen Mythos eröffnet: Die Göttin Anat erlöst Baal und stellt die Weltordnung wieder her. Hier wollen wir beginnen und den antiken Hintergrund des Christusmythos erläutern. Die Christologie setzt sich aus zwei theologischen Symbolen zusammen, dem Sterben und Auferstehen Gottes. Gott symbolisiert die Unterwerfung unter Sünde und Tod und manifestiert die Weisheit eines Gottes, durch den die Welt erschaffen wurde, der ihren Lauf lenkte und diese, seine Welt wiederherstellte. In ihm ist Gott bzw. die Göttin in einem Offenbarungsgeschehen gegenwärtig.

Bezeichnend ist, daß diese beiden Symbole zunächst in weiblicher Form existieren. Wie wir in Kap. II sahen, ging dem Aspekt eines sich offenbarenden Gottes die Version von der Weiblichkeit der göttlichen Weisheit voraus. Eine Version repräsentiert die Geschichte von Baal und Anat, die als eine Art Schlüssel zum altorientalischen Denken zu verstehen ist: Ein sterbender und sich wieder erhebender Gott, der sowohl für den König als auch für den Regen und die Vegetation steht, wird durch die Macht einer Göttin zu neuem Leben erweckt, einer Göttin, der allerorts die Macht zuerkannt wird, das Leben wiederherzustellen und zu erretten.

Der zitierte Abschnitt eines Gedichtes über Baal und Anat aus der Ras Shamra-Sammlung (14. vorchristliches Jahrhundert, die Gedichte selbst sind allerdings schon älteren Datums) läßt uns die gewaltige Kraft, Macht und Autorität der Anat nachempfinden. Sie steht in der Mitte des Schauplatzes und gibt den Ton an. Schnell und entschieden handelt sie — im Namen Baals und im Widerstreit mit einer jeden Macht, sogar mit dem Hohen El, der ihrem Geliebten im Wege steht. Nicht für sich selbst, sondern für den Geliebten und Bruder, dessen Vitalität und Status sie stets nutzt, um rechtfertigen und wiederherstellen zu können. Die zitierte Passage beginnt mit dem Gerücht, daß eine Drohung an

Baal ergangen ist. Sogleich eilt Anat zu ihm, um ihre Liebesbeziehung zu bekräftigen. Sie begibt sich zum Hofe Els, des alten Gott-Königs: Baal soll einen Tempel erhalten, wie es ihm gebührt. Anat fordert einen Platz, seinen Platz, im Pantheon, dem Tempel aller Götter. Sie dringt bis zu El vor und überwältigt ihn durch ihren Zorn und ihre heftigen Drohungen: An seinem grauen Haar und Bart will sie reißen, so lange, bis Blut fließt. Fast kann man das Erschrecken des alten Gottes vernehmen, seine dünne Flötenstimme — Ausdruck der Kapitulation vor den Forderungen seiner kriegerischen Tochter.

Im zweiten Abschnitt werden wir Zeuge von Baals Sterben: Die Mächte der Dürre und des Todes überwältigen ihn. Und wiederum handelt Anat rasch, als sie sich auf die Reise begibt. Sie reist in der Welt umher, bis sie seinen Leichnam findet. Unter angemessenem Trauerzeremoniell wird Baal begraben, daraufhin sein Feind Mot (der Tod) gefaßt und von Anat erschlagen. Ihre Niederlage wandelt sich und nimmt Gestalt an: Vor unseren Augen erscheint das Bild des Säens und Erntens: Anat streut die Saat des Weizens aus. Und aus dem Boden, in den die Saat fiel, geht Baal hervor. Mit lautem Jubel freuen wir uns am Ende des Dramas: Der Herr ist auferstanden und hat den Thron wieder bestiegen. Er hat die Herrschaft inne! Halleluja!

Wenden wir uns der alttestamentlichen Religion zu, die sich in Konkurrenz zu dieser kanaanitischen Welt etablierte, sehen wir, daß die kriegerische göttliche Jungfrau verschwunden ist. Ihren Platz nimmt der kriegerische Gott Israels ein, und zwar mit seinem Sohn, dem Gesalbten (Messias), dem König Israels. Das Königtum stand im Kontrast zu den alten Traditionen und wurde von den kanaanitischen Stadtstaaten nur unter Protest übernommen. Doch die davidischen Könige, die sich im alten jebusitischen Stadtkern Jerusalems niederließen, übernahmen auch Elemente der kanaanitischen Religion — so den Königskult, dem zufolge der König Erlöser ist, alljährlich reinthronisiert nach der symbolischen Niederstreckung und dem Sieg über die Mächte des Todes.

Jahr um Jahr zog der davidische König triumphierend in die Stadt ein; auf einem weißen Esel ritt er unter wehenden Palmzweigen und Freudengesängen – Symbol des Sieges Israels über seine Feinde und der Wiederherstellung der Herrschaft Gottes durch seinen Messias.

Schließlich wurden die Könige durch die mächtigen altorientalischen Reiche überwältigt. Und so wandelte sich die Erinnerung an den davidischen König in die Hoffnung auf die Restauration der davidischen Monarchie als Symbol einer Zeit der göttlichen Gunst. Die Passage aus dem Propheten Sacharja enthält eine Beschreibung der triumphalen Ankunft dieses wiedereingesetzten Messias, der auf einem weißen Pferd feierlich in Jerusalem einzieht, nachdem er Israels Feinde geschlagen hat. In der Vision des Propheten wird Israel, das von mächtigen Reichen eroberte Volk, zum Herrn der Welt (des Mittleren Ostens) eingesetzt. Der einstige Feind, Ägypten, wird zum Vasallenstaat degradiert; und falls sein Volk nicht zum alljährlichen Erntedankfest nach Jerusalem hinaufzieht, um seinen Tribut zu zollen, wird es die Rache Gottes erfahren, die in Form einer Dürre auf sie herabkommt. Diese Passage ist nicht allein deshalb von Bedeutung, weil sie einige jener Träume von Machtbesitz und Racheakten des israelitischen Messiasglaubens enthüllt, sondern auch deshalb, weil die Evangelien Jesus als denjenigen abbilden, der dieses Schauspiel des wiedereingesetzten davidischen Königs zu Ende spielt: Sein triumphaler Einzug in Jerusalem (Matthäus 21, 5) setzt das begonnene Schauspiel fort.

Diese Träume von Sieg und Rache gingen jedoch niemals in Erfüllung. Statt dessen wurde Israel von immer größer werdenden Reichen erobert, von den Persern, Griechen und Römern. Jegliche Hoffnungen, letztendlich erlöst zu werden, wurden zur bloßen Projektion. Sie wurden auf eine kosmische Leinwand projiziert, auf der die Gesamtheit der Geschichte in zwei Phasen zerfiel – die Phase, in der das Böse regierte, die Auserwählten Gottes unterdrückt wurden und litten, und die Endphase, den Tag des Jüngsten

Gerichts, da der Messias als Kriegsherr in Engelsgestalt aus den Himmeln hervortritt, um die Macht Satans und seiner dämonischen Heerscharen zu brechen. Diese Vision eines apokalyptischen Racheaktes und Sieges setzen sich in der frühen Christenheit fort. Im Textauszug aus der Offenbarung sehen wir den wiederkehrenden Christus als ebendiesen apokalyptischen Messias des Jüngsten Gerichts, der Satan und seine Dämonen bindet und den Heiligen Ruhm verschafft, auf daß ihre Herrschaft auf Erden tausend Jahre währe.

Obwohl diese Visionen, ja die Messiaserwartung schlechthin, eng mit der Person des Propheten aus Nazaret verknüpft waren, schien es, daß Jesu eigene Vision weit entfernt war, sich mit den oben beschriebenen Denkweisen zu decken. Obwohl er wahrscheinlich mit den messianischen Predigern des ersten Jahrhunderts den Glauben an das nahe bevorstehende Weltende teilte und auch für ihn die Erlösung Israels offensichtlich greifbar nahe war, scheint es, als habe er an dieser Verkündigung etwas ändern wollen. Im Gegensatz zur Torafrömmigkeit und dem übersteigerten Nationalismus der Zeloten verkündigte er, daß Gottes Gnade auf jene herabgekommen sei, die keine Chance hätten in der zeitgenössischen Gesellschaftsordnung — die Armen, die Unreinen und die Ungebildeten, die Verachteten, Unterprivilegierten in Palästina einschließlich der Frauen.

Der Weg zur Erlösung, das war der Weg der Liebe und des Dienstes an anderen, besonders den Gedemütigten in der Gesellschaft. Christus würde nicht als König kommen, als Kriegsherr und Richter, sondern als einer, der diesen Weg der Hingabe, des Leidens für andere mitgeht und noch weitergeht. Und jene, die seine Nachfolger sein wollten, müßten auf ähnliche Weise zum Diener aller werden. Mit »Dienersein« oder auch »Knechtschaft« meinte Jesus nicht einfach, daß Demütige den Status des Dienenden in der Gesellschaft zu akzeptieren hätten. So verstandenes Dienen brächte keinerlei Veränderung mit sich. Er verwandelte den Begriff »Diener« eher in dem prophetischen Sinne, der auf

174

die Beziehung zu Gott abhebt und von jeglicher Knechtschaft allen menschlichen Herren gegenüber befreit. Jesus
verwandte den Begriff, um den Dualismus zwischen Unterdrückung und rachsüchtiger Rebellion zu überwinden, der
lediglich neue Herrschaftsstrukturen hervorbringt. Er stellt
sich eine neue Ära vor – eine Zeit, da dieses Streben nach
Herrschaft über die anderen durch ein anderes Streben
überwunden wäre, das Streben nach einem Miteinander,
nach einer Beziehung, in der die besonders Befähigten zu
Dienern aller werden.

Die frühe Christenheit war erfüllt von diesem neuen Geist
der Herrschaft und Knechtschaft. Es war nun Christus selbst,
ja sogar Gott selbst, der sich entäußert hatte *(Kenosis)* und in
die Welt gekommen war nicht als ein mächtiger König, der
die gegenwärtigen Herrscher bezwang, sondern als ein Diener, der litt zugunsten der Armen und der eingesperrt und
hingerichtet wurde von den Mächtigen in Religion und Staat.
Dieser Gekreuzigte aber war von Gott erhöht worden. Er war
der wahre Herr des Universums. Und diese Herrschaft wurde
über alle Herrschaft und Macht dieser Welt gesetzt. Wer die
Herrschaft Christi anerkennt, erkennt, daß der Gekreuzigte
und Auferstandene jene befreite, die unter der zeitgenössischen ungerechten Herrschaft litten. Er befähigte sie, sich
innerlich von dieser zu lösen. Innerlich waren sie bereits von
den Banden des Unrechts befreit. Indem sie ihre Staatstreue
auf Christus übertrugen und fortan ihm anhingen, befanden
sie sich nicht länger in der Gewalt weltlicher Herren. Sie
sahen einer Zeit entgegen – und diese schien nicht mehr
fern –, da Christus wiederkehrte, sich öffentlich als Herr der
Welt Gottes offenbarte und der Macht und dem Einfluß aller
Herren ein Ende bereitet würde.

Diese Kenosis-Christologie, hier an Texten aus dem Matthäusevangelium und Paulus' Brief an die Philipper entfaltet,
wurde jedoch schon bald in eine philosophische Kosmologie integriert: Christus ist nicht allein die neue, befreiende
Kraft gegenüber allen bestehenden Weltmächten. Er ist auch
der ursprüngliche Logos oder das Wort Gottes, eine Vorstel-

lung, wie sie uns bereits in einer früheren weiblichen Symbolik begegnete. Man denke an die Sophia oder die Weisheit. Diese göttliche Logos-Weisheit ist die Macht, durch die die Welt erschaffen wird, die sie leitet und regiert. Eine solche Verknüpfung des Messiasglaubens vom Neusein mit den ursprünglichen Grundlagen von der Schöpfung wurde notwendig, um eine Zersplitterung christlicher Theologie zu verhindern. Es drohte ein Dualismus Erlösung — Schöpfung, die Zweiheit der Gnosis. So vermochte die kosmologische Christologie den Großteil der Christenheit vor der dualistischen Lehre zu bewahren. Indem man den uns frei machenden Messias zugleich als den göttlichen Logos verstand, durch den die Welt erschaffen wurde, vermochte die Christenheit zu sagen, daß unser neues befreites Sein nicht im Widerspruch stehe zu unserem kreatürlichen Sein. Vielmehr bedeute Befreiung Rechtfertigung und Vollendung der wahren Natur und der uns innewohnenden Fähigkeiten und Möglichkeiten.

Sicherlich brachte ein solcher Versuch der Vereinheitlichung auch Gefahren mit sich. Die ganze Sache ließ sich von zweierlei Standpunkten aus betrachten. Werden *beide* Seinsweisen, das ursprüngliche und das wahre Sein aller Dinge, den Mächten der Unterdrückung entgegengesetzt, bleibt Christus auch weiterhin Symbol unseres eigenen Selbst in Auseinandersetzung mit den Ungerechtigkeiten dieser Welt. Widerstand gegen das Unrecht hat ein äußerst solides Fundament. Betrachtet man den Logos jedoch als Fundament aller Mächte dieser Welt, wird die Christologie wiederum zu einem integrativen Bestandteil einer Weltsicht, die bestehende Gesellschaftssysteme wie Sexismus, Sklaverei und Imperialismus als heilig deklariert und in diesen nichts anderes als die Entfaltung der »Schöpfungsordnung« sieht.

Die Christenheit des zweiten und auch noch des dritten Jahrhunderts hielt angesichts der Auseinandersetzung mit dem Römischen Reich vornehmlich an der ersten Anschauung fest. Doch fand in zunehmendem Maße eine Integration in die römische Gesellschaft statt, bis das Christentum unter Konstantin schließlich Staatsreligion wurde. Spätestens in diesem Augenblick kapitulierte man vor der obengenannten zweiten Ausformung der Christologie. Die Herrschaft Christi vermochte Frauen, Sklaven und Eroberte nicht mehr von ihren Herren und Meistern zu befreien. Hingegen verstanden sich diese Herren und Meister selbst als christusähnlich. Sie waren überzeugt, eher »wie« Christus zu sein als ihre Untertanen und leiteten die eigene Herrschaft von der Herrschaft Christi ab.

In frühchristlichen Texten zum Märtyrertum kann der Märtyrer — durchaus eine Sklavin — als »ein anderer Christus« begrüßt werden. Auf diese Weise konnte die Gemeinde Christus in »unserer Schwester«[1] begegnen. Hingegen konnten die Glaubenden z. Z. des späteren Staatschristentums Christus nicht mehr in Gestalt von Sklaven oder Frauen begegnen. Thomas von Aquin, führender Theologe im Mittelalter, lehrte, weder Frauen noch Sklaven könnten jemals Priester sein. Als dienendes Volk seien sie nicht in der Lage, Herrschaft »abzubilden«.

Doch nicht die gesamte Christenheit kapitulierte vor dieser männlich geprägten Christologie des Kaiserreichs. Mystische sowie apokalyptische Gruppierungen kultivierten auch weiterhin einen Christus, der den Menschen von weltlichen Unterdrückern befreit. Allerdings waren auch sie versucht, die Unterdrücker zu verunsichern mit der Lehre von der Schöpfung. Auch in diesen Kreisen neigte man dazu, in einen Dualismus zu verfallen, der die erlöste Existenz der Schöpfung gegenüberstellte. Ein früher klassischer Ausdruck dieses Dualismus von Geist und Fleisch ist die Gnosis. Die gnostische Tugend besteht darin, daß sie etwas vom frühchristlichen Glauben an die Erlösung von weltlicher Unterdrückung rettete und unter den Erlösten so etwas wie geistliche Egalität pflegte.

1. Acts of the Martyrs of Lyons and Vienne, in: The Acts of the Christian Martyrs, hg. von Herbert Musurillo, Oxford 1912, S. 75.

Dies bedeutet, daß die Gnosis die durch das Erlösungshandeln Christi erwirkte Gleichheit von Mann und Frau ernst nahm. Ihrer Überzeugung nach besitzt eine Frau die gleiche geistliche Autorität wie ein Mann. Im Sinne der meisten gnostischen Gruppierungen kann sie an ebendenselben Ämtern teilhaben[2]. Die so befreiende Erkenntnis von der Gleichheit der Geschlechter löste aber letztendlich Verwirrung aus: Gnostische Kreise verkündeten das Ende der körperlichen Existenz. Der Preis zur Überwindung des Sexismus ist hoch — man fordert den Verzicht auf Sexualität! Christus gilt als Repräsendant einer spirituellen Androgynie, die alle Unterschiede und Differenzen zwischen den Geschlechtern auflöst. Die Trennung der Frau vom Mann (Evas von Adam) zu Beginn der Schöpfung wird als Fall in die Sünde betrachtet. Die Erlösten in Christus werden »weder männlich noch weiblich« sein. Indem sie im Hinblick auf Sexualität und Fortpflanzung Verzicht leisten, werden sie androgyn im Geiste. Jener Christus, der die Frau angeblich dem Mann gleichmacht, soll der Lehre nach auch die Erlöste verwandeln. Indem er »die Werke der Frau« zerstört, erlangt sie »männliche Spiritualität« — ein androzentrisches Konzept, das im Hinblick auf die Frau eine sicherlich nicht eindeutige Botschaft enthält. Wir finden dieses Denkmodell illustriert in den gnostischen Evangelien, die in diesem Kapitel auszugsweise vorgestellt werden.

Auch die christliche Mystik des Mittelalters pflegte eine spirituelle Androgynie von Gott, Christus und dem erlösten Menschen. Obgleich der aus der Gnosis stammende Dualismus von Schöpfung und Erlösung von einer christlichen Kosmologie zurückgewiesen wurde, beherrschte das dualistische Denken auch weiterhin die christliche Spiritualität, die sich nach wie vor entschieden körperfeindlich zeigte.

2. Vgl. *Elisabeth S. Fiorenza:* Word, Spirit and Power. Women in Early Christian Communities, in: Women of Spirit. Female Leadership in the Jewish and Christian Traditions, hg. von R. Ruether und E. McLaughlin, New York 1979, S. 44–51.

Doch eine derartige Haltung vermochte den Menschen zu einer Sicht zu verhelfen, die zwar jegliche Sexualität ablehnte, aber eine Vereinigung von Männlichkeit und Weiblichkeit auf einer höheren, der spirituellen Ebene durchaus zuließ. Der Mystiker konnte sich eine »Braut« vorstellen, verzückt vom männlichen Geist Gottes, währenddessen die Mystikerin in ihrer Vorstellung Gott und Christus als Mutter und Vater vor sich sah, die sowohl Autorität ausübten als auch für ihre Kinder sorgten[3]. Die im Anschluß zitierten Passagen der Juliana von Norwich, einer Mystikerin des 14. Jahrhunderts, veranschaulichen, was hier lediglich in Form eines kurzen Ausblicks angedeutet werden kann.

Die spätmittelalterliche Frömmigkeit strebte jedoch weg von solcher Kultivierung des »Weiblichen« hin zu einer eher separaten Verehrung, und zwar der gesegneten Jungfrau Maria. Anbetung und Verehrung Marias erlaubten dem im Zölibat Lebenden die Sublimierung einer süßen Zuneigung. Er durfte seine Liebe sublimieren in bezug auf eine weibliche Person, die der männlichen göttlichen Macht unterstand. Maria wurde zum himmlischen Mittler zwischen den männlichen Autoritäten des Himmels und dem erretteten Sünder. Diese Mariologie deutete einen Riß an zwischen der göttlichen Gerechtigkeit einerseits, wie sie von Gott dem Vater und Christus in Strenge geübt wurde, und einer eher barmherzig festgesetzten Gnadenfrist, dem auf irgendeine Weise unberechenbaren Handeln Marias[4]. Falls man sich ihr als einer »Herrin« hingäbe, würde sie am himmlischen Gerichtshof intervenieren und einen vor der göttlichen Gerechtigkeit bewahren. Diese Art von Dualismus zwischen Christus und Maria soll hier durch einen Textauszug aus dem 18. Jahr-

3. *Caroline Bynum:* Jesus as Mother. Studies in the Spirituality of the High Middle Ages, Berkeley 1982.
4. *Eleanor McLaughlin:* Equality in Souls: Inequality in Sexes. Women in Medieval Theology, in: Religion and Sexism. Images of Women in the Jewish and Christian Traditions, hg. von Rosemary Ruether, New York 1974, S. 250.

hundert verdeutlicht werden: Alphonso Liguori war ein Förderer der Marienverehrung.

Die Anbetung der göttlichen Frau verschwand auch dann nicht aus der europäischen Kultur, als die Blütezeit von Feudalismus und Katholizismus längst vorüber war. Im Frankreich des 19. Jahrhunderts, das seine Revolutionen hinter sich gelassen hat, treten Denker auf, die sich selbst damit brüsten, einen säkularen Geist zu repräsentieren, einen Geist, der sich aus der Abhängigkeit vom Aberglauben der Priester befreit habe. Und gerade bei diesen Denkern finden wir – nun säkulare – Formulierungen über eine Frauenverehrung. Das moralische Prinzip des Altruismus wird von nun an wie ein Augapfel gehütet. Es ist die bourgeoise Frau, der Verehrung gebührt, und das im Haus; man stelle sie sich vor auf dem kleinen Sofa im Salon, verehrt von einem Ehemann, der sie als seine »bessere Hälfte« hegte und pflegte – und das alles im Zuge der Repräsentation vollkommener Menschlichkeit. Der Preis jedoch, den die bourgoise Frau für derlei Anbetung zahlen mußte, war schließlich die Beschränkung auf die Lebenssphäre und den Lebensraum des Mittelstandes. Und selbst dort blieb ihr sexuelle Lust versagt. Pflichten, ja Arbeit, gleich welcher Art, hielt man auch dort fern von ihr. In der Phantasie einer männlich bourgoisen Kultur, deren Hauptbeschäftigung in der Eroberung der Welt, in ihrer Kolonialisierung und Industrialisierung bestand, wurde sie zum »Liebesobjekt«. Der französische Soziologe Auguste Comte, Zeitgenosse von Marx (auch das *Manifest der Kommunistischen Partei* entstand 1848), illustriert diese bourgoise Kultur, ihre schizophrene Spaltung in einen öffentlichen und einen privaten Lebensbereich – hier eine amoralische Männlichkeit, dort die Verehrung und Anbetung sublimierter weiblicher »Tugend«.

Das neunzehnte Jahrhundert lebte mit der Überzeugung vom baldigen Weltende: Alles Denken wurde von der Vorstellung beherrscht, daß die Gesellschaft mit all ihrem Sinnen und Trachten dem Ende entgegengehe, daß sich am

Horizont aber bereits eine neue Welt abzeichne, deren Konturen jedoch noch zu undeutlich um etwas über ihr Wesen aussagen zu können. Diese Art von Sensibilität fand ihren Niederschlag in jenen mystisch geprägten Sekten, deren Lehre wohl als Utopie bezeichnet werden kann. Verwurzelt sind sie im spätmittelalterlichen Sektierertum, besonders auch im radikalen Flügel der Reformation. Als Beispiel einer solchen Gruppierung wurden in Kap. II die Quäker oder, wie sie sich selbst nennen, die Vereinigten Gläubigen des Zweiten Erscheinens Christi vorgestellt. In dem im folgenden zitierten Textauszug aus der Quäker-Bibel bekennen sie sich zur Mutter Ann Lee als dem weiblichen Christus. Der weibliche Christus ist für sie der theologische Ausdruck für die Androgynie von Gott und der Menschheit als dem göttlichen Ebenbild. Und dieser theologische Sachverhalt kann für sie nur in Gestalt eines menschlichen, und d. h. männlichen *und* weiblichen, Erlösers ausgedrückt werden. Das Weibliche bildet den krönenden Abschluß des göttlichen Schöpfungswerkes und verkündet seinen Ruhm. Von daher erweist sich das Erscheinen eines weiblichen Christus als unbedingt notwendig, um die Offenbarung Gottes und somit das Erlösungswerk dessen zu vollenden, der Vater und Mutter zugleich ist.

Was bedeutet das nun für uns heute? Die christliche Frau von heute wird nach wie vor belehrt, an einen männlichen Christus zu glauben, und dieser ist der Alleinseligmacher de. Die Männlichkeit Christi führt immer noch dazu, daß die Frau in einer neuen Menschheit unterrepräsentiert ist. Jedoch hat der männliche Christus reichlich weibliche Attribute von einer bourgeoisen Christenheit erworben. Zärtlichkeit und Anmut besitzt er in Fülle. Nur selten hört man richtende Worte über jemanden; besonders über die herrschende Gesellschaftsordnung wird nicht gerichtet. Auf diese Weise bewirkt der männliche Christus von »weiblicher« Persönlichkeit keineswegs eine Befreiung der Frau, sondern verstärkt im Gegenteil die Identifikation der Weiblichkeit mit der Passivität schlechthin. Die Frau von heute, in zunehmendem

Maße verwirrt, ja gar bestürzt sowohl durch das Erleben von Repression in bezug auf die eigene Person als auch durch die immer größer werdende Gefahr der totalen Zestörung unseres Planeten — verursacht durch eine von Männern erdachte Technologie, die jenseits aller ethischen Prinzipien liegt —, sehnt eine Erlöserin herbei; sie sehnt einen Christus herbei, der sie, auch wenn jetzt noch nicht offenbar, in ihrem Personsein bestätigt, der sein Ja zu ihr als Frau spricht und solche Systeme zu entlarven vermag, die — sei es im privaten oder öffentlichen Lebensbereich — Repression und Gewalt legitimieren. Eben diese Sehnsucht nach einem weiblichen Wesen, das die Erlösung herbeiführen möge, wird in zwei modernen Texten thematisiert. Nancy Ore ist die Verfasserin dieser Gedichte, die zwischen 1983 und 84 am Evangelisch-Theologischen Garret-Seminar entstanden sind.

Weiterführende Überlegungen

Geschichten über einen oder auch die Retter der Menschheit, Texte, in deren Zentrum die Erlösung steht — von Anat bis hin zu heutigen feministischen Sehnsüchten! Die Lektüre des Vorangegangenen wirft eine grundsätzliche Frage auf, nämlich die nach der Funktion des Christusmythos. Brauchen wir überhaupt einen Erlöser? Vielleicht ist ja ein solcher Christus lediglich die Objektivierung unseres eigenen — idealen — Selbst, eine Projektion in den Himmel! Und schließlich »begegnen« wir einem Sein, das weit über unsere Fähigkeiten hinausgeht. Könnte ein solcher Prozeß vielleicht — oder auch nicht — mit der Erkenntnis im Hinterkopf funktionieren, daß das fast Erreichte wohl eher eine Art Selbsterlösung sein könnte als ein »Werk«, das im Grunde außerhalb von uns geschieht und unserer Fähigkeiten nicht bedarf?
Offenbart uns der Erlöser das gnädige Angesicht Gottes bzw. der Göttin — auf Befreiung sinnend — sowie unser

wahres Potential als Mensch, wird dann ein ausschließlich männlicher Christus nicht die Selbstentfremdung der Frau bewirken? Wird ihre Forderung, wahre Menschlichkeit als Frau leben zu können, dann nicht im Keim erstickt?

Reicht es aus, zu behaupten, Jesus vertrete schließlich die »Gattung Mensch« oder er habe als Mann durchaus antipatriarchal gehandelt? Reichen solche Behauptungen tatsächlich aus, solange er die einzige Offenbarung, die Menschwerdung des Erlösergottes ist?

Kann die Christologie letztlich in dieser Gestalt »ein für allemal« eingeschlossen bleiben, in einer Gestalt der Vergangenheit, die das Erlösungswerk »vollendete«, obwohl wir sowie die Geschichte überhaupt offensichtlich nicht erlöst sind? Müßte das Christusbild nicht stets an einen neuen Horizont projiziert werden, den geschichtlichen Horizont, den wir vor uns sehen, so daß wir zu unseren noch nicht verwirklichten, aber doch vorhandenen Möglichkeiten geführt würden?

Wir nehmen unsere eigene Unvollkommenheit wahr; aber diese Wahrnehmung unterliegt einem ständigen Wandel: Je nach Sensibilisierung für das Unrecht — man denke an Rassismus, Sexismus, den in Europa so sehr verbreiteten Chauvinismus —, ändert sie sich. Müßte aufgrund dieses Wandels nicht auch das Christusbild stets im Wandel begriffen sein? Müßte Christus nicht eigentlich stets eine neue Gestalt annehmen, vielleicht die Gestalt einer Frau — schwarz oder braun, verarmt und verachtet von jenen Völkern, die die eine Seite des christlichen Imperialismus bilden?

Auf welche Weise nun bedürften Frauen Christi? Wie müßte Christus als Frau in Erscheinung treten? Und wie steht es mit den Männern von heute? Bedürfen auch sie eines weiblichen Christus, und — wie würde sich ihr Bedürfnis nach Ihr von dem des anderen Geschlechts unterscheiden? D. h., wo gäbe es eventuell Parallelen, wo Differenzen? Und, was uns alle betrifft: Wissen wir wirklich — auf die eine oder andere Art —, »daß wir alle sterben werden, wenn nicht noch von irgendwoher — wie ein Kaninchen, das aus einem Hut hervorspringt — ein weiblicher Christus in Erscheinung tritt«, um die Waffen zur universalen Vernichtung zu zerbrechen und ihre Saat auszustreuen, die Erde zu erneuern?

1. Anat, die Retterin Baals, stellt die Weltordnung wieder her

»Welcher Feind zeigt sich gegen Baal, welche Gegnerschaft
  gegen den Wolkenreiter?«
Es antworten die Diener, sie erwidern: »Kein Feind zeigt sich
gegen Baal, keine Gegnerschaft gegen den Wolkenreiter.
Eine Botschaft des erhabenen Baal, ein Wort des Erhabenen
unter den Helden: ›Ich lehne ab im Lande den Krieg!
Lege auf die Erde viel Liebe, gieße Frieden
in die Mitte des Landes, vermehre die Liebe in der Mitte des
  Gefildes!
Halte zurück deinen [Stab], deine Waffe; [zu] mir deine Füße
[sollen eilen, zu mir] sollen laufen deine Beine!
[Siehe, ein Wort habe ich] und will es dir kundtun, eine Kunde,
[und ich will sie dir wiederholen: Das Wort] des Baumes und das
  Lispeln
[des Steines; ein Wort, das fürwahr kennen sollen] die Menschen
  und [das] verstehen sollen
[die Bewohner der Erde. Das Seufzen des Himmels mit der]
  Erde,
[der Ozeane mit den Sternen. Ich will erschaffen den Blitz,]
den [kennen soll der Himm]el. [Komm und ich]
will es [suchen inmitten meines göttlichen Berges] Zapon;
im Heilig[tum, auf dem Hügel meines] Besitztums.«
Und es [antwortet] die Jungfrau [Ana]t, es erwidert
[die Schwägerin] der Völker: »[Ich] will ablehnen
[im Lande] die Kriege, will [legen] auf die Erde
[viel Liebe,] will [Frieden] gießen in die Mitte des Landes.
… in die Mitte [des Gefildes.] Es wird setzen
an […] Baal seine Eimer, es soll leuchten lassen
[der Wolkenreiter] sein Horn. Ich will ablehnen,
im [Lande] die Kriege,
will legen [in die Erde] viel Liebe, will gießen
Frieden in die Mitte des Landes, will vermehren die Liebe
in der Mitte des [Gefildes.] Ein weiteres Wort

will ich sagen: ›[Gehet,] gehet, ihr Boten der Götter!
Ihr zögert, ich aber vertausche
Ugr mit der Ferne der Götter, Inbb
mit der Ferne der Göttlichen. Zwei …
sind unter den Quellen der Erde, drei …‹
Dann, fürwahr, wandte sie sich zu Baal
auf die Höhe des Zapon, durch die 1000 Gefilde, durch die 10 000
    Flächen.
Das Kommen seiner Schwester Baal sieht, das Nahen
der Tochter seines Vaters. Er entfernte die Frauen aus seiner
    Nähe(?)
Er stellte ein Rind vor sie hin, ein Masttier mitten
vor sie. Sie schöpft Wasser und wünscht sich
mit dem Tau des Himmels, dem Fett der Erde, dem Tau, den der
    Himmel aus[gießt],
mit dem Regen, den ausgießen die Sterne.
Sie macht sich schön mit … des Walfisches, [dessen Exkremente
    im Meere sind.]
[»Nicht hat einen Palast Baal gleich dem der Götter, ein Hei-
    ligtum]
gleich dem der Söhne [der Ascherat, eine Wohnung gleich der
    des Il, ein Heim]
gleich dem seiner Söhne, [eine Wohnung gleich der Fürstin
    Ascherat des Meeres,]
eine Wohnung gleich der der Pdrj, der [Tochter des Lichtes, ein
    Heim]
gleich dem der Tlj, der Tochter des Regens, [eine Wohnung
    gleich der der Arzj],
der Tochter des … [eine Wohnung gleich der der]
vollkommenen [Braut(?).]« Und es sagt [die Jungfrau Anat:]
»Es soll achten auf mich der Stier-Gott, [mein Vater;]
er soll achten auf mich und [……….]
[… sonst] werde ich ihn treten wie ein Lamm zur Erde,
[werde ich fließen lassen] sein Grau in Blut, das Grau seines
    Bartes
[in Blutgerinnsel;] wenn er nicht gibt einen Palast für Baal gleich
    dem der Götter,

[ein Heiligtum] gleich dem der Söhne der Ascherat.« Sie
[stampft] mit den Füßen,
[daß erzittert die] Erde. Siehe, sie [wendet ihr Ant]litz.

Anat fordert von El die Herrschaft für Baal

Sie gelangt nach den Gefilden des Il und kommt
in den [Palast] des Königs, des Vaters [des Schunama]. Sie ....
[und] kam mit in die Gefilde [..........]
Seine Stimme erhebt der Stier-[Gott], ihr Vater,
aus den sieben Gemächern, aus den acht Wohn-
räumen [..........]
Es sagt der Stier-[Gott..........]
Darauf der Stier-[Gott]
Zu Füßen der Die[ner..........]
Gar sehr [..........]
Die Leuchte der [Götter] Schpsch [glühte]
ohne (Regen vom) Himmel [wegen des Sohnes des Il], Mut.
Und es sagt die Jungfrau Anat [..........]
»O Il [... nicht sollst] du dich freuen,
Mit der Kraft meines Armes (?) werde ich schla[gen]
dein Haupt, werde ich fließen lassen dein Grau [in Blut;]
das Grau deines Bartes in Blutgerinnsel.« Es antwortet
Il aus den sieben Gemächern, aus den acht
Wohnräumen: »Ich habe dich erkannt, Tochter, daß du ein
Kame[rad bist;]
daß nicht ist unter den Göttern eine Verl[eumderin.] Was wün-
schest du,
o Jungfrau Anat?« Und es antwortet die Jungfrau Anat:
»Dein Entschluß, Il, ist weise; dein Weisesein
währe ewig! Glückliches Leben bedeutet dein Entschluß!
Unser König sei der erhabene Baal, unser Richter!
Niemand sei über ihm!

»Baal ist tot! Was wird aus dem Volk des Sohnes
des Dagan? Was aus der Menschheit? Hinter
Baal will ich hinabsteigen in die Erde.« Auch
Anat ergeht sich; sie durchjagt jeglichen Berg
bis ins Innere der Erde, jeglichen Hügel
[bis ins] Innere der Gefilde. Sie kommt zum lieblichen
[Lande] des Todes(?), zum schönen Gefilde des Todes –
Landes(?) [kommt sie.] Baal ist gefallen
[zur Erde. Mit einem Ipsch- (Kleid)] bedeckt sie die Len[den],
Zu Baal (gehörend)
einen Felsblock auf einen Stein sie setzt, zwei Säulen in den
  [Wald.]
Sie macht sich Einschnitte an beiden Wangen und am Kinn,
  (pflügt) dreimal
den Oberteil ihres Armes, durchfurcht wie einen Garten
die Brust, wie ein Tal (pflügt sie) dreimal den Rücken:
»Baal ist tot! Was wird aus dem Volke des Sohnes des Dagan?
Was aus der Menschheit? Hinter Baal wollen wir hinabsteigen
zur Erde.« Mit ihr steigt herab die Leuchte
der Götter Schpsch. Bis daß sie sich sättigt an Weinen,
trinkt sie wie Wein Tränen. Laut
ruft sie zur Leuchte der Götter Schpsch:
»Lade mir auf den erhabenen Baal!«
Es hört es die Leuchte der Götter Schpsch.
Sie hebt auf den erhabenen Baal; auf die Schulter
der Anat, wie sie ihn legt, bringt diese ihn
auf die Höhe des Zapon. Sie beweint ihn
und begräbt ihn, legt ihn in die Höhle
der Götter der Erde. Sie schlachtet 70
Wildstiere als ein Totenopfer für den erhabenen
[Ba]al; sie schlachtet 70 Rinder.

Anat besiegt Mot und erweckt Baal zum Leben; neues Leben auch
für die Erde

Sie ergreift den Mu[t]
beim .... des Gewandes, sie packt ihn
beim Zipfel des Kleides. Sie erhebt ihre Stimme und
ru[ft:] »Du, Mut, gib mir meinen Bruder!«
Und es antwortet der Sohn des Il, Mut: »Was
verlangst du, o Jungfrau Anat?
Ich durchwandere und ich durchjage jeglichen
Berg im Inneren der Erde, jeglichen Hügel
im Innern der Gefilde. Leben fehlt
den Menschenkindern, Leben der Menschheit
der Erde. Ich kam zu der Lieblichkeit des Landes
des Todes(?), zum schönen Gefilde des Todeslandes(?),
Ich treffe den erhabenen Baal,
ich behandle ihn als Schaf in meinem Munde,
wie ein Zicklein in der Tiefe meines Schlundes ward er ver-
    nichtet.«
Die Leuchte der Götter, Schpsch, schien
ohne (Regen vom) Himmel wegen des Sohnes des Il, Mut.
Ein Tag, zwei Tage vergehen, von Tagen
zu Monaten, das Mädchen Anat sucht ihn.
Wie das Herz einer Wildkuh nach ihrem Kalb, wie das Herz
eines Mutterschafes nach seinem Lamm, so ist das Herz
der Anat hinter Baal her. Sie ergreift
den Sohn des Il, Mut. Mit einem Schwerte
schlitzt sie ihn auf, mit einem ... durchbohrt
sie ihn, mit Feuer verbrennt sie ihn;
mit zwei Mühlsteinen zermalmt sie ihn; im Gefilde
verstreut sie ihn. Seinen Rest, fürwahr, fressen
die Vögel; seinen Teilen bereiten ein Ende
die Sperlinge(?). [Re]st zu Rest schreit(?).
Da zugrunde gegangen war [der Sohn des Il, Mut],
und siehe, am Leben war der er[habene Baal,]
und siehe, vorhanden war der Fürst, der Herr der [Erde.]
In einem Traume des Freundlichen, des Il, des Mitleidigen,

in einer Vision des Schöpfers der Geschöpfe:
»Der Himmel soll regnen Fett,
die Flüsse sollen führen Honig,
damit ich wisse, daß am Leben ist der erhabene Baal,
daß vorhanden ist der Fürst, der Herr der Erde.«
In einem Traume der Freundliche, Il, der Mitleidi[ge,]
in einer Vision der Schöpfer der Geschöpfe:
»Der Himmel regnet Fett,
die Flüsse führen Honig.«
Es freute sich der Freundliche, Il, der Mitleidige;
seine Füße auf den Schemel er stützt
und öffnet das Gehege (seiner Zähne) und lacht.
Er erhebt seine Stimme und ruft:
»Ich will mich setzen, und ich will ruhen,
und es ruhe in meiner Brust die Seele;
denn am Leben ist der erhabene Baal,
denn vorhanden ist der Fürst, der Herr der Erde.«

2. Der kriegerische Messias Israels

Du, Tochter Zion, freue dich sehr, und du, Tochter Jerusalem,
jauchze! Siehe, dein König kommt zu dir, ein Gerechter und ein
Helfer, arm und reitet auf einem Esel, auf einem Füllen der
Eselin. Denn ich will die Wagen wegtun aus Ephraim und die
Rosse aus Jerusalem, und der Kriegsbogen soll zerbrochen wer-
den. Denn er wird Frieden gebieten den Völkern, und seine
Herrschaft wird sein von einem Meer bis zum andern und vom
Strom bis an die Enden der Erde.
Siehe, es kommt für den Herrn die Zeit, daß man in deiner Mitte
unter sich verteilen wird, was man dir geraubt hat. Denn ich
werde alle Heiden sammeln zum Kampf gegen Jerusalem.
Und die Stadt wird erobert, die Häuser werden geplündert und
die Frauen geschändet werden. Und die Hälfte der Stadt wird
gefangen weggeführt werden, aber das übrige Volk wird nicht aus

der Stadt ausgerottet werden. Und der Herr wird ausziehen und kämpfen gegen diese Heiden, wie er zu kämpfen pflegt am Tage der Schlacht. Und seine Füße werden stehen zu der Zeit auf dem Ölberg, der vor Jerusalem liegt nach Osten hin. Und der Ölberg wird sich in der Mitte spalten, vom Osten bis zum Westen, sehr weit auseinander, so daß die eine Hälfte des Berges nach Norden und die andere nach Süden weichen wird. Und das Tal Hinnom wird verstopft werden, denn das Tal wird an die Flanke des Berges stoßen. Und ihr werdet fliehen, wie ihr vorzeiten geflohen sei vor dem Erdbeben zur Zeit Usias, des Königs von Juda. Da wird dann kommen der Herr, mein Gott, und alle Heiligen mit ihm. Zu der Zeit wird weder Kälte noch Frost, noch Eis sein. Und es wird ein einziger Tag sein − er ist dem Herrn bekannt! −, es wird nicht Tag und Nacht sein, und auch um den Abend wird es licht sein.

Zu der Zeit werden lebendige Wasser aus Jerusalem fließen, die eine Hälfte zum Meer im Osten und die andere Hälfte zum Meer im Westen, und so wird es sein im Sommer und im Winter. Und der Herr wird König sein über alle Lande. Zu der Zeit wird der Herr der einzige sein und sein Name der einzige. Und das ganze Land wird verwandelt werden in eine Ebene, von Geba bis nach Rimmon im Süden. Aber Jerusalem wird hoch liegen und an seiner Stätte bleiben, vom Tor Benjamin bis an die Stelle des ersten Tors, bis an das Ecktor, und vom Turm Hananel bis an des Königs Kelter. Und man wird darin wohnen; es wird keinen Bann mehr geben, denn Jerusalem wird ganz sicher wohnen.

Und dies wird die Plage sein, mit der der Herr alle Völker schlagen wird, die gegen Jerusalem in den Kampf gezogen sind: Ihr Fleisch wird verwesen, während sie noch auf ihren Füßen stehen, und ihre Augen werden in ihren Höhlen verwesen und ihre Zungen im Mund. Zu der Zeit wird der Herr eine große Verwirrung unter ihnen anrichten, so daß einer den andern bei der Hand packen und seine Hand wider des andern Hand erheben wird; und auch Juda wird gegen Jerusalem kämpfen. Und man wird zusammenbringen die Güter aller Heiden ringsumher: Gold, Silber und Kleider über die Maßen viel. Und so wird dann diese Plage auch kommen über Rosse, Maultiere, Kamele, Esel und alle Tiere, die in diesem Heer sind; sie werden von ihr geschlagen gleichwie jene. Und alle, die übriggeblieben sind von allen Heiden, die gegen Jerusalem zogen, werden jährlich heraufkommen, um anzubeten den König, den Herrn Zebaot, und um das Laubhüttenfest zu halten. Aber über das Geschlecht auf Erden, das nicht heraufziehen wird nach Jerusalem, um anzubeten den König, den Herrn Zebaot, über das wird's nicht regnen. Und wenn das Geschlecht der Ägypter nicht heraufzöge und käme, so wird auch über sie die Plage kommen, mit der der Herr alle Heiden schlagen wird, wenn sie nicht heraufkommen, um das Laubhüttenfest zu halten. Darin besteht die Sünde der Ägypter und aller Heiden, daß sie nicht heraufkommen, um das Laubhüttenfest zu halten.

3. Der kriegerische Christus des Jüngsten Gerichts

Und ich sah den Himmel aufgetan; und siehe, ein weißes Pferd. Und der darauf saß, hieß: Treu und Wahrhaftig, und er richtet und kämpft mit Gerechtigkeit. Und seine Augen sind wie eine Feuerflamme, und auf seinem Haupt sind viele Kronen; und er trug einen Namen geschrieben, den niemand kannte als er selbst. Und er war angetan mit einem Gewand, das mit Blut getränkt war, und sein Name ist: das Wort Gottes. Und ihm folgte das Heer des Himmels auf weißen Pferden, angetan mit weißem, reinem Leinen. Und aus seinem Munde ging ein scharfes Schwert, daß er damit die Völker schlage; und er wird sie regieren mit eisernem Stabe; und er tritt die Kelter, voll vom Wein des grimmigen Zornes Gottes, des Allmächtigen, und trägt einen Namen geschrieben auf seinem Gewand und auf seiner Hüfte: König aller Könige und Herr aller Herren.
Und ich sah einen Engel in der Sonne stehen, und er rief mit großer Stimme allen Vögeln zu, die hoch am Himmel fliegen: Kommet, versammelt euch zu dem großen Mahl Gottes, und eßt das Fleisch der Könige und der Hauptleute und das Fleisch der

Starken und der Pferde und derer, die darauf sitzen, und das
Fleisch aller Freien und Sklaven, der Kleinen und der Großen!
Und ich sah das Tier und die Könige auf Erden und ihre Heere
versammelt, Krieg zu führen mit dem, der auf dem Pferd saß,
und mit seinem Heer. Und das Tier wurde ergriffen und mit ihm
der falsche Prophet, der vor seinen Augen die Zeichen getan
hatte, durch welche er die verführte, die das Zeichen des Tieres
angenommen und das Bild des Tieres angebetet hatten. Lebendig
wurden diese beiden in den feurigen Pfuhl geworfen, der mit
Schwefel brannte. Und die andern wurden erschlagen mit dem
Schwert, das aus dem Munde dessen ging, der auf dem Pferd saß.
Und alle Vögel wurden satt von ihrem Fleisch.
Und ich sah einen Engel vom Himmel herabfahren, der hatte den
Schlüssel zum Abgrund und eine große Kette in seiner Hand.
Und er ergriff den Drachen, die alte Schlange, das ist der Teufel
und der Satan, und fesselte ihn für tausend Jahre, und warf ihn in
den Abgrund und verschloß ihn und setzte ein Siegel oben
darauf, damit er die Völker nicht mehr verführen sollte, bis
vollendet würden die tausend Jahre. Danach muß er losgelassen
werden eine kleine Zeit.

4. Die Kenosis-Christologie: Christus als Diener

Und Jesus zog hinauf nach Jerusalem und nahm die zwölf Jünger
beiseite und sprach zu ihnen auf dem Wege: Siehe, wir ziehen
hinauf nach Jerusalem, und der Menschensohn wird den Hohenpriestern und Schriftgelehrten überantwortet werden; und sie
werden ihn zum Tode verurteilen und werden ihn den Heiden
überantworten, damit sie ihn verspotten und geißeln und kreuzigen; und am dritten Tage wird er auferstehen.
Da trat zu ihm die Mutter der Söhne des Zebedäus mit ihren
Söhnen, fiel vor ihm nieder und wollte ihn um etwas bitten. Und
er sprach zu ihr: Was willst du? Sie sprach zu ihm: Laß diese
meine beiden Söhne sitzen in deinem Reich, einen zu deiner

Rechten und den andern zu deiner Linken. Aber Jesus antwortete und sprach: Ihr wißt nicht, was ihr bittet. Könnt ihr den Kelch trinken, den ich trinken werde? Sie antworteten ihm: Ja, das können wir. Er sprach zu ihnen: Meinen Kelch werdet ihr zwar trinken, aber das Sitzen zu meiner Rechten und Linken zu geben steht mir nicht zu. Das wird denen zuteil, für die es bestimmt ist von meinem Vater.

Als das die Zehn hörten, wurden sie unwillig über die zwei Brüder. Aber Jesus rief sie zu sich und sprach: Ihr wißt, daß die Herrscher ihre Völker niederhalten und die Mächtigen ihnen Gewalt antun. So soll es nicht sein unter euch; sondern wer unter euch groß sein will, der sei euer Diener; und wer unter euch der Erste sein will, der sei euer Knecht, so wie der Menschensohn nicht gekommen ist, daß er sich dienen lasse, sondern daß er diene und gebe sein Leben zu einer Erlösung für viele.

Christus nachzufolgen bedeutet, einander zu dienen

Da redete Jesus zu dem Volk und zu seinen Jüngern und sprach: Auf dem Stuhl des Mose sitzen die Schriftgelehrten und Pharisäer. Alles nun, was sie euch sagen, das tut und haltet; aber nach ihren Werken sollt ihr nicht handeln; denn sie sagen's zwar, tun's aber nicht. Sie binden schwere und unerträgliche Bürden und legen sie den Menschen auf die Schultern; aber sie selbst wollen keinen Finger dafür krümmen. Alle ihre Werke aber tun sie, damit sie von den Leuten gesehen werden. Sie machen ihre Gebetsriemen breit und die Quasten an ihren Kleidern groß. Sie sitzen gern obenan bei Tisch und in den Synagogen und haben's gern, daß sie auf dem Markt gegrüßt und von den Leuten Rabbi genannt werden. Aber ihr sollt euch nicht Rabbi nennen lassen; denn einer ist euer Meister; ihr aber seid alle Brüder. Und ihr sollt niemanden unter euch Vater nennen auf Erden; denn einer ist euer Vater, der im Himmel ist. Und ihr sollt euch nicht Lehrer nennen lassen; denn einer ist euer Lehrer: Christus. Der größte unter euch soll euer Diener sein. Denn wer sich selbst erhöht, der wird erniedrigt; und wer sich selbst erniedrigt, der wird erhöht.

Er, der in göttlicher Gestalt war,
  hielt es nicht für einen Raub, Gott gleich zu sein,
sondern entäußerte sich selbst
  und nahm Knechtsgestalt an,
ward den Menschen gleich
  und der Erscheinung nach als Mensch erkannt.
Er erniedrigte sich selbst
  und ward gehorsam bis zum Tode,
  ja zum Tode am Kreuz.
Darum hat ihn auch Gott erhöht
  und hat ihm den Namen gegeben, der über alle Namen ist,
  daß in dem Namen Jesu sich beugen sollen aller derer Knie,
  die im Himmel und auf Erden und unter der Erde sind,
  und alle Zungen bekennen sollen,
  daß Jesus Christus der Herr ist,
  zur Ehre Gottes, des Vaters.

5. Die Logos-Christologie: Christus als Herr des Kosmos

Im Anfang war das Wort, und das Wort war bei Gott, und Gott war das Wort. Dasselbe war im Anfang bei Gott. Alle Dinge sind durch dasselbe gemacht, und ohne dasselbe ist nichts gemacht, was gemacht ist. In ihm war das Leben, und das Leben war das Licht der Menschen. Und das Licht scheint in der Finsternis, und die Finsternis hat's nicht ergriffen.

Das war das wahre Licht, das alle Menschen erleuchtet, die in diese Welt kommen. Er war in der Welt, und die Welt ist durch ihn gemacht; aber die Welt erkannte ihn nicht. Er kam in sein Eigentum; und die Seinen nahmen ihn nicht auf. Wie viele ihn aber aufnahmen, denen gab er Macht, Gottes Kinder zu werden, denen, die an seinen Namen glauben, die nicht aus dem Blut noch aus dem Willen des Fleisches noch aus dem Willen eines Mannes, sondern von Gott geboren sind. Und das Wort ward Fleisch und wohnte unter uns, und wir sahen seine Herrlichkeit, eine Herrlichkeit als des eingeborenen Sohnes vom Vater, voller Gnade und Wahrheit.

Er ist das Ebenbild des unsichtbaren Gottes,
der Erstgeborene vor aller Schöpfung.
Denn in ihm ist alles geschaffen,
was im Himmel und auf Erden ist,
das Sichtbare und das Unsichtbare,
es seien Throne oder Herrschaften
oder Mächte oder Gewalten;
es ist alles durch ihn und zu ihm geschaffen.
Und er ist vor allem,
und es besteht alles in ihm.
Und er ist das Haupt des Leibes,
nämlich der Gemeinde.
Er ist der Anfang,
der Erstgeborene von den Toten,
damit er in allem der Erste sei.
Denn es hat Gott wohlgefallen,
daß in ihm alle Fülle wohnen sollte
und er durch ihn alles mit sich versöhnte,
es sei auf Erden oder im Himmel,
indem er Frieden machte durch sein Blut am Kreuz.

6. Der androgyne Christus und die erlöste Menschheit der Gnosis

Das Ägypterevangelium

Sie sagen, daß der Erlöser selbst sprach: »Ich bin gekommen, die weiblichen Werke zu zerstören«, wobei mit »weiblich« Sehnsucht, Verlangen und mit »Werke« Geburt und sittliche Verführung gemeint war.

Salome spricht: »Wie lange werden die Menschen sterben?« Der Herr antwortete vorsichtig: »Solange Frauen Kinder gebären«, d. h., solange ihr Verlangen aktiv ist. »Derhalben, wie durch einen Menschen die Sünde ist in die Welt gekommen und der Tod durch die Sünde, so ist der Tod zu allen Menschen durchgedrungen, weil sie alle gesündigt haben ... Gleichwohl herrschte der Tod von Adam an bis auf Mose ...« (Römer 5, 12 und 14), spricht der Apostel. Aufgrund einer natürlichen Notwendigkeit innerhalb des göttlichen Plans folgt auf die Geburt der Tod, und auf das Zusammenkommen von Seele und Körper folgt ihre Auflösung, der Tod. Wird der Mensch um des Lernens und Wissens willen geboren, so führt der Tod als Auflösung dessen letztendlich zur Wiederherstellung. Als Gebärerin gilt die Frau als Ursache des Todes. Aus ebendemselben Grunde mag sie auch als Schöpfer des Lebens bezeichnet werden.

Das Philippusevangelium

Die Sophia, die man ›die Unfruchtbare‹ nennt, sie ist die Mutter [der Eng]el, und die Gefährtin [Christi ist Mar]ia Ma[gdalene. Der [Herr liebte Maria mehr als die Jünger [alle. Und er küßte sie auf ihren [Mund oftmals. Die übrigen [Frauen(?) [sahen] ihn, [wie er Mari]a [liebte(?).] Sie sagten zu ihm: »Weshalb [liebst] du [sie] mehr als uns alle?« Es antwortete der Erlöser, er sagte zu ihnen: »Weshalb liebe ich euch nicht wie sie?«

Hätte sich das Weib nicht vom Mann getrennt, so würde es nicht sterben mit dem Manne. Seine Trennung wurde zum Anfang des Todes. Deshalb kam Christus, damit er die Trennung, die von Anfang an bestand, wieder beseitige, sie beide vereinigte und denjenigen, die in der Trennung gestorben sind, Leben gebe (und) sie vereinige. Die Frau aber vereinigt sich mit ihrem Gatten im Brautgemach. Die sich aber im Brautgemach vereinigt haben, werden sich nicht mehr trennen.

Das Thomasevangelium

Simon Petrus sprach zu ihnen:
  Laßt Maria fortgehen von uns,
  denn Frauen sind des Lebens nicht wert.
Jesus sprach:
  Laßt, ich werde sie anhauchen,
  auf daß auch sie zu einem Menschen (Mann) werde,
  aus dem ein lebendiges Wesen hervorgehen kann,
  das euch, die ihr Männer seid, gleich ist:
  denn eine jede Frau, die sich anschickt,
  ein Mensch (ein Mann) zu werden,
  wird in das Himmelreich eingehen.

7. *Christus als Mutter: Vision einer Mystikerin*

So ist Jesus Christus, der durch das Gute das Böse überwindet, in Wahrheit unsere Mutter. Von Ihm bekamen wir unser Sein; denn dort liegt der Urgrund der Mutterschaft und all die süße Geborgenheit der Liebe, die für alle Zeit daraus entspringt. Ebenso wahrhaft wie Gott unser Vater ist, so wahrhaft ist Gott auch unsere Mutter; das bezeugt Er in allem, und besonders mit jenen süßen Worten: »Ich bin es.« Das bedeutet: »Ich bin es – die Macht und die Güte der Vaterschaft. Ich bin es – die Weisheit und die Freundlichkeit der Mutterschaft. Ich bin es – das Licht und die Gnade, die ganz und gar segensreiche Liebe ist. Ich bin es – die Dreifaltigkeit. Ich bin es – die Einheit. Ich bin es – die erhabene Güte, herrschend über alle Dinge. Ich bin es, der dein Sehnen weckt. Ich bin es – die ewige Erfüllung aller rechten Wünsche.« …

So ist Jesus unsere wahre Mutter der Natur nach, da Er, als Gott, uns erschuf; und Er ist unsere wahre Mutter der Gnade nach, weil Er unsere erschaffene Natur annahm. All die holde Wirksamkeit und alle süße, liebevolle Dienstleistung herzlieber Mutterschaft werden der Zweiten Person zugeschrieben; denn in Ihm haben wir diesen beglückenden Ratschluß ganz und sicher, ohne Ende, sowohl der Natur wie der Gnade nach, durch Seine Ihm eigene Gütigkeit.

Ich erkannte, daß man die Mutterschaft Gottes auf dreierlei Weise betrachten könne. Die erste gründet sich auf die Erschaffung unserer Natur durch Ihn, die zweite ist die Annahme unserer Natur durch Ihn – und hier beginnt die Mutterschaft der Gnade. Die dritte ist die Mutterschaft des Wirkens – in ihr lebt ein fortwährendes Sichergießen dieser Gnade in Länge und Breite, Höhe und Tiefe, und alles ist *eine* Liebe.

Doch jetzt liegt es mir ob, ein wenig mehr zu sagen über dieses Sichergießen, so wie ich die Meinung Unseres Herrn darüber verstand: nämlich, wie wir durch die Mutterschaft der barmherzigen Gnade zurückgebracht wurden zu der Vollkommenheit, in der wir einst durch die Mutterschaft der gütigen Liebe, die uns nie verläßt, erschaffen worden sind.

8. Jesus und Maria als Erlöserpaar in der katholischen Frömmigkeit

Und der heilige Bonaventura wendet sich mit folgenden Worten an sie: Gesegnet sind, die dich kennen, o Mutter Gottes! Denn dich zu kennen, das ist der Weg, der zum ewigen Leben führt;

und deine Tugenden zu verkündigen, das ist der Weg zur ewigen Errettung.

In den Chroniken der Franziskaner wird von Bruder Leo berichtet, er habe einst zwei Leitern erblickt, eine rote, auf der Jesus Christus stand, und eine weiße mit seiner hl. Mutter darauf. Er sah, wie einige versuchten, die rote Leiter emporzusteigen; sie erklommen ein paar Sprossen, dann fielen sie herunter. Schließlich waren sie zu erschöpft, sich an der weißen Leiter zu versuchen. Und dann sah er, daß sie Erfolg hatten, denn die gesegnete Jungfrau reichte ihnen die Hand, und auf diese Weise gelangten sie sicher ins Paradies. Der hl. Dionysius der Kartäuser fragt: Wer wird je gerettet werden? Wer wird jemals im Himmel regieren? Die werden gerettet und werden mit Sicherheit regieren, antwortet er selbst, denen diese Königin der Gnade ihre Gebete widmet. Und diese Königin, Maria, bestätigt selbst: Durch mich regieren die Könige: »Per me reges regnant.« Durch meine Fürbitte regieren die Seelen − zunächst als sterbliche auf dieser Erde, indem sie ihre Leidenschaft beherrschen, und dann erhalten sie die ewige Herrschaft im Himmel, dort, wo sie alle Könige sind. »Quot cives, tot reges«, wie der hl. Augustinus erklärt. Mit einem Wort, Maria ist (laut Richard von St. Laurence) die Herrin des Paradieses; denn dort befiehlt sie, wie es ihr beliebt. Den läßt sie eintreten, den sie will. Von daher lassen sich die Worte des Hohenliedes auf sie anwenden: »Meine Macht ist in Jerusalem.« Ich befehle, was ich will, und lasse eintreten, wen ich will. Und als Mutter des Herrn über das Paradies ist ihre Stellung als Herrin des Paradieses laut Rupert hinreichend begründet. Rechtmäßig besitzt sie das gesamte Königtum ihres Sohnes.

Diese göttliche Mutter hat mit der Macht ihrer Gebete und ihrer Fürsprache für uns das Paradies erworben, es sei denn, wir legen uns selbst ein Hindernis in den Weg, das uns den Eingang versperrt. Jene, die Maria dienen und für die sie Fürsprache leistet, können des Paradieses sicher sein. Sie sind im Grunde bereits dort. Maria zu dienen und ihrem Hofstaat anzugehören, so fügt Johannes von Damaskus hinzu, gilt als die größte Ehre, die wir je erlangen können; denn der Himmelskönigin zu dienen,

d. h., bereits im Himmel zu regieren. Viel mehr aber als zu regieren ist, ihr gehorsam zu leben.

9. Frauenverehrung in der Romantik des 19. Jahrhunderts

Die Verehrung der Frau wurde zum erstenmal vom Feudalismus propagiert. Allerdings erfährt er in diesem Punkt kaum Unterstützung von seiten des Katholizismus. In mancherlei Hinsicht vereitelt die Kirche die obenerwähnte Praxis, denn die Gepflogenheiten des Christentums standen im Widerspruch zu derartiger Herzlichkeit und gar Zärtlichkeit. Lediglich indirekt wurde die der Kirche konträre Haltung bestärkt, und das geschah, indem man etwas Besonderes hervorhob, etwas, was als Bedingung für die wahre Liebe und Zuneigung unerläßlich erschien – die Reinheit des Lebens. In allen anderen Punkten bildete Ritterlichkeit einen scharfen Kontrast zum katholischen Denken, das sich als so schmucklos und bar jedes Interesses an Gemeinschaft erwies, daß es schon deshalb die Ehe tolerieren mußte. Den Eheleuten wurde allerdings Schwäche nachgesagt, und so etwas ist riskant in bezug auf die eigene Erlösung.

So ist es dem Positivismus als einem umfassenden System, in dem eine ehrbare Praxis mit einer ehrbaren Theorie Hand in Hand geht, vorbehalten, der Verehrung der Frau zur vollen Blüte zu verhelfen. In der neuen Religion gelten Herzlichkeit und Zärtlichkeit als die weiblichen Eigenschaften vor allen anderen.

Der Positivismus ist es, der – entsprechend der Tendenz dieses Kapitels – die Grundlagen für eine Frauenverehrung sowohl im öffentlichen Leben als auch in der Privatsphäre liefert. Er schafft eine intellektuelle sowie eine moralisch-ethische Basis und regt auf diese Weise eine systematische Auseinandersetzung an. Die Frau wird geboren, um zu lieben und geliebt zu werden, frei von aller Last, die das praktische Leben mit sich bringt, frei in der heiligen Zurückgezogenheit ihres Heimes. So möchten ihr die

Positivisten den Tribut zollen, den sie verdient. Sie möchten ihr tiefe und wahrhaftige Bewunderung zuteil werden lassen, eine Bewunderung, die ihr Leben erfüllt und neue Gefühle in ihr weckt. Sie werden keinerlei Skrupel empfinden, sollten sie ihre Rolle als Priesterin der Menschlichkeit akzeptieren. Sie werden die Ritterlichkeit einer rachsüchtigen Gottheit nicht länger fürchten. Von Kindheit an wird jeder von uns belehrt werden, ihr Geschlecht als die Hauptquelle menschlichen Glücks anzusehen, als die Quelle unserer Vervollkommnung im öffentlichen und privaten Leben.

Die Schätze der Zuneigung, die unsere Vorfahren für mystische Zwecke verwandten und die eine revolutionäre Epoche wie die unsere ignoriert, werden dann mit Vorsicht behandelt und bewahrt, um sie zu ihrem eigentlichen Ziel zu leiten. Trügerische Glaubensvorstellungen werden ihren Einfluß verloren haben. Und die Menschen – mit all ihrer Kraft und Energie vermeintliche Herrscher der uns vertrauten Welt – werden es nun als höchstes Glück empfinden, sich dankbar der gütigen Macht weiblichen Mitgefühls zu unterstellen. Mit einem Wort, die Männer werden in jenen Tagen vor den Frauen auf die Knie fallen, und nur vor ihnen werden sie niederknien.

Die Quelle, der dieses Gefühl der Ehrfurcht vor dem mitfühlenden Geschlecht entspringt, ist die Anerkennung des anderen Geschlechts als dem besonders gütigen. Es ist eine tiefe Dankbarkeit diesem gegenüber. Niemals wird der Positivist jene moralische Vollkommenheit vergessen, die wichtigste Voraussetzung für das Glück der Gesellschaft und des Individuums. Dieses Glück ist vor allem anderen auf den Einfluß der Frau auf den Mann zurückzuführen, zunächst der Mutter, dann der Ehefrau. Eine solche Überzeugung kann nichts als liebevolle Verehrung derer hervorbringen, von deren gesellschaftlicher Position niemals eine Gefahr für ihn ausgehen wird. Sollte die Mission der Frau je richtig verstanden und erfüllt werden, dann wird der Mann sie als die vollkommene Verkörperung der Humanität anerkennen.

10. Der weibliche Messias in der Theologie der Quäker

Die erste oder natürliche Schöpfung entspricht dem Text des Spirituals: »*der erste Mensch Adam, Gestalt aus der Erde*« *des zweiten Menschen oder des letzten Adam, »des Herrn des Himmels«.*

Denn der erste Adam war nicht »fertig«; der natürlichen Zeugungsordnung nach war er nicht vollkommen ohne Eva, der ersten Mutter des Menschengeschlechts und der Kinder dieser Welt. Weder der erste noch der zweite Adam konnte der geistigen Zeugungsordnung nach vollkommen sein ohne die zweite Eva, die natürlich in der weiblichen Linie als die »von den Toten zuerste Erschaffene« offenbart und erste Mutter der Erlösten, der Kinder des versprochenen Königreichs würde.

Es steht geschrieben: »Während sie in Adam alle sterben, so werden sie doch in Christus alle lebendig gemacht.« Wie sollen sie *jedoch* in Christus alle lebendig gemacht werden? War es nicht der Ungehorsam der ersten Frau, *Eva,* der bewirkte, daß wir alle im ersten Adam sterben? Sicherlich war es so. Und gleichermaßen werden alle durch den Ungehorsam der ersten Frau im Erlösungswerk *Christi*, durch den zweiten Adam, lebendig gemacht werden.

Denn der erste Adam und die erste Eva mitsamt ihrer Nachkommenschaft waren *ein Fleisch;* und »die nach dem Fleisch leben, werden sterben«. Dennoch sind Christus, der zweite Adam, und die zweite Eva *ein Geist;* und diejenigen, die – durch den Geist – die Lüste des Fleisches abtöten, werden leben; und die da leben, werden niemals sterben, denn vom Geist sind sie geboren, von geistigen Eltern, einem geistigen Vater und einer geistigen Mutter.

Die Frau war es, die das göttliche Gebot als erste übertrat, doch steht der Mann ihr in der Schuld nicht nach, wenn er nicht gar noch größere Schuld auf sich geladen hat, er, dem als Werkzeug Gottes eine noch größere Festigkeit verliehen worden war. Außerdem entspräche es nicht dem Wesen der Ewigen Weisheit, wenn die Tochter der Erde, ein Wesen, nach ihrem Bilde erschaffen und zu einem Leben auf der Erde bestimmt, Ruhm Gottes und Vollendung all seiner Werke, sich aufgrund eines einmaligen Ungehorsams selbst und mit sich ihre gesamte Nachkommenschaft ins Unglück stürzte.

Und doch sollte es so sein, daß ihr Herr und Schöpfer sich wegen dieser *einmaligen Tat* von ihr lossagte, sie vergaß und sie auf diese Weise daran hinderte, irgendeinen aktiven Part beim Erlösungswerk zu übernehmen. Wir behaupten, daß ein solcher Fall eine völlige Inkonsequenz bedeutete. Er ließe sich auch mit dem Wesen des Ewigen Vaters und seiner Heiligen Weisheit nicht in Einklang bringen.

Aber ein solcher Fall ist nicht eingetreten: Gott versprach, daß die Frau bei der *allumfassenden Wiederherstellung* den ihr in der Schöpfungsordnung zugedachten Platz einnehmen solle. Und das bedeutet für sie, die erste Mutter in der neuen Schöpfung zu sein, Braut des Erlösers und Mitarbeiterin an seinem Werk der Erlösung des Menschen. Somit nimmt sie nun den Platz ein, den Gott ihr zugedacht hat.

Nichtsdestoweniger entspricht es der Wahrheit, daß der von Stolz erfüllte und gefallene Mensch (Mann), dessen einziges Interesse der Fleischeslust gilt und der von nichts anderem als selbstgesteckten und daher nichtigen Zielen und Plänen erfüllt ist, die Frau verehrt, ja sogar anbetet. Er gesteht ihr einen höheren Rang zu als sich selbst, läßt sie aber nicht aktiv am Erlösungswerk teilhaben. Das ist die Inkonsequenz des gefallenen Menschen.

In diesem Sinne wurde er erzogen, in diesen Ansichten immer wieder bestärkt. Eine verkehrte Religion lehrte ihn, die inspirierten prophetischen Schriften zu mißbrauchen, Schriften zu verkehren, die sich in besonderer Weise und mit ausgesprochener Emphase an die Frauen wenden, die sich auf ihr Schicksal und ihren Standort in der neuen Schöpfung beziehen. Sie verkehren diese Schriften, indem sie sämtliche Prophetien einer männlichen Schöpfungsordnung entsprechend auf einen männlichen Christus beziehen. Die völlige Diskriminierung der Frau! Oder aber man nimmt eine Mischung von Männlich und Weiblich vor — ebenso Diskriminierung der Frau — und nennt dieses Gemisch »die Kirche«.

Das allererste Versprechen Gottes, die Menschheit von den Auswirkungen des Sündenfalls zu befreien, war die Zusage, dieses Werk durch die Frau zu vollbringen: *»Sie und ihre Nachkommen sollen den Kopf der Schlange zertreten.«* Doch, so einfach und deutlich das Versprechen auch ist, Wortlaut und Inhalt dieser Zusage wurden von »blinden Führern« dahingehend verkehrt, daß sie sie auf »Christus« als den *Nachkommen der Frau* bezogen.

Wie aber kann Christus »Nachkomme der Frau« sein? Welcher Frau Nachkomme war er? War er Nachkomme Marias, der Jesusmutter? Das ist unmöglich. Doch Jesus wurde aus dem gefallenen Menschen erschaffen, d. h. nach seiner Natur; aus dem Samen Abrahams wurde er durch seine übernatürliche Mutter Maria erschaffen zu dem Zwecke, daß er durch die in ihm offenbare Kraft Christi das Wesen der Schlange kreuzigen und töten könnte. Die Schlange wurde durch ihn ans Kreuz genagelt, und so eröffnete er den Weg der Erlösung von *»Sünde und Tod«* sowie vom *»Fluch des Gesetzes«.*

Und der Herr sprach zur Schlange: »Ich will Feindschaft setzen zwischen dir und dem Weibe und zwischen deinem Nachkommen (und ihrem Nachkommen); der soll dir den Kopf zertreten, und du wirst ihn in die Ferse stechen.«

Es mögen jedoch Welten vergehen, bevor alle Zusagen Gottes erfüllt werden. Dennoch vergeht seine Treue nicht. Viertausend Jahre waren dahingegangen, bevor der Messias erschien — und doch erschien er, wie vorausgesagt, und vollendete das Werk, das der Vater ihm vorläufig übergeben hatte.

Und auf ähnliche Weise waren Tausende von Jahren dahingegangen, bevor das Versprechen im Garten Eden erfolgte, das Versprechen, das die *Frau* betraf; und der versprochene Erlöser war gekommen und war wieder fortgegangen von allen Sterblichen, als sich Jesus Christus dem von ihm geliebten Johannes offenbarte und ihm in einer Vision das ganz besondere Wesen der *»Frau und ihrer Nachkommen«* enthüllte, an die die Zusage ergangen war.

Sichtbar wurde »ein Weib, mit der Sonne bekleidet, und der Mond unter ihren Füßen und auf ihrem Haupt eine Krone von zwölf Sternen. Und sie war schwanger und schrie in Kindesnöten und hatte große Qual bei der Geburt.« Diese Vision zeigte die Heilige Weisheit, die Ewige Mutter, die das »Menschenkind« hervorbrachte, Christus, der als erster erschien in der männlichen Schöpfungsordnung und den der Drache zu verschlingen suchte. Der Drache verkörperte jenen *»Geist der Verfolgung«*, der mit Herodes' Suche nach *dem Kind* begann und sich mit zunehmender Gewaltanwendung fortsetzte – so lange, bis er die Urkirche zu Boden geworfen hatte. Und dann ward dieser Christus-Geist von der abtrünnigen Kirche hinweggenommen und wohnte wieder bei *Gott und seinem Thron*, außer Reichweite der Schlange und bereit, zu gegebener Zeit ein zweites Mal in Erscheinung zu treten, und das in und mit seiner Braut.

Danach kam es zum Krieg im Himmel – Michael und seine Engel stritten wider den Drachen und dessen Engel, warfen sie hinaus und vertrieben sie aus den Regionen, da Christus sein Königtum errichtet hatte, in die Welt der Geister. Darauf brachte die Ewige Mutter ihr Ebenbild und ihren Repräsentanten hervor, den mütterlichen Geist Christi; es trug ihn jene Frau, der »die zwei Flügel des großen Adlers verliehen wurden, auf daß sie vor dem Angesicht der Schlange zu fliehen vermochte und an den Platz gelangte, der der ihre war«.

Dies ist die Frau, die *Tochter*, der Ewigen Mutter ähnlich, gleichwie der Sohn dem Ewigen Vater ähnlich war. Und als diese *Tochter* nun zur Mutter der neuen Schöpfung geworden, aus dem Machtbereich der Schlange geflohen war, wurde sie so lange an ihrem Platz, der Öde und Wüste war, *genährt*, bis die Zeit ihrer Offenbarung gekommen war.

»Und zu der Zeit schuf Gott den Menschen, zum Bilde Gottes, ihm gleich; als Mann und Weib schuf er sie; und er nannte sie Adam.« Wie könnte man es deutlicher ausdrücken, daß *Mann* und *Frau eins* sind! – daß sie *der Natur und dem Wesen nach eins* sind? Wie könnte man es deutlicher ausdrücken, daß der Mann nicht ohne die Frau existieren konnte und es konsequenterweise auch nicht tat?

Weil von daher der erste Adam ein Bild Christi, des zweiten Adam, war, ist zu fragen, wie konnte es anders sein, als daß Christus, der zweite Adam, ebenfalls innerhalb einer männlichen und weiblichen Schöpfungsordnung offenbar wurde?

Wenn durchgängig zu belegen wäre, auf welche Weise Adam sowohl hätte Kinder *zeugen* als auch hervorbringen können und die Erde auch *ohne Eva* hätte bevölkern können − vielleicht bereits bevor die Frau ihren Platz als *»Mutter aller Lebenden«* in der Schöpfungsordnung einnahm −, eben dann könnte durchaus belegt werden, wie Christus, der zweite Adam, auch *ohne Frau* eine geistige Nachkommenschaft sowohl *erzeugen* als auch *hervorbringen* konnte, um *»den neuen Himmel und die neue Erde«* durch die sogenannte *zweite Geburt* zu bevölkern. Aber genau dies wird niemals belegt werden können.

[Mutter Ann Lee − laut Voraussage der Schrift − der Weibliche Christus ...]

»Höre, Tochter, halte inne und neige dein Ohr zu mir; vergiß die Deinen und deines Vaters Haus; so wird es den König besonders nach deiner Schönheit verlangen; denn er ist dein Herr; und du, verehr ihn ... Des Königs Tochter ist voll des Ruhmes; golden ist ihre Kleidung. In einem handgearbeiteten Gewand soll sie zum König gebracht werden; die Jungfrauen ihrer Gefährten sollen ihr folgen, sollen zum König gebracht werden. Voller Freude sollen sie zu ihm gebracht werden: In den königlichen Palast sollen sie eintreten. Nicht mehr deines Vaters, sondern deine Kinder sollen sie sein, und du magst sie zu Herrschern dieser Erde machen.«

Soweit die Worte der Prophetie, Worte des Geistes Gottes − mit Bezug auf jene besondere Person, die wir »Mutter« nennen. In ihr und ihrer geistigen Nachkommenschaft dieser Tage wurden sie und werden sie erfüllt. Im Gehorsam gegenüber der Offenbarung und dem Willen Gottes und in Liebe zum Herrn, ihrem Erlöser, den sie verehrt und dem sie diente, vergaß sie die Ihren und ihres Vaters Haus. Auch verließ sie das Land der Unterdrückung, floh in wüstes Land, das Land der Freiheit, wohin der Herr sie führte.

Hier sehen wir die Erfüllung der göttlichen Zusage, des Versprechens an seine Kirche und sein Volk der Endzeit. Gott erfüllte sein Versprechen durch sie: »*Siehe, ich will sie locken und in die Wüste führen und tröstende Worte zu ihr sprechen. Und ich will ihr Weinberge schenken und das Tal von Achor* [das Sündenbekenntnis] »*als Tor zur Hoffnung; und sie soll singen wie in ihrer Jugend.*«

Treu blieb sie und nahm Mühsal auf sich; sie trug das Kreuz und sagte dem Leben ab; Verfolgungen litt sie und Mangel, Gefängnis ertrug sie – und das alles, um Christus zu bezeugen gegen das verborgene Wirken und alle Abscheulichkeiten des gefallenen Menschen. Und durch ihre Sorgen und das Leiden ihrer Seele, ihre unaufhörlichen Tränen und Schreie zu Gott wurde sie *dem Herrn* ein geheiligtes und »*erwähltes Werkzeug*«, um von nun an »*sein Werk*« zu »*tun, sein ungewöhnliches Werk*«, auf daß in ihr das göttliche Wort des Propheten Jeremia vollendet würde: »*Der Herr hat Neues auf der Erde erschaffen; ein Weib soll einen Mann vollenden.*«

Durch das Tal der Demütigung und Leiden wurde sie geführt; im Feuer der Pein wurde sie versucht – so lange, bis ihre Seele gereinigt ward. Auf diese Weise vorbereitet, wurde sie zum rechten Tabernakel; sie wurde zum Tempel Gottes, zur Wohnung der »eingeborenen« Tochter der Höchsten, der ehrlichen und ergebenen Zeugin und zur wahren »Repräsentantin der Ewigen Mutter«.

Fortan ward sie mit der Macht und den Gaben Gottes erfüllt, mit der Liebe, mit den Gaben der Propheten – mit Weisheit und der Furcht des Herrn –, mit der Gabe, die Geister zu unterscheiden, Reue zu empfinden und Gottes Sinnen, seinen Willen zu erkennen.

11. Ich schreie nach Johanna, meiner ewigen Mutter

Johanna
auf der anderen Seite
hinter der verschlossenen Tür
meine Mutter – unerreichbar –

du hast meine Karte
beschrieben von einem Mann
im Auftrag himmlischer Ärzte
die auf ewig anordnen
wann ich geboren werden kann.

Sie warfen mich
in diese weiße Zelle
nackt
unter sterilen Tüchern

Ich schreie nach
Johanna,
meiner ewigen Mutter,
ich kann nicht warten im Dunkel der Gebärmutter,
terrorisiert,
während ich an stählernen Knöpfen drehe, rüttele wütend, wild,
um doch geboren zu werden

Ich schreie noch einmal
Johanna!

Als sie kommt
vermag ich lediglich ihre Augen zu sehen
ein jedes der Form nach
ein Sechseck aus Draht
weit aufgerissen zwischen gläsernen Fenstern

»Johanna,
Wer ist meine ewige Mutter?
Geh, finde sie
Besorge den Schlüssel!«

Johanna kniet
wie zum Gebet
flüstert aber lediglich durch das Schloß
    »Ewige Mutter?

Sie hat nur Augen
keinen Körper
kein Körper
Keiner
in dieser androzentrischen Welt
in der Türen Bastionen
der Schlüssel ein Phallus
das, was er aufschließt,
Bastard-Reiche sind.«

12. Wenn nicht noch ein weiblicher Christus kommt, werden wir sterben

Wir sitzen der Bombe im Weg
nukleare Nutzlosigkeit
warten
stricken wie wild
Sprengköpfe mit Maschen zu umgarnen

nähren unsere Babys
mit Muttermilch

kämpfen gegen die Pilzplage

beobachten

schauen zu den Hügeln

Das ganz Besondere unserer Agonie ist
wir wissen wir werden sterben
wenn nicht
ein weiblicher Christus hervorkommt
(wie ein Kaninchen aus einem Hut)

zwischen brüstigen Bergen
und sanft
o so sehr zärtlich
jene noch gebundenen Sprengköpfe streichelt

sie ganz besonders liebt
bis roter Zorn – in ihnen verpackt –
sich langsam auf
den aufgesperrten Mund der grünen Erde zubewegt
und seine Saat ausstreut
in den heilenden Boden.

Heiter und graziös erhebt sie sich aus den Wassern der Geburt und Wiedergeburt, assistiert von ministrierenden Frauen.

Die Geburt der Aphrodite. Griechisches Marmorrelief aus dem 5. Jh. v. Chr., Museo Nazionale delle Terme, Rom.

VII. | Buße, Umkehr und Heiligung

Buße und Umkehr sind Begriffe, deren Definition bereits von Natur aus relativ ist. Was Umkehr bedeutet, hängt sicherlich davon ab, wie man jeweils das Übel, die schwachen Stellen des Menschen, definiert hat. Von daher zielt »Umkehr« auf ein Ideal, auf ein Korrektiv dessen, was als Übel oder − gelinde ausgedrückt − weniger gut definiert wurde und wird. »Umkehr« − in unterschiedlichen Konzeptionen thematisiert − gewinnt ihre eigentliche Gestalt durch das ihr zugrundeliegende Menschenbild. Vorausgesetzt wird die Beantwortung der Frage nach den menschlichen Möglichkeiten und Fähigkeiten. Inwieweit sind wir überhaupt in der Lage, einem negativen Ist-Zustand zu trotzen und das gute zu wählen? Hinzu kommen Überlegungen zum göttlichen Eingreifen in Form uns gegebener Maßstäbe für das, was »richtig« ist − Gott als der, der uns aus dem gegenwärtigen Zustand errettet und das Heil wirkt? In der Geschichte der Christenheit galt eine Dominanz der Sexualität über weite Strecken als Zeichen des gefallenen Menschen; und das hieß, die Seele hat sich von der ihr eigenen Welt entfremdet und ist der Welt der Materie verfallen. Und sie mußte »umkehren«, was nichts anderes hieß, als die sexuelle Begierde zu überwinden. Heute sieht das anders aus: Entfremdung von der uns eigenen Sexualität sollte eher ein Indikator dafür sein, daß etwas nicht stimmt. Deshalb sind wir dabei, die unterschiedlichsten Therapieformen zu entwickeln − Angebote, um Menschen Hilfestellung zu leisten bei der »Umkehr« zum ganzheitlichen Menschsein: »Umkehr« also als Integration von Sexualität und eigenem Selbst.

Auf ähnliche Weise galt die Unterordnung der Frau in der Geschichte der Christenheit weitgehend als Gottes Wille. Und so bedeutete Umkehr für sie entsprechend die Überwindung eines widerspenstigen Verhaltens. Eine Frau hatte sich nicht aufzulehnen, sondern ihre Unterordnung unter die Autorität in Form von Kirche und Gesellschaft zu akzeptieren. Heute erkennt eine feministische Theologie gerade darin schlichtweg eine Sünde gegenüber den Frauen, deren Menschlichkeit völlig außer acht blieb. Deshalb wird von weiblichen Umkehrerfahrungen heute jegliche männliche Dominanz zurückgewiesen.

»Umkehr« ist ein Begriff, der für die Frau stets ambivalent gewesen ist. Obwohl man die Frauen lehrte, sich die Forderung nach Unterordnung unter männliche Autorität und Herrschaft zu eigen zu machen — schließlich war es Gottes Wille und somit Ausdruck ihres Gehorsams gegenüber Gott —, erlebten viele Frauen »Umkehr« in Wirklichkeit ganz anders. »Umkehr« »funktionierte« tatsächlich so, daß sie die Befreiung von gesellschaftlicher Unterdrückung erfuhren, und das eben dann, wenn sie allein Gott oder Christus Gehorsam geleistet hatten. Viele solcher klassischen Texte über Umkehrerfahrungen von Frauen bieten ebendiese Mischung zweier gegensätzlicher Tendenzen.

Dieses Kapitel liefert ein breites Spektrum von Texten zum Thema »Umkehr« im Alten und Neuen Testament bis hin zur zeitgenössischen feministischen Theologie — Bereiche mit unterschiedlichen Wünschen und Vorstellungen; und alle bemühen sich um ein Verständnis des Begriffs »Umkehr«. Eröffnet wird das Kapitel durch einen kurzen Text aus dem Buch Jona, das uns die jüdische Perspektive zur »Umkehr« vermittelt. Jona wird in die große Stadt Ninive gesandt, die Hauptstadt des Assyrischen Reiches, eine Stadt, die für den strenggläubigen Juden das Sündenpfuhl dieser Welt symbolisiert. Jona erhält den Auftrag, den Einwohnern von Ninive die Strafe Gottes anzukündigen, die dann vollzogen werde, wenn sie keinerlei Reue zeigten. Und Jona versucht davonzulaufen. Er möchte nicht, daß Ninive gerettet wird. Doch wird er nach Bestehen zahlreicher Abenteuer zur Erfüllung seiner Mission gezwungen. Und zu seinem großen Kummer bereuen alle Einwohner Ninives ihre Sünden — alle, von den höchsten bis zu den geringsten. Sie fordern eine öffentliche Fastenzeit, kleiden sich in Sack und Asche. Als Gott ihr reumütiges Verhalten gewahr wird, bereut er seine Pläne und verschont Ninive.

Welche Botschaft läßt sich nun diesem Text entnehmen? Die Erzählung von der Reue Ninives dient der Verulkung des jüdischen Partikularismus, der die Überzeugung vertrat, Gott sei allein an der Errettung der Juden interessiert. Allein aus diesem Grunde wird die Umkehr Ninives auf wunderbare Weise geschildert. Der Verfasser legt Wert darauf, daß sich Gottes Interesse auf alle Völker bezieht. Vor seinem Zorn oder seiner Gnade sind sie alle gleich. Allerdings dürfen wir dem Verfasser andererseits einige Behauptungen zuschreiben: So wird Schuld z. B. als Kollektivschuld verstanden. Obgleich Sünde als Vielzahl von Sünden die unterschiedlichen Arten von Zügellosigkeit einschließt, liegt hier die Auffassung eines kollektiven Vergehens zugrunde. Ninive ist die sündige Stadt, denn sie wird von Korruption regiert. Das Unrecht hat die Oberhand, und ein ausschweifender Lebenswandel beherrscht die Szene. In Ninive lassen sich die Sünden des einzelnen (im sexuellen Bereich) nicht von den Sünden der Öffentlichkeit (Ungerechtigkeit) trennen.

Von daher gibt es auch keine individuelle Reue, sondern allein die kollektive Reue der gesamten Stadtbevölkerung. Ganz Ninive — vom König bis zu den Tieren (!) — stellt die Szenerie dar, wenn es darum geht, den Lebensstil zu ändern. Auch die Bestrafung der Sünden muß auf diesem Hintergrund betrachtet werden. Sie wird an dem Kollektiv vollzogen und erlangt somit historische Bedeutsamkeit. Der Zorn Gottes nimmt häufig die Gestalt eines Unglücks von größerem Umfang an (Niederlage im Krieg, Seuche, Dürre). Zerstört wird nicht allein der einzelne, sondern die gesamte Stadt. Ein Unglück der obenerwähnten Art und des entsprechenden Ausmaßes wird auf den Zorn Gottes über vergangene Sünden zurückgeführt. Zeigt sich der Mensch jedoch reumütig, kann seine Reue eventuell bewirken, daß Gott seine Meinung ändert. Reue kann ihn »umstimmen« und ihn an seiner Absicht, die Stadt zu zerstören, hindern. Man geht davon aus, daß der Mensch durchaus in der Lage ist, sich für eine andere Lebensweise zu entscheiden, eine Lebensweise, wie sie Gott wohlgefällig ist. Voraussetzungen dieser Art weichen allerdings sehr von der mit großer Selbstverständlichkeit vertretenen Sündenlehre des Christentums ab.

Der zweite Text — ein Auszug aus dem Matthäusevangelium — ist deshalb von Bedeutung, weil er sowohl ein Symbol enthält, das Grundlage sowohl der Predigt Johannes' des Täufers als auch der Verkündigung Jesu gewesen sein muß: »Kehrt um, denn das Himmelreich ist nahe herbeigekommen.« Eine solche Botschaft kann nicht losgelöst von ihrem Kontext verstanden werden; und dieser Kontext ist die jüdische Apokalyptik. Man ist überzeugt, in der Endzeit zu leben: Die letzten Tage dieses Äons sind angebrochen. Gott ist im Begriff, in den Ablauf einzugreifen, indem er zum Richter wird und die Gerechten von den Ungerechten scheidet. So bietet der Prophet den Menschen eine letzte Chance, ihre Lebensweise zu ändern, bevor ebendiese große Trennung stattfindet, bei der die Spreu vom Weizen geschieden wird. Der Text steckt jedoch voller Widersprüche, die dadurch zustande gekommen sind, daß später Christen ihre Sichtweise dieses früheren jüdisch-apokalypotischen Kontextes in ihn hineininterpretiert haben.

Johannes der Täufer repräsentiert ein jüdisch-apokalyptisches Sektierertum. Alle Juden, selbst die Vorsteher von Tempel und Synagoge, so glaubte man, waren abgefallen und wurden nun den Heiden zugerechnet. Aus diesem Grunde wird die Proselytentaufe, die die Pharisäer gewöhnlich den Heiden anboten, nun den Juden als Zeichen der Umkehr angeboten[1]. Doch glaubten die Pharisäer nicht an eine solche Taufe der Juden. Von daher ergibt es wohl wenig

1. Vgl. *C. Kraeling:* John the Baptist, New York 1951.

Sinn, daß sie hinausgingen, um die Taufe zu empfangen[2]. Darüber hinaus wird von seiten des Täufers Polemik gegen sie betrieben: Schließlich sind sie der Ansicht, bereits aufgrund ihrer Geburt Abrahams Kinder zu sein und von daher einer solchen nicht zu bedürfen, die offensichtlich Voraussetzung dafür sein soll, in die Gemeinschaft der Auserwählten Gottes aufgenommen zu werden. Hingegen glaubt Johannes der Täufer (und mit ihm die Christenheit) an eine geistliche Gemeinschaft der Erwählten (das zukünftige Israel), in die der Eintritt allein aufgrund von Taufe und Umkehr ermöglicht wird.

Der Messias, den der Täufer als den ankündigt, der nach ihm komme, ist der apokalyptische Messias des Jüngsten Gerichts[3]. Die christliche Gemeinde aber habe die Botschaft des Täufers mit ihrer eigenen Annahme interpretiert, Jesus sei der von Johannes angekündigte Messias. Und sie schildert Jesus, wie er hinausgeht zu Johannes und sich von ihm taufen läßt. So hätte es sich allerdings nur unter der Voraussetzung ereignen können, daß Jesus Johannes' sektiererisches Gedankengut akzeptiert hätte. Ja, er hätte auch akzeptieren müssen, daß er als Jude trotzdem heidnisch und somit ein sündiger Mensch sei und der Taufe bedürfe, um in die Gemeinschaft der Auserwählten aufgenommen zu werden. Matthäus und seine Gemeinde aber glauben, daß Jesus der Messias und deshalb ohne Sünde ist. So gestalten sie einen − eher bedeutungslosen − Dialog zwischen Johannes und Jesus, in dem wir aus dem Munde des Johannes erfahren, die Taufe sei nicht notwendig, und Jesus sich »um der Gerechtigkeit willen« trotzdem danach erkundigt.

Es ist davon auszugehen, daß die sektiererische jüdische

---

2. Vgl. *L. Finkelstein:* The Institution of Baptism for Proselytes, in: Journal of Biblical Literature 52 (1933), S. 203−211; vgl. *H. H. Rowley:* Jewish Proselyte Baptism, in: Hebrew Union College Annual 15 (1940). S. 313−334.

3. Vgl. *Morton Scott Enslin:* Christian Beginnings, New York 1938, S. 149−153.

Gemeinschaft der Meinung war, daß Umkehr eine Veränderung des Lebensstils zur Folge hat und einen sehr strengen moralischen Lebenswandel nach sich ziehe, wie ihn eine rigorose Torafrömmigkeit forderte. Die christliche Gemeinde teilte einen solchen Glauben nicht: Gott durch eine strenge Einhaltung des Gesetzes zu besänftigen scheint den Christen unmöglich. Allein der »Glaube« an Jesus als den Messias vermag derartiges. Was aber mit der Umkehr oder der Reue genau gemeint ist, bleibt auch hier letztlich unklar. Was bleibt, ist die Feststellung: Während der Textausschnitt zwar den Schlüssel zum Verständnis der jesuanischen wie johanneischen Verkündigung an Israel liefert, offenbaren die darin ebenso enthaltenen Wiedersprüche einen Übergang von einer Gestalt jüdisch-apokalyptischen Daseins zu einer anderen, die sich im Text aus dem Brief des Paulus an die Römer wiederfindet.

Die Passage aus dem Paulusbrief bietet eine Zusammenfassung des klassisch paulinischen Taufverständnisses. Taufe bedeutet geistliche Teilhabe an Kreuzigung und Auferstehung Christi. Mit Hilfe dieser Partizipation am Heilsgeschehen legen wir den »alten Menschen« ab, den von Adam ererbten, und ziehen den neuen an, der sich vom eschatologischen »Neuen Sein« des auferstandenen Christus herleitet. Eine solche Theologie der Umkehr macht den Bruch mit dem Judentum deutlich. Zunächst einmal gehen ihre Vertreter davon aus, daß die »Äonenwende«, die Wende von der alten, gefallenen und historisch bedeutsamen Schöpfung zur neuen messianischen Welt des ewigen Lebens, bereits stattgefunden habe, und zwar auf einer geistlichen Ebene, d. h., auf körperlich-stoffliche Art und Weise ist die Wandlung noch nicht manifest. Also hat sich auch historisch noch nichts verändert. Ein solcher Riß, ja bereits ein Bruch im Sinne des Judentums, war dort nicht vorstellbar. Ein rein geistlicher Beginn eines messianischen Seins, losgelöst von äußeren Veränderungen — undenkbar für die Juden! Solange die Herrschaft dieser Welt — mit all ihren Systemen von Unrecht und Unterdrückung — nicht auch historisch

überwunden ist, kann nicht vom Beginn eines messianischen Zeitalters die Rede sein. Aufgrund der Aufspaltung in
eine latente, nur für den inneren Menschen sichtbare
Ankunft des Messias einerseits und den äußeren Wandel der
Verhältnisse andererseits ist es der Christenheit möglich,
Umkehr zu spiritualisieren. Man vermag den Begriff − und
den Sachverhalt − von geschichtlichen Veränderungen und
der Ethik einer Gesellschaft zu lösen.

Zweitens glaubt Paulus, daß ein grundlegender Wandel des
eigenen Lebens in moralisch-ethischer Hinsicht, der geeig-
net ist, den Menschen Gott wohlgefällig zu machen, aufgrund der eigenen − von Adam ererbten − Natur nicht
möglich ist. Wir müssen vielmehr die Natur Adams ablegen;
wir bedürfen einer neuen eschatologischen Natur, die sich
vom auferstandenen Christus herleitet und uns ganz durchdringt, um uns Gott wohlgefällig zu machen. Diese neue
Natur läßt sich nicht durch Taten eines freien Willens verdie-
nen, sondern wird uns aus reiner Gnade geschenkt. Allein
ein neugeborener Mensch vermag aufgrund der neuen
eschatologischen Natur wirklich gute Taten zu vollbringen.

Paulus fordert nach wie vor gute Werke im Sinne einer
herkömmlichen Moral. Doch diese gelten nun als Ausdruck
der in Christus wiedergeborenen Natur und nicht mehr als
Taten einer Menschheit in Adam. Die Tora verkörpert für
Paulus nicht den Weg zum rechten Handeln, den wir
beschreiten sollten, sondern sie ist die Offenbarung der
Sünde, da sie gute Werke fordert, die wir als gefallene
Schöpfung unmöglich vollbringen können. Die Ansichten
des Paulus stehen offensichtlich im Widerspruch zu den
Überzeugungen des Judentums, dem die Tora als Offenbarung dessen galt, was der Mensch vermag, nämlich den Weg
zur Erlösung zu beschreiten − und das auf der Grundlage
seiner gegenwärtigen Natur.

Mit Paulus teilten die Gnostiker die Ansicht eines radikalen
Bruchs zwischen unserer eschatologischen und materiell-
historischen Natur. Eine gewisse Konsistenz verliehen sie
der Seele, indem sie den göttlichen Ursprung unserer

gegenwärtigen stofflichen Natur bestritten. Der »Geist« war für die Gnostiker der transzendente oder göttliche Teil der Seele mit Ursprung im Himmel. Alles Materielle aber war nicht wirklich göttlichen Ursprungs, sondern existierte für sie nur aufgrund eines Falles, der zu einem antigöttlichen Chaos geführt hatte, das wiederum einen gefallenen Kosmos bewirkte, und das durch die Macht falscher Götter. Das geistliche Element der Seele ist ein Funken aus der göttlichen Welt über uns, einer Welt, die in die Dunkelheit hinabgesunken ist, ihre wahre Natur und ihre Heimat, den Himmel, vergessen hat. Sie ist erwacht, damit sie von der Erde fliehen und ihre Reise in den Himmel antreten kann. Im »Hymnus der Perle«, hier in Auszügen abgedruckt, haben wir es mit einer allegorischen Darbietung aus gnostischer Perspektive zu tun, mit dem Schauspiel vom Fall des Geistes (der Perle) in die Vergessenheit seiner selbst und eine materielle Existenz, vom Wiedererwachen und von der Flucht mit Hilfe einer Offenbarung der himmlischen Eltern[4].

Augustin, der große römische Kirchenlehrer des fünften Jahrhunderts, übertrug die paulinische Theologie mit der Unterscheidung vom alten und neuen Menschen (Adam) in eine psychologische Terminologie. Augustin ist es zu verdanken, daß die paulinische Anthropologie die westliche Kirche maßgeblich bestimmt, ihr Verständnis von Gnade und Umkehr entscheidend beeinflußt hat. Augustin arbeitete diese Theologie auf der Grundlage eigener Erfahrungen weiter aus. Seine *Confessiones* (Bekenntnisse) entstanden auf dem Hintergrund seiner Biographie. Nach Augustin hat der gefallene Mensch seine ursprünglich rationale Kontrolle über die Sinne verloren. Die gefallene Natur Adams hat die Vernunft zerrissen. Und sie wird durch den Geschlechtsakt übertragen, der in einer gefallenen Menschheit nicht ohne Lust vollzogen werden kann. Lust aber ist Sünde. Diese gefallene Natur versklavt uns; sie fesselt uns an Stolz und

---

4. Vgl. *Hans Jonas:* The Gnostic Religion. The Message of the Alien God and the Beginning of Christianity, Boston 1963, S. 153–173.

Begierde (Konkupiszenz). Wir schaffen es nicht aus unserem freien Willen heraus, die Bande zu durchbrechen, sondern bedürfen eines Gnadenaktes, der uns aus unserer Versklavung an unseren Willen befreit und unsere natürliche Selbstliebe in Liebe zu Gott verwandelt.

Der Verzicht auf sexuelle Aktivität und die Hinwendung zu einem Leben der Keuschheit waren auf Augustins eigenem Weg zum Glauben Ausdruck der Umkehr, und das hieß für ihn Abkehr von der Konkupiszenz. Er glaubte, daß er selbst es nicht schaffen könnte, die Bande zu durchbrechen, die ihn an die Begierde fesselten. Nicht ein freier Wille, sondern das transzendente Geschenk der Gnade allein war dazu in der Lage. Dieses Geschenk der Gnade wurde in seinem eigenen Leben offenbar durch die Wandlung in Gestalt eines Prozesses, der seinen Höhepunkt in der Erfahrung der Umkehr erreichte. Eine solche Gnadenerfahrung kann – so Augustin – niemals menschliches Verdienst sein. Gnade kann niemals Produkt von Bemühungen sein, nein, sie ist allein Gabe Gottes. Sie ist die Manifestation eines vor jeder menschlichen Erfahrung vollzogenen Aktes, der göttlichen Gnadenwahl; die erlösende Gnade ergießt sich nur auf wenige unter allen Verdammten. Unter den Erwählten ist Augustin.

In dem abgedruckten Auszug aus seinen *Confessiones* sehen wir, wie sehr Augustin in den letzten entscheidenden Minuten darum ringt, die Anziehungskraft sexueller Lust abzuschütteln, um dann die alles verändernde Gnade zu erfahren, die ihn aus der Knechtschaft des eigenen Wollens befreit und ihn mit der Kraft erfüllt, sich für Gott zu entscheiden und die Keuschheit zu wählen. Für Augustin haben sexuelle Beziehungen etwas Animalisches und stehen wahren Freundschaften zwischen Mann und Frau im Weg, ja machen sie unmöglich. Was Augustin selbst betrifft, so ist – abgesehen von seiner Mutterbindung – keinerlei Freundschaft zu Frauen zu registrieren. In der Praxis fällt der Verzicht auf Sex dennoch zusammen mit dem Verzicht auf die Beziehung zur Frau schlechthin – und das alles um der Beziehung zu Gott willen.

Teresa von Avilas Hauptwerk »Die Seelenburg« ist sozusagen der klassische Ausdruck des katholisch-mystischen Weges zu Christus. Das Werk stellt die verschiedenen Stufen der Reinigung aller Sinne und des Intellekts bis hin zur schließlich stattfindenden Vereinigung mit Christus dar. Die Spanierin Teresa (1515–1582) lebte in einem Land, das zu ihrer Zeit den Höhepunkt politischer wie kultureller Macht erlebte. Intelligent, wie sie war, sprühend vor Vitalität und Lebensgeist, »stürzte« sie sich als Zwanzigjährige in das religiöse Leben der Zeit. Fast zwanzig Jahre lang wurde sie von einem Nervenleiden geplagt. Wahrscheinlich liegt hier eine wesentliche Ursache für ihre kämpferische Natur und Lebensweise[5]. Vierzigjährig erfuhr sie, was Umkehr bedeutet; und ebendiese Erfahrung machte sie in zunehmendem Maße fähig, sich selbst als ein eigenständiges Wesen zu behaupten, die über ihr Stehenden herauszufordern und zur Leiterin und Reformerin des Karmeliterordens, und d. h. unabhängig, zu werden. Die Erfahrung der Umkehr fand ihren Ausdruck in einer spirituell erotischen Beziehung zu Christus. Christus, der ihr Liebhaber wurde, erteilte ihr die Erlaubnis, die Autoritäten in Kirche und Staat herauszufordern.

In ihrem Buch von der *Seelenburg* skizziert sie den Weg, der zur Vereinigung mit Christus führt, für ihre Schwestern. Ihnen ist sie nun Priorin und geistliche Führerin in einem. Mit Hilfe der Brautmetaphorik vermochte Teresa die eigenen intellektuellen wie auch erotischen Interessen auf einen Punkt zu konzentrieren. Es gelang ihr aber auch, etwas zurückzubekommen, und zwar ein Ego, das zum Handeln autorisiert worden war. Obwohl sie sich Christus als männlichen Liebhaber vorstellt, zögert sie andererseits nicht, andere, auch weibliche Bilder zu gebrauchen, wie z. B. das

---

5. Vgl. *Catharine Romano:* A Psychic-Spiritual History of Teresa of Avila. A Womans's Perspective, in: Western Spirituality. Historical Roots, Ecumenical Routes, hg. von Matthew Fox, Notre Dame 1979, S. 274–278.

Bild der Brüste, die, prall gefüllt mit Milch, die gesamte Kommunität auf ihrem Weg zur Vereinigung mit Christus nähren. Aufgrund ihrer mystischen Reise gelang es Teresa, von ihrer Intelligenz Gebrauch zu machen, ihre Energien selbständig zu versprühen. Und so wird sie zur geschätzten »Tochter der Kirche«, die heiliggesprochen und der der Rang eines Doktors der mystischen Theologie zugestanden wurde.

Umkehr als Erfahrung, die das eigene Selbst autorisiert, die in zunehmendem Maße fähig macht, sich aus den Banden patriarchaler Autorität und den ihr von daher gesetzten Grenzen zu befreien, so erlebte es auch Rebecca Jackson (1795–1871). Die Lebensgeschichte der schwarzen Mystikerin, der Evangelistin und Quäkerältesten, spiegelt all das bisher Beschriebene wider: In der hier abgedruckten Passage wird ihre Umkehr geschildert, die 1830 stattfand und mit der sie ihr Tagebuch mystischer Visionen einleitet. Diese Erfahrung von Umkehr führte bei ihr einen Wandel im Gefühlsbereich herbei. Die Angst vor einem strafenden Gott und ihre Selbstverleugnung wandelten sich zunehmend in ein Gefühl der Sicherheit: Aus der ängstlichen Rebecca wurde eine selbstsichere Frau, die sich dem ihr innewohnenden Geist unterordnete; und aufgrund dieses Gehorsams wiederum war es ihr möglich, die Autorität ihres Bruders (eines Kirchenältesten), des Geistlichen der Afrikanischen Methodist Episcopal Church, herauszufordern, der sich ihrer Predigttätigkeit – oder genauer: deren Erfolg – entgegenstellte. Am Ende eines langen Weges, an dessen Ende sie in einer weiblichen Gemeinde ihre Identität gefunden hatte, war sie, Rebecca Jackson, die Kirchenälteste der Quäkergemeinde, der man alles andere als mit Wohlwollen begegnete; denn im Zentrum dieser Gemeinde stand eine weibliche Gottheit (vgl. Kap. I, 6).

Bei den Visionen Rebecca Jacksons handelt es sich um die Geschichte ihrer eigenen Autorisierung, ihrer Entwicklung zur autonomen Persönlichkeit als Frau gegenüber allen gesellschaftlichen Restriktionen. Ein markantes Beispiel einer solchen visionären Autorisierung bildet die bereits in Kap. I erwähnte Gotteserfahrung: Gott rüstete die Analphabetin Rebecca mit der Fähigkeit des Lesens aus. Und das bedeutete, nicht länger an männliche Autoritäten gebunden zu sein. Nein, Freiheit aus dieser so beschämenden Abhängigkeit war angesagt. Rebecca konnte die Flucht antreten — besonders aus der Abhängigkeit ihres Bruders; ihn mußte sie um einen jeden Brief bitten, der zu schreiben war. Lesen und schreiben zu können, das hieß, Grenzen überschreiten zu können. Vor allem anderen aber war sie nun in der Lage — durch die Gabe Gottes —, den Text der Bibel aufzunehmen, und das hieß, die Bibel selbst auszulegen. Rebecca begann zu predigen, ging auf »Tournee«. Und das hieß, erneut den Kampf mit den kirchlichen Autoritäten aufzunehmen — diesmal mit den weiblichen, den weißen Frauen. Rebecca gelang es, als Siegerin aus der Schlacht hervorzugehen. Hinter ihr stand die Quäkergemeinde von Watervliet, New York, deren Anliegen eine eigene weibliche Gemeinschaft der Schwarzen in Philadelphia war.

Den Abschluß des Kapitels bildet ein Text von Nancy Ore aus dem Evangelisch Theologischen Garret-Seminar — sprachlich knapp, aber aussagekräftig: Wir werden mit dem Leben der Verfasserin konfrontiert, einem Leben vierzigjähriger Erfahrung patriarchaler Vorherrschaft, der Erfahrung patriarchaler Strukturen in Familie und Kirche. Umkehr nimmt für sie eine ganz besondere Gestalt an. Nancy Ore erlebt diese als Tod und Auferstehung. Sie erlebt den völligen Zusammenbruch — die totale physische, psychische und geistliche Erschöpfung. Nichts erwartet sie mehr. Sie sieht dem Tod ins Auge. Und dann — ganz plötzlich — die Wende! Auf dramatische Weise wird ihr neues Leben geschenkt. In diesem Leben, das aus dem Tod entsteht, geht sie keine Ehe mit Christus ein. Nein, sie wird selbst zu einem Christus, indem sie am dritten Tage aufersteht und »davonfliegt«, aus allen repressiven Strukturen flüchtet, die zuvor wesentlich an ihrer Identitätsbildung beteiligt waren.

Weiterführende Überlegungen

Soweit eine Auswahl zum Thema! Beim Lesen könnten Sie vielleicht versuchen, das scheinbare »Übel« zu registrieren, eben das, was, wie im folgenden dargelegt, den Ausgangspunkt für jegliche Umkehr bilden muß. Da stellt sich die Frage nach Inhalt und Wesen dieses »Übels« oder auch »Bösen«. Wie denken Sie darüber — das Böse, von dem man zum Guten hin bekehrt werden sollte? Falls Sie nicht an so etwas wie Umkehr oder Bekehrung glauben, wie denken Sie generell über menschliche Entwicklung?

Angenommen, es findet — welcher Art auch immer — ein Prozeß, ein Wandel oder auch eine Entwicklung von einem niedrigen bzw. negativen zu einem höheren, besseren Zustand statt, wie ist es dann zu denken, daß das Selbst bzw. das Ich von diesen negativen Mächten gefangengehalten wird? Wo ist der »Ort« dieser Mächte? Wo »thronen« sie? Im Menschen selbst (im inneren Ich)? In der Gesellschaft?

Was sind das für Prozesse, die so etwas wie Umkehr/Bekehrung und Verwandlung möglich machen? Handelt es sich dabei um Mächte, die außerhalb von Gott existieren, oder könnte die eine Macht intervenieren, die das Ich (in seiner gegenwärtigen Verfassung) notwendig transzendiert, damit überhaupt ein Wandel stattfinden kann? Warum? Diese Frage bleibt offen!

Welcher Art ist schließlich dieser neue Zustand, auf den hin wir uns bewegen oder bewegt werden möchten? D. h. Umkehr, aber wohin letztlich? Gibt es da irgendwelche Charakteristika, die die neue, verwandelte Existenz kennzeichnen? In welcher Weise werden da ehemals vorhandene Probleme gelöst? Ja, werden wir wirklich vor allem Negativen bewahrt? Wie?

Wie sehen Sie eigentlich einen solchen Prozeß, was die Umkehr als Wandel ja nun einmal ist, in Beziehung zur männlichen Identitätsbildung — und das angesichts patriarchaler Strukturen in Kirche und Gesellschaft? Und

— betrachten wir die Kehrseite der Medaille — wie könnte eine solche Erfahrung von Umkehr in Beziehung gesetzt werden zur weiblichen Identitätsbildung — mit Bezug auf patriarchale (oder gegenüber patriarchalen) Strukturen in Religion und Gesellschaft?

1. Jona und Ninives Buße

Und es geschah das Wort des Herrn zum zweitenmal zu Jona:
Mach dich auf, geh in die große Stadt Ninive und predige ihr, was
ich dir sage. Da machte sich Jona auf und ging hin nach Ninive,
wie der Herr gesagt hatte. Ninive aber war eine große Stadt vor
Gott, drei Tagereisen groß. Und als Jona anfing, in die Stadt
hineinzugehen, und eine Tagereise weit gekommen war, predigte
er und sprach: Es sind noch vierzig Tage, so wird Ninive untergehen.
Da glaubten die Leute von Ninive an Gott und ließen ein
Fasten ausrufen und zogen alle, groß und klein, den Sack zur
Buße an. Und als das vor den König von Ninive kam, stand er auf
von seinem Thron und legte seinen Purpur ab und hüllte sich in
den Sack und setzte sich in die Asche und ließ ausrufen und sagen
in Ninive als Befehl des Königs und seiner Gewaltigen: Es sollen
weder Mensch noch Vieh, weder Rinder noch Schafe Nahrung zu
sich nehmen, und man soll sie nicht weiden noch Wasser trinken
lassen; und sie sollen sich in den Sack hüllen, Menschen und
Vieh, und zu Gott rufen mit Macht. Und ein jeder bekehre sich
von seinem bösen Wege und vom Frevel seiner Hände! Wer
weiß? Vielleicht läßt Gott es sich gereuen und wendet sich ab von
seinem grimmigen Zorn, daß wir nicht verderben. Als aber Gott
ihr Tun sah, wie sie sich bekehrten von ihrem bösen Wege, reute
ihn das Übel, das er ihnen angekündigt hatte, und tat's nicht.

2. »Tut Buße, denn das Himmelreich ist nahe herbeigekommen«: Johannes der Täufer und die Taufe Jesu

Zu der Zeit kam Johannes der Täufer und predigte in der Wüste
von Judäa und sprach: Tut Buße, denn das Himmelreich ist nahe
herbeigekommen. Denn dieser ist's, von dem der Prophet Jesaja
gesprochen und gesagt hat (Jesaja 40, 3): »Es ist eine Stimme

eines Predigers in der Wüste: Bereitet dem Herrn den Weg und macht eben seine Steige!« Er aber, Johannes, hatte ein Gewand aus Kamelhaaren an und einen ledernen Gürtel um seine Lenden; seine Speise aber waren Heuschrecken und wilder Honig. Da ging zu ihm hinaus die Stadt Jerusalem und ganz Judäa und alle Länder am Jordan und ließen sich taufen von ihm im Jordan und bekannten ihre Sünden. Als er nun viele Pharisäer und Sadduzäer sah zu seiner Taufe kommen, sprach er zu ihnen: Ihr Schlangenbrut, wer hat denn euch gewiß gemacht, daß ihr dem künftigen Zorn entrinnen werdet? Seht zu, bringt rechtschaffene Frucht der Buße! Denkt nur nicht, daß ihr bei euch sagen könntet: Wir haben Abraham zum Vater. Denn ich sage euch: Gott vermag dem Abraham aus diesen Steinen Kinder zu erwekken. Es ist schon die Axt den Bäumen an die Wurzel gelegt. Darum: jeder Baum, der nicht gute Frucht bringt, wird abgehauen und ins Feuer geworfen.

3. Sterben und Auferstehen in Christus: Die paulinische Theologie

Oder wißt ihr nicht, daß alle, die wir auf Christus Jesus getauft sind, die sind in seinen Tod getauft? So sind wir ja mit ihm begraben durch die Taufe in den Tod, damit, wie Christus auferweckt ist von den Toten durch die Herrlichkeit des Vaters, auch wir in einem neuen Leben wandeln. Denn wenn wir mit ihm verbunden und ihm gleichgeworden sind in seinem Tod, so werden wir ihm auch in der Auferstehung gleich sein. Wir wissen ja, daß unser alter Mensch mit ihm gekreuzigt ist, damit der Leib der Sünde vernichtet werde, so daß wir hinfort der Sünde nicht dienen. Denn wer gestorben ist, der ist frei geworden von der Sünde. Sind wir aber mit Christus gestorben, so glauben wir, daß wir auch mit ihm leben werden, und wissen, daß Christus, von den Toten erweckt, hinfort nicht stirbt; der Tod kann hinfort über ihn nicht herrschen. Denn was er gestorben ist, das ist er der

Sünde gestorben ein für allemal; was er aber lebt, das lebt er Gott. So auch ihr, haltet dafür, daß ihr der Sünde gestorben seid und lebt Gott in Christus Jesus.

So laßt nun die Sünde nicht herrschen in eurem sterblichen Leibe, und leistet seinen Begierden keinen Gehorsam. Auch gebt nicht der Sünde eure Glieder hin, als Waffen der Ungerechtigkeit, sondern gebt euch selbst Gott hin, als solche, die tot waren und nun lebendig sind, und eure Glieder Gott als Waffen der Gerechtigkeit. Denn die Sünde wird nicht herrschen können über euch, weil ihr ja nicht unter dem Gesetz seid, sondern unter der Gnade.

Wie nun? Sollen wir sündigen, weil wir nicht unter dem Gesetz, sondern unter der Gnade sind? Das sei ferne! Wißt ihr nicht: wem ihr euch zu Knechten macht, um ihm zu gehorchen, dessen Knechte seid ihr und müßt ihm gehorsam sein, es sei der Sünde zum Tode oder dem Gehorsam zur Gerechtigkeit? Gott sei aber gedankt, daß ihr Knechte der Sünde *gewesen* seid, aber nun von Herzen gehorsam geworden der Gestalt der Lehre, der ihr ergeben seid. Denn indem ihr nun frei geworden seid von der Sünde, seid ihr Knechte geworden der Gerechtigkeit.

Ich muß menschlich davon reden um der Schwachheit eures Fleisches willen: Wie ihr eure Glieder hingegeben hattet an den Dienst der Unreinheit und Ungerechtigkeit zu immer neuer Ungerechtigkeit, so gebt nun eure Glieder hin an den Dienst der Gerechtigkeit, daß sie heilig werden. Denn als ihr Knechte der Sünde wart, da wart ihr frei von der Gerechtigkeit. Was hattet ihr nun damals für Frucht? Solche, deren ihr euch jetzt schämt; denn das Ende derselben ist der Tod. Nun aber, da ihr von der Sünde frei und Gottes Knechte geworden seid, habt ihr darin eure Frucht, daß ihr heilig werdet; das Ende aber ist das ewige Leben. Denn der Sünde Sold ist der Tod; die Gabe Gottes aber ist das ewige Leben in Christus Jesus, unserm Herrn.

4. Das Wiedererwachen eines transzendenten Selbst: Die Theologie der Gnosis

Ich warnte ihn vor den Ägyptern
Und dem Verkehr mit den Unreinen.
Ich aber kleidete mich gleich ihren Gewändern,
Damit ‹sie mich› nicht ‹beargwöhnten›,
daß ich von außen gekommen wäre,
Um die Perle zu nehmen,
Und ‹sie› (nicht) gegen mich den Drachen ‹weckten›.
Aber aus irgendeiner Ursache
Merkten sie‹.›, daß ich nicht ihr Landsmann war,
Und sie mischten (sich) mit mir durch ihre Listen,
Auch gaben sie mir zu kosten ihre Speise.
Ich vergaß, daß ich ein Königssohn war,
Und diente ihrem König.
Und ich vergaß sie, die Perle,
Um derentwillen mich meine Eltern geschickt hatten.
Und durch die Schwere ihrer ‹Nahrung›
Sank ich in tiefen Schlaf.
‹Und alles dieses›, das mir zustieß,
Bemerkten meine Eltern und betrübten sich um mich.
Und eine Botschaft erging in unserem Reich,
Jedermann solle zu unserem Tor reisen,
Die Könige und Häupter Parthiens
Und alle Großen des Ostens.
Und sie faßten einen Beschluß über mich,
Daß ich nicht in Ägypten gelassen werde,
Und sie schrieben mir einen Brief,
Und jeder ‹Große› setzte seinen Namen darauf:
»Von deinem Vater, dem König der Könige,
Und deiner Mutter, der Herrscherin des Ostens,
Und von deinem Bruder, unserem Zweiten,
Dir, unserem Sohn in Ägypten, Gruß!
‹Erwach› und steh auf von deinem Schlaf,
Und vernimm die Worte unseres Briefes.

Erinnere dich, daß du ein Königssohn bist.
Sieh die Knechtschaft: wem du dienst.
Gedenke der Perle,
Derentwegen du nach Ägypten gegangen bist.
Erinnere dich deines Strahlen(kleides),
Gedenke deiner herrlichen Toga,
Damit du sie anlegst und ‹dich damit schmückst›,
‹Auf das› im Buch der Helden dein Name ‹gelesen werde›
Und du mit deinem Bruder, unserem Stellvertreter,
‹Erbe› in unserem Reiche ‹werdest›.«
Und mein Brief war ein Brief,
Den der König mit seiner Rechten ‹versiegelt hatte›,
Vor den Bösen, den Leuten aus Babel
Und den ‹aufrührerischen› Dämonen von Sarbûg.
Er flog in Gestalt des Adlers,
Des Königs ‹alles› Gefieders,
Er flog und ließ sich nieder neben mir
Und wurde ganz Rede.
Bei seiner Stimme und der Stimme ‹seines Rauschens›
Erwachte ich und stand auf von meinem Schlaf,
Nahm ihn und küßte ihn,
Und ich löste ‹sein Siegel› und las.
Und ganz wie (es) in meinem Herzen stand,
Waren die Worte meines Briefes geschrieben.
Ich gedachte, daß ich ein Königssohn sei
und meine Freiheit nach ihrer Natur verlange.
Ich gedachte der Perle,
Derentwegen ich nach Ägypten gesandt ward,
Und ich begann zu bezaubern
Den schrecklichen und schnaubenden Drachen.
Ich brachte ihn in Schlummer und Schlaf,
Indem ‹.› ich den Namen meines Vaters über ihm nannte
Und den Namen unseres Zweiten
Und den meiner Mutter, der Königin des Ostens,
Und ich erhaschte die Perle
Und kehrte um, um mich nach meinem Vaterhaus zu wenden.
Und ihr schmutziges und unreines Kleid

Zog ich aus und ließ es in ihrem Lande
Und richtete meinen Weg, ‹daß ich käme›
Zum Licht unserer Heimat, dem Osten.
Und meinen Brief, meinen Erwecker,
Fand ich vor mir auf dem Wege;
Wie er mit seiner Stimme ‹mich› geweckt hatte,
(So) leitete er mich ferner mit seinem Licht,
Auf chinesischem Gewebe mit Rötel (geschrieben),
Vor mir mit seinem Aussehen glänzend
Und durch seine Stimme und durch seine Führung
Wiederum mein Eilen ermutigend
Und mich mit seiner Liebe ‹ziehend›.
Ich zog hinaus, kam durch Sarbûg,
Ließ Babel zu meiner Linken
Und gelangte zur großen (Stadt) Maišân (Mesene),
Dem Hafen der Kaufleute,
‹Das› am Ufer des Meeres ‹liegt›.
Und mein Strahlen(kleid), das ich ausgezogen hatte,
Und meine Toga, mit der es umhüllt war,
Sandten von den Höhen ‹von› Warkan (Hyrkanien)
meine Eltern dorthin
Durch ihre Schatzmeister,
Die wegen ihrer Wahrhaftigkeit damit betraut waren.
Wohl erinnerte ich mich nicht mehr seiner Würde,
Weil ich es in meiner Kindheit
in meinem Vaterhaus gelassen hatte,
(Doch) plötzlich, als ich es mir gegenüber sah,
Wurde das ‹Strahlen(kleid)›
(ähnlich) meinem Spiegelbild mir gleich;
Ich sah es ‹ganz› in mir,
Und in ihm sah ich (mich) auch ‹mir ganz› gegenüber,
So daß wir Zwei waren in Geschiedenheit
Und wieder Eins in einer Gestalt.
Und auch die Schatzmeister,
Die es mir gebracht hatten, sah ich ebenso.
Daß sie zwei waren von einer Gestalt,
Denn *ein* Zeichen des Königs war ihnen eingezeichnet,

(Dessen), der mir die ‹Ehre›,
Mein Pfand und meinen Reichtum durch sie zurückgab,
Mein Strahlen(kleid), geschmückt
‹.› In herrlichen Farben ‹erglänzend›,
Mit Gold und mit Beryllen,
Mit Chalcedonen und ‹Opalen›
Und verschieden‹farbigen› ‹Sardonen›,
Auch dies in seiner Erhabenheit gefertigt,
Und mit Steinen von Diamant
(Waren) all seine (Gürtel-?)Gelenke festgesteckt.
Und das Bild des Königs der Könige
War ihm ‹vollständig› überall aufgemalt
‹Und wie› Steine von Saphir
Wiederum seine Farben blau gemalt.
Ich sah ferner überall an ihm
Die Bewegungen der ‹Erkenntnis› zucken.
Und ferner sah ich,
Daß es sich wie zum Reden anschickte.
Den Klang seiner Lieder vernahm ich,
Die es bei ‹seinem Herabkommen› lispelte:
»Ich gehöre dem tapfersten Diener an,
Für den sie mich vor meinem Vater großzogen,
Und ich ‹nahm› auch an mir selbst ‹wahr›,
Daß meine Gestalt entsprechend seinen Werken wuchs.«
Und mit seinen königlichen Bewegungen
Ergoß es sich ganz zu mir hin,
Und an der Hand seiner Überbringer
Eilte es, daß ich es nehmen sollte;
Und auch mich stachelte meine Liebe,
Ihm entgegenzulaufen und es zu empfangen,
Und ich streckte mich hin und empfing es.
Mit der Schönheit seiner Farben schmückte ich mich.
Und meine glänzendfarbige Toga
Zog ich ‹vollständig› über mich ganzen.
Ich bekleidete mich damit und stieg empor
Zum Tore der Begrüßung und der Anbetung.
Ich neigte mein Haupt und betete an

Den Glanz des Vaters, ‹der› mir es (das Kleid) gesandt hatte,
Dessen Gebote ich ausgeführt hatte,
Wie auch er getan, was er verheißen hatte.
Am Tore seiner Satrapen
Mischte ich mich unter seine Großen.
Denn er freute sich über mich und empfing mich,
Und ich war mit ihm in seinem Reich.

5. Die göttliche Gnade und die Überwindung der Konkupiszenz: Umkehr bei Augustin

So war ich krank und marterte mich mit Selbstanklagen weit grimmiger als je zuvor und wälzte und wand mich in meinen Fesseln, daß sie endlich ganz abfallen möchten. Schon waren sie am Reißen, aber noch hielten sie. Du aber, Herr, drangest im Herzenskämmerlein auf mich ein, schlugst mich in erbarmender Strenge mit der doppelten Geißel von Furcht und Scham. Denn nicht noch einmal sollte ich lässig werden, der letzte schwache, noch gebliebene Rest der Fessel endgültig zerreißen, statt wiederum Kraft zu gewinnen und mich härter zu binden als zuvor. Ich sprach bei mir drinnen: »Sieh, gleich wird's geschehen, gleich!«, und mit Worten war der Entschluß schon gefaßt. Fast tat ich's schon und tat es doch nicht. Aber ich glitt nicht in die frühere Unentschlossenheit zurück, stand ganz dicht vorm Ziel und schöpfte Atem. Und wieder versuchte ich's. Ein wenig geringer ward der Abstand und noch ein wenig. Jetzt, jetzt mußte ich's berühren und fassen, und war doch noch nicht da, berührte und faßte es nicht und zauderte immer noch, dem Tode zu sterben und dem Leben zu leben. Noch hatte das Schlimmere, das Gewohnte, größere Macht über mich als das Ungewohnte und Bessere, und je näher der Augenblick heranrückte, da ich ein andrer werden sollte, um so größeren Schrecken jagte er mir ein. Doch ward ich nicht wieder zurückgeworfen, wandte mich nicht ab, sondern hielt mich in der Schwebe.

Törichteste Torheiten und nichtigste Nichtigkeiten, meine alten Freundinnen, hielten mich zurück, zerrten am Kleide meines Fleisches und flüsterten: »Du willst uns wegschicken? So werden wir von Stund an und ewiglich von dir geschieden sein, und von Stund an und ewiglich ist dir dies verboten und das verboten.« Und was war's, mein Gott, das sie mir mit diesem »dies und das« in Erinnerung brachten? Nimm's erbarmend hinweg von der Seele deines Knechtes! Wie schmutzig war es doch, was sie einbliesen, wie schändlich! Aber längst war es schon nicht mehr das halbe Herz, womit ich auf sie lauschte, auch traten sie mir nicht mit offenem Widerspruch in den Weg, sondern gleichsam hinter meinem Rücken wisperten sie, und es war, als zupften sie verstohlen an mir beim Weiterschreiten, daß ich mich nach ihnen umschauen möchte. Aber sie hielten mich auf, und ich zögerte, mich loszureißen, sie abzuschütteln und dorthin zu eilen, wohin es mich rief. Denn die tyrannische Gewohnheit sprach: »Glaubst du wirklich, daß du ohne sie leben kannst?«

Aber sie sagte es schon mit ersterbender Stimme. Denn nun zeigte sich mir auf der Seite, wohin ich mein Gesicht gewandt, obschon ich ängstlich noch nicht hinüberzueilen wagte, die reine Würde der Keuschheit, freundlich heiter, aber nicht ausgelassen, sittsam mich lockend, daß ich kommen und nicht länger zögern sollte. Sie streckte, mich an sich zu ziehen und zu umfangen, fromme Hände aus und hielt in ihnen mir entgegen ganze Scharen edler Vorbilder. Soviel Knaben waren da und Mädchen, Jugend in Fülle und alle Lebensalter, ernste Witwen und ergraute Jungfrauen, und in allen die Keuschheit, keineswegs unfruchtbar, sondern eine gesegnete Mutter. Und ihre Kinder − das waren die heiligen Freuden, von dir, Herr, ihrem Gatten, empfangen. Sie lächelte mich an, und in ihrem Lächeln lag eine Mahnung, als sagte sie: »Und du kannst es nicht, was diese alle, Männer und Frauen, gekonnt? Konnten sie es etwa in eigener Kraft und nicht vielmehr in dem Herrn, ihrem Gott? Der Herr, ihr Gott, hat's ihnen gegeben. Was stellst du dich auf dich selbst und kannst so doch nicht stehen? Wirf dich auf ihn und fürchte dich nicht! Er wird sich dir nicht entziehen, dich nicht fallen lassen. Ja, wirf dich getrost hin, er wird dich auffangen und gesund machen.« Und ich errötete in brennender Scham, daß ich immer noch das Geflüster jener Torheiten hörte und zaudernd schwankte. Und wiederum war's, als wenn die Keuschheit spräche: »Verschließe deine Ohren gegen das, was von deinen unreinen Gliedern kommt, und laß sie sterben. Sie verheißen dir Freuden, aber nicht wie das Gesetz des Herrn, deines Gottes, sie verheißt.« Das war das Streitgespräch in meinem Herzen, und nur ich selbst war's, der so gegen sich selbst ankämpfte. Alypius aber, dicht neben mir sitzend, harrte schweigend auf das Ende meiner seltsamen Erregung.

Jetzt aber, da eindringende Betrachtungen aus verborgenen Tiefen mein ganzes Elend hervorgezogen und mir vor das Seelenauge gerückt hatten, erhob sich ein gewaltiger Sturm und trieb einen gewaltigen Regenguß von Tränen heran. Daß ungehemmt er strömen und tosen könne, erhob ich mich von Alypius − denn der Weinende ist, deuchte mich, am besten allein − und entfernte mich so weit von ihm, daß seine Nähe nicht mehr stören konnte. So stand es mit mir, und er begriff. Denn ich hatte wohl auch einiges gesagt, ich weiß nicht mehr was, und der Ton meiner Stimme verriet die aufsteigenden Tränen. So war ich denn aufgestanden. Er blieb zurück, wo wir gesessen, starr vor Staunen. Ich aber warf mich − weiß nicht, wie − unter einem Feigenbaum zur Erde und ließ den Tränen freien Lauf. Sie flossen in Strömen aus meinen Augen, ein dir gefälliges Opfer, und nicht mit diesen Worten, aber dem Sinne nach sprach ich zu dir: ›Ach du, Herr, wie lange!‹, Wie lange, Herr, willst du sogar zürnen? Gedenke nicht unsrer alten Missetaten!‹ Denn ich fühlte, daß sie es waren, die mich festhielten, und jammervoll ertönte mein Rufen: Wie lange noch, wie lange immer bloß: »Morgen, morgen!« Warum nicht jetzt, warum nicht in dieser Stunde ein Ende meiner Schmach?

So sprach ich und weinte in bitterster Zerknirschung meines Herzens. Und sieh, da höre ich vom Nachbarhause her in singendem Tonfall, ich weiß nicht, ob eines Knaben oder eines Mädchens Stimme, die immer wieder sagt: »Nimm und lies, nimm und lies!« Sogleich wandelte sich meine Miene, und angestrengt dachte ich nach, ob wohl Kinder bei irgendeinem Spiel so zu singen pflegten, doch konnte ich mich nicht entsinnen, dergleichen je vernommen zu haben. Da ward der Tränen Fluß zurückgedrängt, ich stand auf und konnte mir's nicht anders erklären, als daß ich den göttlichen Befehl empfangen habe, die Schrift aufzuschlagen und die erste Stelle zu lesen, auf die meine Blicke träfen. Denn ich hatte von Antonius[a] vernommen, daß er bei der Verlesung des Evangeliums, der er zufällig beigewohnt, sich durch ein Wort, als wär' es zu ihm gesprochen, hatte aufrufen lassen: ›Geh hin und verkaufe alles, was du hast, und gib's den Armen, so wirst du einen Schatz im Himmel haben, und komm und folge mir nach.‹ Von dieser Gottesstimme angesprochen, erzählte man, habe er sich sogleich zu dir bekehrt. So kehrte ich schleunigst dahin zurück, wo Alypius noch saß, denn dort hatte ich, als ich fortging, die Schrift des Apostels liegen lassen. Ich griff sie auf, öffnete und las stillschweigend den ersten Abschnitt, der mir in die Augen fiel: ›Nicht in Fressen und Saufen, nicht in Kammern und Unzucht, nicht in Hader und Neid, sondern ziehet an den Herrn Jesus Christus und hütet euch vor fleischlichen Gelüsten.‹ Weiter wollte ich nicht lesen, brauchte es auch nicht. Denn kaum hatte ich den Satz beendet, durchströmte mein Herz das Licht der Gewißheit, und alle Schatten des Zweifels waren verschwunden.

a) Augustinus las gerade Athanasius' »Leben des ersten Mönchs« (Antonius). Hier wird beschrieben, wie Antonius all seinen Besitz aufgibt, nachdem er das Evangelium vernommen hat: Jesus sprach zum reichen Jüngling, wenn er vollkommen sein wolle, müsse er alles verkaufen, was er besitze, und es den Armen geben (vgl. Matthäus 19, 16−30).

6. Die spirituelle Ehe: Das siebte Geschoß in der »Seelenburg« Teresa von Avilas

Meine Schwestern, ich hoffe inbrünstig – nicht um meines, sondern um eures Heils willen –, Er möge mir die Gnade gewähren, euch die große Bedeutung der Folgen einsichtig machen zu können: Keine einzige eurer Sünden sollte die Feuer Seiner Spirituellen Heirat mit euren Seelen verhindern; denn diese Heirat bringt, wie ihr noch sehen werdet, großen Segen mit sich ...

Wenn es unserem Herrn gefällt, Mitleid mit dieser Seele zu empfinden, die leidet und so sehr gelitten hat aus lauter Sehnsucht nach Ihm, und die Er nun im geistlichen Sinne zu Seiner Braut gewonnen hat, bringt Er sie in dieses Sein Haus, in das siebte Geschoß, bevor Er die spirituelle Heirat vollzieht: Denn Er bedarf eines ewigen Platzes in der Seele, ebenso wie Er einen ewigen Platz im Himmel hat, einen Ort, da Seine Majestät allein wohnt. So laßt uns diese (Seele) einen zweiten Himmel nennen. Es ist von großer Bedeutung, meine Schwestern, daß wir nicht meinen, die Seele sei ein dunkler Ort. Sie muß den meisten von uns dunkel erscheinen, da wir sie ja nicht zu sehen vermögen; wir vergessen manchmal, daß es nicht nur ein Licht gibt, das sichtbar ist. Es gibt daneben ein inneres Licht. Doch wir meinen häufig, in unserer Seele herrsche die Dunkelheit ...

Die geheimnisvolle Vereinigung geschieht in der tiefsten Tiefe unserer Seele; das muß dort sein, wo Gott selbst wohnt; und ich glaube nicht, daß wir eine Tür brauchten, um eintreten zu können. Ich sage euch, wir brauchen keine Tür; denn alles, was bisher beschrieben wurde, muß anscheinend durch das Medium der Sinne und unserer anderen Fähigkeiten zu uns hindurchgedrungen sein: Der Herr ist in menschlicher Gestalt erschienen. Allerdings ist das, was sich in der Vereinigung der spirituellen Heirat ereignet, etwas völlig anderes. Der Herr erscheint in der Tiefe der Seele, und zwar vermögen wir ihn mit Hilfe der Vernunft zu erkennen, nicht aber auf irgendeine imaginäre Art und Weise ...

Diese unmittelbare Vereinigung Gottes mit der Seele stellt ein so großes Geheimnis dar, eine so unvergleichliche Gunst, eine so große Freude auf seiten der Seele, daß ich nicht weiß, womit sich diese göttliche Unmittelbarkeit auch nur annähernd treffend vergleichen ließe. Nein, meine Schwestern, keinem Vergleich hält sie stand! Darüber hinaus weiß ich wohl zu sagen, daß es dem Herrn Freude bereitet, in jenem Augenblick der Seele den himmlischen Ruhm zu offenbaren – und das auf eine unmittelbare Art und Weise, so direkt, wie es auch durch Visionen oder die geistliche Tröstung nicht möglich sein kann. Nun, mehr kann ich nicht sagen. Fassen können wir: Die Seele (damit meine ich den Geist dieser Seele) wird eins mit Gott, der – ebenfalls Geist – Freude darüber empfand, uns Seine Liebe offenbaren zu können. Und diese Seine Liebe zu uns enthüllt Er, indem Er ganz bestimmten Menschen besonders deutlich macht, wie weit Seine Liebe reicht. Mögen wir Ihn in Seiner Herrlichkeit loben und preisen. Denn Ihm hat es gefallen, sich mit Seinen Geschöpfen zu vereinen – auf eine Weise, daß sie eins wurden, zwei getrennte Wesen, deren Trennung Er aber nicht vollziehen wird.

Es mag sein, daß Paulus mit seinen Worten »Derjenige, der mit Gott vereint ist, wird ein Geist sein mit ihm« auf diese Heirat des Herrn bezieht, die den Eintritt Seiner Majestät in die Seele – durch die Vereinigung – voraussetzt. Er sagt auch: *Mihi vivere Christus est, mori lucrum.* Ebendiese Worte, so meine ich, kann die Seele an dieser Stelle sprechen; denn hier nun stirbt der kleine Schmetterling, auf den wir Bezug nehmen, und das in großer Freude: Sein Leben ist von nun an Christus.

Dies wird mit der Bezugnahme auf die Zeit um so deutlicher, und das aufgrund der Wirkung; denn die Seele versteht sehr wohl, daß sie von Gott mit Leben begabt wurde. Sie allein weiß, daß Er Seinen Lebensodem in sie haucht. Und häufig geschah dieses Anhauchen so vehement, daß seine Lehre unmöglich in Zweifel gezogen werden kann. Auch wenn es sich nicht ausführlich darstellen läßt, so erfährt die Seele den göttlichen Odem doch recht massiv ...

Denn aus jenen göttlichen Brüsten, von wo aus Gott offensichtlich die Seele beständig nährt, fließen Ströme von Milch; und diese Ströme halten für all die Trost bereit, die in der Seelenburg wohnen.

7. Schrecken, Ruhm und die Gabe des Lesens: Eine schwarze Evangelistin in Amerika

Es war im Juli des Jahres 1830, als ich bei Tagesanbruch von Blitz und Donner geweckt wurde ... Ich stand auf, ging händeringend den Flur auf und ab und weinte. Oh, ich hatte solche Angst! Und da hörte ich eine Stimme, die zu mir sprach: »An diesem Tage wird deine Seele von dir gefordert.« In diesem Augenblick fielen mir all meine Sünden ein. Selbst die meiner Kindheit ergossen sich wie eine Flut über mich. Und in dem Bewußtsein meiner Schuld erwartete ich jeden Donnerschlag wie das Gericht Gottes. Ich wollte meine Seele auf ihn werfen mit allen Sünden, die ich je auf sie geladen hatte. Mir fehlen die Worte, meine Gefühle zu beschreiben ... Dann dachte ich daran, es mit dem Gebet zu versuchen. Ich könnte ihn darum bitten, mir zu vergeben, und das auf eine Weise, wie es ein Sterbender tut. Aber – wäre das nicht eine Beleidigung eines so gnädigen Gottes? Und die ganze Zeit über donnerte und blitzte es. Es war, als bewegten sich Himmel und Erde aufeinander zu. So schien es mir damals zumindest. Und ich spürte, daß ich verurteilt werden sollte – dafür, daß ich gegen einen so gerechten und heiligen Gott gesündigt hatte. Dann aber empfand ich Liebe und gleichzeitig Sorge gegenüber einem Gott, den ich durch meine Sünden beleidigt hatte – und das ein Leben lang. Von diesen und vielen anderen Gedanken wurde ich heimgesucht. Ich schämte mich, hatte Angst und war völlig durcheinander: Ein Leben lang schuldig sein – und dann der Tod! Leben in der Gottesferne! Verstoßen von einem gnädigen und heiligen Gott! Das war mehr, als ich ertragen konnte.

Dann dachte ich: »Ich könnte ebenso in der Hölle auf die Knie fallen und um Gnade flehen wie anderswo.« Und ich kniete nieder — oben an der Treppe, so mein erster Eindruck. Ich kniete nieder und schrie, ich flehte zu Gott mit der ganzen Kraft meines Herzens. Je mehr ich flehte, desto schlimmer wurde es. Meine Sünden türmten sich zu Bergen vor mir auf, die bald bis zum Himmel aufragten — schwarz wie Sackleinen und der Himmel wie eine Grabplatte. Alles über mir war so schrecklich dunkel. Und die Vorboten, die von meinem Untergang Kunde gaben, brachten ein Schreien und Jammern in meiner Seele hervor: »Herr, ich will mich nicht von meinen Knien erheben, bis du dich — um Christi willen — meiner armen Seele erbarmst oder mich zur Hölle verdammst«, denn ich hatte das Gefühl, meine Seele war durch die Tür zur Leidenskammer getreten.

Und in diesem Augenblick tiefster Verzweiflung zerriß die Wolke, der Himmel war klar und der Berg nicht mehr da. Ich war erleichtert, mein Herz von Liebe erfüllt, Liebe für Gott und die Menschheit. Und die Blitze, noch kurz zuvor Boten des Todes, wurden zu Friedensboten; Freude und Trost brachten sie. Und ich erhob mich, lief die Stufen hinunter und öffnete die Tür, um die Blitze hereinzulassen. Wie Ströme des göttlichen Ruhmes ergossen sie sich auf meine Seele. Mein Bruder kam hinunter. Und ich sprach: »Oh, ich habe ihn wirklich gefunden. Komm, wir wollen ihn gemeinsam loben.« »Ja, Schwester, das wollen wir tun. Ich freue mich, daß du ihn wiedergefunden hast.« Und bei jedem Donnerschlag sprang ich auf und lobte Gott, weil er mich gerettet hatte. Ich öffnete alle Fenster, um die Blitze hereinzulassen. Waren sie doch wie Ströme des Ruhmes, die sich über meine Seele ergossen! Und glücklich, wie ich war, lobte und pries ich Gott mindestens eine Stunde lang unaufhörlich. Dann meinte mein Bruder: »Schwester, laß uns nun dem Herrn Dank sagen für das, was er uns getan hat.« »Oh ja, das wollen wir.« Wir knieten nieder. Mein Bruder betete. Und sein Gebet zeugte von besonderem Einfühlungsvermögen. Als er geschlossen hatte, erhob ich meine Stimme zum Gebet. Ich dankte dem allmächtigen Gott, der mein Gebet erhört hatte um Christi willen.

Nachdem der Segen Gottes auf uns herabgekommen war, verspürte ich ein großes Verlangen, in der Bibel zu lesen. Ich bin das einzige Kind meiner Mutter ohne Schulbildung. Und auch zu jener Zeit, da ich mich um meinen Bruder und seine sechs Kinder kümmerte, meinen Mann versorgte und unseren Lebensunterhalt mit Näharbeiten verdiente, sah ich keine Möglichkeit, etwas zu lernen — es sei denn, mein Bruder gäbe mir Stunden, vielleicht abends nach dem Essen oder bevor wir zu Bett gingen ... Doch wenn er heimkam, war er in der Regel viel zu müde, um mir noch etwas beizubringen. Und das machte mich traurig. Immer dann bat ich Gott um die Kraft, mich zu beherrschen. Ich wollte nicht schlecht von meinem Bruder denken. Und jedes Mal wurde ich getröstet ... Ich fühlte mich verletzt, wenn er mir solche kleinen Bitten abschlug. Und dieses Mal konnte ich meine Tränen einfach nicht zurückhalten. Da vernahm ich in meinem Herzen die Worte: »Glaube nur, und die Zeit wird kommen, da du lesen kannst.« Wie ein liebender Vater sprach die Stimme zu mir — so liebevoll, daß meine Tränen sehr bald trockneten.

Eines Tages saß ich über einem Kleid, das fast fertig war. Ich war in Eile und dabei doch in ein Gebet vertieft. Da vernahm ich die folgenden Worte: »Wer lehrte den ersten Menschen auf Erden?« »Nun, Gott selbst.« »Er ist unwandelbar; und wenn er den ersten Menschen das Lesen lehrte, dann kann er auch dich lehren.« Ich legte das Kleid aus den Händen und griff nach meiner Bibel; ich lief nach oben, schlug sie auf und kniete nieder. Ich drückte meine Bibel fest an meine Brust und betete aufrichtig zu Gott, dem Allmächtigen; ich fragte, ob es sein heiliger Wille sei, mich sein Wort lesen zu lehren. Und als ich auf die Buchstaben niederblickte, fing ich zu lesen an. Und als ich bemerkte, daß ich las, erschrak ich, und ich konnte kein einziges Wort mehr entziffern. Wieder schloß ich die Augen im Gebet. Ich öffnete sie und fing wiederum an zu lesen. Ja, ich las — bis zum Ende des Kapitels. Ich lief hinunter: »Samuel, ich kann die Bibel lesen.« »Jetzt bist du wohl verrückt geworden ...!« »Laß uns den Gott des Himmels und der Erde loben; ich kann sein heiliges Wort lesen!« Ich setzte mich nieder und las ...

Von nun an versuchte ich es Tag für Tag. Ich nahm meine Bibel, betete und las, bis ich alles lesen konnte. Von dem ersten Kapitel, das ich gelesen hatte, wußte ich am nächsten Tag nichts mehr. Was ich wußte, war allein, daß es aus dem Jakobusbrief gewesen war; aber welches Kapitel, kann ich nicht mehr sagen.

Oh, wie dankbar ich dem allmächtigen Gott für dieses unsagbare Geschenk bin! Ich hoffe, daß ich es zum Guten gebrauchen werde, solange ich lebe.

8. »Du bist genug!« –
Die Geschichte einer Seminarteilnehmerin

Es ist nicht genug
sprach ihr Vater
daß du
   jedes Semester die besten Noten bekommst
   Mozart für die Verwandten spielst
   Sternchen im Wettkampf erhältst
Du mußt in deiner Hochzeitsnacht heimkommen.

Es ist nicht genug
sprach ihre Mutter
daß du
   Tante Lockwood ein Lächeln schenkst
   die Nachbarn mit Plätzchen beglückst
   dich ruhig verhältst, während ich schlafe
Du mußt
mein Asthma heilen.

Es ist nicht genug
sprach ihr Ehemann
daß du
   Briefe an meine Eltern schreibst
   Kürbiskuchen und Kekstorten zubereitest
   vergißt, daß dein Name Bauer war
Du mußt
ständig
Du darfst
niemals.

Es ist nicht genug
sprachen ihre Kinder
daß du
    weibliche Heinzelmännchen aus uns machst
    unseren Freunden und kleinen Hunden deine Zuneigung zeigst
    uns die besonderen Turnschuhe kaufst
Du mußt zulassen
daß wir dich töten.

Es ist nicht genug
sprach ihr Pastor
daß Sie
    die Zweitkläßler unterrichten
    Tücher und Kerzen wechseln
    demütig vor dem Altar niederknien
solange es hungernde Kinder in der Welt gibt
dürfen Sie
nichts essen
ohne sich schuldig zu fühlen.

Es ist nicht genug
sprach ihr psychologischer Berater
daß Sie
    mit Mächten der Finsternis kämpfen
    Ihre Kindheit in Ihr Denken einbeziehen
    gehen, wenn es Zeit ist
Sie müssen
aufhören
zu weinen
poetische Symbole zu entschlüsseln
und zu denken
Sie seien nicht genug.

Ich gebe auf
sprach sie
ich bin nicht genug
und legte sich nieder

in die tiefblaue Höhle
der Macht
zu warten
auf den Tod

Sie wartete …

und schließlich
zersprang ihr das Herz
es stockte ihr der Atem
Sie kamen mit einer Bahre
zogen ihr die Kleider aus
bedeckten sie mit einem Tuch aus Leinen
dann gingen sie fort
und ließen sie
in der tiefblauen Höhle des Grabes
zurück

Die Stimme sprach
    DU BIST GENUG
        nackt
        weinend
        blutend
        namenlos
        hungernd
        sündig
    DU BIST GENUG

Und am dritten Tage
richtete sie sich auf
    bat um Milch und Kekse
    nahm ein rituelles Bad mit den Engeln
    kleidete sich mit Flügeln
und flog davon.

Mutter Kirche behütet ihre Kinder unter ihren schützenden
Armen und ihrem Gewand. Unterdrückt uns eine solche Mutter
Kirche nur, oder kann sie uns helfen, eine Frauenkirche zu
werden?

*Die Madonna der Gnade, Gemälde von Giovanni di Paolo, 1437,
Chiesa dei Servi, Siena.*

VIII. | Befreiende Gemeinschaft

Unter »Ekklesia« verstehen wir ursprünglich eine Versammlung von Bürgern, in der man zusammenkommt, um die Angelegenheiten der Gemeinde zu regeln. Das Neue Testament hat den Begriff übernommen und damit die Versammlung der Christen, die Kirche, bezeichnet. Auch in der Septuaginta, der griechischen Bibelübersetzung, ist »Ekklesia« stellvertretend für die Versammlung des Volkes verwandt worden. Im Hinblick auf die Begriffsgeschichte läßt sich somit feststellen, daß »Ekklesia« allmählich eine spezielle, eine konnotative Bedeutung annahm: »Ekklesia« − damit verbinden viele von nun an die religiöse Versammlung. Man trifft sich vor dem Angesicht Gottes. Eine »Ekklesia« bildet in der Erzählung des zweiten Buchs Mose (Exodus) ein ganzes Volk, ein Volk, das von Gott aus der Sklaverei befreit und in die Wüste geführt wird. Israel soll sich ausschließlich ihm, seinem Gott, hingeben, um die Gebote dieses Gottes am Sinai empfangen zu können. Wenn wir die Darstellung des am Sinai versammelten Volkes lesen, wird auf Anhieb deutlich, was dem Verfasser des Textes durch den Kopf ging: Er vermutete offensichtlich, daß es sich bei dieser Versammlung wohl um ein ausschließlich männliches Treffen handele. Als Gottgeweihte, die nach Sündlosigkeit und Heiligung streben, um die Gebote empfangen zu können, müssen sie sich an das halten, was ihnen von entscheidender Stelle gesagt wird: Nähere dich keiner Frau!
Hier haben wir den Schlüssel zu allen Widersprüchen im Denken des Volkes Israel. Als Exodusgemeinde definiert sie sich von ihrer Befreiung her, der Befreiung von Sklaverei und Unterdrückung. Gott agiert als Befreier, der das Volk

aus dem Land der Sklaverei in das Gelobte Land führt. Die Revolte gegen die früheren Herren macht die Gemeinde, d. h. die Männer, in ganz besonderer Weise zu Verbündeten. Doch diese Definition von Befreiung aus der Knechtschaft hat wenig mit der Knechtschaft der Frau zu tun. Im Gegenteil: Die befreite Bruderschaft definiert sich gerade durch den Ausschluß der Frauen. Frauen werden wieder und wieder von männlichen Exodusgemeinden verraten und verkauft, gleichgültig, ob es sich dabei um die Versammlung des alten Israel am Sinai handelt, nun die Französische Revolution von 1789, die amerikanische Unabhängigkeitserklärung, die Schwarze Theologie oder die Theologie der Befreiung in Lateinamerika[1]. Sie alle setzten und setzen sich mit großem Engagement für die Befreiung »ihrer Leute« ein,

1. Weder die Französische noch die amerikanische Revolution gewährte den Frauen Eintritt in die offiziellen Gremien. Man propagierte gleiche Rechte »für alle« und schloß die Frauen weiterhin aus. Unter den Republikanern trat die Revolutionärin Olympe de Gouges (1745–1793) für die Rechte der Frauen ein (vgl. ihre Schrift »Deklaration der Rechte der Frau und Bürgerin« von 1791). Ihren Bemühungen wurde von seiten des radikalen Flügels der Revolution bald ein Ende bereitet. Bereits zwei Jahre später endete sie auf dem Schafott (vgl. *Frederick Griffin [Hg.]:* Woman as Revolutionary, New York 1973, S. 46–49). Während in Amerika der Kongreß tagte, um die Verfassung zu konstituieren, schrieb Abigail Adams an ihren Ehemann John, einen Abgeordneten, er solle »die Damen nicht vergessen«. Das bedeutete konkret für sie, die Frauen einzubeziehen, sie teilhaben zu lassen an den Rechten der sich neu konstituierenden Republik. Ihr Ehemann hatte jedoch nichts als Spott übrig für derlei Ideen und Vorschläge (vgl. *Miriam Schneir [Hg.]:* Feminism. Essential Historical Writings, New York 1972, S. 2–4). Nicht weniger männlich ausgerichtet zeigten sich in unserem Jahrhundert lateinamerikanische Befreiungsbewegungen und auch die Schwarze Theologie. Auch hier war man nicht gewillt, den Feminismus ernst zu nehmen – und das so lange nicht, bis man sich dem Druck revolutionärer Frauen aus den eigenen Reihen nicht mehr einfach entziehen konnte (vgl. *Sergio Torres* und *John*

aber allein in der Absicht, festzustellen, daß die befreite Gemeinde sie nicht zu ihren aktiven Gliedern zählt, sondern sie aufs neue in ihre Schranken verweist, sobald sie ihre neuen Institutionen in Kraft setzt und ihre neuen Gesetze erläßt. Die Gesetze des neuen männlichen Standes und Staates werden auf eine Weise revidiert, daß sie die Unverletzbarkeit patriarchaler Strukturen garantieren und überhaupt die Stellung des Mannes als Oberhaupt der Familie sichern. Er steht stellvertretend für die Gemeinde vor dem Angesicht Gottes, und er steht stellvertretend für Gott vor Frauen, Kindern und Sklaven; denn er repräsentiert das göttliche Wort.

Diese patriarchale Gemeinde, die Frauen ausschließt, indem sie ihnen Führungspositionen, gleich welcher Art, versagt, hat interessanterweise ein weibliches Symbol gewählt, was die Umschreibung der eigenen Identität betrifft: Man bezeichnet sich kollektiv als göttliche Braut oder Ehefrau sowie Mutter des Volkes Gottes. Warum? Eine solche Braut- bzw. Muttermetaphorik befindet sich im Einklang mit der fundamentalen Symbolik des Patriarchats. Gleicht Gott einem großen Patriarchen und die Versammlung von Männern seinen »Söhnen« oder »Sklaven«, dann kann man sich die Gemeinde als göttliche Braut bzw. Ehefrau vorstellen, als die von Gott Auserwählten. Eine derartige Symbolik in bezug auf den Bund Gottes mit seinem Volk stellt eine Verkehrung dieser heiligen Ehemetaphorik dar, wie wir sie bei den Sumerern, Babyloniern und Kanaanitern finden. War dort doch die Göttin die dominante (göttliche) Gestalt, der Bräutigam als König hingegen Repräsentant der Gemeinde.

Im zweiten Text, einem Abschnitt aus dem Hoseabuch, sehen wir, wie das Motiv der heiligen Ehe im Alten Testament verwandt wurde. Man wollte die alte kanaanitische Vorstellung durch eine weniger friedvolle Atmosphäre ersetzen. So wird Israel als widerspenstiges Weib oder gar als

Eagleson [Hg.]: Theology in the Americas, Maryknoll/New York, 1976, S. 361–376).

249

Hure dargestellt. Aus welchem Grunde, fragt man sich. Israel umfaßt ein Volk und ein Land, das von einsamen hebräischen Patriarchen erobert wurde und sich als Kollektiv ursprünglich als eheliche Gemeinschaft zwischen Baal und Anat verstanden hat: Man sehnt sich nach der alten Liebesbeziehung zurück und hält an der Überzeugung fest, daß die früheren religiösen Riten eine viel größere Wirkung zur Folge hatten. Sie werden mit einer segensreichen Ernte, notwendigem Regen und einer allgemeinen Fruchtbarkeit des Landes in Beziehung gebracht. Der einsame Patriarch kann all dies vermutlich nicht herbeiführen.

Aber auch der alttestamentliche Gott, der von nun an Anspruch auf Israel als sein Volk erhebt und Kanaan als das Gelobte Land bezeichnet, behauptet, der wahre Herr der Ernte zu sein, und zwar einer segensreichen Ernte. Nach guter alter patriarchaler Manie will er seine Braut bestrafen; er droht ihr, sie hinauszuwerfen und in die Wüste zu schikken. Ja, er will sich von ihr trennen, sollte sie es nicht unterlassen, ihrem früheren Ehemann Baal nachzustellen. Doch hofft er, sie für sich gewinnen zu können; er hofft, das alleinige Objekt ihrer Zuneigung zu werden. In die Wüste will er sie verdrängen, mit zärtlicher Stimme zu ihr sprechen und sie dazu bringen, sich mit der Exodusgemeinde zu identifizieren, die er aus Ägypten herausgeführt hat und mit der er am Sinai eine Verbindung eingegangen ist; all dies soll sie veranlassen, eine neue Beziehung zu akzeptieren, nämlich die Verbindung mit ihrem eifersüchtigen patriarchalen Herrn.

Im Neuen Testament wird mit dieser Metaphorik — die heilige eheliche Verbindung Israels mit seinem Gott — das Verhältnis der Kirche zu Gott bzw. Christus zum Ausdruck gebracht. Und es finden sich unterschiedliche Bedeutungen dieses weiblichen Symbols für die Kirche. Im Magnifikat z. B., dem lukanischen Text, repräsentiert Maria das messianische Israel. Ihr Lobgesang, der auf dem Hymnus Hannas, der Mutter Samuels, basiert (1. Samuel 2,1—10), vermittelt uns die große Freude über die Befreiung durch Gott: Er ist es, der Maria von gesellschaftlicher Unterdrückung befreit hat. Durch die befreiende Kraft Gottes wurden die Mächtigen vom Thron gestürzt, und sie, Maria, die all die repräsentiert, die ganz unten stehen, wurde erhöht.

Im Vergleich zu den anderen Evangelisten hat Lukas die Frauen in besonderer Weise hervorgehoben. Er »benutzt« sie, um an ihnen zu zeigen, daß Christus die Frohe Botschaft von der göttlichen Gnade besonders zu denen bringt, die am Rande stehen und Unterdrückung erleiden. Ihnen, den marginalisierten, gilt seine Frohe Botschaft gegenüber den Mächtigen in Religion und Gesellschaft, die sich weigern, das befreiende Wort zu vernehmen, geschweige denn, es anzunehmen. In diese Gemeinde, die Befreiung erfahren hat, wird dem Eintritt gewährt, der auf Privilegien und Status verzichtet und sich mit den Verachteten in der Gesellschaft auf eine Stufe stellt. Erst werden die Prostituierten und Zöllner in das Himmelreich eingehen, dann erst die Schriftgelehrten und Pharisäer (Matthäus 21,31). Die Reichen und Mächtigen werden überwältigt werden und leer ausgehen, es sei denn, sie werden − wie Zachäus (Lukas 9,1−10) − ein Teil des messianischen Israel, indem sie sich mit den Armen identifizieren und vierfache Buße tun für ihre früheren Vergehen, d. h. für ihre Unterdrückung der Armen und Rechtlosen. Von daher kommt dem Magnifikat eine große Bedeutung zu: Der Lobgesang Marias eröffnet die Möglichkeit, eine befreiende Gemeinschaft christlich als eine Gemeinschaft zu interpretieren, in der allen Menschen die Chance zur Befreiung geboten wird, einer Befreiung, die bei den Frauen der ärmsten und verachtetsten Klassen der Gesellschaft beginnt[2].

Diese durchaus mögliche Vision einer radikaleren und umfassenderen Exodusgemeinde wurde jedoch in der nach-

2. Die Thematik von der göttlichen Bewegung der Armen wurde besonders in der lateinamerikanischen Theologie entfaltet (vgl. dazu vor allem: *Gustavo Gutierrez:* The Power of the Poor in History, Maryknoll/New York 1983).

paulinischen Tradition des Neuen Testaments wieder aufgegeben: Das Patriarchat feierte einen erneuten Siegeszug. Die neutestamentliche *ekklesia* wird als eine äußerst friedfertige Kirche dargestellt: Man ist auf Frieden aus – nicht nur mit dem Patriarchat, sondern in gleicher Weise mit den Autoritären des Römischen Reiches. Man möchte als Kirche ein ruhiges und ehrenvolles Leben führen, sich als Religion etablieren, die den göttlichen Segen für Könige und all jene erbittet, die in Amt und Würden sind. Führende Autoritäten in der Kirche – Bischöfe und Diakone – sollen sich an der idealen »paterfamilia« orientieren; deren Autorität wird eindeutig am Beispiel der Kindererziehung belegt: Man erzieht die Kinder zur Unterwürfigkeit und fordert Respekt von ihnen. Zu dieser Zeit haben Frauen noch Ämter inne, z. B. das des Diakons, werden aber mehr und mehr in weniger repräsentative Positionen gedrängt, ja, sie werden schließlich ganz in den privaten Bereich abgedrängt und fungieren als Beraterinnen und Dienerinnen, die den Diakonen keinesfalls mehr gleichgestellt sind (vgl. Römer 16,1)[3]. Frauen gebietet man in besonderer Weise, sich unauffällig zu verhalten und zu schweigen – eigentlich ein recht unbedachtes Gebot; denn es zeigt, daß Frauen zu dieser Zeit eben nicht in allen christlichen Kirchen zu schweigen hatten bzw. geschwiegen haben. Einige Kirchen hingen offensichtlich immer noch der urchristlichen Vision einer Gemeinde an, die Frauen und Sklaven befreit und sie zur Lehre und Prophetie befähigt. In diesem Sinne offenbart der Text das Bemühen eines patriarchalen Christentums, ebendiese frühere, umfassendere Vision zurückzudrängen[4].

Die Vorstellung von der Kirche als dem messianischen Volk Gottes wird im Neuen Testament auch in die Vision vom

3. Vgl. *R. Gryson:* The Ministry of Women in the Early Church, Minneapolis 1976.
4. Vgl. *Elizabeth Schüssler Fiorenza:* In Memory of Her. A Feminist Theological Reconstruction of Christian Origins, New York 1983, S. 285–293.

eschatologischen Israel übertragen; man denke hier an das Neue Jerusalem der Offenbarung des Johannes (21,2). Es ist das himmlische Jerusalem, Christus als Braut präsentiert. Ganz anders als das alte Israel, das als widerspenstige Braut noch zur Hurerei neigte und Gott untreu war, wird das reue Israel, die jungfräuliche Braut, »unbefleckt« sein. Die Kirche wird als Gemeinschaft der Heiligen verstanden. Sie, die ohne Sünde ist, antizipiert die eschatologische Gemeinde des neuen Äons.

Dieses Konzept von Kirche — als Gemeinschaft der Heiligen, als »unbefleckte« Braut Christi — wird im Brief an die Epheser eigenartigerweise mit der Vorstellung der unterwürfigen Ehefrau gleichgesetzt. Eine Christenheit, die wieder mehr und mehr unter dem Vorzeichen des Patriarchats steht, wiederholt Forderungen wie: »Frauen haben ihrem Ehemann wie Sklaven ihrem Herrn zu gehorchen und die Kinder ihren Eltern.« Die Bemühungen gehen dahin, alle früheren Visionen von Kirche als revolutionär auszuschalten. Eine Gemeinde von revolutionärem Charakter im Hinblick auf gesellschaftliche Zustände — das paßte nicht ins Konzept[5]! Die Lehre wurde dahingehend geändert, daß man versuchte, die Betroffenen von der »Richtigkeit« ihrer Unterdrückung zu überzeugen. Die betroffenen Mitglieder sollten sich innerhalb der patriarchalen Familie damit abfinden, daß ihre Unterwerfung unter ihren Ehemann, Vater oder Herrn im Grunde ja nur Ausdruck der Unterwerfung unter Christus wäre. Ihm mußten sie Gehorsam leisten. Christus wird somit vom Befreier zum Advokaten patriarchaler Dominanz. Diesen bereits internalisierten Patriachalismus repräsentiert Epheser 5: Die Männer werden belehrt, ihre Macht und Autorität auf freundliche und liebevolle Weise auszuüben; währenddessen werden Frauen, Kinder und Sklaven zum Gehorsam gegenüber dem Mann ermahnt. Auf diese Weise können und sollen sie sich Christus unterwerfen und ihm gehorsam sein.

5. Ebd., S. 243—269.

Die Bemühung, diese unterschiedlichen Konzepte — die patriarchale Eheverbindung einerseits und die Kirche als eschatologische Braut Christi andererseits — zusammenzubringen, bedeutete eine Herausforderung für die frühe Christenheit; denn in bezug auf die Brautmetaphorik existierten inzwischen recht unterschiedliche Interpretationen. Dort, wo man eher zur Askese neigt, wollen die Gläubigen ihre Erlösung in Christus gerade durch den Verzicht auf die Ehe bekennen. In ihnen soll sich bereits jetzt das Wort von der eschatologischen Gemeinde erfüllen: »In der Auferstehung werden sie weder heiraten noch sich heiraten lassen« (Matthäus 22,30). Jungfräuliche Mutterschaft der Kirche heißt nicht einfach, daß sie als keusche und sündlose Braut vor ihrem Herrn steht. Nein, sie repräsentiert ebenso die getauften Christen, die aus ihrem Schoße wiedergeboren wurden, d. h. aus dem »Schmutz« sexueller Fortpflanzung hin zur jungfräulichen Keuschheit! Die Kirche ist die Braut Christi. Als solche ist sie der Schoß, aus dem das Taufwasser hervorgeht, das vom Leiden Christi durchtränkt ist, mit dessen Hilfe die Christen die sündige Geburt abtun. Als sterbliche Wesen werden sie den Tod auch von ebendieser Sünde erleiden. Sie werden wiedergeboren in den Stand der Jungfräulichkeit, und dieser beschert ihnen ewiges Leben.

Hier erfährt die kirchliche Braut- und Muttersymbolik, die mit der Jungfräulichkeit von Christen gleichgesetzt wird, eine feindliche Zuspitzung gegen Frauen, die Kinder gebären. Diese rangieren nun ganz unten in der Hierarchie der Gemeinde, d. h., unter ihnen gibt es nur noch die Prostituierten, die sich in einem der Erlösung nicht mehr zugänglichen Bereich befinden. Nach Hieronymus (4. Jh.)[6] können Mütter dann erlöst werden und einen immerhin niedrigen Platz in der Gemeindehierarchie einnehmen, wenn sie Kinder zur Welt bringen, die sich als Vorbilder für ein erlöstes Leben für das Ideal der Jungfräulichkeit gewinnen lassen. Diese Gleichsetzung von Erlösung und Keuschheit wurde im

6. Vgl. Hieronymus: Adversus Jovinianum 20.

254

2. und 3. Jh. auch von gnostischen Christen übernommen. Ein Unterschied zur patriarchalischen Frömmigkeit der asketischen Christen bestand aber darin, daß sie an der frühchristlichen Vision von der Kirche als einer Exodusgemeinde festhielten, die das Patriarchat überwunden hatte. Die Kirche war für sie eine geistliche (spirituelle) Gemeinschaft von Gleichen, in der Männer und Frauen, die ihre geschlechtsspezifischen Rollen und Funktionen aufgegeben hatten, gemeinsam geistliche Autorität besaßen. Die Kirche der Gnostiker ist eine geistliche Gemeinschaft Gleicher im Gegensatz zu jener patriarchalen Kirche, die ihre bischöflich-hierarchische Autorität mit der apostolischen Sukzession vom ersten Apostel, Petrus, begründet[7]. Im Marienevangelium (ebenso wie in einigen anderen ähnlichen Perikopen in anderen gnostischen Evangelien) repräsentiert Petrus die Position einer patriarchalen Feindseligkeit in bezug auf die Gleichstellung von Frauen bei der Übertragung von Ämtern[8]. Ein Beispiel für die Autorität weiblicher Apostel ist Maria Magdalena. Sie gilt als die von Christus besonders geliebte Jüngerin. In ihr vermutet man außergewöhnliche Fähigkeiten, was das Verständnis der christlichen Gnosis anbelangt. Und so ist sie aufgerufen, den Jüngern, die sich ängstigen, die Wahrheit mitzuteilen, als der auferstandene Herr nicht mehr unter ihnen weilt; denn die Jünger fürchten sich sehr. Was folgt, ist die Auseinandersetzung unter den Jüngern. Petrus fordert Maria Magdalena heraus, indem er ihre Auto-

7. Cyprian von Karthago betrachtet in seiner Abhandlung über die Einheit der Kirche (251 n. Chr.) das Amt des Apostels Petrus als Ursprung und Grundlage des Episkopats. Wahrscheinlich wil er damit nicht dem Bischof von Rom eine besondere Autortät zuschreiben, sondern das Bischofsamt als solches auf die Autorität des Petrus gründen. Das Episkopat als solches tritt das Erbe des ersten Jüngers an.

8. Diese Konfliktszene zwischen Petrus und Maria begegnet uns an unterschiedlichen Stellen in vielen gnostischen Texten (vgl. z. B. das Thomasevangelium, Kap. 6).

rität in Frage stellt. Levi hingegen verteidigt sie, und die übrigen Jünger halten es mit letzterem. So gehen sie, gestärkt durch die Kraft des Geistes, die sie von Maria empfangen haben, hinaus, um das Evangelium zu predigen. Und sie hängen an Christi letzten Worten, nämlich sich an »keine andere Regel und kein anderes Gesetz zu halten als an das, welches ihnen der Herr, ihr Erlöser, gegeben hat«. Dies ist ein Hinweis darauf, daß die gnostischen Christen die Glaubensbekenntnisse, die Glaubensregeln und die hierarchischen Kirchenstrukturen nicht anerkannten, die sich in der sich auf Petrus berufenden Kirche entwickelt hatten[9].

Der letzte Text dieses Kapitels ist ein Auszug aus einer Predigt, die ich im November 1983 auf einer Tagung der Frauenkirche in Chicago gehalten habe. In dieser Predigt habe ich versucht, die neue Vision einer Kirche zu entfalten, die durch die Verbindung von Christentum und Feminismus hervorgebracht wurde. Zum ersten Mal wird hier die Vision einer Kirche als Exodusgemeinde von feministischen Christen entfaltet, die den Exodus als ihren eigenen Exodus, als Auszug aus einer patriarchalen Welt, verstehen. Die antike Vision von Kirche als die oben mehrfach erwähnte Gemeinde des Auszugs erwacht hier zu neuem Leben. Dabei geht es nicht allein darum, die Frauen in den Auszug mit einzubeziehen, sie teilhaben zu lassen, sondern darum, das Patriarchat als Schlüsselsymbol des Systems von »Vergewaltigung, Völkermord und Krieg« zu verstehen, das Frauen, Kinder und die Erde unterdrückt und tyrannisiert. In gleicher

---

9. Vgl. *Elaine Pagels:* The Gnostic Gospels, New York 1979, S. 28 bis 47. Pagels beschreibt die Kontroverse über die Organisation der Kirche zwischen den gnostischen und den eher orthodoxen Christen. Die Autorin zeigt insbesondere das Denken der Gnosis auf: Man hängt einem spirituellen Konzept von Kirche an — Kirche als Gemeinschaft weniger, eine geistliche Gemeinschaft! Die zunehmende Institutionalisierung wird als Abkehr vom eigentlichen Anliegen Jesu verstanden. Die Herausbildung von Ämtern, besonders des Bischofsamtes, paßt nicht ins Konzept!

Weise sind die Männer aufgerufen, sich mit der Gemeinde des Exodus zu identifizieren und dem Idol Patriarchat abzusagen.

Weiterführende Überlegungen

Worin ist das männliche Bedürfnis begründet, Frauen von Führungspositionen fernzuhalten? Warum werden Frauen von Männergemeinschaften ausgeschlossen, die sich als Gemeinden des Exodus verstehen, des Exodus aus einer Welt der Unterdrückung? Vielleicht können Sie dieses Faktum ja anhand einiger Beispiele aus Geschichte und Gegenwart belegen.

Warum wird im zweiten Buch Mose Heiligkeit vor Gott mit dem Gebot identifiziert, »keine Frau zu berühren«? Wie kommt es, daß in der Geschichte des Christentums aus dem Begriff der Heiligkeit (Reinheit) das Ideal der Jungfräulichkeit abgeleitet worden ist? Diese Frage sei hier zur Diskussion gestellt: Erörtern Sie doch einmal die angesprochene Identifikation von Geburt und Sterblichkeit sowie die Verwerfung von Sexualität und Zeugung; denn der Zeugungsakt verdammt Menschen angeblich zur Endlichkeit. Warum wird Sex bei Männern mit der Angst vor dem Tod in Verbindung gebracht? Ist dies bei Frauen anders?

Zur Diskussion gestellt werden sollten außerdem vier unterschiedliche Modelle von Kirche: 1. die Kirche als Modell der patriarchalen Familie; 2. die Kirche als männliche Exodusgemeinde; 3. die Kirche als eschatologische Braut Christi, als Mutter der Erlösten, und 4. die Frauenkirche als Exodusgemeinde.

Teilen Sie sich in Kleingruppen auf. Jeder Gruppe wird folgende Aufgabe gestellt: Entwerfen Sie ein Modell einer vom Patriarchat befreiten Gemeinschaft. Nach welchem Muster läßt sich eine solche Gemeinschaft leiten? Wie können Funktionen und Ämter verteilt werden? Wie versteht eine solche Gemeinschaft ihren Gottesdienst? Was sind ihre Hauptsymbole und -sakramente? Wie sieht ihre gesellschaftliche Praxis aus?

1. Das erwählte Israel — eine männliche Exodusgemeinde

Am ersten Tag des dritten Monats nach dem Auszug der Kinder
Israel aus Ägyptenland, genau auf den Tag, kamen sie in die
Wüste Sinai und lagerten sich dort in der Wüste gegenüber dem
Berge. Und Mose stieg hinauf zu Gott. Und der Herr rief ihm
vom Berge zu und sprach: So sollst du sagen zu dem Hause Jakob
und verkündigen den Kindern Israel: Ihr habt gesehen, was ich
mit den Ägyptern getan habe und wie ich euch getragen habe auf
Adlerflügeln und euch zu mir gebracht. Werdet ihr nun meiner
Stimme gehorchen und meinen Bund halten, so sollt ihr mein
Eigentum sein vor allen Völkern; denn die ganze Erde ist mein.
Und ihr sollt mir ein Königreich von Priestern und ein heiliges
Volk sein. Das sind die Worte, die du den Kindern Israel sagen
sollst.
Mose kam und berief die Ältesten des Volks und legte ihnen alle
diese Worte vor, die ihm der Herr geboten hatte. Und alles Volk
antwortete einmütig und sprach: Alles, was der Herr geredet hat,
wollen wir tun. Und Mose sagte die Worte des Volks dem Herrn
wieder. Und der Herr sprach zu Mose: Siehe, ich will zu dir
kommen in einer dichten Wolke, auf daß dies Volk es höre, wenn
ich mit dir rede, und dir für immer glaube.
Und Mose verkündete dem Herrn die Worte des Volks. Und der
Herr sprach zu Mose: Geh hin zum Volk und heilige sie heute
und morgen, daß sie ihre Kleider waschen und bereit seien für
den dritten Tag; denn am dritten Tage wird der Herr vor allem
Volk herabfahren auf den Berg Sinai. Wenn aber das Widder-
horn lange tönen wird, dann soll man auf den Berg steigen. Mose
stieg vom Berge zum Volk herab und heiligte sie, und sie
wuschen ihre Kleider. Und er sprach zu ihnen: Seid bereit für den
dritten Tag, und keiner rühre eine Frau an.
Als nun der dritte Tag kam und es Morgen ward, da erhob sich
ein Donnern und Blitzen und eine dichte Wolke auf dem Berge
und der Ton einer starken Posaune. Das ganze Volk aber, das im
Lager war, erschrak. Und Mose führte das Volk aus dem Lager

Gott entgegen, und es trat unten an den Berg. Der ganze Berg Sinai aber rauchte, weil der Herr auf den Berg herabfuhr im Feuer.

Und Gott redete alle diese Worte: Ich bin der Herr, dein Gott, der ich dich aus Ägyptenland, aus der Knechtschaft, geführt habe. Du sollst keine anderen Götter haben neben mir.

2. Israel als widerspenstiges Weib Gottes

Es wird aber die Zahl der Kinder Israel sein wie der Sand am Meer, den man weder messen noch zählen kann. Und es soll geschehen, anstatt daß man zu ihnen sagt: »Ihr seid nicht mein Volk«, wird man zu ihnen sagen. »O Kinder des lebendigen Gottes!« Denn es werden die Kinder Juda und die Kinder Israel zusammenkommen und werden sich ein gemeinsames Haupt erwählen und aus dem Lande heraufziehen; denn der Tag Jesreels wird ein großer Tag sein. Sagt euren Brüdern, sie seien mein Volk, und zu euren Schwestern, sie seien in Gnaden.

Fordert von eurer Mutter — sie ist ja nicht meine Frau, und ich bin nicht ihr Mann! —, daß sie die Zeichen ihrer Hurerei von ihrem Angesichte wegtue und die Zeichen ihrer Ehebrecherei zwischen ihren Brüsten, damit ich sie nicht nackt ausziehe und hinstelle, wie sie war, als sie geboren wurde, und ich sie nicht mache wie eine Wüste und wie ein dürres Land und sie nicht vor Durst sterben lasse! Und ich will mich ihrer Kinder nicht erbarmen, denn sie sind Hurenkinder. Ihre Mutter ist eine Hure, und die sie getragen hat, treibt es schändlich und spricht: Ich will meinen Liebhabern nachlaufen, die mir mein Brot und Wasser geben, Wolle und Flachs, Öl und Trank. Darum siehe, ich will ihr den Weg mit Dornen versperren und eine Mauer ziehen, daß sie ihren Pfad nicht finden soll. Und wenn sie ihren Liebhabern nachläuft und sie nicht einholen kann, und wenn sie nach ihnen sucht und sie nicht finden kann, so wird sie sagen: Ich will wieder zu meinem früheren Mann gehen; denn damals ging es mir besser als jetzt. Aber sie will nicht erkennen, daß ich es bin, der ihr Korn, Wein und Öl gegeben hat und viel Silber und Gold, das sie dem Baal zu Ehren gebracht haben.

Darum will ich mein Korn und meinen Wein mir wieder nehmen zu seiner Zeit und meine Wolle und meinen Flachs ihr entreißen, womit sie ihre Blöße bedeckt. Dann will ich ihre Scham aufdekken vor den Augen ihrer Liebhaber, und niemand soll sie aus meiner Hand erretten. Und ich will ein Ende machen mit allen ihren Freuden, Festen, Neumonden, Sabbaten und allen ihren Feiertagen. Ich will ihre Weinstöcke und Feigenbäume verwildern lassen, weil sie sagt: »Das ist mein Lohn, den mir meine Liebhaber gegeben haben.« Ich will eine Wildnis aus ihnen machen, daß die Tiere des Feldes sie fressen sollen. So will ich heimsuchen an ihr die Tage der Baale, an denen sie Räucheropfer darbringt und sich mit Stirnreifen und Halsbändern schmückt und ihren Liebhabern nachläuft, mich aber vergißt, spricht der Herr.

Darum siehe, ich will sie locken und will sie in die Wüste führen und freundlich mit ihr reden. Dann will ich ihr von dorther ihre Weinberge geben und das Tal Achor zum Tor der Hoffnung machen. Und dorthin wird sie willig folgen wie zur Zeit ihrer Jugend, als sie aus Ägyptenland zog. Alsdann, spricht der Herr, wirst du mich nennen »Mein Mann« und nicht mehr »Mein Baal«. Denn ich will die Namen der Baale von ihrem Munde wegtun, daß man ihrer Namen nicht mehr gedenken soll.

Und ich will zur selben Zeit für sie einen Bund schließen mit den Tieren auf dem Felde, mit den Vögeln unter dem Himmel und mit dem Gewürm des Erdbodens und will Bogen, Schwert und Rüstung im Lande zerbrechen und will sie sicher wohnen lassen.

3. Maria — das befreite Israel, Repräsentantin aller Unterdrückten

Und es begab sich, als Elisabeth den Gruß Marias hörte, hüpfte das Kind in ihrem Leibe. Und Elisabeth wurde vom heiligen Geist erfüllt und rief laut und sprach: Gepriesen bist du unter den Frauen, und gepriesen ist die Frucht deines Leibes! Und wie geschieht mir das, daß die Mutter meines Herrn zu mir kommt? Denn siehe, als ich die Stimme deines Grußes hörte, hüpfte das Kind vor Freude in meinem Leibe. Und selig bist du, die du geglaubt hast! Denn es wird vollendet werden, was dir gesagt ist von dem Herrn.

Und Maria sprach:
Meine Seele erhebt den Herrn,
und mein Geist freut sich Gottes, meines Heilandes;
denn er hat die Niedrigkeit seiner Magd angesehen.
Siehe, von nun an werden mich selig preisen alle Kindeskinder.
Denn er hat große Dinge an mir getan,
der da mächtig ist und dessen Name heilig ist.
Und seine Barmherzigkeit währt von Geschlecht zu Geschlecht
bei denen, die ihn fürchten.
Er übt Gewalt mit seinem Arm
und zerstreut, die hoffärtig sind in ihres Herzens Sinn.
Er stößt die Gewaltigen vom Thron
und erhebt die Niedrigen.
Die Hungrigen füllt er mit Gütern
und läßt die Reichen leer ausgehen.
Er gedenkt der Barmherzigkeit
und hilft seinem Diener Israel auf,
wie er geredet hat zu unsern Vätern,
Abraham und seinen Kindern in Ewigkeit.
Und Maria blieb bei ihr etwa drei Monate; danach kehrte sie wieder heim.

4. Die Kirche — Modell der patriarchalen Familie

So ermahne ich nun, daß man vor allen Dingen tue Bitte, Gebet, Fürbitte und Danksagung für alle Menschen, für die Könige und für alle Obrigkeit, damit wir ein ruhiges und stilles Leben führen können in aller Frömmigkeit und Ehrbarkeit. Dies ist gut und wohlgefällig vor Gott, unserem Heiland, welcher will, daß allen Menschen geholfen werde und sie zur Erkenntnis der Wahrheit kommen. Denn es ist *ein* Gott und *ein* Mittler zwischen Gott und den Menschen, nämlich der Mensch Christus Jesus, der sich selbst gegeben hat für alle zur Erlösung.

So will ich nun, daß die Männer beten an allen Orten und aufheben heilige Hände ohne Zorn und Zweifel. Eine Frau lerne in der Stille mit aller Unterordnung. Einer Frau gestatte ich nicht, daß sie lehre, auch nicht, daß sie über den Mann Herr sei, sondern sie sei still.

Das ist gewißlich wahr: Wenn jemand ein Bischofsamt begehrt, der begehrt eine hohe Aufgabe. Ein Bischof aber soll untadelig sein, Mann einer einzigen Frau, nüchtern, maßvoll, würdig, gastfrei, geschickt im Lehren, kein Säufer, nicht gewalttätig, sondern gütig, nicht streitsüchtig, nicht geldgierig, einer, der seinem eigenen Haus gut vorsteht und gehorsame Kinder hat in aller Ehrbarkeit. Denn wenn jemand seinem eigenen Haus nicht vorzustehen weiß, wie soll er für die Gemeinde Gottes sorgen? Desgleichen sollen die Diakone ehrbar sein, nicht doppelzüngig, keine Säufer, nicht schändlichen Gewinn suchen; sie sollen das Geheimnis des Glaubens mit reinem Gewissen bewahren. Und man soll sie zuvor prüfen, und wenn sie untadelig sind, sollen sie den Dienst versehen. Desgleichen sollen ihre Frauen ehrbar sein, nicht verleumderisch, nüchtern, treu in allen Dingen. Die Diakone sollen ein jeder der Mann einer einzigen Frau sein und ihren Kindern und ihrem eigenen Haus gut vorstehen. Welche aber ihren Dienst gut versehen, die erwerben sich selbst ein gutes Ansehen und große Zuversicht im Glauben an Christus Jesus.

5. Die Kirche als eschatologische Braut Christi – ein Beispiel für weibliche Unterwürfigkeit

So folgt nun Gottes Beispiel als die geliebten Kinder und lebt in der Liebe, wie auch Christus uns geliebt hat und sich selbst für uns gegeben hat als Gabe und Opfer, Gott zu einem lieblichen Geruch. Von Unzucht aber und jeder Art Unreinheit oder Habsucht soll bei euch nicht einmal die Rede sein, wie es sich für die Heiligen gehört ...

Laßt euch vom Geist erfüllen. Ermuntert einander mit Psalmen und Lobgesängen und geistlichen Liedern, singt und spielt dem Herrn in eurem Herzen und sagt Dank Gott, dem Vater, allzeit für alles, im Namen unseres Herrn Jesus Christus.

Ordnet euch einander unter in der Furcht Christi. Ihr Frauen, ordnet euch euren Männern unter wie dem Herrn. Denn der Mann ist das Haupt der Frau, wie auch Christus das Haupt der Gemeinde ist, die er als seinen Leib erlöst hat. Aber wie nun die Gemeinde sich Christus unterordnet, so sollen sich auch die Frauen ihren Männern unterordnen in allen Dingen.

Ihr Männer, liebt eure Frauen, wie auch Christus die Gemeinde geliebt und sich selbst für sie dahingegeben hat, um sie zu heiligen. Er hat sie gereinigt durch das Wasserbad im Wort, damit er sie vor sich stelle als eine Gemeinde, die herrlich sei und keinen Flecken oder Runzel oder etwas dergleichen habe, sondern die heilig und untadelig sei. So sollen auch die Männer ihre Frauen lieben wie ihren eigenen Leib. Wer seine Frau liebt, der liebt sich selbst. Denn niemand hat je sein eigenes Fleisch gehaßt; sondern er nährt und pflegt es, wie auch Christus die Gemeinde. Denn wir sind Glieder seines Leibes. »Darum wird ein Mann Vater und Mutter verlassen und an seiner Frau hängen, und die zwei werden *ein* Fleisch sein« (1. Mose 2,24). Dies Geheimnis ist groß; ich deute es aber auf Christus und die Gemeinde. Darum auch ihr: ein jeder habe lieb seine Frau wie sich selbst; die Frau aber ehre den Mann.

6. Die Kirche als jungfräuliche Mutter: Schoß der Wiedergeburt zum ewigen Leben

Cyprian

Unsere Abhandlung soll sich nun mit den Jungfrauen befassen: Je größer ihr Ruhm, desto größer unsere Besorgnis! Die Blume der Kirche sind sie; sie knospen und blühen. Sie sind der Schmuck der Spiritualität, die Verzeihung der Gnade. Entzükkend sind sie von Natur aus, ein Werk der Vollkommenheit, der Reinheit; Ruhm kommt ihnen zu. Als göttliches Ebenbild spiegeln sie die Heiligkeit des Herrn wider. Es gibt nicht ihresgleichen in der Schar der Gläubigen. Durch sie erfreut sich die Mutter der Kirche ihrer Fruchtbarkeit; und durch sie steht sie in voller Blüte. Und je größer die Zahl derer, die Jungfräulichkeit als das Leben im Überfluß erkennen, desto größer die Freude der *Mutter* ...

Es gibt nur ein einziges Haupt und eine einzige Quelle, nur die eine Mutter, reich gesegnet mit ihrer Nachkommenschaft. *Von ihr werden wir geboren; von ihrer Milch werden wir genährt; durch sie sind wir lebendige Wesen.*

Zum Ehebruch läßt sich die Braut Christi nicht verführen; sie ist unbefleckt und züchtig. Nur *ein* Haus kennt sie; die Heiligkeit *eines* Schlafgemachs bewahrt sie in keuscher Scham. *Sie* ist es, die nur für Gott errettet; *sie* weist die Kinder, die sie geboren hat, seinem Reiche zu. Jeder, der sich von der Kirche trennt und sich mit einer Ehebrecherin verbindet, schließt sich aus von den Verheißungen der Kirche, und wer die Kirche Christi verläßt, wird nicht zu den Belohnungen Christi gelangen. Er ist ein Fremder, er ist ein Unheiliger, er ist ein Feind. *Gott kann der nicht mehr zum Vater haben, der die Kirche nicht zur Mutter hat.*

Auf diese Weise läßt sich aus apostolischer Sicht eine Beziehung zwischen Adam und Christus herstellen, und das auf eine recht exakte Art und Weise: Vollkommene Einigkeit besteht darüber, daß aus Seinem Fleisch die Kirche hervorging, daß tatsächlich um ihres Heils willen der Logos den Vater im Himmel verließ und herniederkam, um Seinem Weibe anzuhängen, und daß Er im Schlaf in Verzückung geriet, in Ekstase, verursacht durch Seine Leidenschaft. Er beschloß, selbst für sie in den Tod zu gehen, »auf daß Er selbst sie durch das Bad von jeder Sünde reinigen und sich selbst präsentieren könnte – eine Kirche im Zeichen des Ruhmes ohne irgendeinen Makel«, gerüstet, den geistlichen Samen zu empfangen, den gesegneten Samen, den Er selbst ausstreut, indem Er ihn mit flüsternder Stimme in die Tiefen des Geistes einpflanzt. Und mit der Kirche verhält es sich wie mit einer Frau, die empfängt und den Samen zur Reife bringt, schließlich gebärt und die Tugend heranbildet. Auf diese Weise wird auch das Gebot entsprechend erfüllt: »Wachset und mehret euch!« Mit einem jeden Tag wächst die Kirche, nimmt zu an Größe, an Schönheit und Zahl, und das, weil sie den Logos umarmt hat und Umgang mit Ihm pflegt, der selbst jetzt zu uns herabkommt und sich in der Ekstase der Erinnerung Seiner Passion hingibt. Andernfalls könnte die Kirche die Gläubigen nicht empfangen und sie noch einmal gebären, wenn Christus sich nicht selbst für ihr Heil dahingegeben hätte, so daß Er in der Wiederholung Seiner Passion aufgenommen werden könnte, wie bereits dargelegt, und noch einmal stürbe, nachdem Er vom Himmel herniedergekommen ist. Und wenn Er sich nicht mit Seinem Weib, der Kirche, vereinte und auf diese Weise Seine Kraft bereitstellte, die Kraft aus Seiner Seite, auf daß all jene, die in ihm gebildet und durch das Bad der Reinigung geboren wurden, heranwachsen, indem sie von Seinem Fleisch nehmen. Und das heißt, daß sie an Seinem Ruhm und Seiner Heiligkeit teilhaben. Denn derjenige, der behauptet, daß Erkenntnis und Tugend das Fleisch der Weisheit sind, der behauptet etwas Richtiges. So ist die Seite der Geist der Wahrheit und der Tröster

(Paraklet). Indem sie von Ihm nehmen, sich Ihn einverleiben, werden die Erleuchteten (die Getauften) entsprechend wiedergeboren, und zwar zum ewigen Leben.

7. Spirituelle Gemeinschaft in der Gnosis und die Verteidigung der apostolischen Autorität von Frauen

Der Erlöser sagt: »Alle Naturen, alle Gebilde, alle Geschöpfe bestehen ineinander und miteinander und werden wieder zu ihrer eigenen Wurzel aufgelöst werden. Denn die Natur der Materie löst sich bloß zu den Wurzeln ihrer Natur allein auf. Wer Ohren hat, um zu hören, möge hören.«
Petrus sagte zu ihm: »Da du uns nun schon alle Dinge erklärt hast, sage uns auch noch dieses: Was ist die Sünde der Welt?«
Der Erlöser sagte: »Es gibt keine Sünde, sondern *ihr* macht die Sünde, indem ihr die Handlungen tut, die der Natur der Unzucht gleichen, die man ›die Sünde‹ nennt. Deswegen kam das Gute in eure(r) Mitte zu den Wesen jeder Natur, um sie (sg.) in ihre (sg.) Wurzel einzusetzen.« Weiter fuhr er fort und sprach: »Deswegen seid ihr krank und sterbt ihr, weil ihr das liebt, was euch betrügen wird. Wer begreift, möge begreifen. Die Materie erzeugte eine Leidenschaft, die ihresgleichen nicht hat, die aus Widernatürlichem hervorgegangen ist. Dann entsteht eine Verwirrung im ganzen Leib. Deshalb habe ich euch gesagt: Faßt Mut und, wenn ihr mutlos seid, habt doch Mut angesichts der verschiedenen Gestalten der Natur. Wer Ohren hat, um zu hören, der höre.«
Als der Selige das gesagt hatte, grüßte er sie alle und sagte: »Friede sei euch. Meinen Frieden erwerbt euch. Seid auf der Hut, daß niemand euch irreführe mit den Worten: ›Seht hier!‹ oder ›Seht da!‹ Denn der Sohn des Menschen ist in eurem Innern. Folget ihm nach. Die ihn suchen, werden ihn finden. Geht also und predigt das Evangelium vom Reiche. Ich habe kein Gebot erlassen außer dem, was ich euch festgesetzt habe. Auch habe ich

kein Gesetz gegeben wie der Gesetzgeber, damit ihr dadurch nicht erfaßt werdet.« Als er das gesagt hatte, ging er weg.

Sie aber waren betrübt, weinten heftig und sprachen: »Wie sollen wir zu den Heiden gehen und das Evangelium vom Reiche des Sohnes des Menschen predigen? Wenn nicht einmal dieser verschont wurde, wie sollten da wir verschont werden?« Da stand Maria auf, begrüßte sie alle und sprach zu ihren Brüdern: »Weinet nicht, seid nicht traurig und auch nicht unentschlossen; denn seine Gnade wird mit euch allen sein und wird euch beschützen. Laßt uns vielmehr seine Größe preisen; denn er hat uns bereitet und zu Menschen gemacht.« Als Maria das sagte, wandte sie ihren (pl.) Sinn zum Guten, und sie begannen, über die Worte des Erlösers zu diskutieren.

Petrus sprach zu Maria: »Schwester, wir wissen, daß der Erlöser dich liebte mehr als die übrigen Frauen. Sage uns die Worte des Erlösers, deren du dich erinnerst, die du kennst, nicht aber wir, und die wir auch nicht gehört haben.« Maria antwortete und sprach: »Was euch verborgen ist, will ich euch mitteilen.« Und sie begann, ihnen folgende Worte zu sagen: »Ich«, sagte sie, »ich sah den Herrn in einem Gesicht, und ich sagte zu ihm: ›Herr, ich sah dich heute in einem Gesicht.‹ Er antwortete und sagte zu mir: ›Wohl dir, daß du nicht wankst bei meinem Anblick. Denn dort, wo der Verstand ist, da ist der Schatz.‹ Ich sagte zu ihm: ›Herr, jetzt sage mir: Der, der das Gesicht sieht, sieht er es durch die Seele oder durch den Geist?‹ Der Erlöser antwortete und sagte: ›Er sieht es nicht durch die Seele und auch nicht durch den Geist, sondern der Verstand, der in der Mitte zwischen den beiden ist, der ist es, der das Gesicht sieht, und er ist es ...‹

Und die Begierde sprach: ›Ich habe dich (fem.) nicht herunterkommen gesehen. Jetzt aber sehe ich dich hinaufsteigen. Wieso aber lügst du, da du ja zu mir gehörst?‹ Die Seele antwortete und sprach: ›Ich habe dich gesehen. Du hast mich nicht gesehen und hast mich nicht erkannt. Ich diente dir als Kleid, und du hast mich nicht erkannt.‹ Nachdem sie das gesagt hatte, ging sie freudig jubelnd weg.

Wieder kam sie zur dritten Gewalt, die »Ungewißheit« heißt. Diese fragte die Seele aus: ›Wohin gehst du? In Schlechtigkeit bist du ergriffen worden. Du bist aber ergriffen worden. Richte nicht!‹ Und die Seele sprach: ›Warum richtest du mich, obwohl ich nicht gerichtet habe? Ich bin ergriffen worden, obwohl ich nicht ergriffen habe. Ich bin nicht erkannt worden, ich aber habe erkannt, daß das All aufgelöst wird, sowohl die irdischen Dinge und Wesen wie auch die himmlischen.‹

Nachdem die Seele die dritte Gewalt überwunden hatte, stieg sie aufwärts und sah die vierte Gewalt. Sie war siebengestaltig. Die erste Gestalt ist die Finsternis; die zweite die Begierde; die dritte die Unwissenheit; die vierte ist die Erregung des Todes; die fünfte ist das Reich des Fleisches; die sechste ist die törichte Klugheit des Fleisches; die siebente ist die zornige Weisheit. Das sind die sieben Teilhaber am Zorn. Sie fragen die Seele: ›Woher kommst du, du Menschentöterin, oder wohin bist du des Weges, du Orteüberwinderin?‹ Die Seele antwortete und sagte: ›Was mich faßt, ist getötet worden; was mich umwendet, ist beseitigt worden; meine Begierde ist zu Ende gegangen, und die Unwissenheit ist gestorben. In einer Welt wurde ich erlöst aus einer Welt und in einer Gestalt aus einer oberen Gestalt und aus der Fessel der Erkenntnisunfähigkeit, deren Bestehen zeitlich begrenzt ist. Von dieser Zeit an werde ich die Ruhe erlangen zur Zeit des Zeitpunktes des Äons in Schweigen.‹«

Als Maria das gesagt hatte, schwieg sie, so daß also der Erlöser bis hierher mit ihr gesprochen hatte. Andreas aber entgegnete und sprach zu den Brüdern: »Sagt, was ihr meint betreffs dessen, was sie sagte. Ich wenigstens glaube nicht, daß der Erlöser das gesagt hat. Denn sicherlich sind diese Lehren andere Meinungen.« Entgegnend sprach Petrus betreffs dieser derartigen Dinge und fragte sie (pl.) über den Erlöser: »Sprach er denn mit einem Weibe heimlich vor uns und nicht offen? Sollen wir umkehren und alle auf sie hören? Hat er sie uns gegenüber bevorzugt?«

Darauf weinte Maria und sprach zu Petrus: »Mein Bruder Petrus, was glaubst du denn? Glaubst du, ich habe das selbst ersonnen in meinem Herzen oder ich lüge über den Erlöser?« Levi entgegnete und sprach zu Petrus: »Petrus, du bist von jeher aufbrausend. Nun sehe ich, wie du dich gegen die Frau ereiferst wie die Widersacher. Wenn der Erlöser sie aber würdig gemacht hat, wer bist denn du, daß du sie verwirfst? Sicherlich kennt der Erlöser sie ganz genau. Deshalb hat er sie mehr als uns geliebt. Wir sollen uns vielmehr schämen, den willkommenen Menschen anziehen, losgehen, wie er es uns aufgetragen hat, und das Evangelium verkünden, ohne daß wir ein weiteres Gebot oder ein weiteres Gesetz erlassen außer dem, was der Erlöser sagte.« ... Und sie gingen hin und verkündigten das Evangelium.

8. Die Frauenkirche als Exodusgemeinde

Als Frauenkirche weisen wir das Idol des Patriarchats entschieden zurück. Wir weisen es zurück und kritisieren es in aller Öffentlichkeit. Wir denunzieren ein solches Idol im Namen Gottes, im Namen der Kirche, im Namen der Menschlichkeit, im Namen der Erde. Unser Gott bzw. unsere Göttin, und d. h. unser Vater bzw. unsere Mutter, Freund(in), Liebhaber(in) und Helfer(in), brachte kein Idol dieser Art hervor und läßt sich auch nicht durch ein solches repräsentieren. Unser Bruder Jesus kam nicht auf diese Erde mit dem Ziel, dieses Idol zu produzieren, und läßt sich auch nicht durch dieses repräsentieren. Der Botschaft und Mission Jesu (der Maria Kind), die die Mächtigen vom Thron stürzen und die Niedrigen erheben soll, wird durch dieses Idol nicht gedient. Es handelt sich eher um eine Blasphemie. Man erhebt den Anspruch, im Namen Jesu zu sprechen und seine Mission der Erlösung seinem Willen gemäß auszuführen; und das geschieht, indem Jesu Lehre in ihr Gegenteil verkehrt und sein Anliegen schließlich ausgelöscht wird ... Die Fürsten und mit ihnen alle Mächtigen, Repräsentanten von Vergewaltigung, Völkermord und Krieg, geben sich dem größten Wagnis hin, indem sie den Anspruch erheben, Christus selbst zu sein und seine Mission zu erfüllen. Das Römische Reich hüllt sich selbst in den Mantel des Gekreuzigten und sitzt selbst auf dem Thron seiner Herrschaft.

Als Frauenkirche schreien wir hinaus: Schrecken und Angst,

Blasphemie, Betrug! An diesem Handeln ist etwas faul! Dies ist nicht die Stimme unseres Gottes, das Angesicht unseres Erlösers, die Mission unserer Kirche. Unsere Menschheit wird nicht, ja kann nicht repräsentiert werden, sondern sie wird ausgeschlossen in diesem Traum, diesem Alptraum von der Errettung. Als Frauenkirche fordern wir die authentische Mission Christi, die wahre Mission der Kirche, die wirkliche Agende unseres Gottes, der Mutter und Vater in einem ist und kommt, um unsere Menschheit zu erretten und nicht zu zerstören, der da kommt, um die Gefangenen loszukaufen und die Erde zurückzugewinnen als unser verheißenes Land. Wir leben nicht im Exil, sondern die Kirche ist mit uns unterwegs. Sie befindet sich mit uns im Exodus. Gottes Schechina (sein guter Geist), die Heilige Weisheit, das mütterliche Gesicht Gottes, ist den hochgebauten Theorien des Patriarchats entflohen und hat mit uns den Exodus angetreten. Sie ist mit uns auf der Flucht vor den brennenden Altären, auf denen Frauenleiber geopfert werden, während wir unsere Ohren bedecken, um die Stimmen der Unmenschlichkeit aus dem Gedächtnis zu streichen, die Stimmen, die das Idol des Patriarchats zum Erklingen bringt.

Als Frauenkirche werden wir nicht mit dem ungestillten Hunger nach den Worten der Weisheit zurückgelassen; wir werden nicht ohne das Brot des Lebens zurückgelassen. Auch die Geistlichkeit zieht mit uns aus. Wir lernen von vorn, was es heißt, zu dienen, anstatt zu herrschen – jemandem dienen und sich gegenseitig dienen, einander belehren, das Wort des Lebens weitersagen.

Auch das Sakrament des Abendmahls zieht mit uns aus. Die Wasser der Taufe sprudeln mitten unter uns als Wasser des Lebens, und der Baum des Lebens wächst mitten unter uns, blüht und trägt Früchte. Wir reißen Getreide aus und backen Brot; wir pflücken reife Trauben und machen Wein daraus, und wir reichen all das herum als Leib und Brot unseres neuen Lebens, das Leben der neuen Menschheit, das durch blutiges Streiten von seiten unserer Märtyrer erkauft worden ist, durch das blutige Streiten unseres Bruders Jesus, durch Perpetua und Felicitas und all die Frauen, die man verbrannt hat, geschlagen, entführt und vergewaltigt – Jean Donavan, Maura Clarke, Ita Ford und

Dorothy Hazel, die Frauen von Guatemala, Honduras, El Salvador und Nicaragua, die gegen den Leviatan des Patriarchats und des Imperialismus kämpfen. Die neue Menschheit wurde durch ihr Blut erkauft, durch ihr Leben; und wir wagen es, die Früchte ihres Sieges untereinander zu teilen in der Hoffnung und in dem Glauben, daß sie nicht umsonst gestorben, sondern auferstanden sind, ja, daß sie im Auferstehen von den Toten begriffen sind. Sie sind mitten unter uns, während wir teilhaben an dem Sakrament der neuen Menschheit, während wir gemeinsam die neue Erde bauen, eine Erde, frei vom Joch des Patriarchats.

Wir sind eine Frauenkirche und befinden uns nicht im Exil, sondern haben den Exodus angetreten. Wir flüchten vor dem Armeedonner des Pharaos. Wir warten nicht auf den Ruf, in das Land der Sklaverei zurückzukehren und als Altarnixen im Tempel dem Patriarchat zu dienen. O nein! Wir rufen auch unsere Brüder zur Flucht von Tempel und Patriarchat auf …; wir rufen sie auf, mit uns diesem Idol zu entfliehen, und das mit blitzenden Augen und bebenden Nasenflügeln; denn dieses Idol ist im Begriff, die Erde zu zerstören. Wir rufen unsere Brüder auf, sich unserem Exodus aus dem Land des Patriarchats, sich uns in unserer Sehnsucht nach dem verheißenen Land anzuschließen. In diesem Land wird kein Krieg mehr sein, noch werden Kinder verbrennen; es wird keiner Frau mehr Gewalt angetan, noch werden die Alten abgeschoben. Keine Ausplünderung der Erde wird mehr sein. Laßt uns dieses so mächtige Idol gemeinsam zerbrechen und es der Erde gleichmachen. Laßt uns den so mächtigen Leviatan zerreißen und der Gewalt und dem Elend ein Ende bereiten. Laßt uns seiner Drohung, die Erde zu zerstören, Einhalt gebieten. Laßt uns das alles in den Boden stampfen und daraus Mittel zur Erlangung des Friedens schaffen. Frieden und Fülle wollen wir schaffen, so daß alle Kirchen dieser Erde beieinandersitzen können beim Festmahl des Lebens.

IX. | Vorläuferinnen einer Frauenkirche

In diesem Kapitel sollen in besonderer Weise Frauen herausgestellt werden, die in Israel und der Urgemeinde führende Positionen innehatten. Ohne Schwierigkeit ließe sich die Liste der obengenannten Namen fortsetzen. Wir könnten ohne lange Überlegung Frauengestalten der folgenden Jahrhunderte anführen — vorausgesetzt, wir bemühen uns, unsere Geschichte transparent zu machen, und sind bereit, uns auf die Durchdringung der Vergangenheit einzulassen. Unsere Vergangenheit als Frauenkirche ist die Geschichte von Mystikerinnen, von Prophetinnen, von Pastorinnen, Heilerinnen, Kirchengründerinnen und Jüngerinnen, die ihre Vision einer befreienden Gemeinschaft von Männern und Frauen in die Tat umsetzten — oft gegen den Willen ihrer Brüder, der eigentlichen religiösen Amtsträger. Eine unendliche Geschichte — doch müssen und sollten wir uns bei der Textauswahl auf einige wenige klassische Beispiele beschränken, die für die Konstituierung der jüdischen und christlichen Gemeinden repräsentativ sind. Obwohl all diese Frauen hinsichtlich ihrer Rollen und Tätigkeitsbereiche sicherlich differenziert betrachtet werden müssen, verbindet sie doch eines: Als Pastorin, Richterin, Apostolin, Märtyrerin oder Mystikerin sind sie laut biblischem Zeugnis allesamt Prophetinnen.

In einer zur Kirche und damit zur Institution gewordenen Gemeinde waren die Möglichkeiten für eine Frau begrenzt. Dennoch konnte eine glaubende, an der Schrift orientierte Gemeinde nicht leugnen, daß der Geist Gottes Kraft verleiht, wem immer er will; also konnte sein Wirken auch die Frauen einschließen. Die Gabe der Prophetie steht für die

Maria Magdalena predigt den ängstlichen männlichen Aposteln die Gute Nachricht von der Auferstehung. Sie repräsentiert die apostolische Autorität von Frauen, die vom Christentum zunächst anerkannt, dann aber unterdrückt wurde. Können wir das christliche Evangelium für uns in Anspruch nehmen, wenn wir uns auf sie als unsere Vorläuferin berufen?

Albani Psalter, Hildesheim, 12. Jh.

geschenkte Freiheit. Prophetie bedeutet neues Leben. Das Wort Gottes bricht in dieses Leben ein, um über unsere so eingefahrene Lebensweise zu richten und gleichzeitig neue Wege aufzuzeigen. Von daher ist es schon von Bedeutung, daß die Gabe wahrer Prophetie — zumindest in der Theorie — den Frauen niemals abgesprochen wurde. Dieses eine Amt wurde ihnen zugestanden, auch wenn es im Einzelfall anders aussah: Erhob eine Frau den Anspruch, diese Gabe zu besitzen, wurde sie in der Regel verschmäht und zurückgewiesen.

Von allen Frauen, denen wir in den alttestamentlichen Schriften begegnen, ist Mirjam ohne Zweifel die wichtigste. Sie trägt den Namen der Schwester sowohl Moses wie Aarons (Numeri 26,59; 1. Chronik 6,2) und wird im rabbinischen Kommentar mit der Schwester identifiziert, die Mose rettete: Sie gab acht auf ihn, als er in einem Kästchen aus Rohr ausgesetzt wurde, und übergab ihn der Tochter des Pharaos, damit sie ihn aufzöge[1]. Es mag sein, daß es sich hier um eine späte Tradition handelt, die Mirjam ihre ursprüngliche Unabhängigkeit absprechen und sie mit Mose und Aaron in die Exodusgemeinde einreihen möchte[2]. Die Leitung Israels liegt nach der Tradition in den Händen Moses, Aarons und Mirjams, und zwar kontinuierlich. Sie führen den Befreiungszug aus Ägypten an (vgl. Micha 6,3— 4); und es ist unwahrscheinlich, daß Mirjam — wie Aaron — die Rolle des Priesters und damit bereits die Führungsrolle innehatte, wird sie doch als diejenige beschrieben, die zusammen mit Aaron vor der Stiftshütte stand. Nach dem Durchzug durch das Schilfmeer wird sie in einem Lobpsalm als Prophetin bezeichnet, als Führerin der Israelitinnen.

Im 4. Buch Mose (Numeri 12) begegnet uns der Zorn Gottes, der sich in der Erinnerung einer mächtigen Priesterin und

1. Vgl. *Raphael Patai:* The Hebrew Goddess, Philadelphia 1967, S. 284.
2. Vgl. *Leonard Swidler:* Biblical Affirmations of Women, Philadelphia 1979, S. 87.

Prophetin gegen die patriarchale Tradition richtet. Und wir erleben nach, wie Mirjam herabgesetzt wird, indem sie ihre Geschichte vom göttlichen Gericht erzählt, das über sie hereinbrach. In dieser Geschichte reden sie beide, Mirjam und Aaron, gegen Mose, ihren Führer; denn er hat sich eine Kuschiterin zur Frau genommen. Mirjam und Aaron weisen ihn zurecht. Doch Mirjam allein wird bestraft. Sie wird herausgerufen vor die Stiftshütte; Gott kommt in Gestalt einer Wolke zu ihnen herab, und siehe, sie wird in eine Aussätzige verwandelt. Und sie wird aus dem Lager hinweggeschickt; sieben Tage lang wird sie abgesondert. Gott wird mit einem Vater verglichen, der seiner Tochter ins Gesicht speit. Vom Zorn Gottes geheilt, wird Mirjam schließlich ins Lager zurückgebracht. Sie muß feststellen, daß das Volk nicht weitergezogen ist. Man hat den Marsch so lange unterbrochen, bis sie zurückkehrte. Völlig klar, Mirjam galt als nicht zu unterschätzende Rivalin Moses, die in ihre Schranken verwiesen werden mußte.

Auch Debora verweist auf die nicht zu unterschätzende Führungsposition, die Frauen in der frühisraelitischen Gesellschaft (12. Jh. v. Ch.) innehatten. Debora wird als Richterin bezeichnet, und damit wird ihr eines der leitenden Ämter in einer Periode zugeschrieben, die der Errichtung des Königtums Sauls und Davids vorausging. Als Richterin hatte sie das Amt des Magistrats inne: Sie mußte Recht sprechen und kleinere Streitigkeiten entscheiden, die die Gemeinschaft des Volkes an sie herantrug. Auch wird sie als diejenige beschrieben, die die israelitische Streitmacht anführt und zum Sieg über die Feinde inspiriert. Sie wird zur Retterin der Gemeinde − zusammen mit Jaël, die den Feind, den Hauptmann Sisera, in ihr Zelt lud und ihn mit einem Pflock erschlug. Da stimmen Debora und der israelitische General Barak ein Lied des Dankes über diesen Sieg an.

Die dritte, der die alttestamentlichen Schriften den Titel einer Prophetin *(nebiah)* verleihen, ist Hulda: Sie lebte während der Herrschaft des jahwistischen Königs Josia, eines Reformers gegen Ende des siebten Jahrhunderts. Seine reformerischen Bemühungen erstreckten sich auf den salomonischen Tempel, die Vertreibung der Priesterinnen und das Verbot der Verehrung weiblicher Gottheiten, die dort ihre Blüte erlebt hatten[3]. Da kam Josia die Abschrift eines bestimmten Buches zu Gesicht: Es handelte sich um ein Gesetzbuch (eine frühe Version des fünften Buches Mose, das Deuteronomiums, das im Tempel versteckt gelegen hatte. Der Inhalt brachte den König ganz schön aus der Fassung, denn seine Vorschriften wurden alles andere als befolgt. Er rang mit Jahwe um ein Wort, das ihm Leitung sein könnte, und schickte seine Männer zu Hulda, der Prophetin, von der man sagte, sie müsse im Stadtkern von Jerusalem wohnen. Hulda unterstützte seine Reform, indem sie den Zorn Gottes gegen die Götzendiener voraussagte, die andere Götter als den von Gott gesegneten Reformkönig Josia verehrten. Es ist schon bezeichnend, daß sich Josia in seinem Bemühen, den Tempel von Göttinnen und Priesterinnen zu reinigen, ausgerechnet an eine Frau wandte. Nicht ein Prophet, sondern eine Prophetin sollte seine Reform billigen.

In der christlichen Tradition hat Maria Magdalena eine Position inne, die sich mit der Stellung Mirjams in der Exodusgemeinde vergleichen läßt. Unter den weiblichen Jüngern Jesu wird Maria Magdalena kontinuierlich erwähnt. Innerhalb der Evangelientradition ist sie offensichtlich die erste der Jüngerinnen. Eine solche Hochschätzung ihrer Rolle behält auch die gnostische Tradition bei: Maria Magdalena wird zum Inbegriff weiblicher apostolischer Autorität. Sie wird zur Jüngerin, die Jesus am nächsten steht. Die Gnostiker gehen sogar so weit, von Jesu Zuneigung zu ihr zu sprechen: »Und er küßte mehrfach ihren Mund« (vgl. Kapitel VI,6). In allen vier Evangelien steht Maria Magdalena der Frauengemeinde vor. Sie ist die erste unter den Jüngerinnen, die Jesus treu bleiben bis zum Kreuz, als die Jünger längst davongelaufen sind. Und sie ist es, die die Jüngerinnen am Ostermorgen

---

3. Vgl. Patai: Hebrew Goddess, S. 49–50.

zum Grab führt, wo sie und die anderen Frauen die ersten Zeugen der Auferstehung werden und vom auferstandenen Herrn Vollmacht erhalten, diese Botschaft hinauszutragen zu den Jüngern, die in einem der Obergemächer hocken.

Das Johannesevangelium hebt die enge Beziehung zwischen Jesus und Maria Magdalena hervor, und zwar durch die Gestaltung einer besonderen Erscheinungszene. Jesus erscheint ihr, der Maria Magdalena. Sie erkennt ihn und möchte ihn umarmen. Er aber warnt sie, ihn nicht anzurühren – eine Ermahnung, die im Laufe der Tradition zu mancherlei Fehlinterpretation geführt hat, z. B.: Jesu Worte deuteten auf seine Abneigung gegen jegliche weibliche Berührung hin! Tatsächlich läßt die spontane Bewegung Marias, Jesus bei dieser Gelegenheit zu umarmen, auf die Vermutung des Johannes schließen, daß die beiden an derlei Intimitäten gewöhnt gewesen seien. Aber der Auferstehungsleib Jesu befindet sich in einem außergewöhnlichen Zustand des *manna* (spirituelle Macht, die Gefahr in sich birgt), und so spricht er die Warnung aus, ihn dieses Mal nicht zu berühren. Daraufhin beauftragt er sie, hinauszugehen und den anderen Jüngern die Frohe Botschaft seiner Auferstehung zu verkündigen.

Der Rolle Mirjams im Alten Testament vergleichbar, drohte diese so mächtige Stellung Maria Magdalenas – als geliebte Jüngerin und weiblicher Apostel, der den übrigen die Auferstehung des Herrn verkündete – weibliche Führungspositionen in einer späteren patriarchalen Christenheit zu disqualifizieren. Auf diese Weise wird Maria Magdalena innerhalb der Tradition zur konvertierten Prostituierten herabgewürdigt. Sie gewinnt ein neues, aber von nun an unwandelbares Image: Sie, die große Sünderin, weint zu Jesu Füßen, trocknet seine Füße mit ihrem Haar. Jedoch erschien ein solches Konzept ursprünglich nicht im Neuen Testament. Obwohl Jesus Maria von »sieben Dämonen« geheilt haben soll, bezieht sich diese Art von Heilung im Neuen Testament stets auf äußerst heftige Anfälle einer bestimmten Krankheit, nämlich der Epilepsie, und nicht auf irgendwelche Sünden, wie z. B. die der Prostitution.

Die Fehlinterpretation der Maria als einer vom Glauben abgefallenen Prostituierten ist auf die Verknüpfung unterschiedlicher Texte über eine unbekannte Frau zurückzuführen, die nach Markus zum Zeichen von Jesu nahe bevorstehendem Tod ein Gefäß mit kostbarem Salböl über seinem Haupt zerbricht (Markus 14,3–9; eher eine prophetische Geste als ein Ausdruck von Reue für begangene Sünden!). Lukas übernimmt den Zwischenfall und gestaltet ihn zur Geschichte über eine unbekannte Sünderin um, die das Gefäß über Jesu Füßen zerbricht – zum Zeichen der Reue (7,36–50). Eine dritte Version des Textes ist die johanneische, der zufolge die Prophetin (nicht die Sünderin) mit Maria von Bethanien gleichgesetzt wird (12,1–8). Diese drei Texte verbindet die Kirche zum folgenden Bild: Sie zeichnet Maria Magdalena als die weinende Sünderin und stößt sie vom Podest des ursprünglichen Apostolats. Sie wird ihrer Rolle als Anführerin und Anhängerin der Jesusbewegung beraubt, jenes Restes, der das Christuskerygma begründete. Gleich nach Maria Magdalena, der Frau, die vor allen anderen das weibliche Amt in der Urgemeinde billigte, kommt Thekla, eine Schülerin des Paulus. Die Geschichte der Thekla ist ein Teil einer populären asketischen Richtung, deren Ursprung gleich zu Beginn des ersten Jahrhunderts der Kirche zu verzeichnen ist. Diese christliche Askese sollte nicht mit der Gnosis verwechselt werden. Obgleich die Gnosis in ihrer dualistischen Kosmogonie einige dieser Tendenzen aufwies, blieb die volkstümliche Askese als orthodoxe Lehre eher Proprium der Großkirche. Wer sich dem Ideal der Askese verschrieben hatte, zum Helden und Märtyrer wurde, blieb auch fernerhin heilig, selbst dann noch, als die patriarchale Kirche sich daran machte, andere Christen – wenn auch vorsichtig – davon abzubringen, das obengenannte Martyrium wörtlich zu nehmen. Man versuchte, diejenigen zu entmutigen, die ihrem Beispiel zu folgen gedachten. In einer immer populärer werdenden Askese witterte die Kirche die Gefahr der Entstehung einer neuen Gemeinschaft: Frauen könnten den Männern geistlich ebenbürtig werden − durch Keuschheit befreit vom gesellschaftlichen Rollenverhalten innerhalb der Familie.

In den bekannten Taten des Paulus und der Thekla wird Thekla als diejenige dargestellt, die das Leben in Keuschheit für sich annimmt − das Ergebnis ihrer Bekehrung durch Paulus! Bald darauf erfahren wir von Verfolgung und Drangsal: Thekla − gequält von den Repräsentanten patriarchaler Mächte in Familie und Staat. Zweimal wirft man sie den Löwen zum Fraß vor; sie entkommt auf wundersame Weise. Nach der zweiten wunderbaren Flucht tauft sie sich selbst. Die weibliche Perspektive der Erzählungen kommt dadurch zum Ausdruck, daß alle männlichen Autoritäten − alle außer Paulus − als Theklas Feinde gelten, während alle weiblichen Wesen − einschließlich der Königin und selbst der Löwinnen in der Arena − ihre Sache unterstützten. Die einzige Ausnahme bildet ihre Mutter, die sich mit den patriarchalen Ansprüchen der Familie gegen die von Thekla gewählte Freiheit einverstanden erklärt und identifiziert. Gegen Ende der Erzählung wird Thekla jedoch nach Ikonion zurückgeschickt, um ihre Mutter zu bekehren. Als derjenige, der sie mit Autorität ausrüstete, wird Paulus angeführt. Er verlieh ihr die Vollmacht einer Apostolin und sandte sie aus mit den Worten: »Geh hin und verkündige das Wort Gottes!«

Neuere Untersuchungen haben ergeben, daß solche populären Erzählungen ein frühes Christentum widerspiegeln, das sich als weiblich verstand. Die Texte wurden entweder von Witwen, Jungfrauen und Diakoninnen selbst aufgeschrieben oder aber zumindest mit ihnen in Beziehung gebracht. Die Ämter dieser Frauen, deren Adressaten wiederum Frauen waren, schlossen Katechese, Taufe und das Austeilen des Abendmahls ein. Frauen haben solche populären Geschichten vielleicht im Laufe ihrer Unterweisung von anderen Frauen geschrieben, um die ihnen als Frauen in Christus neu geschenkte Freiheit zu feiern, die sie mit der Ablehnung der

Ehe identifizierten[4]. Mit großer Wahrscheinlichkeit existierte die Geschichte der Thekla bereits vor ihrer schriftlichen Fixierung als mündliche Überlieferung am Ende des ersten Jahrhunderts. Die Timotheusbriefe wurden mit ihrer patriarchalen Tendenz wohl deshalb schriftlich fixiert, um eine paulinische Tradition zu unterdrücken, die mehr und mehr zum Rivalen wurde. Die Autorität des Paulus, dem Frauen als Evangelisten willkommen waren[5], mußte zur Sicherung patriarchaler Interessen umfunktioniert werden: Man mußte ihn aller Unterdrückung weiblicher Rechte in Predigt und Lehre voranstellen!

Es ist nicht zu erwarten, daß sich Frauen auf dem Weg ihrer Befreiung danach drängen, eine Märtyrerin zu werden. Das Märtyrertum wird nun einmal mit der langen Leidenszeit in Verbindung gebracht, in der Frauen vom Patriarchat unterdrückt worden sind. Aber das frühe Christentum beurteilte eine Märtyrerin ganz anders. Das Märtyrertum stellte für die radikaleren Gruppen der frühen Christen sowohl die höchste Stufe des Widerstandes gegen die böse Macht des Staates dar, der das Reich des Bösen repräsentierte, als auch die intensivste Verbindung mit Christus, wie sie enger nicht möglich ist. Der Märtyrer − so glaubte man − wird im Leiden für Christus im wahrsten Sinne des Wortes ein anderer Christus. Deshalb haben die »Taten der Märtyrer von Lyons und Vienne« keinerlei Bedenken, zu schildern, wie die Märtyrerin Blandina »in der Gestalt unserer Schwester« zu Christus wird[6].

Der Widerstand gegen den Staat sanktionierte zugleich das Recht einer christlichen Frau, die Forderungen zurückzuweisen, die eine patriarchale Familie an sie stellte. Perpetua,

4. Vgl. *Stevan Davies:* The Revolt of the Widows. The Social World of the Apocryphal Acts, Carbondale/III. 1980, S. 95−109.
5. Vgl. *Denis R. MacDonald:* The Legend and the Apostle. The Battle for Paul in Story and Canon, Philadelphia 1983, passim.
6. Vgl. Acts of Martyrs of Lyons and Vienne, in: *Herbert Musurillo (Hg.):* The Acts of the Christian Martyrs, Oxford 1912, S. 75.

Römerin von hohem Stande, weist die väterlichen Forderungen zurück, ebenso wie sie die Berufung zu ihrer jüngsten Mutterschaft zurückweisen möchte, um ihnen allein in diesem Konflikt trotzen zu können. In ihren Träumen erlebt sie den bevorstehenden Todeskampf in der Arena: Sie wird in einen Mann verwandelt und überlistet den Teufel. Dieser Traum enthüllt ein ganz typisches urchristliches Motiv, mit dessen Hilfe die Frau als Heilige und Asketin die Grenzen ihres Frauseins überschreitet. Sie bricht aus ihrer Rolle aus, wird »viril und männlich«. Auch im Falle Theklas ist es bezeichnend, daß sie sich das Haar abschneidet und sich für ihre Abenteuer wie ein Mann verkleidet. Märtyrertum überwindet auch soziale Gegensätze. So werden Perpetua und ihre Sklavin Felicitas, beide erst kürzlich Mutter geworden, Schwestern im Kampf. Die Betonung ihrer Mutterschaft ist beabsichtigt, um ihren Triumph über die weibliche »Schwachheit« wunderbar erscheinen zu lassen. Sie wurden durch Christus zu einem solchen Handeln autorisiert.

Im zweiten und dritten Jahrhundert erschien diese Art von weiblichen Aposteln, Prophetinnen und Märtyrerinnen für eine Kirche, die sich nun als Bischofskirche organisiert hatte und völlig unter patriarchaler Führung stand, in zunehmendem Maße nicht mehr tragbar. Propheten standen auf und repräsentierten sowohl ein radikales Christentum, das den Konflikt zwischen Kirche und Staat aufrechterhielt, als auch den mit der institutionalisierten Kirche konkurrierenden Ort einer charismatischen Autorität, an der sich die Christen, was die Verkündigung, die Diakonie und die Sündenvergebung betraf, immer noch stärker orientierten als an den Bischöfen[7]. So betrachtet die Didache, die Kirchenordnung

7. Die Auseinandersetzungen zwischen Cyprian von Karthago und den charismatischen Bekennern z. Z. der Verfolgungen unter Decius haben repräsentative Bedeutung. Sie spiegeln den klassischen Konflikt der frühen Christenheit wider, das Ringen um Autorität zwischen der Bischofskirche einerseits und der charis-

aus dem zweiten Jahrhundert, die Propheten auch weiterhin als diejenigen, die dem Sakrament des Abendmahls vorstehen. Die Presbyter sind als Gemeindediener zweiter Wahl nur dann zum Vorsitz berechtigt, wenn es der Gemeinde an einem wahren Propheten mangelt[8].

Als in Phrygien (Syrien) eine neue prophetische Bewegung auftauchte, die darauf bedacht war, das frühere charismatische Christentum zu neuem Leben zu erwecken, trat sogleich die bischöfliche Autorität in Aktion und verurteilte sie als häretisch, was ihrer Vernichtung gleichkam. Die Tatsache, daß zwei der drei Kirchenvorsteher Frauen waren (Maximilla und Priscilla), beschleunigte nur die ohnehin schon vorhandenen Bemühungen eines patriarchalen Christentums, die Beteiligung von Frauen an der Gemeindeleitung zu diskreditieren. Die spärlichen Fragmente über die Äußerungen von Prophetinnen der Montanisten, in den Diatriben (Schmähschriften) ihrer bischöflichen Feinde erhalten, lassen uns aufhorchen, wenn wir da lesen, daß Maximilla den Anspruch erhebt, der letzte Prophet bzw. die letzte Prophetin des Geistes vor dem Ende der Welt zu sein. Sie zögert auch nicht, sich den auferstandenen Christus in weiblicher Gestalt vorzustellen. Prophetinnen wie sie tragen die christliche Überzeugung weiter, daß der auferstandene Herr die prophetische Kraft der neuen Schöpfung auf Männer und Frauen gleichermaßen ausgegossen hat[9]. In der Gemeinde selbst, als einer ekstatischen Gemeinschaft, ist Christus gegenwärtig. In ihren vorbildlichen Mitgliedern, den Propheten und Märtyrern, können wir Christus »in der Gestalt unserer Schwester« begegnen.

matischen Bewegung andererseits (vgl. dazu Cyprians Werke »De lapsis« und »De unitate ecclesiae«, Kapitel 8,15).
8. Vgl. Didache 15, 1−2.
9. Vgl. Apostelgeschichte 2,17−18 (Joel 2,28−32).

Weiterführende Überlegungen

Nennen Sie so viele Frauen als Vorläuferinnen einer Frauen-kirche wie möglich — alle, an deren Namen Sie sich erinnern und die Ihnen tatsächlich als Vorläuferinnen erscheinen. Welche Art von Ämtern bekleideten sie? — Waren es Mysti-kerinnen? Apostolinnen? Heilerinnen? Kirchengründerin-nen? Prophetinnen? Lehrerinnen? Sie könnten nun eine Litanei von Heiligen zusammenstellen — zur Erinnerung an diese Frauen.

Notieren Sie die Namen jener Männer, die Sie als Befreier von Unterdrückung verstehen. Ist Ihnen bekannt, ob auch die Befreiung von Frauen zu ihrem Programm gehörte? Notieren Sie die Namen der Männer, die — soweit Ihnen (auch aus der Geschichte) bekannt — für die Rechte von Frauen eintraten: Scheint es tatsächlich nur ansatzweise eine Korrelation zwischen den großen männlichen Befreiern sowie der Befreiung »ihrer Leute« und der Befreiung von Frauen zu geben? Warum?

Entwickeln Sie ein liturgisches Drama oder Spiel zu einigen weiblichen Befreiern von Frauen. Lassen Sie sie in ihrer Sprache sprechen, und übersetzen Sie ihr Anliegen in unsere Sprache.

1. Mirjam, Priesterin und Prophetin

Da nahm Mirjam, die Prophetin, Aarons Schwester, eine Pauke in ihre Hand, und alle Frauen folgten ihr nach mit Pauken im Reigen. Und Mirjam sang ihnen vor: Laßt uns dem Herrn singen, denn er hat eine herrliche Tat getan, Roß und Mann hat er ins Meer gestürzt.

Der Konflikt zwischen Mirjam und Mose

Da redeten Mirjam und Aaron gegen Mose um seiner Frau willen, der Kuschiterin, die er genommen hatte. Er hatte sich nämlich eine kuschitische Frau genommen. Und sie sprachen: Redet denn der Herr allein durch Mose? Redet er nicht auch durch uns? Und der Herr hörte es. Aber Mose war ein sehr demütiger Mensch, mehr als alle Menschen auf Erden. Und sogleich sprach der Herr zu Mose und zu Aaron und zu Mirjam: Geht hinaus, ihr drei, zu der Stiftshütte! Und sie gingen alle drei hinaus. Da kam der Herr hernieder in der Wolkensäule und trat in die Tür der Stiftshütte und rief Aaron und Mirjam, und die gingen beide hin. Und er sprach: Hört meine Worte: Ist jemand unter euch ein Prophet des Herrn, dem will ich mich kundmachen in Gesichtern oder will mit ihm reden in Träumen. Aber so steht es nicht mit meinem Knecht Mose; ihm ist mein ganzes Haus anvertraut. Von Mund zu Mund rede ich mit ihm, nicht durch dunkle Worte oder Gleichnisse, und er sieht den Herrn in seiner Gestalt. Warum habt ihr euch denn nicht gefürchtet, gegen meinen Knecht Mose zu reden? Und der Zorn des Herrn entbrannte gegen sie, und er wandte sich weg; auch wich die Wolke von der Stiftshütte. Und siehe, da war Mirjam aussätzig wie Schnee. Und Aaron wandte sich zu Mirjam und wird gewahr, daß sie aussätzig ist, und sprach zu Mose: Ach, mein Herr, laß die Sünde nicht auf uns bleiben, mit der wir töricht getan und uns versündigt haben. Laß Mirjam nicht sein wie ein Totgeborenes, das von seiner Mutter Leibe kommt und von dem schon die

Hälfte seines Fleisches geschwunden ist. Mose aber schrie zu dem Herrn: Ach Gott, heile sie! Der Herr sprach zu Mose: Wenn ihr Vater ihr ins Angesicht gespien hätte, würde sie nicht sieben Tage sich schämen? Laß sie abgesondert sein sieben Tage außerhalb des Lagers; danach soll sie wieder aufgenommen werden. So wurde Mirjam sieben Tage abgesondert außerhalb des Lagers. Und das Volk zog nicht weiter, bis Mirjam wieder aufgenommen wurde. Danach brach das Volk von Hazerot auf und lagerte sich in der Wüste Paran.

2. Debora die Richterin

Zu der Zeit war Richterin in Israel die Prophetin Debora, die Frau Lapidots. Sie hatte ihren Sitz unter der Palme Deboras zwischen Rama und Bethel auf dem Gebirge Ephraim. Und die Kinder Israel kamen zu ihr hinauf zum Gericht. Und sie sandte hin und ließ rufen Barak, den Sohn Abinoams aus Kedesch in Naftali, und ließ ihm sagen: Hat dir nicht der Herr, der Gott Israels, geboten: Geh hin und zieh auf den Berg Tabor und nimm zehntausend Mann mit dir von Naftali und Sebulon? Ich aber will Sisera, den Feldhauptmann Jabins, dir zuführen an den Bach Kischon mit seinen Wagen und mit seinem Heer und will ihn in deine Hände geben. Barak sprach zu ihr: Wenn du mit mir ziehst, so will auch ich ziehen; ziehst du aber nicht mit mir, so will auch ich nicht ziehen. Sie sprach: Ich will mit dir ziehen; aber der Ruhm wird nicht dein sein auf diesem Kriegszug, den du unternimmst, sondern der Herr wird Sisera in eines Weibes Hand geben. So machte sich Debora auf und zog mit Barak nach Kedesch. Da rief Barak Sebulon und Naftali nach Kedesch; und es zogen hinauf ihm nach zehntausend Mann. Debora zog auch mit ihm ...

Da wurde Sesera angesagt, daß Barak, der Sohn Abinoams, auf den Berg Tabor gezogen wäre. Und er rief alle seine Kriegswagen zusammen, neunhundert eiserne Wagen, und das ganze

Volk, das mit ihm war, aus Haroschet der Heiden an den Bach Kischon. Debora aber sprach zu Barak: Auf! Das ist der Tag, an dem dir der Herr den Sisera in deine Hand gegeben hat, denn der Herr ist ausgezogen vor dir her. So zog Barak von dem Berge Tabor hinab und die zehntausend Mann ihm nach. Und der Herr erschreckte den Sisera samt allen seinen Wagen und dem ganzen Heer vor der Schärfe von Baraks Schwert, so daß Sisera von seinem Wagen sprang und zu Fuß floh ...

Sisera aber floh zu Fuß in das Zelt Jaëls, der Frau des Keniters Heber. Denn der König Jabin von Hazor und das Haus Hebers, des Keniters, lebten miteinander im Frieden. Jaël aber ging hinaus Sesera entgegen und sprach zu ihm: Kehre ein, mein Herr, kehre ein bei mir und fürchte dich nicht! Und er kehrte bei ihr ein in ihr Zelt, und sie deckte ihn mit einer Decke zu. Er aber sprach zu ihr: Gib mir doch ein wenig Wasser zu trinken, denn ich habe Durst. Da öffnete sie den Schlauch mit Milch und gab ihm zu trinken und deckte ihn wieder zu. Und er sprach zu ihr: Tritt in die Tür des Zeltes, und wenn einer kommt und fragt, ob jemand hier sei, so sprich: Niemand. Da nahm Jaël, die Frau Hebers, einen Pflock von dem Zelt und einen Hammer in ihre Hand und ging leise zu ihm hinein und schlug ihm den Pflock durch seine Schläfe, daß er in die Erde drang. Er aber war ermattet in einen tiefen Schlaf gesunken. So starb er.

Deboras Siegeslied

Da sangen Debora und Barak,
der Sohn Abinoams, zu jener Zeit:
Höret zu, ihr Könige,
und merket auf, ihr Fürsten!
Ich will singen,
dem Herrn will ich singen,
dem Herrn, dem Gott Israels,
will ich spielen.
Zu den Zeiten Schamgars, des Sohnes Anats,
zu den Zeiten Jaëls waren verlassen die Wege,

und die da auf Straßen gehen sollten,
die wanderten auf ungebahnten Wegen.
Still war's bei den Bauern,
ja, still in Israel,
bis du, Debora, aufstandest,
bis du aufstandest,
eine Mutter in Israel.
Auf, auf, Debora!
Auf, auf und singe ein Lied!
Mach dich auf, Barak,
und fange, die dich fingen,
du Sohn Abinoams!
Da zog herab, was übrig war
von Herrlichen im Volk.
Der Herr zog mit mir herab unter den Helden:
aus Ephraim zogen sie herab ins Tal,
und nach ihm Benjamin mit seinem Volk.
Von Machir zogen
Gebieter herab
und von Sebulon, die den Führerstab halten,
und die Fürsten in Issachar mit Debora,
wie Issachar so Barak;
ins Tal folgte er ihm auf dem Fuß.
Gepriesen sei unter den Frauen Jaël,
das Weib Hebers, des Keniters;
gepriesen sei sie im Zelt unter den Frauen!
Milch gab sie, als er Wasser forderte,
Sahne reichte sie dar in einer herrlichen Schale.
Sie griff mit ihrer Hand den Pflock
und mit ihrer Rechten den Schmiedehammer
und zerschlug Siseras Haupt
und zermalmte und durchbohrte seine Schläfe.
Zu ihren Füßen krümmte er sich,
fiel nieder und lag da.
Er krümmte sich, fiel nieder zu ihren Füßen;
wie er sich krümmte, so lag er erschlagen da.
So sollen umkommen, Herr, alle deine Feinde!

Die ihn aber liebhaben, sollen sein,
wie die Sonne aufgeht in ihrer Pracht.

3. Hulda die Prophetin

Als aber der König die Worte des Gesetzbuches hörte, zerriß er
seine Kleider. Und der König gebot dem Priester Hilkija und
Ahikam, dem Sohn Schafans, und Achbor, dem Sohn Michajas,
und Schafan, dem Schreiber, und Asaja, dem Kämmerer des
Königs, und sprach: Geht hin und befragt den Herrn für mich, für
das Volk und für ganz Juda über die Worte dieses Buches, das
gefunden ist; denn groß ist der Grimm des Herrn, der über uns
entbrannt ist, weil unsere Väter nicht den Worten dieses Buches
gehorcht haben und nicht alles taten, was darin geschrieben ist.
Da gingen hin der Priester Hilkija, Ahikam, Achbor, Schafan
und Asaja zu der Prophetin Hulda, der Frau Schallums, des
Sohnes Tikwas, des Sohnes des Harhas, des Hüters der Kleider,
und sie wohnte in Jerusalem im zweiten Bezirk der Stadt; und sie
redeten mit ihr. Sie aber sprach zu ihnen: So spricht der Herr, der
Gott Israels: Sagt dem Mann, der euch zu mir gesandt hat: So
spricht der Herr: Siehe, ich will Unheil über diese Stätte und ihre
Einwohner bringen, alle Worte des Buches, das der König von
Juda hat lesen lassen, weil sie mich verlassen und andern Göttern
geopfert haben, mich zu erzürnen mit allen Werken ihrer Hände;
darum wird mein Grimm gegen diese Stätte entbrennen und nicht
ausgelöscht werden. Aber dem König von Juda, der euch gesandt
hat, den Herrn zu befragen, sollt ihr sagen: So spricht der Herr,
der Gott Israels: Was die Worte angeht, die du gehört hast: Weil
du im Herzen betroffen bist und dich gedemütigt hast vor dem
Herrn, als du hörtest, was ich geredet habe gegen diese Stätte
und ihre Einwohner, daß sie sollen zum Entsetzen und zum Fluch
werden, und weil du deine Kleider zerrissen hast und vor mir
geweint hast, so habe ich's auch erhört, spricht der Herr. Darum
will ich dich zu deinen Vätern versammeln, damit du mit Frieden

in dein Grab kommst und deine Augen nicht sehen all das Unheil, das ich über diese Stätte bringen will. Und sie sagten es dem König wieder.

4. Maria Magdalena, den Jüngern eine Jüngerin

Am ersten Tag der Woche kommt Maria von Magdala früh, als es noch finster war, zum Grab und sieht, daß der Stein vom Grab weg war. Da läuft sie und kommt zu Simon Petrus und zu dem andern Jünger, den Jesus lieb hatte, und spricht zu ihnen: Sie haben den Herrn weggenommen aus dem Grab, und wir wissen nicht, wo sie ihn hingelegt haben. Da ging Petrus und der andere Jünger hinaus, und sie kamen zum Grab. Es liefen aber die zwei miteinander, und der andere Jünger lief voraus, schneller als Petrus, und kam zuerst zum Grab, schaut hinein und sieht die Leinentücher liegen; er ging aber nicht hinein. Da kam Simon Petrus ihm nach und ging in das Grab hinein und sieht die Leinentücher liegen, aber das Schweißtuch, das Jesus um das Haupt gebunden war, nicht bei den Leinentüchern liegen, sondern daneben, zusammengewickelt an einem besonderen Ort. Da ging auch der andere Jünger hinein, der zuerst zum Grab gekommen war, und sah und glaubte. Denn sie verstanden die Schrift noch nicht, daß er von den Toten auferstehen müßte. Da gingen die Jünger wieder heim.

Maria aber stand draußen vor dem Grab und weinte. Als sie nun weinte, schaute sie in das Grab und sieht zwei Engel in weißen Gewändern sitzen, einen zu Häupten und den andern zu den Füßen, wo sie den Leichnam Jesu hingelegt hatten. Und die sprachen zu ihr: Frau, was weinst du? Sie spricht zu ihnen: Sie haben meinen Herrn weggenommen, und ich weiß nicht, wo sie ihn hingelegt haben. Und als sie das sagte, wandte sie sich um und sieht Jesus stehen und weiß nicht, daß es Jesus ist. Spricht Jesus zu ihr: Frau, was weinst du? Wen suchst du? Sie meint, es sei der Gärtner, und spricht zu ihm: Herr, hast du ihn weggetragen, so sage mir, wo du ihn hingelegt hast; dann will ich ihn holen. Spricht Jesus zu ihr: Maria! Da wandte sie sich um und spricht zu ihm auf hebräisch: Rabbuni!, das heißt: Meister! Spricht Jesus zu ihr: Rühre mich nicht an! denn ich bin noch nicht aufgefahren zum Vater. Geh aber hin zu meinen Brüdern und sage ihnen: Ich fahre auf zu meinem Vater und zu eurem Vater, zu meinem Gott und zu eurem Gott.

Maria von Magdala geht und verkündigt den Jüngern: Ich habe den Herrn gesehen, und das hat er zu mir gesagt.

5. Thekla, die von Paulus ausgesandte Jüngerin

Und während Paulus so sprach in der Gemeinde im Hause des Onesiphorus, saß eine Jungfrau (namens) Thekla − ihre Mutter war Theoklia −, die mit einem Mann (namens) Thamyris verlobt war, an einem benachbarten Fenster und hörte Tag und Nacht das Wort vom jungfräulichen Leben, wie es von Paulus verkündet wurde. Und sie neigte sich nicht vom Fenster fort, sondern drängte sich im Glauben in unaussprechlicher Freude herzu. Da sie aber auch noch viele Frauen und Jungfrauen zu Paulus hineingehen sah, hatte sie das Verlangen, auch sie möchte gewürdigt werden, vor dem Angesicht des Paulus zu stehen und das Wort Christi zu hören. Denn sie hatte Paulus von Angesicht noch nicht gesehen, sondern hörte nur sein Wort. Da sie aber nicht vom Fenster wich, schickte ihre Mutter zu Thamyris. Der aber kam höchst erfreut, als sollte er sie schon zur Hochzeit nehmen. Thamyris sprach nun zu Theoklia: »Wo ist meine Thekla, daß ich sie sehe?« Und Theoklia antwortete: »Eine neue Geschichte habe ich dir zu berichten, Thamyris! Drei Tage und drei Nächte nämlich ist Thekla nicht vom Fenster aufgestanden, weder zum Essen noch zum Trinken, sondern als ob sie sich einer großen Freude zugewandt hat, so hängt sie an einem fremden Mann, der trügerische und schillernde Worte lehrt, so daß ich mich wundere, wie eine Jungfrau, die von so großer Schüchternheit ist wie sie, sich so peinlich belästigen läßt ...«

Demas aber und Hermogenes sagten zu Thamyris: »Sag, daß er ein Christ ist, und so wirst du ihn verderben.« Der Statthalter aber ging mit sich zu Rate und rief Paulus und sprach zu ihm: »Wer bist du, und was lehrst du?«

Als der Statthalter das gehört hatte, gab er Befehl, Paulus zu binden und in das Gefängnis abzuführen, bis er Muße finden werde, ihn gründlicher zu verhören. Thekla aber gab in der Nacht ihr Armband, das sie sich abgenommen hatte, dem Türhüter, und als ihr die Tür aufgetan war, ging sie fort in das Gefängnis. Dem Gefängniswärter schenkte sie einen silbernen Spiegel und ging nun zu Paulus hinein, und sie setzte sich ihm zu Füßen und hörte (ihn) die großen Taten Gottes (verkünden). Und Paulus fürchtete nichts, sondern wandelte voller Zuversicht zu Gott. Und ihr Glaube nahm zu, und sie küßte auch seine Fesseln ...

Und er ließ Paulus vor den Richterstuhl führen. Thekla aber wälzte sich auf der Stelle, wo Paulus lehrte, als er im Gefängnis saß. Der Statthalter ließ auch sie vor den Richterstuhl führen; sie aber ging voller Freude und mit Frohlocken. Als Paulus aber wieder vorgeführt wurde, schrie die Menge noch mehr: »Er ist ein Zauberer, weg mit ihm!« Der Stadthalter aber hörte den Paulus gern über die heiligen Werke Christi. Und nachdem er beraten hatte, rief er Thekla und sprach: »Warum heiratest du nicht den Thamyris nach dem Gesetz der Ikonier?« Sie aber stand da und schaute unverwandt auf Paulus. Als sie nun nicht antwortete, da schrie Theoklia, ihre Mutter, und rief: »Verbrenne die Gesetzlose, verbrenne die Unglücksbraut mitten im Theater, damit alle Frauen, die sich von diesem haben belehren lassen, Angst bekommen!« Und der Statthalter hatte viel auszustehen und ließ den Paulus geißeln und zur Stadt hinauswerfen, Thekla aber verurteilte er zum Verbranntwerden.

Und sofort stand der Stadthalter auf und ging in das Theater. Und der ganze Volkshaufen zog hinaus zu dem unabwendbaren Schauspiel. Thekla aber suchte, wie ein Lamm in der Wüste nach dem Hirten umherschaut, nach Paulus. Und als sie über die Volksmenge hinwegblickte, sah sie den Herrn in der Gestalt des Paulus sitzen und sagte: »Als ob ich nicht standhaft wäre, ist Paulus gekommen, um nach mir zu sehen.« Und sie schaute auf

ihn unverwandt; er aber entschwand in den Himmel. Die Jüng-
linge und Jungfrauen aber brachten Holz und Stroh herzu, damit
Thekla verbrannt würde. Wie sie nun nackt hereingeführt wurde,
weinte der Statthalter und bewunderte die Kraft, die in ihr war.
Die Henkersknechte aber schichteten das Holz auf und befahlen
ihr, den Scheiterhaufen zu besteigen. Sie aber stieg auf das Holz,
indem sie die Gestalt des Kreuzes machte (d. h. die Arme
ausbreitete). Sie aber legten von unten Feuer an. Und obwohl ein
mächtiges Feuer aufleuchtete, berührte das Feuer sie nicht. Denn
Gott hatte Erbarmen und ließ ein unterirdisches Grollen eintreten und von oben her überschattete eine Wolke voll Wasser und
Hagel (das Theater) und ihr ganzer Inhalt ergoß sich, so daß viele
in Gefahr gerieten und starben und das Feuer ausgelöscht, Thekla aber gerettet wurde. Paulus aber weilte fastend mit Onesiphorus, seiner Frau und seinen Kindern in einer offenen Grabanlage
an dem Wege, auf dem man von Ikonium nach Daphne gelangt.
Nachdem aber viele Tage vergangen waren, während sie fasteten,
sprachen die Kinder zu Paulus: »Wir haben Hunger.« Und sie
hatten nichts, wovon sie Brote hätten einkaufen können; denn
Onesiphorus hatte die weltlichen Dinge verlassen und war dem
Paulus mit seiner ganzen Familie gefolgt. Paulus aber zog sein
Obergewand aus und sprach: »Gehe hin, mein Kind, verkaufe
dies und kaufe mehrere Brote und bringe sie her!« Als der Knabe
aber beim Einkaufen war, sah er seine Nachbarin Thekla und
erschrak und sagte: »Thekla, wohin gehst du?« Sie antwortete:
»Ich bin hinter Paulus her, nachdem ich aus dem Feuer gerettet
bin.« Und der Knabe sprach: »Komm, ich führe dich zu ihm;
denn er seufzt um dich und betet und fastet schon sechs Tage.«
Als sie aber zu dem Grabe trat, hatte Paulus die Knie gebeugt
und betete: »Vater Christi, möge das Feuer Thekla nicht anrühren, sondern stehe du ihr bei, denn sie ist dein!« Sie aber rief,
hinter ihm stehend: »Vater, der du den Himmel und die Erde
gemacht hast, du, der Vater deines geliebten Sohnes Jesus Christus, ich preise dich, daß du mich aus dem Feuer gerettet hast,
damit ich Paulus sehe!« Und als Paulus aufstand, sah er sie und
sprach: »Gott, du Herzenskundiger, Vater unseres Herrn Jesu
Christi, ich preise dich, daß du das, worum ich (dich) bat, so

schnell (getan hast) und hast mich erhört.« Und drinnen in der Grabanlage herrschte große Liebe; und Paulus und Onesiphorus und alle jubelten. Sie hatten aber fünf Brote und Gemüse und Wasser, und sie waren fröhlich über die heiligen Werke Christi. Und Thekla sprach zu Paulus: »Ich will mich rundherum scheren und dir folgen, wohin du (auch) gehst.« Er aber sprach: »Die Zeit ist böse und du bist schön von Gestalt. Daß nur nicht eine andere Versuchung über dich komme, schlimmer als die erste, und du nicht aushältst und feige wirst!« Und Thekla sagte: »Gib mir nur das Siegel in Christo, und keine Versuchung wird mich ergreifen.« Und Paulus antwortete: »Thekla, habe Geduld, und du wirst das Wasser empfangen.«

Und Paulus entließ den Onesiphorus mit seiner ganzen Familie, nahm Thekla darauf zu sich und kam nach Antiochien. Gleich bei ihrer Ankunft aber wurde ein Syrer mit Namen Alexander, einer der ersten der Antiochener, als er Thekla erblickte, von Liebe zu ihr ergriffen, und suchte Paulus durch Geld und Geschenke zu erbitten. Paulus aber sagte: »Ich kenne die Frau nicht, von der du sprichst; sie ist auch nicht mein.« Er aber, der ja ein mächtiger Mann war, umarmte sie einfach auf offener Straße. Sie aber hielt nicht still, sondern sah sich nach Paulus um. Und heftig schrie sie auf: »Tue einer Fremden nicht Gewalt an, tue nicht der Magd Gottes Gewalt an! Unter den Ikoniern bin ich eine der Ersten, und weil ich den Thamyris nicht heiraten wollte, bin ich aus der Stadt vertrieben.« Und sie ergriff Alexander und zerriß ihm das Obergewand, riß ihm den Kranz vom Kopf und machte ihn zum Gespött. Er aber, teils voll Liebe zu ihr, teils voll Scham über das, was ihm geschehen war, führte sie vor den Statthalter, und da sie gestand, daß sie das getan habe, verurteilte er sie zum Tierkampf, da Alexander Spiele veranstaltete. Die Weiber aber gerieten außer sich und schrien vor dem Richterstuhl: »Ein übles Gericht! Ein gottloses Gericht!« Thekla aber bat den Statthalter, daß sie unberührt bliebe, bis sie mit den Tieren kämpfen müsse. Und eine reiche Frau, namens Tryphäna, deren Tochter gestorben war, nahm sie in ihre Obhut und fand an ihr Trost. Als nun der Umzug der Tiere stattfand, band man sie an eine wilde Löwin, und die Königin Tryphäna folgte ihr. Und die Löwin leckte, während Thekla obendrauf saß, ihr die Füße, und die ganze Volksmenge geriet außer sich. Ihre Schuld aber lautete in der Überschrift: ›Tempelräuberin‹. Die Frauen aber schrien mit den Kindern von oben her und riefen: »O Gott, ein gottloses Gericht geschieht in dieser Stadt!« Und nach dem Umzug nahm Tryphäna sie wieder zu sich. Ihre Tochter nämlich, die gestorben war, hatte im Traum zu ihr gesprochen: »Mutter, die Fremde, die verlassene Thekla, sollst du an meiner Stelle annehmen, damit sie für mich bete und ich an den Ort der Gerechten versetzt werde.« Als nun nach dem Umzug Tryphäna sie zu sich nahm, war sie einerseits traurig, weil sie am folgenden Tag mit den Tieren kämpfen sollte, andererseits aber liebte sie sie wie ihre Tochter Falconilla; und sie sprach: »Mein zweites Kind, Thekla, komm bete für mein Kind, daß es lebe; denn das habe ich im Traum geschaut.« Sie aber erhob, ohne zu zögern, ihre Stimme und sprach: »Du Gott der Himmel, Sohn des Höchsten, verleihe ihr nach ihrem Willen, daß ihre Tochter Falconilla leben möge in Ewigkeit!« Und als Thekla so sprach, trauerte Tryphäna, da sie daran dachte, daß solche Schönheit vor die Tiere geworfen werden sollte. Als es Morgen geworden war, kam Alexander, um sie abzuholen — er selbst nämlich veranstaltete die Tierkämpfe —, und sagte: »Der Statthalter hat seinen Platz eingenommen, und die Volksmenge ruft lärmend nach uns; gib (sie) heraus, ich will die Tierkämpferin abführen.« Tryphäna aber schrie auf, so daß er floh, indem sie ausrief: »Die Trauer um meine Falconilla kommt zum zweiten Male über mein Haus, und keiner ist, der hilft; weder ein Kind, denn es ist tot, noch ein Verwandter, denn ich bin eine Witwe. Gott Theklas, meines Kindes, stehe der Thekla bei!« Und der Statthalter schickte Soldaten, um Thekla herbeiführen zu lassen. Tryphäna aber trat nicht zur Seite, sondern ergriff sie selbst bei der Hand und geleitete sie mit den Worten: »Meine Tochter Falconilla habe ich zu Grabe geleitet; dich aber, Thekla, geleite ich zum Tierkampf.« Und Thekla weinte bitterlich und seufzte zum Herrn und sprach: »Herr Gott, dem ich vertraue, zu dem ich meine Zuflucht genommen habe, der mich aus dem Feuer errettet hat, belohne Tryphäna, die mit deiner Magd Mitleid hatte, daß sie mich rein bewahrt hat.« Es entstand nun Lärm und Gebrüll der Tiere und Geschrei des Volkes und der Frauen, die mit dabei saßen, indem die einen riefen: »Führe die Tempelräuberin herein!« – die anderen: »Daß doch die Stadt unterginge wegen dieses Frevels, töte uns alle, Statthalter; klägliches Schauspiel, schändliches Gericht!« Thekla aber wurde den Händen der Tryphäna entrissen und entkleidet und empfing einen Schurz und wurde in die Rennbahn gestoßen. Und Löwen und Bären wurden auf sie losgelassen, und eine wilde Löwin lief auf sie zu und legte sich ihr zu Füßen. Der Haufen der Frauen aber erhob ein großes Geschrei. Und es ging eine Bärin auf sie los; die Löwin aber lief ihr entgegen und zerriß die Bärin. Und wiederum ging ein Löwe auf sie los, der auf Menschen abgerichtet war und Alexander gehörte. Und die Löwin verbiß sich mit dem Löwen und kam mit ihm um. Lauter aber klagten die Frauen, weil auch die Löwin, die ihr beistand, tot war. Da ließen sie viele Tiere herein, während sie dastand und die Hände ausgebreitet hatte und betete. Als sie aber ihr Gebet beendet hatte, wandte sie sich um und sah eine große Grube voll Wasser und sprach: »Jetzt ist der Zeitpunkt gekommen, mich zu waschen.« Und sie stürzte sich selbst hinein mit den Worten: »Im Namen Jesu Christi taufe ich mich am letzten Tage!« Als das die Frauen und das ganze Volk sahen, weinten sie und riefen: »Stürze dich nicht selbst ins Wasser!« Sogar der Statthalter vergoß Tränen, weil soviel Schönheit von den Robben gefressen werden sollte. Sie also stürzte sich ins Wasser im Namen Jesu Christi; die Robben aber sahen den Glanz eines Blitzes und schwammen tot an der Oberfläche. Und um sie herum war eine Wolke von Feuer, so daß weder die Tiere sie anrühren konnten noch sie in ihrer Nacktheit gesehen werden konnte. Als aber andere schreckliche Tiere losgelassen wurden, klagten die Frauen, und die einen warfen Grünes, die anderen Narde, andere Zimt und andere Amomum hinab, so daß eine Menge Spezereien dort waren. Alle losgelassenen Tiere aber waren wie vom Schlaf befangen und rührten sie nicht an. Daher sagte Alexander zum Statthalter: »Ich habe sehr wilde Tiere, an die wollen wir die Tierkämpferin binden.« Verdrießlich gestattete es der Statthalter und sagte: »Tue, was du willst.« Und man band sie mit den Füßen mitten zwischen die Stiere und legte unter deren Geschlechtsteile glühend gemachte Eisen, damit sie noch mehr gereizt (würden und) sie töten sollten. Die nun sprangen zwar; aber die ringsum lodernde Flamme brannte die Stricke durch, und sie war, als ob sie nicht gebunden wäre. Tryphäna aber fiel in Ohnmacht, während sie bei der Arena stand, so daß die Dienerinnen sagten: »Die Königin Tryphäna ist gestorben.« Und der Statthalter merkte auf, und die ganze Stadt wurde bange. Und Alexander fiel dem Statthalter zu Füßen und rief: »Habe Erbarmen mit mir und mit der Stadt und laß die Tierkämpferin frei, damit nicht auch die Stadt mit zugrunde gehe! Denn wenn der Kaiser dies hört, wird er wahrscheinlich mit uns auch die Stadt verderben, weil seine Verwandte Tryphäna am Zirkustor gestorben ist.« Und der Statthalter ließ Thekla mitten aus den Tieren herausrufen und sprach zu ihr: »Wer bist du, und was hat es mit dir auf sich, daß auch nicht eines von den Tieren dich anrührte?« Sie antwortete: »Ich bin eine Dienerin des lebendigen Gottes; was es aber mit mir auf sich hat: Ich habe an den geglaubt, an dem Gott Wohlgefallen hatte, an seinen Sohn. Um seinetwillen hat mich keines von den Tieren angerührt. Denn er allein ist das Ziel der Rettung und die Grundlage unsterblichen Lebens. Ist er doch für die, die vom Sturm geplagt sind, eine Zuflucht, für Bedrängte Erquickung, für Verzweifelte Schutz, mit einem Wort: Wer nicht an ihn glaubt, wird nicht leben, sondern tot sein in Ewigkeit.« Als der Statthalter das hörte, ließ er Kleider herbeibringen und sprach: »Ziehe die Kleider an!« Sie aber antwortete: »Der mich bekleidet hat, als ich nackt unter den Tieren war, der wird mich am Tage des Gerichts mit Heil bekleiden.« Und sie nahm die Kleider und zog sie an.

Und sogleich gab der Statthalter eine Verfügung heraus des Inhalts: »Thekla, die fromme Dienerin Gottes, gebe ich euch los.« Die Frauen aber schrien alle mit lauter Stimme und lobten Gott wie aus einem Munde und sprachen: »Einer ist Gott, der Thekla gerettet hat«, so daß von dem Schreien die ganze Stadt erbebte und Tryphäna, als sie die frohe Botschaft vernahm, mit der Volksmenge ihr entgegenkam und Thekla umarmte und sprach: »Jetzt glaube ich, daß die Toten erweckt werden! Jetzt glaube ich, daß mein Kind lebt! Komm herein, und alles, was mein ist, will ich dir vermachen.« Thekla ging nun mit ihr hinein und ruhte sich in ihrem Hause acht Tage aus und unterrichtete sie im Worte Gottes, so daß auch von den Dienerinnen mehrere zum Glauben kamen und in dem Hause große Freude herrschte.

Thekla aber sehnte sich nach Paulus und suchte ihn, indem sie überall herumschickte. Und es wurde ihr mitgeteilt, er sei in Myra. Da nahm sie Diener und Dienerinnen, gürtete sich und nähte ihr Gewand zu einem Oberkleid nach Männerart, und sie kam in Myra an und fand Paulus, wie er das Wort Gottes verkündete, und trat zu ihm. Er aber erschrak, als er sie sah, und die Menge bei ihr, da er daran dachte, ob ihr nicht eine andere Versuchung nahe sei. Sie aber bemerkte es und sprach zu ihm: »Ich habe das Bad genommen, Paulus; denn der mit dir zusammen gewirkt hat für das Evangelium, hat auch mit mir zusammen gewirkt, (mich) zu waschen.« Und Paulus ergriff sie bei der Hand und führte sie in das Haus des Hermias und hörte von ihr alles, (was sich ereignet hatte), so daß Paulus sich sehr wunderte und die Hörer gestärkt wurden und für Tryphäna beteten. Und Thekla stand auf und sprach zu Paulus: »Ich gehe nach Ikonium.« Paulus aber antwortete: »Gehe hin und lehre das Wort Gottes!«

6. *Perpetua und Felicitas, zwei Märtyrerinnen*

Die jungen Katechumenen, Revocatus und seine Mitbediensteten Felicitas, Saturninus und Secundulus, wurden festgenommen. Unter ihnen befand sich auch Vivia Perpetua, eine verheiratete Frau. Sie stammte aus ehrbarem Hause und hatte eine liberale Erziehung genossen. Einer ihrer beiden Brüder war Katechumen wie sie selbst. Einen Sohn hatte sie, der noch ein Säugling war. Sie selbst war 22. Soviel zu ihrer Person! Von hier aus wird sie selbst erzählen; sie wird erzählen, wie ihr Martyrium verlief. D. h., was nun folgt, stammt aus ihrer Feder und spiegelt ihre eigenen Gedanken wider:

»... nach einigen Tagen ließ man mehrfach verlauten, daß es zu einer Anhörung kommen sollte. Da erschien mein Vater. Völlig erschöpft kam er aus der Stadt zu mir – erschöpft infolge der durchlittenen Ängste. Er trat zu mir heran auf eine Weise, als wollte er mich zu Boden stoßen. ›Hab Mitleid, meiner Tochter, mit meinem grauen Haar‹, sagte er. ›Hab Mitleid mit deinem Vater, falls ich es wert bin, von dir Vater genannt zu werden. Wenn es wahr ist, daß ich dich mit diesen Händen aufgezogen habe, dich zur Blüte deines Alters herangebildet habe ..., wenn es wahr ist, daß ich dir vor deinen Brüdern den Vorzug gegeben habe, dann – bitte liefere mich dann bitte nicht dem Spott der Leute aus! Denke an deine Brüder, denk an deinen Sohn, der nicht lebensfähig sein wird ohne dich. Sag deinem Mut ab und führe uns nicht alle ins Unglück; denn keiner von uns wird je wieder in Freiheit sprechen können, was immer du auch erleidest.‹ All diese Worte sprach mein Vater, bewegt, wie er war, und küßte meine Hände und warf sich mir zu Füßen. Und unter Tränen nannte er mich nicht mehr Tochter, sondern Liebste. Und ich trauerte über seinem grauen Haar. Ich war traurig darüber, daß er als einziger meiner Familie würde keinerlei Freude über mein Leiden empfinden können. Und ich tröstete ihn und sprach: ›An der Hinrichtungsstätte wird geschehen, was immer Gottes Wille ist. Denke daran, daß wir nicht im Vertrauen auf unsere eigene Kraft dastehen, sondern im Vertrauen auf ihn.‹ Und er zog besorgt von dannen ... Doch dann – mein Kind war daran gewöhnt, die Brust zu bekommen und einige Zeit bei mir im Gefängnis zu verbringen – mußte ich Pomponius, den Diakon, zu meinem Vater schicken um des Kindes willen. Mein Vater aber gab ihm das Kind nicht. Und als Gott es befahl, wollte es nicht trinken, noch bereitete mir meine Brust Probleme, wenn mich die Sorge um mein Baby quälte ...

Einen Tag, bevor wir zum Kampfe hinausgeschickt werden sollten, hatte ich eine Vision: Ich sah, daß Pomponius, der Diakon, auf das Gefängnistor zukam und vehement zu klopfen begann. Ich ging hinaus zu ihm und öffnete das Tor. Er war mit einem reich verzierten weißen Gewand bekleidet und trug Stiefel dazu. Und er sprach zu mir: ›Komm, Perpetua, wir warten auf dich!‹

Und er reichte mir seine Hand, und wir überquerten unebene steinige Plätze, bis wir schließlich das Amphitheater erreichten. Kaum waren wir dort angekommen – völlig außer Atem –, führte er mich in die Mitte der Arena und sprach zu mir: ›Fürchte dich nicht, ich bin bei dir, und ich kämpfe mit dir‹, und er ging fort. Voller Erstaunen blickte ich in eine riesige Menschenmenge. Und da ich wußte, ich würde den wilden Tieren hingegeben, wunderte ich mich, daß die Bestien nicht gleich auf mich losgelassen wurden. Da kam ein gewisser Ägypter auf mich zu, schrecklich anzuschauen. Er kam mit seinen Mannen, um den Kampf mit mir aufzunehmen. Und da kamen zu mir gutaussehende Jugendliche, mir zu helfen und mir Mut zu machen; und ich wurde entblößt und ward ein Mann. Da fingen meine Helfer an, mich mit Öl einzureiben, wie es im Wettkampf Sitte ist; und gleichzeitig sah ich den Ägypter, wie er sich im Staub wälzte. Und ein Mann von immenser Größe trat heran, der selbst die Spitze des Amphitheaters überragte. Er trug eine lose hängende Tunika und ein purpurfarbenes Obergewand, von zwei Bändern über seiner Brust gehalten. Und er trug einen Stab bei sich – gleichsam einem Ausbilder der Gladiatoren – und einen Zweig mit Äpfeln aus Gold. Er verlangte Ruhe und sprach: ›Dieser Ägypter soll die Frau mit dem Schwert töten, sollte er sie besiegen; und sie soll diesen Zweig erhalten, sollte sie ihn erobern!‹ Dann verließ er die Szenerie. Und wir näherten uns einander und fingen an, uns Schläge zu versetzen. Er versuchte, mich an den Füßen zu halten, während ich mit den Fersen sein Gesicht erwischte. Und ich wurde hochgerissen und fing an, ihn aus der Luft zu schubsen, als wollte ich die Erde wegstoßen. Aber als ich sah, daß es eine Verzögerung gab und ich schneller war, konnte eine meiner Hände die andere fassen, so daß die Finger sich verschlingen konnten. Ich ergriff seinen Kopf; er fiel aufs Gesicht, und ich trat auf seinen Kopf. Und die Menge fing an zu brüllen, und meine Hintermänner fingen an zu jubeln. Und ich näherte mich dem ›Dresseur‹ und nahm den Zweig. Er küßte mich und sprach: ›Friede sei mit dir, meine Tochter!‹ Und majestätisch beschritt ich den Weg zum Tor, durch das die Sieger gehen. Da erwachte ich und wurde gewahr, daß ich nicht gegen wilde Tiere, sondern gegen den Teufel zu kämpfen hatte. Doch ich war mir immer noch des Sieges sicher.

Aber in bezug auf Felicitas (in ihrem Falle schien die Gnade des Herrn auf ähnliche Weise greifbar nahe), die bereits im achten Monat schwanger war, als der Tag der öffentlichen Zur-Schau-Stellung näherrückte, läßt sich sagen, daß sie sich in äußersten Nöten befand. Man hatte sie gefangengenommen, als sie bereits ein Kind erwartete, doch schwangere Frauen dürfen nicht öffentlich bestraft werden ... Sie betete inbrünstig zu ihrem Herrn: Möge er doch ihre Niederkunft verzögern. Es war drei Tage vor der Zur-Schau-Stellung der Gefangenen. Bald nachdem sie ihr Gebet beendet hatte, wurde sie von Wehen übermannt. Und als sie sich sorgte wegen der nur acht Monate währenden Schwangerschaft und der zu frühen Niederkunft, sprach eine der Sklavinnen des Cataractarius zu ihr: ›Die du nun derartige Schmerzen erleidest, was wirst du tun, wenn du den wilden Tieren vorgeworfen wirst, die du verachtetest, als du dein Opfer verweigertest?‹ Und sie antwortete: ›Jetzt bin ich es, die erleidet, was ich leide; aber dann wird jemand anders in mir sein, der für mich leidet, weil auch ich im Begriff bin, für Ihn zu leiden.‹ So brachte sie ein Mädchen zur Welt, das eine treue Schwester als ihre Tochter aufzog.

Der Tag ihres Sieges hinterließ seinen Glanz, und sie beschritten den Weg vom Gefängnis zum Amphitheater. Es war, als ob sie sich zu einer Versammlung begäben, die ihr fröhliches, ja gar strahlendes Gesicht zeigte. Und wenn sie vielleicht zusammenzuckten, dann vor Freude und nicht aus Angst. Perpetua folgte mit sanftmütigem Blick; ihr Gang, ihre Haltung erinnerten an eine Braut Christi, von Gott geliebt. Gesenkten Hauptes schritt sie an der Menge vorbei, so daß der Glanz ihrer Augen nicht sichtbar war. Darüber hinaus empfand Felicitas Freude darüber, daß sie rechtzeitig ein gesundes Kind gebären durfte; jetzt konnte sie sich dem Kampf mit den Bestien hingeben — weg vom Blut, weg von der Hebamme hin zum Gladiator, um nach der Geburt ihres Kindes durch die zweite Taufe gereinigt werden zu können. Darüber hinaus hielt der Teufel für die jungen Frauen eine besondere Bestie bereit, eine äußerst wilde Löwin, obwohl es eigentlich nicht üblich war, in der Arena den Kampf mit dem eigenen Geschlecht aufnehmen zu müssen. Die Menge erschauerte, als sie eine junge Frau von so schöner Gestalt erblickte und eine andere, aus deren Brüsten Milch tropfte als Zeichen einer noch nicht lange zurückliegenden Niederkunft. Um das alles wieder in Erinnerung zu bringen, folgende Schilderung: Sie werden losgebunden, und Perpetua wird als erste hereingeführt. Sie wurde umgestoßen, fiel auf die Lenden. Und als sie sah, daß ihre Tunika an der einen Seite zerrissen war, zog sie den zerfetzten Stoff wie einen Schleier über ihren Körper – eher auf ihre Keuschheit bedacht als auf ihr Leiden. Ein zweites Mal wurde sie herangerufen. Sie band sich das zerzauste Haar hoch; geziemte es sich doch nicht, das Martyrium mit zerzaustem Haar zu durchleiden, falls sie in ihrem Ruhm als Trauernde erscheinen sollte. So erhob sie sich. Und als sie Felicitas überwältigt am Boden liegen sah, ging sie hin, reichte ihr die Hand und half ihr empor. Gemeinsam trotzten sie nun der Situation. Und als der Hunger des Volkes nach Gewalt und Grausamkeit gestillt war, wurden sie aufgefordert, sich in Richtung Siegertor zu begeben. Dort ward Perpetua von einem gewissen Rusticus in Empfang genommen, einem Konfirmanden, der nicht von ihrer Seite wich. Und sie blickte in die Runde, sprach zur Verwunderung aller: ›Wann wir zu dieser Bestie hinausgeführt werden sollen, das vermag ich nicht zu sagen.‹ Es war, als ob sie aus tiefem Schlaf erwachte; in einer solchen Ekstase hatte sie sich befunden. Der Geist hatte sie völlig übermannt. Und als sie vernahm, was bereits geschehen war, konnte sie es nicht glauben, nicht eher, bis sie schließlich die Verletzungen an ihrem Körper bemerkte, die zerrissenen Kleider sah und den Konfirmanden erkannte. Sie rief diesen mitsamt ihrem Bruder zu sich, wandte sich ihnen zu mit den Worten: ›Steht fest im Glauben und liebet einander; seid mir wegen meines Leidens nicht böse!‹«

Und als die Menge sie in die Mitte rief, auf daß das Schwert ihre Körper durchbohrte, bekundeten sie ihre Zusammengehörigkeit, indem sie einander liebevolle Blicke zuwarfen. Aus eigenem Antrieb standen sie auf, begaben sich dorthin, wo man sie während des mörderischen Schauspiels sehen wollte. Aber zuvor küßten sie einander. Mit dem Friedenskuß wollten sie ihrem Martyrium ein Ende bereiten. Die übrigen warteten in der Tat schweigend und regungslos, daß sie die tödliche Klinge des Schwertes träfe. Dies gilt vor allem für Saturus, der mit den ersten die Leiter erklommen hatte und als einer der ersten seinen Geist aufgab. Auch er wartete auf Perpetua. Diese aber, der man das Schwert zwischen die Rippen gestoßen hatte, schrie in die Menge hinaus, griff die unsichere Hand des jungen Gladiators und führte sie zu ihrer Kehle. Vielleicht hätte man es nicht geschafft, eine solche Frau niederzustrecken, wenn sie es nicht selbst gewollt hätte; sie fürchtete den unreinen Geist.

7. Maximilla und Priscilla, Prophetinnen der Letzten Tage

Nicht auf mich sollt ihr hören, sondern auf Christus! (Maximilla). Der Herr sandte mich; er bestimmte mich zum Führer der Partei, zum Spitzel, zum Übersetzer. Ob man will oder nicht, er erzwingt Bekenntnis und Bund. Von Gott sollen sie erfahren (Maximilla). Als Wolf werde ich aus der Herde der Schafe hinausgetrieben. Ich bin kein Wolf. Ich bin das Wort, und ich bin Geist und Macht (Maximilla).

Nach mir soll es keine Prophetin mehr geben, sondern die Vollendung steht bevor … (Maximilla).

Christus kam in Gestalt einer Frau zu mir, mit einem leuchtenden Gewand bekleidet, und er pflanzte mir die Weisheit ein. Und die Heiligkeit dieses Ortes (Pepuza) wurde offenbar. An diesem Ort wird das himmlische Jerusalem auf die Erde herabkommen (Priscilla).

Frauen aller Rassen schließen sich zusammen, um die Erde für Kinder, Tiere und alle Lebewesen zurückzuverlangen.

Zeichnung von Meinrad Craighead aus dem Buch »Reclaim the Earth« (Woman's Press, London 1983).

X. Die neue Erde: Visionen einer befreiten Gesellschaft und Natur

Die Hoffnungen auf Erlösung sind in der westlichen Religion in unterschiedlichen Zusammenhängen zum Ausdruck gebracht worden. Da gibt es diejenigen, die auf eine Erlösung ihrer selbst hoffen – unter der Voraussetzung, daß Gott ihre Person angenommen hat und sie von nun an zur Selbstannahme und dennoch realistischer Selbsteinschätzung befähigt. Die zeitgenössische Theologie findet hier ihre Parallele in der Psychologie: Das Individuum, die Person des einzelnen, steht im Mittelpunkt der Betrachtung. So konzentrierte sich auch unser Kapitel »Umkehr« auf das Incividuum. Doch es gibt eine weitere Variante von Hoffnung: Da sind die Menschen, deren Hoffnung sich auf die Gesellschaft bezieht, Menschen, die auf Erlösung nicht nur des Individuums, sondern der Gemeinschaft hoffen und dabei die Errichtung eines neuen Zeitalters herbeisehnen; sie hoffen auf eine Welt, in der Friede und Gerechtigkeit herrschen. Und schließlich gibt es eine Hoffnung, die wir als eschatologisch bezeichnen können; denn es ist die Hoffnung, daß eines Tages der Tod nicht mehr sein wird, daß die Vergänglichkeit des einzelnen wie des Kosmos transzendiert werden kann. In diesem Kapitel wollen wir uns auf jene Hoffnungen konzentrieren, die eine Neuordnung der Gesellschaft erwarten.

Die Hoffnung auf ein neues Zeitalter, in dem Gerechtigkeit und Frieden herrschen, macht die große Bedeutung der für die Juden besonders z. Z. der Propheten so wichtigen Erlösung aus. Die alttestamentlichen Schriften haben dabei nicht grundsätzlich die »eschatologische« Dimension im Blick (d. h. die Erfüllung sämtlicher Hoffnungen nicht in der Geschichte, sondern in der Ewigkeit bei Gott). Man denkt geschichtlich und hofft auf eine für die Menschen auf der Erde erfahrbare zukünftige Erlösung. Einen bedeutsamen Niederschlag fand der Kampf um eine gerechte Gesellschaft in den Gesetzen über das Sabbat- und Erlaßjahr in Levikus 25. Gesetze dieser Art bringen in periodischen Abständen im Sinne einer schriftlichen Verfügung eine soziale Revolution in Gang. Die gesellschaftliche Ordnung, von Gott als normativ bestimmt, wird als eine Gesellschaft von Gleichen angesehen: Die in Freiheit lebenden Bauern besitzen allesamt ein Stück Land. Niemand sollte Sklave des anderen sein. Und niemand sollte für eine begangene Schuld mit seinem Eigentum bezahlen müssen und zum sozialen Abstieg, d. h. zur Sklaverei, verdammt sein. Soweit das Ideal!

Die Gesetze gehen jedoch davon aus, daß die Gefahr der Veräußerung ständig lauert. Gesellschaftliche Freiheit und Landbesitz treiben beständig auseinander. Die einen werden reicher, die anderen ärmer; und so verlieren die Menschen ihr Land und damit ihre Freiheit. Von daher sollte es in periodischen Abständen — alle fünfzig Jahre (Erlaßjahr nach sieben mal sieben oder 49 Jahren) — eine Wiederherstellung der gesellschaftlichen Norm geben, eine Rückkehr zu den idealen Zuständen. Diejenigen, die ihr Land verloren haben, werden es zurückkaufen können. Das Land soll ein Jahr lang brachliegen, und die Tiere sollen ausruhen dürfen. Hier liegt sicherlich ein äußerst wichtiger Gedanke zugrunde. Man hat erkannt, daß Erlösung (ein Teminus, der ursprünglich das Loskaufen eines Sklaven meint), eben nicht rein geistlich oder gar eschatologisch zu verstehen ist. Ebensowenig bezieht sich »Erlösung« auf das Kommen eines völlig neuen Zeitalters. »Erlösung« bedeutet eher einen kontinuierlichen Prozeß, der wieder und wieder vollzogen werden muß, und zwar *innerhalb* der Geschichte.

In unserer Zusammenstellung von bekannten hebräischen Texten aus dem Jesajabuch sehen wir, daß alle Hoffnungen auf Erlösung in einer idealen Vision zusammengefaßt wurden: Alle Nationen der Erde werden sich zu dem einenden Glauben an Gott bekehren. Friede wird einkehren unter ihnen. Und die Kriegsmaschinerie wird zu einem Werkzeug des Friedens werden, das von nun an im Dienste der Landwirtschaft steht. Selbst die Feindschaft gegenüber der Natur wird überwunden. Erlöst zu sein bedeutet nicht, unsterblich zu sein; nein, ein Leben in der Erlösung gilt eher als erfülltes Leben, und das innerhalb der dem Menschen gesetzten Grenzen. Sie alle werden ihre Zeit ausfüllen (das Ideal: ein Leben, das tausend Jahre währt) — ohne Krankheit oder einen zu frühen Tod. Niemandem wird sein Land genommen werden, gestohlen von Feinden, die vielleicht nur an den Früchten interessiert sind, die der Boden trägt. Diese Vision von einem gesegneten Leben — reich, friedlich und gerecht, soweit es menschenmöglich ist — bildet die grundlegende messianische Vision.

Es ist durchaus wahrscheinlich, daß Jesu eigene Verkündigung messianischer Hoffnung dieser prophetischen Tradition entsprang. Nach Lukas griff er auf einen Text aus Jesaja (61,1—2) zurück, als er in der Synagoge seiner Heimatstadt Nazareth seine Mission verkündigte. Er wählte einen Text aus der Tradition des Sabbat- und Erlaßjahres. Es versteht sich von selbst, daß das vom Herrn gewollte Jahr auf die Befreiung der Sklaven sowie aller Gefangenen innerhalb der Gesellschaft zielte. So entspricht es dem Reich Gottes. Und daß sich Jesus auf dieses Verständnis des Reiches Gottes verließ, wird ebenso durch das Vaterunser hervorgehoben, ein Gebot, dessen Worte mit großer Wahrscheinlichkeit auf den historischen Jesus zurückgehen.

Reich Gottes, auch hier geschichtlich verstanden, meint jene Zeit, da Gottes Wille auf Erden geschieht. Auch hier begegnen wir keinerlei Abkehr von dieser Erde infolge der Hinwendung zur himmlischen Welt. Und fernerhin wird dieser Weltbezug in Begriffen umschrieben, die dem täglichen Leben entstammen und sich auf die Erfüllung grundlegender menschlicher Bedürfnisse beziehen: Da ist die Rede vom täglichen Brot, von der Vergebung unserer Schuld, von der Bewahrung vor Versuchungen und dem

Bösen[1]. Solche Hoffnungen, Hoffnungen für die Welt, wurden innerhalb der christlichen Tradition ad acta gelegt zugunsten einer Interpretation des Erlösungsbegriffs, die sich eher auf die Versöhnung des einzelnen mit Gott und auf ein Leben nach dem Tode konzentrierte. So kommt es erst in der Moderne wieder dazu, daß innerhalb der Gesellschaft Gruppierungen aufstehen, die die alten Hoffnungen auf eine gute Gesellschaft erneut aufgreifen. Nachdem sich die westliche Zivilisation von der Vormundschaft der Kirche befreit hat, wagt man wieder auf einen Befreiungsprozeß zu hoffen, der sich innerhalb der Geschichte ereignet. In Anlehnung daran haben wir in dieses Kapitel fünf verschiedene Ausdrucksformen dieser modernen Hoffnung auf eine Befreiung der Gesellschaft aufgenommen: 1. eine liberale, progressive Vision, 2. die Vision eines Religionswissenschaftlers, der die Evolutionstheorie vertritt, 3. eine sozialistische Vision, 4. eine ökologische und 5. eine feministische Vision.

Obwohl jeder der Schreiber meint, er oder sie setze sich mit den Möglichkeiten des Menschen innerhalb seiner Geschichte auseinander, fällt doch bei allen etwas auf, was darüber hinausgeht. Sie alle enthalten etwas, was man als ein ekstatisches Element bezeichnen könnte. Deshalb kann die Sprache dieser Texte es durchaus mit der Redeweise der alten Quellen aufnehmen. In ihren Zukunftshoffnungen dringen sie in Höhen vor, die sie Großes erwarten lassen: In ihnen wird die Vorstellung eines neuen Zeitalters geweckt, dessen Wesen darin besteht, ein für allemal die Befreiung von allem Bösen herbeizuführen. Und so findet ein Übergang statt, der sich mit einer Umkehr oder aber einem qualitativen Sprung vergleichen läßt: die Entscheidung für das Gute oder zumindest das Bessere. Es gibt Bemühungen, diese bessere Zukunft als durchaus in Einklang mit den »Gesetzen der Geschichte« glaubhaft zu machen.

1. Vgl. *Albert Nolan:* Jesus Before Christianity. The Gospel of Liberation, Capetown 1976, S. 44–49.

Condorcets »Abhandlung über den Fortschritt des menschlichen Geistes« wurde 1793 geschrieben. Sie entstand ironischerweise in einer Zeit, in der er sich vor den Radikalen versteckt halten mußte, die inzwischen die Revolution an sich gerissen hatten. Ein Jahr später, 1794, wagte er sich ans Licht der Öffentlichkeit; er wurde verhaftet und starb bald darauf in der Bastille. Condorcet galt unter den großen Geistern der französischen Aufklärung als ein Mann von äußerstem Durchhaltevermögen, besonders was seine Vision von der Emanzipation aller betraf, und zwar einschließlich der Frauen, des dritten Standes und der kolonisierten Nationen rund um den Erdball. Seine Abhandlung über den menschlichen Fortschritt ist eine Art Selbsttrost für die negative Wende, von einer Revolution genommen, die er unterstützt hatte. In dieser »Selbsttröstung« wagt er es dennoch, daran zu glauben, daß sich der Fortschritt aufgrund des Wirkens der Naturgesetze nicht verhindern lasse. Die Expansion der Wissenschaft und ihre Vermittlung in immer größeren Kreisen der Bevölkerung wird in zunehmendem Maße die erstrebte Gleichheit zwischen den Ständen und den Nationen garantieren, ebenso wie die allgemeine Bildung die Unterwerfung der alten Feinde der Menschheit herbeiführt: Unkenntnis, Mangel und Krankheit müßten mit ihrer Hilfe besiegt werden können; und letztlich wird – zu durchaus praktischen Zwecken – selbst die Macht des Todes gebrochen.

Diese optimistische Vision wurde im 18. und 19. Jahrhundert vor allem von den Naturwissenschaften propagiert, deren Wissen nicht nur kontinuierlich zu wachsen schien, sondern zugleich auch eine kontinuierliche Ausweitung menschlicher Kontrolle über die Natur durch die Technologie versprach. Die optimistischen Hoffnungen, die sich auf die Wissenschaft stützten, wurden durch die Entwicklung der biologischen Evolutionstheorie genährt, die zu bestätigen schien, daß der Fortschritt (vom Geringeren zum Höheren) auch das Gesetz des Universums sei, das von einer Entfaltung der biologischen Lebensformen in Stufen ausgeht.

Kein anderer Wissenschaftler entwickelte die in der Evolutionstheorie angelegten visionären Möglichkeiten zu ekstatischeren Höhen als der Jesuit, Philosoph und Naturwissenschaftler Pierre Teilhard de Chardin. In seinen zahlreichen Werken, die aufgrund der kirchlichen Zensur erst nach seinem Tode (er starb 1951) veröffentlicht wurden, sehen wir eine Verbindung der biologischen Evolutionstheorie und der christlichen Vision kosmischer Erlösung.

Teilhard sah *seine* Aufgabe darin, diese zwei Arten von Hoffnung miteinander zu verbinden: die religiöse Hoffnung auf Erlösung der Seele und die moderne säkulare Hoffnung auf eine Erlösung der Welt, deren Einheit und Vereinbarkeit er nachzuweisen versuchte. Teilhard glaubte, daß die biologische Evolution ein kontinuierlicher Prozeß ist, der sukzessiv unterschiedliche Stadien dessen, was wir Leben nennen, durchläuft: Vom primitiven Stadium der Urmaterie wird der Kosmos durch das pflanzliche und tierische Leben hin zum Menschen geführt. Seinen Höhepunkt erreicht der Prozeß im Stadium des Bewußtseins. Das menschliche Bewußtsein weitet sich aus; es expandiert durch die unterschiedlichen Kommunikationssysteme und führt zu einer kosmischen Noogenese oder zur Entwicklung eines einheitlichen kosmischen Bewußtseins, das sich — auf kreatürlicher Basis — dem göttlichen Bewußtsein annähert. Der Prozeß kommt zum Endpunkt, zu einem Ziel, das Einheit bedeutet: Schöpfung und Schöpfer sind jetzt miteinander vereint.

Doch bereits Mitte des 19. Jahrhunderts setzte sich bei vielen westlichen Denkern die Überzeugung durch, daß die Expansion naturwissenschaftlicher Erkenntnisse die Hoffnungen auf eine bessere Gesellschaft nicht alleine erfüllen könne. Die Bildung breiter Schichten und neuere Technologien zur Bekämpfung materieller Not würden nicht per se die erhofften Verbesserungen bringen. Auch Macht und Reichtum würden nicht automatisch zur Teilhabe aller an allem führen. Es bedürfe wohl eher einer sozialen Revolution, um die Produktionsmittel in Besitz zu nehmen, die die industrielle Revolution hervorgebracht hat. Eine soziale Revolution müsse die gegenwärtigen Machthaber, die Kapitalisten, enteignen und die Verteilung der Produktionsmittel neu organisieren. In die Hände derer gehörten sie, die das Fundament der Gesellschaft bilden, und das sind die Werktätigen. Nur so könne sich Reichtum wahrhaft ausbreiten und allen Gliedern der Gesellschaft ein gutes Leben ermöglichen.

In diesem Punkte unterscheiden sich die Sozialisten von den progressiven Liberalen. In seinem Pamphlet »Die Entwicklung des Sozialismus von der Utopie zur Wissenschaft« (1881), einer klassischen Darstellung, entwirft Friedrich Engels seine Vision einer Revolution, mit deren Hilfe er die Neuorganisation der Produktionsmittel anstrebt. Er ist der Überzeugung, daß diese Revolution den Staat − eine Maschinerie der Unterdrückung, erdacht von der herrschenden Klasse, der Bourgeoisie, mit dem Ziel, das Proletariat, die Klasse der Werktätigen, zu unterdrücken − auflösen wird. Man wird über Regeln verfügen, um den Austausch von Gütern zu organisieren, aber es wird keinen Staat mehr geben mit den ihm eigenen Ordnungsfunktionen (Polizei und Militär), und zwar deshalb nicht mehr, weil es keine Klassengegensätze mehr gibt. Hat sich erst einmal die Klasse, die die große Mehrheit der Gesellschaft darstellt, die Produktionsmittel angeeignet, kann die Expansion von Wissenschaft und Technik auf eine Verbesserung in allen Bereichen zusteuern, der keine Grenzen mehr gesetzt sind. Einer solchen Verbesserung der Zustände stehen keine Klassengegensätze mehr im Wege, die z. Z. noch zur Expansion des Reichtums führen. Reichtum wiederum wird zur Kriegführung mißbraucht sowie zu einem Leben in Luxus und Verschwendung.

In den sechziger Jahren unseres Jahrhunderts verloren diese Hoffnungen auf eine sozialistische Gesellschaft jedoch ihren Realitätsbezug. Der Optimismus war dahin. Das alles klang naiv. Man glaubte sich in die Irre geführt wie bereits zuvor von seiten eines progressiven Liberalismus. Sozialistische Revolutionen hatte es in vielen Ländern gegeben, aber auch unter den neuen Regimen bot der Staat keinerlei Anzeichen für seine bevorstehende Auflösung. Ganz im Gegenteil: Er entwickelte sich immer mehr zu einem Repressionssystem mit dem dazugehörigen Staatseigentum. Gesellschaftliche Einrichtungen unterstanden wieder dem mächtigen Staatsapparat. Ja, man konnte sich des Eindrucks nicht erwehren, als hätten Wissenschaft und Technik die Möglichkeiten der Natur hinsichtlich eines unbegrenzten Fortschritts gänzlich falsch beurteilt. Sehr schnell schien die technische Expansion der gesamten westlichen Welt der öffentlichen Anklage preisgegeben: zunehmende Umweltverschmutzung, Verschmutzung der Luft, die Vergiftung von Wasser und Boden, der dem Menschen seine Nahrung sichert. Mit einem ungeheuren Tempo frißt die Industrialisierung nicht zu errettende Nährstoffe auf und verschlingt Chemikalien, denn diese Elemente und Verbindungen bilden die Basis der industriellen Revolution. Miteinander konkurrierende Industriestaaten, kapitalistische und sozialistische, kämpfen um wenige Rohstoffquellen, drohen einander, unseren Planeten in einem nuklearen Holocaust zu zerstören.

Die Schriften von Murray Bookshin stellen die Antwort einer neuen radikalen Linken auf das Scheitern sowohl des Sozialismus als auch der wissenschaftlichen Technologie dar. M. Bookshin plädiert für die Rückbesinnung auf die anarchistisch-kommunistische (oder utopische) Tradition, die von Marxisten verschmäht wurde, die sich selbst als »wissenschaftliche Sozialisten« bezeichneten. Nach Bookshin liegt der entscheidende Fehler des Marxismus darin, daß man sich im Hinblick auf den Beginn der Revolution auf den repressiven Staatsapparat verließ. Eine sozialistische Revolution, die vom Staat in Gang gebracht wird, kann niemals zu einer Neuorganisation des Eigentums führen. Die Produktionsmittel werden auf diese Weise nicht in die Hände der Massen gelangen. Eher wird eine neue, noch repressivere Herrschaftsklasse, die Staatsbürokratie, entstehen, die nicht allein die Wirtschaft kontrolliert, sondern auch die Ordnungsmacht des Staates, die Polizei.

Die sozialistische Revolution muß für Bookshin anarchistischer Natur sein, d. h., sie kann nur stattfinden, wenn der Staat auseinanderbricht. Und dies bedeutet, daß die Menschen ihr gesellschaftliches Leben in der Gemeinde, in den Fabriken und auf den Farmen wieder gemeinsam so organisieren müssen, daß sie auf kommunaler Ebene ihr Eigentum in Gemeindebesitz überführen und die Macht an sich reißen. Und d. h., sie müssen sich selbst regieren. Dieser Traum von einer Anarchie und zugleich kommunalen Selbstregierung verbindet sich für Bookshin mit der für sie neuen radikalen Wissenschaft, der Ökologie. Die Ökologie liefert die neuen Gesetzmäßigkeiten für eine tragfähige Beziehung zwischen Mensch und Natur. Ausgewogene Ökosysteme stellen nach Bookshin ein Prinzip zur Organisation menschlicher Gemeinschaften dar, das ein befreites Leben in der Gesellschaft und die Erneuerung der Natur miteinander in einen Zusammenhang bringt. Die Befreiung der Gesellschaft und die Befreiung der Natur sind ein und dasselbe.

Auch die Romantik, die im 19. Jahrhundert aufkommt, stellt eine Reaktion auf den Szientismus und das Versagen der mordernen technischen Welt dar. Die Betonung des Rationalen schlechthin sowie die zunehmend künstlicher werdende Umwelt galt den Romantikern als Beleg für die Entfremdung des Menschen von der Natur. Weit davon entfernt, ein neues Reich der Freiheit zu schaffen, sah die Romantik, wie der »Fortschritt« die Menschheit allmählich in einen Alptraum stürzte, in die totale Versklavung durch die von ihr selbst geschaffenen Maschinen. So suchten die Romantiker zurückzugewinnen, was eine rationalistische Kultur unterdrückt hatte − das Weibliche, das Intuitive und die Poesie, die Natur, die von einer menschlichen Technologie verdorben worden war. Idealisiert wurden alle Unterdrückten, die unter der Dominanz der Weißen und unter der Dominanz der Männer litten − Frauen, Indianer, Kleinbauern, die Bewohner der Südseeinseln ... Sie, die Unterdrückten, betrachtete man als einen Teil des ursprünglichen Paradieses, als Repräsentanten der Harmonie zwischen Mensch und Natur.

Der radikale Feminismus setzt diese Richtung fort. Seit dem Ende des 19. Jahrhunderts läßt er sich von der Romantik inspirieren. Indem man Erkenntnisse und Arbeitshypothesen aus der Anthropologie heranzieht, nach denen unsere Gesellschaft ursprünglich eine matriarchale war — Matriarchat also vor dem Aufstieg des Patriarchats[2] —, entwickelten radikale Feministinnen die Theorie, daß diese alten Zeiten der Mutter-Herrschaft und der Verehrung der Göttin ein Stadium in unserer Kultur ausgemacht habe, in dem es noch keine Entfremdung gab: Die Menschheit lebte im Einklang mit der Natur und miteinander, und Friede herrschte auf Erden. Eine männliche Kultur steht für die Zerstörung dieses Paradieses und für eine Ersatz-Kultur, die auf einer engstirnigen rein funktionalen Rationalität basierte, auf dem Materialismus, auf Zank und Streit, auf Krieg. Die einzige Hoffnung für unseren Planeten liegt in dem Niedergang einer entfremdeten männlichen Zivilisation und der »Rückkehr der Göttin« oder der Restauration matriarchaler Werte. Der Auszug aus dem Buch von Elisabeth Gould Davis »The First Sex« bietet dazu ein Statement aus jüngster Zeit.

Man sollte daraus allerdings nicht die Folgerung ableiten, der Feminismus habe sich allein die Sichtweise der Romantiker zu eigen gemacht. Natürlich gab es in all den verschiedenen Lehren und Bewegungen, die Hoffnung für die Gesellschaft predigten, Vertreter der Emanzipation. Obwohl die von den Aufklärern geforderten »Allgemeinen Menschenrechte« die Frauen in der Regel nicht einschlossen (nein, sie ausschlossen, obwohl die Möglichkeit, sie einzubeziehen, gegeben war)[3], gab es unter den Anhängern des Liberalis-

2. Als Hauptquelle einer Anthropologie des Matriarchats siehe *J. J. Bachofen:* Das Mutterrecht, Gesammelte Werke, Bd. 2 und 3, Basel 1978.
3. Vgl. Kap. 8,1.

mus Männer wie Condorcet[4] und John Stuart Mill[5], die dafür
eintraten, daß die Verteidigung der Menschenrechte auch
die Forderung nach Bürgerrechten für die Frau einschließen
muß. Der Feminismus kam im späten 18. Jahrhundert auf
und erfuhr seine erste Ausprägung im frühen 19. Jahrhundert. Seine Entstehung ist deshalb auch nur im Kontext des
Liberalismus zu verstehen. Feministinnen wie Mary Wollsto-
necraft, die Grimké-Schwestern, Susan B. Anthony und
Elisabeth Cady Stanton kämpften für die Einbeziehung der
Frau in die Menschenrechte, d. h., sie kämpften für die
Bürgerrechte auch der Frauen, für gleiche Chancen in der
Bildung; sie fordern den Zugang zu bestimmten Berufen
auch für die Frau; sie fordern das Besitzrecht und schließlich
vor allem anderen das Wahlrecht der Frauen[6].
Auch die Sozialisten glaubten an die Emanzipation der Frau
als Folge einer Emanzipation des Proletariats. Engels selbst
vertrat die Ansicht (vgl. Kapitel V,9), daß der Sozialismus zur
Befreiung der Frau führe, indem er ihr zunächst einmal zur
ökonomischen Freiheit verhelfe; denn dann wäre sie in der
Lage, die Wahl des Ehepartners selbst zu treffen. Sie könnte
aus Liebe heiraten, um in einer partnerschaftlichen Beziehung zu leben. Sie brauchte ihre Sexualität und Arbeitskraft
nicht mehr zu verkaufen, um ihren eigenen Lebensunterhalt
zu sichern. Zeitgenössische Marxisten gehen sogar über
dieses traditionelle Konzept hinaus. Während ihre Vorgän-

4. Condorcet plädierte vor der Nationalversammlung für die Bürgerrechte der Frau. Sein Engagement blieb jedoch ohne Erfolg.
   Seine Rede ist abgedruckt im Journal de Société de 1789 (3. Juli
   1790). Eine englische Übersetzung findet sich in: The Fortnightly
   Review 13, no. 42 (June 1870), S. 719–720.
5. John Stuart Mills klassische Abhandlung über die Emanzipation
   der Frau »The Subjugation of Women« wurde erstmals 1869
   gedruckt. Seitdem sind zahlreiche Nachdrucke erschienen
   (Cambridge 1970).
6. Vgl. *Miriam Schneir:* Feminism. Essential Historical Writings,
   New York 1972. Das Werk steht beispielhaft für die Schriften
   dieser klassisch liberalen Feministinnen.

ger das Hauptgewicht auf die bezahlte Arbeit der proletarischen Frau legten, gehen sie daran, die unbezahlte Hausarbeit als Hauptquelle ihrer Unterwerfung zu analysieren[7].
Letztendlich gehen auch die radikalen Anhänger einer ökologischen Kommunalisierung davon aus, daß eine Emanzipation nur dann stattfinden kann, wenn eine organische Gesellschaft versucht, Familie und Produktion, Feld und Fabrik zu reintegrieren. Es ist bezeichnend, daß die Utopisten unter den feministischen Autoren diese Vision einer Gesellschaft im Sinne einer familiären Gemeinschaft weit über den marxistischen Glauben an die Wissenschaft und Technik stellen[8].

Weiterführende Überlegungen

Visionen einer guten Gesellschaft — welche haben Sie? Wie steht es in Ihrer Vision um die Familie? Wie sind die Familie und die gesamte Gesellschaft strukturiert? Welches politische System herrscht in dieser Welt? Wie sind die Arbeit und die gesamte Wirtschaft organisiert? Und die Technik — wie bedeutsam ist sie? In welcher Beziehung stehen Mensch und Technik, Menschlichkeit und Ökologie, und zwar auf kommunaler, regionaler, nationaler und kontinentaler Ebene? Was sind die negativen Kräfte unserer Zeit, Mächte, die Freiheit und Gerechtigkeit bedrohen, die das Leben des Menschen und das seines Planeten Erde in höchstem Maße gefährden? Die Vision einer besseren Gesellschaft — wie zentral ist darin die Emanzipation der Frau für Sie? Ver-

7. Vgl. *Zillah Eisenstein:* The Radical Future of Liberal Feminism, New York 1981. Der marxistische Feminismus fand seinen Niederschlag jüngst in diesem Werk.
8. Vgl. *Charlotte Perkins Gilman:* Herland, New York 1979 (Nachdruck von 1923).

suchen Sie einmal, eine Utopie niederzuschreiben, Ihre Utopie einer besseren Welt! Und bringen Sie die Möglichkeiten ein, die eine Gesellschaft Ihrer Ansicht nach hat, sich gegen die Macht zur Wehr zu setzen, die sie immer wieder auf neue Bahnen von Herrschaft und Unterdrückung treibt.

Halten Sie eine solche Gesellschaft für möglich? Wäre sie lebensfähig? Und wenn nicht, was spricht dagegen? Wüßten Sie eine Alternative? Was glauben Sie, sind die Aussichten für die nächsten hundert Jahre? Gibt es eine Hoffnung für die Menschheit, oder glauben Sie an eine Katastrophe? Und zum Schluß — was können wir vordringlich tun angesichts der gegenwärtigen Situation und der uns wahrscheinlich bevorstehenden Zukunft?

1. Die biblische Vision

Die Gesetze über Sabbatjahr und Erlaßjahr

Und ihr sollt das fünfzigste Jahr heiligen und sollt eine Freilassung ausrufen im Lande für alle, die darin wohnen; es soll ein Erlaßjahr für euch sein. Da soll ein jeder bei euch wieder zu seiner Habe und zu seiner Sippe kommen. Als Erlaßjahr soll das fünfzigste Jahr euch gelten. Ihr sollt nicht säen und, was von selber wächst, nicht ernten, auch, was ohne Arbeit wächst, im Weinberg nicht lesen; denn das Erlaßjahr soll euch heilig sein; vom Felde weg dürft ihr essen, was es trägt.

Das ist das Erlaßjahr, da jedermann wieder zu dem Seinen kommen soll. Wenn du nun deinem Nächsten etwas verkaufst oder ihm etwas abkaufst, soll keiner seinen Bruder übervorteilen ... So übervorteile nun keiner seinen Nächsten, sondern fürchte dich vor deinem Gott; denn ich bin der Herr, euer Gott ... Darum sollt ihr das Land nicht verkaufen für immer; denn das Land ist mein, und ihr seid Fremdlinge und Beisassen bei mir. Und bei all eurem Grundbesitz sollt ihr für das Land die Einlösung gewähren.

Wenn dein Bruder verarmt und etwas von seiner Habe verkauft, so soll sein nächster Verwandter kommen und einlösen, was sein Bruder verkauft hat. Wenn aber jemand keinen Löser hat und selbst soviel aufbringen kann, um es einzulösen, so soll er die Jahre abrechnen, seitdem er's verkauft hat, und was noch übrig ist, dem Käufer zurückzahlen und so wieder zu seiner Habe kommen. Kann er aber nicht soviel aufbringen, um es ihm zurückzuzahlen, so soll, was er verkauft hat, in der Hand des Käufers bleiben bis zum Erlaßjahr. Dann soll es frei werden und er wieder zu seiner Habe kommen.

Wenn dein Bruder neben dir verarmt und sich dir verkauft, so sollst du ihn nicht als Sklaven dienen lassen; sondern wie ein Tagelöhner, wie ein Beisasse soll er bei dir sein und bis an das Erlaßjahr bei dir dienen. Dann soll er von dir frei ausgehen und seine Kinder mit ihm und soll zurückkehren zu seiner Sippe und wieder zu seiner Väter Habe kommen. Denn sie sind meine Knechte, die ich aus Ägyptenland geführt habe. Darum soll man sie nicht als Sklaven verkaufen.

Jesajas Vision des messianischen Zeitalters

Dies ist's, was Jesaja, der Sohn des Amoz, geschaut hat über Juda und Jerusalem: Es wird zur letzten Zeit der Berg, da des Herrn Haus ist, fest stehen, höher als alle Berge und über alle Hügel erhaben, und alle Heiden werden herzulaufen, und viele Völker werden hingehen und sagen: Kommt, laßt uns auf den Berg des Herrn gehen, zum Hause des Gottes Jakobs, daß er uns lehre seine Wege und wir wandeln auf seinen Steigen! Denn von Zion wird Weisung ausgehen und des Herrn Wort von Jerusalem. Und er wird richten unter den Heiden und zurechtweisen viele Völker. Da werden sie ihre Schwerter zu Pflugscharen und ihre Spieße zu Sicheln machen. Denn es wird kein Volk wider das andere das Schwert erheben, und sie werden hinfort nicht mehr lernen, Krieg zu führen.

Da werden die Wölfe bei den Lämmern wohnen und die Panther bei den Böcken lagern. Ein kleiner Knabe wird Kälber und junge Löwen und Mastvieh miteinander treiben. Kühe und Bären werden zusammen weiden, daß ihre Jungen beieinander liegen, und Löwen werden Stroh fressen wie die Rinder. Und ein Säugling wird spielen am Loch der Otter, und ein entwöhntes Kind wird seine Hand stecken in die Höhle der Natter. Man wird nirgends Sünde tun noch freveln auf meinem ganzen heiligen Berge; denn das Land wird voll Erkenntnis des Herrn sein, wie Wasser das Meer bedeckt.

Es ruft eine Stimme: In der Wüste bereitet dem Herrn den Weg, macht in der Steppe eine ebene Bahn unserm Gott! Alle Täler sollen erhöht werden, und alle Berge und Hügel sollen erniedrigt werden, und was uneben ist, soll gerade, und was hügelig ist, soll eben werden; denn die Herrlichkeit des Herrn soll offenbart werden, und alles Fleisch miteinander wird es sehen; denn des Herrn Mund hat's geredet.

Denn siehe, ich will einen neuen Himmel und eine neue Erde schaffen, daß man der vorigen nicht mehr gedenken und sie nicht mehr zu Herzen nehmen wird. Freuet euch und seid fröhlich immerdar über das, was ich schaffe. Denn siehe, ich will Jerusalem zur Wonne machen und sein Volk zur Freude, und ich will fröhlich sein über Jersualem und mich freuen über mein Volk. Man soll in ihm nicht mehr hören die Stimme des Weinens noch die Stimme des Klagens. Es sollen keine Kinder mehr da sein, die nur einige Tage leben, oder Alte, die ihre Jahre nicht erfüllen, sondern als Knabe gilt, wer hundert Jahre alt stirbt, und wer die hundert Jahre nicht erreicht, gilt als verflucht. Sie werden Häuser bauen und bewohnen, sie werden Weinberge pflanzen und ihre Früchte essen. Sie sollen nicht bauen, was ein anderer bewohne, und nicht pflanzen, was ein anderer esse. Denn die Tage meines Volks werden sein wie die Tage eines Baumes, und ihrer Hände Werk werden meine Auserwählten genießen. Sie sollen nicht umsonst arbeiten und keine Kinder für einen frühen Tod zeugen; denn sie sind das Geschlecht der Gesegneten des Herrn, und ihre Nachkommen sind bei ihnen. Und es soll geschehen: ehe sie rufen, will ich antworten; wenn sie noch reden, will ich hören. Wolf und Schaf sollen beieinander weiden; der Löwe wird Stroh fressen wie das Rind, aber die Schlange muß Erde fressen. Sie werden weder Bosheit noch Schaden tun auf meinem ganzen heiligen Berge, spricht der Herr.

Jesus verkündet seine Botschaft: Gute Nachricht für die Armen

Und Jesus kam in der Kraft des Geistes wieder nach Galiläa, und die Kunde von ihm erscholl durch alle umliegenden Orte. Und er lehrte in ihren Synagogen und wurde von jedermann gepriesen. Und er kam nach Nazareth, wo er aufgewachsen war, und ging nach seiner Gewohnheit am Sabbat in die Synagoge und stand auf und wollte lesen. Da wurde ihm das Buch des Propheten Jesaja gereicht. Und als er das Buch auftat, fand er die Stelle, wo geschrieben steht:

»Der Geist des Herrn ist auf mir,

weil er mich gesalbt hat,
zu verkündigen das Evangelium den Armen;
er hat mich gesandt,
zu predigen den Gefangenen, daß sie frei sein sollen,
und den Blinden, daß sie sehen sollen,
und den Zerschlagenen, daß sie frei und ledig sein sollen,
zu verkündigen das Gnadenjahr des Herrn.«
Und als er das Buch zutat, gab er's dem Diener und setzte sich.
Und aller Augen in der Synagoge sahen auf ihn. Und er fing an,
zu ihnen zu reden: Heute ist dieses Wort der Schrift erfüllt vor
euren Ohren.

2. Die liberale Vision: Die Perfektibilität der Menschheit

Unsere Zukunftshoffnungen in bezug auf die menschliche Rasse
lassen sich unter drei Überschriften subsumieren: Abschaffung
der Ungleichheit unter den Nationen, zunehmende Gleichheit
innerhalb der Nationen und die Vervollkommnung der Menschheit ...
Im Lichte der Aufklärung betrachtet, muß festgestellt werden: In
keinem zivilisierten Land herrscht wirklich Gleichheit. Jegliche
Ressourcen, Reichtum überhaupt, den bestimmte Gesellschaftsschichten genießen, bedeutet Ungleichheit ebenso wie bereits die
Tatsache, daß es verschiedene Gesellschaftsschichten gibt. Fortschritt hatte von Anfang an Ungleichheit zur Folge − sei es, daß
er die bereits bestehende Ungleichheit verschlimmerte oder sie
gar erst hervorbrachte. Die in diesem Zusammenhang zu stel-
lende grundsätzliche Frage lautet: Sind die gesellschaftlichen
Unterschiede lediglich eine Begleiterscheinung der Zivilisation,
oder aber sind diese auf die gegenwärtige unvollkommene
Gesellschaft selbst zurückzuführen? Wird das Maß an Ungleichheit irgendwann einmal abnehmen, sich vielleicht tatsächlich die
Gleichheit eine Bahn brechen? Könnte es nicht eine Art von

Gleichheit geben, die selbst die natürlichen Unterschiede zwischen den Menschen aufhebt? Und die einzige Ungleichheit, die noch sein würde, wäre eine Macht, die im Interesse und zugunsten aller tätig ist, die Art von Ungleichheit, die den Fortschritt der Zivilisation vorantreibt, den Fortschritt von Bildung und Industrie, ohne daß dieser sogleich Armut, Demütigung oder Abhängigkeit zur Folge hätte ...

Um diese Fragen beantworten zu können, werden wir uns vergangene Erfahrungen sowie den Fortschritt selbst vor Augen führen müssen. Nimmt man den Fortschritt des Denkens und die Entwicklung der geistigen Fähigkeiten genauer unter die Lupe, so stellt man fest, daß Wissenschaft und Zivilisation bisher bereits stichhaltige Argumente für eine durchaus legitime Hoffnung liefern, der von Natur aus keine Grenzen gesetzt sind ...

Der Fortschritt der Wissenschaft garantiert den Fortschritt der Bildung; und beide treiben sich wechselseitig voran. Dieser reziproke Einfluß, stets neu aktiviert, verdient es, als eine der wirksamsten Ursachen einer Vervollkommnung der Menschheit betrachtet zu werden ...

Sämtliche Ursachen, die zur Vollkommenheit der menschlichen Rasse beitragen, all die Mittel, die diese Entwicklung garantieren, müssen von Natur aus einen ständigen Einfluß ausüben und ihren Aktionsradius ständig ausweiten ... Wir mögen daraus schließen, daß die Vervollkommnung des Menschen ein unendlicher Prozeß sei. Inzwischen betrachten wir den Menschen als ein Wesen, das tatsächlich im Besitz der natürlichen Möglichkeiten und Fähigkeiten ist, die er gegenwärtig hat. Um wieviel größer wäre die Sicherheit, um wieviel größer unsere Hoffnung, wenn wir glauben könnten, daß diese natürlichen Möglichkeiten und Fähigkeiten gesteigert werden könnten! – Letzte Frage, die wir uns selbst stellen sollten!

Organische Vervollkommnung oder Verderb innerhalb der verschiedenen Bereiche der Pflanzen- und Tierwelt kann wohl als ein allgemeingültiges Naturgesetz betrachtet werden. Und dieses Gesetz läßt sich auch auf das Menschengeschlecht anwenden. Niemand kann bezweifeln, daß Präventivmedizin, gesündere Ernährung und verbesserte Wohnverhältnisse menschliches

Leben verlängern. Der neue Lebensstil trainiert unsere körperlichen Kräfte, fördert sie, ohne sie durch exzessive Überbeanspruchung zu zerstören. Elend und ausschweifendes Leben wurden als – zumindest virulente – Hauptursache eines Verderbs weitgehend ausgeschaltet. Der medizinische Fortschritt, der sicherlich mit dem Fortschritt an Erkenntnis und gesellschaftlicher Ordnung weiter zunehmen wird, bedeutet das Ende immer noch bestehender Infektionen, Erbkrankheiten, Krankheiten, die Klima, Lebensmittel und Arbeitsbedingungen verursachen. Es ist durchaus vernünftig, daran zu glauben, daß all die Krankheiten, die uns noch quälen, ebenfalls eines Tages verschwinden werden, wenn man ihre Ursache gefunden hat. Wäre es also absurd, anzunehmen, daß diese Vollkommenheit des Menschen die Möglichkeit eines unbegrenzten Fortschritts einschließt, daß der Tag kommen wird, da der Tod lediglich Folge eines außergewöhnlichen Unfalls oder des Verfalls der Lebenskräfte sein wird, und daß letztlich die durchschnittliche Spanne zwischen Geburt und Tod keinen nennenswerten Wert mehr darstellen wird? Sicherlich werden die Menschen keine Unsterblichkeit erlangen, aber wird es nicht so sein, daß die Zeitspanne zwischen dem ersten Atemzug und der Zeit, da die Ereignisse ihren natürlichen Lauf nehmen – Krankheit oder Unfall – bis hin zu den letzten Zügen endlos verlängert ist? …

Sollten unsere physischen Fähigkeiten, unsere Kraft und Stärke, unsere geistige Flexibilität und die Schärfe unserer Sinne nicht zu den Eigenschaften gezählt werden, deren Vollendung im Individuum vererbbar ist?

Sollten wir unsere Hoffnung letztlich nicht auch auf die intellektuellen und moralisch-ethischen Möglichkeiten und Fähigkeiten richten? Wäre es nicht denkbar, daß uns unsere Eltern die Vorzüge und Nachteile des eigenen Wesens übertragen, d. h., daß sie wesensbildend wirken, uns gleichzeitig die Neigungen für bestimmte physische Anfälligkeiten mitgeben sowie jenen Teil unserer physischen Konstitution, der über Intellekt, die Glut unserer Seele oder über unsere moralische Sensibilität bestimmt? Ist es nicht wahrscheinlich, daß die Bildung, die diese Qualitäten zur Vollkommenheit bringt, diese gleichzeitig auch beeinflußt, modifiziert und ihr optimales Zusammenspiel gestaltet? Analogieschlüsse, die Erforschung der menschlichen Fähigkeiten und die Auseinandersetzung mit bestimmten Faktoren scheinen solche Mutmaßungen allesamt zu stützen. Und auf diese Weise lassen sich die Grenzen unserer Hoffnungen weiterstecken.

Mit diesen Fragestellungen wollen wir den letzten Abschnitt zum Abschluß bringen. Welch ein Trost für den Philosophen, der über die Irrtümer, Verbrechen, die Ungerechtigkeiten lamentiert, die die Erde beschmutzen und denen er häufig zum Opfer fällt. Diese Sicht des menschlichen Geschlechts, dessen Fesseln gelöst wurden, das von der Macht des Schicksals befreit ist, von den Feinden des Fortschritts, das sich festen Schrittes auf den Weg der Wahrheit, der Tugend und des Glücks begeben hat und auf ihm voranmarschiert. Welch ein Trost! Es ist die Kontemplation dieser Aussicht, die ihn für all seine Bemühungen entlohnt, seine Bemühungen, den intellektuellen Fortschritt zu unterstützen und die Freiheit zu verteidigen. Er wagt es, dieses mühevolle Streben als einen Teil des menschlichen Schicksals zu betrachten, eines Schicksals, das er sich als Kette ohne Ende vorstellt. Und diese Überzeugung erfüllt ihn mit der Freude wahrer Tugend, mit dem beglückenden Gefühl, etwas dauerhaft Gutes getan zu haben, was kein Schicksalsschlag wie Rache, die sich in Sklaverei äußert, zu vernichten vermag. Solche Art von Kontemplation ist ihm ein Zufluchtsort, an dem er sicher ist vor seinen Verfolgern. An diesem Ort lebt er als Mensch, dem seine Würde aufgrund der Naturrechte zurückgegeben wurde; hier vergißt er den von Habgier, Angst und Neid geplagten und korrupten Menschen. Dort lebt er mit seinesgleichen in einem Elysium, das die Vernunft geschaffen hat, voll der reichsten Freuden, wie sie nur die Liebe zur Menschheit zu erfahren vermag.

3. Die Vision eines Religionswissenschaftlers: Kosmische Neuschöpfung

A priori vermögen zwei Kräfte, sofern beide ein positives Vorzeichen tragen, durch Zusammensetzung zu wachsen. Glaube an Gott, Glaube an die Welt: diese beiden Energien, die eine wie die andere Quelle eines großartigen geistigen Schwungs, müssen sich gewiß zu einer Resultante aufsteigender Natur wirksam verbinden lassen. Wo aber finden sich praktisch das zeugende Prinzip und das Milieu dieser wünschenswerten Transformation? Dieses Prinzip und dieses Milieu glaube ich in der recht ›verwirklichten‹ Idee zu sehen, daß sich in uns und um uns ein fortwährender Aufstieg von Bewußtsein im Universum vollzieht.

Seit eineinhalb Jahrhunderten hatte die in ihre analytischen Bemühungen vertiefte Physik unter der Herrschaft der Idee der Energieerzeugung und des Materieverfalles gelebt. Jetzt aber, da die Biologie sie zur Beachtung der Wirkungen der Synthese aufruft, beginnt sie zu sehen, daß das Universum symmetrisch zu den Phänomenen des Korpuskelzerfalls geschichtlich eine andere, ebenso allgemeine und tief wurzelnde Bewegung zeigt: ich meine die Bewegung einer Konzentration seiner physikalisch-chemischen Elemente zu immer komplizierteren Kernen, wobei jeder nächsthöhere materielle Konzentrations- und Differenzierungsgrad mit einer vorangeschritteneren Form von Spontanität und Psyche einhergeht.

Der absteigende Strom der Entropie, verdoppelt und aufgewogen durch die aufsteigende Flut einer Noogenese! ...

Je größer und revolutionärer eine Idee ist, desto mehr Widerständen begegnet sie in ihren Anfängen. Trotz der Menge und der Bedeutung der Tatsachen, die er erklärt, ist der Begriff der Noogenese noch weit davon entfernt, endgültig sein Bürgerrecht in der Wissenschaft erhalten zu haben. Stellen wir uns dennoch vor, er werde bald in Übereinstimmung mit allen beobachtbaren Anzeichen in dieser oder jener Form endlich den Platz einnehmen, der ihm an der Spitze der Strukturgesetze unseres Universiums zusteht. Die Folge dieses Ereignisses wäre, wie sich leicht ersehen läßt, eine von selbst sich vollziehende Annäherung und Konvergenz der beiden einander widerstreitenden Formen der Anbetung, in die, wie ich oben sagte, die religiöse Kraft der Menschheit sich derzeit zerteilt.

Einerseits sieht sich, sobald einmal die Wirklichkeit einer Noogenese anerkannt ist, der Erdgläubige gezwungen, in seiner Zukunftsschau den Werten der Personalität und der Transzendenz einen wachsenden Raum zugestehen. Der Personalität: denn ein in psychischer Konzentration begriffenes Universum ist *identisch* mit einem Universum, das sich personalisiert; und der Transzendenz: denn ein letzter Pol ›kosmischer‹ Personalisation ist, um im höchsten Grad beständig und einend zu sein, kaum anders vorstellbar als in seinem Gipfel aus den Elementen emergiert, die er super-personalisiert, indem er sie mit sich vereint.

Andererseits bemerkt — immer noch in derselben als anerkannt angenommenen Sicht, daß es eine kosmische Genese des Geistes gibt — der an den Himmel Glaubende, daß die mystische Transformation, von der er träumt, alle greifbaren Wirklichkeiten und alle mühsamen Umstände des menschlichen Fortschritts voraussetzt und heiligt. Muß nicht die Menschheit, um in Gott übervergeistigt zu werden, zuerst in *Übereinstimmung mit dem ganzen System,* das wir ›Evolution‹ nennen, geboren werden und wachsen? Daraus ergibt sich, insbesondere für den Christen, eine uneingeschränkte Eingliederung der irdischen Werte in die für seinen Glauben grundlegendsten Begriffe der göttlichen Allmacht, der Loslösung und der Liebe. Der göttlichen Allmacht zunächst: Gott erschafft uns, Er wirkt auf uns durch die Evolution hindurch; wie könnte man sich vorstellen oder fürchten, Er würde willkürlich in den Prozeß eingreifen, in dem Sein Wirken seinen Ausdruck findet? Der Loslösung zweitens: Gott erwartet uns am Ziel der Evolution; die Welt überwinden heißt also weder sie verachten noch sie verwerfen, sondern sie hindurchgehen und sie sublimieren. Der Liebe schließlich: die Gottesliebe ist Ausdruck und Krönung der grundlegenden Affinität, die seit den Ursprüngen von Raum und Zeit die der Vergeistigung fähigen Elemente des Universums sammelt und konzentriert. Gott und den Nächsten lieben ist deshalb nicht nur ein unsere übrigen individuellen Beschäftigungen überlagernder Akt der Verehrung oder der Barmherzigkeit. Das Leben selbst, das Leben in der Unversehrtheit seiner Bestrebungen, seiner Kämpfe und seiner Eroberungen muß der Christ, wenn er Christ sein will, in einem Geist der Annäherung und der personalisierenden Einswerdung mit allem übrigen umfassen.

Der Sinn für die Erde öffnet sich und bricht nach oben in einem Sinn für Gott auf; und der Sinn für Gott wurzelt und nährt sich unten in dem Sinn für die Erde. Der transzendente, personale Gott und das in Evolution begriffene Universum bilden nicht mehr zwei einander widerstreitende Zentren der Anziehung, sie treten vielmehr in eine hierarchisierte Verbindung, um die menschliche Masse in *einer* Springflut emporzuheben. Diese bemerkenswerte Transformation dürfen wir mit Recht von der Idee einer geistigen Evolution des Universums erwarten, und letztere beginnt *in der Tat,* sie in einer wachsenden Zahl von Köpfen, sowohl bei Freidenkern wie bei Gläubigen, zu bewirken. Genau die Transformation, die wir suchten!

4. Die sozialistische Vision: Die allmähliche Auflösung des Staates

Indem die kapitalistische Produktionsweise mehr und mehr die große Mehrzahl der Bevölkerung in Proletarier verwandelt, schafft sie die Macht, die diese Umwälzung, bei Strafe des Untergangs, zu vollziehen genötigt ist. Indem sie mehr und mehr auf Verwandlung der großen vergesellschafteten Produktionsmittel in Staatseigentum drängt, zeigt sie selbst den Weg an zur Vollziehung der Umwälzung. *Das Proletariat ergreift die Staatsgewalt und verwandelt die Produktionsmittel zunächst in Staatseigentum.*

Aber damit hebt es sich selbst als Proletariat, damit hebt es alle Klassenunterschiede und Klassengegensätze auf und damit auch den Staat als Staat. Die bisherige, sich in Klassengegensätzen bewegende Gesellschaft hatte den Staat nötig, d. h. eine Organisation der jedesmaligen ausbeutenden Klasse zur Aufrechterhaltung ihrer äußeren Produktionsbedingungen, also namentlich zur gewaltsamen Niederhaltung der ausgebeuteten Klasse in den durch die bestehende Produktionsweise gegebenen Bedingungen der Unterdrückung (Sklaverei, Leibeigenschaft oder Hörigkeit, Lohnarbeit). Der Staat war der offizielle Repräsentant der ganzen Gesellschaft, ihre Zusammenfassung in einer sichtbaren Körperschaft, aber er war dies nur, insofern er der Staat derjenigen Klasse war, welche selbst für ihre Zeit die ganze Gesellschaft vertrat: im Altertum Staat der sklavenhaltenden Staatsbürger, im Mittelalter des Feudaladels, in unsrer Zeit der Bourgeoisie. Indem er endlich tatsächlich Repräsentant der ganzen Gesellschaft wird, macht er sich selbst überflüssig. Sobald es keine Gesellschaftsklasse mehr in der Unterdrückung zu halten gibt, sobald mit der Klassenherrschaft und dem in der bisherigen Anarchie der Produktion begründeten Kampf ums Einzeldasein auch die daraus entspringenden Kollisionen und Exzesse beseitigt sind, gibt es nichts mehr zu reprimieren, das eine besondere Repressionsgewalt, einen Staat, nötig machte. Der erste Akt, worin der Staat wirklich als Repräsentant der ganzen Gesellschaft auftritt − die Besitzergreifung der Produktionsmittel im Namen der Gesellschaft −, ist zugleich sein letzter selbständiger Akt als Staat. Das Eingreifen einer Staatsgewalt in gesellschaftliche Verhältnisse wird auf einem Gebiete nach dem anderen überflüssig und schläft dann von selbst ein. An die Stelle der Regierung über Personen tritt die Verwaltung von Sachen und die Leitung von Produktionsprozessen. Der Staat wird nicht »abgeschafft«, *er stirbt ab* ... Die Expansionskraft der Produktionsmittel sprengt die Bande, die die kapitalistische Produktionsweise ihr angelegt. Ihre Befreiung aus diesen Banden ist die einzige Vorbedingung einer ununterbrochenen, stets rascher fortschreitenden Entwicklung der Produktionskräfte und damit einer praktisch schrankenlosen Steigerung der Produktion selbst. Die gesellschaftliche Aneignung der Produktionsmittel beseitigt nicht nur die jetzt bestehende künstliche Hemmung der Produktion, sondern auch die positive Vergeudung und Verheerung von Produktivkräften und Produkten, die gegenwärtig die unvermeidliche Begleiterin der Produktion ist und ihren Höhepunkt in den Krisen erreicht. Sie setzt ferner eine Masse von Produktionsmitteln und Produkten für die Gesamtheit frei durch Beseitigung der blödsinnigen Luxusverschwendung der jetzt herrschenden Klasse und ihrer politischen Repräsentanten. Die Möglichkeit, vermittels der gesellschaftlichen Produktion allen Gesellschaftsmitgliedern eine Existenz zu sichern, die nicht nur materiell vollkommen ausreichend ist und von Tag zu Tag reicher wird, sondern die ihnen auch die vollständige freie Ausbildung und Betätigung ihrer körperlichen und geistigen Anlagen garantiert, diese Möglichkeit ist jetzt zum ersten Male da, aber sie ist da.

Mit der Besitzergreifung der Produktionsmittel durch die Gesellschaft ist die Warenproduktion beseitigt und damit die Herrschaft des Produkts über die Produzenten. Die Anarchie innerhalb der gesellschaftlichen Produktion wird ersetzt durch planmäßige bewußte Organisation. Der Kampf ums Einzeldasein hört auf. Damit erst scheidet der Mensch, in gewissem Sinn, endgültig aus dem Tierreich, tritt aus tierischen Daseinsbedingungen in wirklich menschliche. Der Umkreis der die Menschen umgebenden Lebensbedingungen, der die Menschen bis jetzt beherrschte, tritt jetzt unter die Herrschaft und Kontrolle der Menschen, die zum ersten Male bewußte, wirkliche Herren der Natur, weil und indem sie Herren ihrer eigenen Vergesellschaftung werden. Die Gesetze ihres eigenen gesellschaftlichen Tuns, die ihnen bisher als fremde, sie beherrschende Naturgesetze gegenüberstanden, werden dann von den Menschen mit voller Sachkenntnis angewandt und damit beherrscht. Die eigene Vergesellschaftung der Menschen, die ihnen bisher als von Natur und Geschichte aufgenötigt gegenüberstand, wird jetzt ihre freie Tat. Die objektiven, fremden Mächte, die bisher die Geschichte beherrschten, treten unter die Kontrolle der Menschen selbst. Erst von da an werden die Menschen ihre Geschichte mit vollem Bewußtsein selbst machen, erst von da an werden die von ihnen in Bewegung gesetzten gesellschaftlichen Ursachen vorwiegend und in stets steigendem Maß auch die von ihnen gewollten Wirkungen haben. Es ist der Sprung der Menschheit aus dem Reich der Notwendigkeit in das Reich der Freiheit.

5. Eine ökoanarchistische Vision:
Harmonie zwischen Mensch und Natur

Es kann gar nicht genügend betont werden, daß das Konzept der Anarchisten, diese herrlichen indeterministischen Vorstellungen von einer ausgeglichenen Gemeinschaft, einer direkten Demokratie, einer humanen Theologie und einer dezentralisierten Gesellschaft nicht allein unser aller Sehnsüchte widerspiegeln, sondern zugleich unsern Wünsche, die uns notwendig erfüllen müssen. Derlei Wünsche, Sehnsüchte sind nicht einfach Teil großartiger und gewaltiger Visionen unserer, des Menschen, Zukunft, sondern sie sind konstitutiv für unser Überleben und somit Vorbedingung für die Zukunft überhaupt. Der gesellschaftliche Entwicklungsprozeß hat sie aus der moralisch-ethischen, subjektiven Dimension ausgegliedert und einer realitätsbezogenen, objektiven Dimension zugeordnet. Was einst als realitätsfremd und visionär galt, ist in eine außerordentliche Nähe zur Realität gerückt. Und was einst als realitätsbezogen und objektiv galt, hat sich weit von der Realität entfernt, gilt vom Standpunkt einer Entwicklung aus betrachtet, die auf ein Leben in tiefster Erfüllung und Freiheit zusteuert, als irrelevant. Wenn wir die Forderungen nach Gemeinschaft, einer direkten Demokratie, einer humanistisch orientierten und von daher auf Freiheit angelegten Technologie sowie Dezentralisierung als bloße Reaktionen auf bestehende Zustände verstehen − als energisches »Nein« auf das »Ja« zum Bestehenden −, dann kann jetzt das erforderliche objektive Verhältnis zur Wirklichkeitsnähe einer anarchistischen Gesellschaft gut sein. Was besonders auffällt im Hinblick auf die Ökologie, ist ihre Fähigkeit, diese so häufig nihilistische Ablehnung des Status quo in eine nachdrückliche Bejahung des Lebens zu verwandeln − in der Tat häufig in ein schöpferisches Kredo zu einer humanistischen Gesellschaft. Das Wesen der konstruktiven »Message«, ausgesandt von der Ökologie, läßt sich unter dem Begriff »Verschiedenartigkeit« subsumieren. Vom ökologischen Standpunkt aus betrachtet, werden Ausgewogenheit und Harmonie in der Natur, in der Gesellschaft von uns − in Ableitung davon — im Verhalten nicht durch eine mechanische Normierung erreicht, sondern im Gegenteil durch eine organische Differenzierung.

Ich möchte zu bedenken geben, daß sich eine anarchistische Gesellschaft einem klar definierten Ökosystem annähert; sie wäre verschiedenartig gestaltet, ausgewogen und harmonisch. Darüber diskutieren ließe sich, ob ein solches Ökosystem eine städtische Struktur verlange, und zwar mit einem eigenen Zentrum, wie wir es von der griechischen Polis her kennen oder der mittelalterlichen Gemeinde, oder aber, ob nach der Vorstellung Gutkinds die Gesellschaft aus weit verstreuten Gemeinden ohne eigentliches Zentrum existieren sollte. Wie auch immer, der ökologische Gradmesser für alle Gemeinschaften würde auf jeden Fall durch das schwächste und daher unbedeutendste System bestimmt, nämlich von seiner Fähigkeit, eine Bevölkerung von mäßigem Umfang zu ernähren.

Sollte die Ökogemeinschaft tatsächlich einmal verwirklicht werdenm, wird das gesellschaftliche Leben eine spürbare Entwicklung menschlicher und natürlicher Verschiedenartigkeit hervorbringen, die sich dann zu einem äußerst ausgewogenen harmonischen Ganzen zusammenschließt. Wir werden eine Vielfalt menschlicher Gruppen und Ökosysteme zu sehen bekommen, die sich von der Gemeinde über Regionen zu ganzen Kontinenten formieren, die alle die ihnen eigenen Möglichkeiten und Fähigkeiten entwickeln und Glieder der Gemeinschaft eines breiten Spektrums ökonominaler, kultureller und behavioristischer Stimuli darstellen. Das, was in unseren Wirkungskreis fällt, wird eine spannende, häufig sogar dramatische Vielfalt kommunaler Strukturen sein — hier die Anpassung von Architektur und Industrie an recht wasserarme, unfruchtbare Ökosysteme, dort an Weideland, anderswo an Waldgebiete. Wir werden Zeugen eines schöpferischen Zusammenspiels zwischen Individuum und Gruppe, Gemeinde und Umwelt, Menschheit und Natur. Die Denkweise, die heute für die Organisation der Unterschiede zwischen den Menschen und anderen Lebensarten — entsprechend der hierarchischen Anordnung — verantwortlich ist, Äußeres mit Hilfe von Begriffen wie »Überlegenheit« oder »Minderwertigkeit« definiert, wird einer Sichtweise Platz machen, die sich mit der Verschiedenartigkeit in ökologischer Hinsicht befaßt. Unterschiede zwischen den Menschen wird man respektieren, in der Tat sogar fördern, da sie die Einheit von Erfahrung und Phänomenen bereichern. Das traditionelle Verhältnis, das Subjekt und Objekt einander gegenüberstellt, wird eine qualitative Veränderung erfahren; das »Äußere«, das »Verschiedene«, das »andere« wird man als individuelles Element eines Ganzen begreifen, das aufgrund seiner Komplexität um so reicher ist. Dieser Sinn für Einheit wird die Harmonisierung verschiedener Interessen widerspiegeln, der Interessen zwischen Individuum, Gesellschaft und Natur. Von einer erdrückenden Routine befreit, befreit von lähmender Repression und Unsicherheit, von der Last der Arbeit und künstlicher Bedürfnisse, von den Fesseln der Autoritäten und von irrationalen Zwängen, wird der einzelne schließlich − und das erstmals in der Geschichte − in der Lage sein, seine Möglichkeiten und Fähigkeiten als Teil einer humanen Gesellschaft und einer natürlichen Welt wahrzunehmen.

6. Eine romantisch feministische Vision: Die Rückkehr der Göttin

Im Urmythos ... gibt es eine mächtige Urgöttin, die das Universum, die Erde und die Himmel erschafft; und schließlich erschafft sie die Götter und die Menschheit. Zuletzt gebärt sie als Jungfrau einen Sohn, der später ihr Liebhaber wird, bald darauf ihr Gemahl, ihr Stellvertreter und am Ende in einem patriarchalischen Zeitalter der Usurpator ihrer Macht. In den grenzenlosen Äonen ihrer ausschließlichen Herrschaft führt sie feierlich die Zivilisation ein − mit allem, was dazugehört. Unter ihrer Herrschaft erfreut sich die Erde über lange Zeit einer friedlichen fortschrittlichen Entwicklung: Städte werden gebaut, Gesetz und Recht institutionalisiert, Früchte des Feldes angepflanzt und geerntet, Tiere gezähmt, damit sie Milch und Wolle liefern; das

Feuer wird entdeckt und genutzt, das Rad erfunden; erstmalig baut man Schiffe, und die Künste von der Keramik über das Weben bis hin zur Malerei erleben ihre erste Blüte.

Da wird plötzlich alldem ein Ende gesetzt. Das Paradies ist verlorengegangen. Ein finsteres Zeitalter überfällt die Welt, herbeigeführt durch eine politische und soziale Umwälzung, die mit einer patriarchalen Revolution Hand in Hand geht. Nomaden, unzivilisierte Männer, Barbaren, umherstreifende Banden, von der Gemeinschaft und von den Frauen verstoßen, zerstören die zivilisierten Stadtstaaten, tyrannisieren die Königinnen und versuchen, deren Platz einzunehmen. Das Ergebnis ist das Chaos. Krieg und Gewalt »treten« plötzlich »in Erscheinung«; Recht und Gesetz »fliegen zum Fenster hinaus«; Macht tritt an die Stelle des Rechts; und an die Stelle der großen Göttin tritt ein strenger und rachsüchtiger Gott. Der Mensch wird ein fleischfressendes Wesen; Besitzrechte werden den Menschenrechten übergeordnet; die Frau wird herabgesetzt und ausgebeutet, und die Zivilisation schlägt einen Weg ein, der bergab führt und auf dem sie noch heute wandelt.

Das ist das Thema aller Mythen − vom Goldenen Zeitalter der Griechen und Römer zum Garten Eden der Juden und Christen und den Ewigen Jagdgründen der amerikanischen Indianer, der Avaiki und Polynesier −, die alle in einem »Fall« enden im Zusammenhang mit einem völligen Versagen, das für die Menschheit das Ende des Paradieses bedeutet.

Als der Mensch zum erstenmal beschloß, das Besondere an seinem Geschlecht zu rühmen, Muskelkraft und geistliche Reife, bediente er sich des Grundsatzes, daß die Realität etwas Greifbares sei und daß das Unsichtbare und nicht Fühlbare keine Existenz besitze ... Indem er die mystischen Kräfte einer Frau in Zweifel zog, schnitt sich der Mensch selbst von den höheren Dingen ab, von den »ewigen Wahrheiten«, von dem, was ihn von den niederen Lebewesen unterschieden hatte. Indem er jegliche Manifestation einer übersinnlichen oder außersinnlichen Wahrheit auslöschte und allein einer für ihn wahrnehmbaren Materie Verehrung zuteil werden ließ, machte sich der Mensch selbst zu einem rein biologischen Organismus; er versagte sich selbst das göttliche Licht, das ihm einst durch eine Frau offenbart worden war ...

Ihr sinnlicher Körper blieb jedoch ein notwendiges Attribut des neuen physischen Menschen. Und er begann sie aus seinem eigenen Grundstoff in einen rein biologischen Organismus zurückzubilden; er machte sie ihm gleich: Ein geeigneter Kamerad wurde sie, ein »passender« Gehilfe für ihn – seine biologische Ergänzung! Über viele Jahrhunderte betrieb er Gehirnwäsche und hatte Erfolg. Er konnte sie glauben machen, sie sei tatsächlich aus seiner Rippe erschaffen worden, ihm zum Trost gebildet, ein Gefäß für seinen Samen und Brutkasten *seiner* Erben, die *seinen* Namen verewigen müßten.

Somit war das heilige Feuer ihrer ursprünglichen – göttlichen – Autorität eingedämmt, seine auflodernden Flammen erstickt und schließlich fast völlig zum Erlöschen gebracht. Während des arianischen Zeitalters hatte eine männliche undurchdringliche Natur das himmlische Licht der Frau in der Gewalt. Verborgen brannte es unter dem Scheffel einer männlichen Herrschaft.

Wir befinden uns an der Schwelle zu einem neuen Zeitalter, dem Zeitalter des Aquarius (Wassermann), den die Griechen Hydrochoos, den Wasserträger, nannten, den Erneuerer, der das wütende Feuer und den Durst löschte ... Heute wie damals leben die Frauen in der Avantgarde der anbrechenden Zivilisation; und es sind die Frauen, auf die wir blicken, wenn es um das Heil geht, um die stärkenden Wasser des Aquarius.

Auf ein neues Zeitalter in diesem Sinne blicken wir voller Hoffnung, da unsere maskuline Ära im Begriff ist, sich selbst zu zerstören – und das mit einem solchen Erfolg wie all ihre Vorgänger in einer unglaublich langen Geschichte der Zivilisation ...

Die Zerstörungskraft eines maskulinen Materialismus hat bereits alle Lebensbereiche der Menschheit des zwanzigsten Jahrhunderts durchdrungen. Zur Zeit dringt sie offensichtlich zu ihrem Lebensnerv vor. Das einzige Heilmittel gegen die alles verzehrende Kraft ist die Rückkehr zu den Werten des Matriarchats ...

Die Zeiten männlicher Herrschaft nähern sich dem Ende. Ihre letzten Tage sind erfüllt von einem erneuten, aber endgültigen Aufflackern universaler Gewalt; noch einmal bringen sie Verzweiflung hervor in einem Maße, wie es die Welt niemals zuvor erlebt hat. Die Menschen guten Willens suchen überall verzweifelt nach Heilmitteln für eine Gesellschaft, die zum Untergang verdammt ist, aber ohne Erfolg! Es gibt kein Mittel, das von irgendeinem Nutzen wäre. Sämtliche Reformen, die unsere kranke Gesellschaft heilen sollen, lassen sich bezüglich ihrer Wirksamkeit mit einem Wunderverband vergleichen, mit einem Pflaster auf einer klaffenden Wunde, die bereits nach Verwesung riecht. Allein die völlige Zerstörung der Gesellschaft wird die tödliche Krankheit heilen. Allein das Ende der 3000 Jahre alten Bestie eines männlichen Materialismus wird das menschliche Geschlecht retten können.

In der neuen Wissenschaft des einundzwanzigsten Jahrhunderts gibt anstelle unserer Physis das geistliche Vermögen den Ton an. Geistige und geistliche Gaben werden gefragt sein − bei weitem mehr als physische Fähigkeiten. Eine außersinnliche Wahrnehmung wird Vorrang haben vor einer natürlichen Sinneswahrnehmung. Und in diesen Sphären werden die Frauen die Herrschaft innehaben. Sie, die in der Frühzeit der Menschheit geachtet und verehrt wurde, weil sie zu sehen vermochte, was nicht sichtbar ist, wird noch einmal zur Achse, um die sich − wie bereits in alten Zeiten − die Zivilisation drehen wird. Sie wird noch einmal zur Schlüsselfigur − nicht aufgrund ihres Geschlechtes, sondern aufgrund ihrer Göttlichkeit als Frau.

Im Tode kehren wir in den Schoß unserer Mutter zurück, aus dem im Anfang alles Leben hervorgegangen ist.

Nacht, Skulptur von Jacob Epstein, »Transport-Executive Building«, London, 1929.

XI. Der neue Himmel: Personale und kosmische Eschatologie

Die Religionen des Alten Orients — die sumerische, die babylonische und die alttestamentliche — kannten ursprünglich keine Hoffnung auf Unsterblichkeit. Die Vorstellung einer Errettung vom Tod war ihnen fremd. Sterblich zu sein gehörte für sie wesentlich zum Menschsein dazu. Und so richteten sich die eigentlich religiösen Hoffnungen jener Zeit auch eher auf eine Erneuerung des Lebens; man hoffte auf eine neue lebendige Kraft und deren Wirksamkeit innerhalb der Geschichte. Der erste große Auferstehungsmythos, den die Alte Geschichte hervorbrachte, ist »Inannas Abstieg in die Unterwelt«. Der Text wurde irgendwann im dritten Jahrtausend v. Chr. von den Sumerern verfaßt und handelt von der Überwindung des Todes zugunsten eines neuen — allerdings immanenten — Lebens: Der Lebenszyklus wird wiederhergestellt. Inanna, die Himmelskönigin, beschließt, die eigene Schwester herauszufordern, die das Totenreich regiert. Mit Juwelen geschmückt, den Symbolen ihrer Macht, steigt sie in die Unterwelt hinab. Doch man beraubt sie ihres Schmuckes: Ein Schmuckstück nach dem anderen verliert sie; und als sie schließlich alle sieben Tore zum Hades passiert hat, wird sie völlig entblößt und mit gebeugten Knien vor den Thron ihrer Schwester, der Königin des Hades, geschafft. Ereschkigal und die Anunnaki, die sieben Richter der Unterwelt, töten sie mit ihren Blicken, Inanna wird in einen Leichnam verwandelt und an einem Haken an der Wand aufgehängt.

Drei Tage und Nächte lang ist Inanna tot. (In der akkadischen Version der Geschichte, »Ischtars Höllenfahrt«, verliert die obere Welt ihre Fruchtbarkeit. Es gibt keine Geschlechtsgemeinschaft, keine Geburten mehr unter den Menschen und Tieren.) Inanna schickte ihren Diener Ninschubur zu den drei Vatergottheiten, um in Erfahrung zu bringen, ob sie, Inanna, ihren Auftrag nicht erfüllt habe. Nach zwei gescheiterten Versuchen von seiten Ninschuburs bricht der dritte unter den Göttern, Enki, das Schweigen und läßt sich folgendes einfallen: Zwei Wesen, die er hervorbringt, sollen »das Kraut des Lebens« und »das Wasser des Lebens« in die Unterwelt schaffen mit dem Ziel, Inannas toten Körper damit zu besprengen. Da erwacht Inanna zu neuem Leben und macht sich daran, aus der Unterwelt emporzusteigen. Doch muß sie für ihre Errettung vom Tod einen hohen Preis zahlen. Es wird für sie von ihr ein Ersatz verlangt. Inanna nimmt ihren Liebhaber in Menschengestalt, Dumuzi, und gibt ihn in die Hände der Dämonen. Sie gibt ihn in den Tod als ihren Stellvertreter. Auf diese Weise ist die Wiederherstellung des Lebenszyklus gesichert, doch muß die menschliche Gesellschaft, die nun einmal durch ihren König, Inannas Gemahl, repräsentiert wird, diese Erneuerung mit dem eigenen Tod bezahlen.

In den späteren Phasen der antiken Religionen im Mittelmeerraum konnte es immer weniger befriedigen, von der Vergänglichkeit auch des menschlichen Lebens zugunsten einer Wiederherstellung und Erneuerung des Lebenszyklus abzulenken. Insbesondere zu einer Zeit, da die Hoffnung auf eine dauerhafte gute Gesellschaft mehr und mehr verblaßte, richtete sich die menschliche Sehnsucht auf die Überwindung des Todes: Man wollte leben! Und so nahmen die alten Geschichten vom Sieg über die Macht des Todes eine andere Gestalt an: Sie wurden von nun an eschatologisch interpretiert. Die ausgestreute Saat, Abbild der alljährlichen Wiedergeburt in der Natur, wird zur Metapher der eschatologischen Wiedergeburt der Seele, der Wiedergeburt zum ewigen Leben.

In der ägyptischen Kultur wurde die Auferstehung des Osiris, durch Isis' Mithilfe (eine Variante der Baal-Anat-Geschichte; vgl. Kap. VI, 1) zuwege gebracht, auch zum Mythos eines

Totenkultes. War es zunächst der König, der hoffte, der Macht des Todes entrinnen zu können, so versuchte bald die gesamte Aristokratie einschließlich reicher Kaufleute, den Tod zu besiegen. Die Einbalsamierung kam in Mode, verbunden mit eigens entwickelten Riten. Daneben nährte die Identifikation mit dem aus der Unterwelt aufgefahrenen Osiris die Hoffnung auf Unsterblichkeit. Auf ähnliche Weise führte in der babylonischen Kultur die Kultivierung der Astronomie zu Spekulationen über die Wohnstatt Gottes[1]. So glaubte man, Sterne und Planeten müßten als göttliche Orte auch das Ursprungsland der Seele sein. Die Seele, so meinte man, habe leibhaftige Gestalt angenommen, als sie auf die Erde herabgekommen sei. Bei ihrem »Abstieg« aus dem Himmel mußte sie die Tore der sieben Planetensysteme passieren, und so ergab es sich, daß sie das Schicksal der Planeten annahm.

Die Rückreise zum Himmel zwang sie, die psychische Hülle abzulegen, die sie dem Einfluß der Planeten zu verdanken hatte. Sie stieg empor, bis sie schließlich hervortrat; gereinigt und leuchtend wie das Licht selbst erschien sie in ihrer Sternenheimat. In dieser Geschichte vom Hinabsteigen und Wiederaufsteigen der Seele wird die Erde zur Unterwelt gemacht, zur Welt des Todes, in die die Seele hinabsteigt, wie es Inanna tat; nur findet diesmal das »Entkleiden« auf dem Rückweg statt. In der Vision vom Wiederaufsteigen der Seele bei Poimandres begegnet uns eine Vision im Sinne der obengenannten eschatologischen Interpretation. Sie ließe sich als »astrale« Eschatologie bezeichnen: Die Seele legt ihre Sternenkleider ab, als sie die sieben Planetensysteme durchdringt, bis sie am Ende in die Ewigkeit eintritt — entblößt und rein.

Platon entwickelt den chaldäischen Mythos, diese »astrale Eschatologie«, weiter, indem er ihn in seinem »Phaidros« philosophisch interpretiert. Die Seele hat ihren Ursprung in

1. Vgl. *Franz Cumont:* Astrology and Religion Among the Greeks and Romans, New York 1912, insbesondere Kap. 6.

der Welt der Gestirne, wo sie die Götter auf ihren Reisen durch den Himmel begleitet. Genährt wird sie durch die Kontemplation der ewigen Wahrheiten, die ihren Ort in einem leuchtenden intellektuellen Reich jenseits der äußeren kosmischen Sphäre haben. Jene Seelen aber, die das ungestüme Roß, ihre Leidenschaften nämlich, nicht im Zaum halten können, verlieren ihre Flügel, fallen auf die Erde herab und nehmen körperliche Gestalt an. Und jene, die während ihrer Präexistenz, einer Existenz in der Kontemplation, die Wahrheit geschaut haben, gehen in eine höhere menschliche Gattung über. Jene, die das Wesen der Wahrheit nicht erblickten, gehen in eine niedere Gattung über. Durch die Reinkarnation gelingt es der Seele, sich ein Stück weit zurückzubewegen in Richtung auf einen reinen und höheren Bewußtseinsstand, bis ihr schließlich nach Tausenden von Jahren wiederum Flügel wachsen und sie den Zyklus der Wiedergeburt durchbrechen kann. Im Körper geboren zu werden bedeutet für Platon, in einer niederen Existenz gefangen zu sein. Wahres Leben können wir nur dann erlangen, wenn wir von der materiellen Existenz zur immateriellen befreit werden. D. h., nur außerhalb der Körper geschieht, was wir Leben nennen.

Auch der alttestamentliche Glaube konzentrierte sich ursprünglich auf diese Welt. Die Hoffnung auf Gerechtigkeit als Folge einer konsequenten Einhaltung der göttlichen Gebote bestimmte die jüdische Religion. Das Bedürfnis nach Erneuerung des Jahreszyklus, vornehmlich die Hoffnung auf Fruchtbarkeit, wurde eingebracht in die Vision der wiederhergestellten Beziehung zu Gott. Dürren und von Schädlingen befallene Ernten galten als Strafe Gottes für begangene Sünden, während sich die Rückkehr zu Gott und die Treue ihm gegenüber in einer Gesellschaft widerspiegelten, in der Friede und Gerechtigkeit herrschen, einer Gesellschaft, die von ihrem Gott reich mit Regen und einer ertragreichen Ernte gesegnet ist. Die Hoffnung auf eine immanente Erneuerung des Jahreszyklus ist der alttestamentlichen Religion noch durchaus präsent, wird jedoch in den Kontext einer der Gesellschaft von Gott gegebenen Ethik einbezogen.

Als sich diese Hoffnungen mit der Zunahme imperialer Systeme jedoch nicht erfüllten, entwickelte sich der alttestamentliche Glaube zur Apokalyptik. Man hoffte auf ein zukünftiges gutes Zeitalter, herbeigeführt durch eine kosmische Revolution. Durch eine völlige Wende würde die gegenwärtige kosmische Ordnung (eine schlechte Ordnung) zerstört und eine neue Ordnung hervorgebracht werden. Das, was in der Vergangenheit gut und recht war, würde in die neue ideale Zukunft eingeschlossen werden, und zwar durch die Auferstehung des Leibes. Ursprünglich war die Vorstellung einer möglichen Auferstehung auf bestimmte Personengruppen beschränkt, zum einen auf solche, die rechtschaffen gelebt, aber keinerlei Belohnung erhalten hatten, zum anderen auch auf Übeltäter, die der Strafe entgangen waren und nun in einem letzten Gericht »das Ihre« bekommen würden, nämlich die gerechte Strafe. Auferstehungshoffnung – also zu Anbeginn auf vergangene Zeiten und Taten bezogen und nur auf diese! Damit wurde der historische Kontext erweitert: Die Zukunftshoffnungen hatten einen konkreten Bezug zum gegenwärtigen Geschehen.

Die späteren Apokalypsen beinhalten dieses eschatologische Moment: Man stellt sich eine Periode innerhalb der Geschichte vor (das Tausendjährige Reich), in der die Gerechten regieren, und dann einen neuen Himmel und eine neue Erde, in denen der Kosmos selbst erneuert wird, so daß er neues Leben hervorbringen kann, ein Leben in der Unsterblichkeit. Die Toten werden zu neuem Leben auferstehen. Und dieses neue Leben ist ewig und unvergänglich.

Die letzten Kapitel der Offenbarung des Johannes entfalten diese inzwischen weiterentwickelte Eschatologie. Nachdem die beim Weltgericht angekündigten Plagen auf die sündige Welt herabgekommen sind – Babylon (Rom) steht symbolisch für diese –, wird der Satan, die Macht, die sich hinter allen Königen auf Erden verbirgt, gebunden. Die Gerechten, mit christlichen Märtyrern verglichen, erheben sich von den

Toten und regieren mit Christus – tausend Jahre lang. Am Ende dieses Tausendjährigen Reiches (Millenium) wird der Satan noch einmal losgelassen: Es kommt zum endgültigen Konflikt zwischen den Mächten des Guten und denen des Bösen. Dann findet eine allgemeine Auferstehung statt: Alle Toten vergangener Zeiten erheben sich; dann das Gericht und eine letzte Reinigung von allen negativen Mächten. Alle Sünder, selbst der Tod und der Hades, werden in den »feurigen Pfuhl« geworfen. Es gibt keinen Grund, anzunehmen, dies bedeute, daß die Sünder in Ewigkeit leiden, wie es eine spätere christliche Echatologie lehrte. Der Verfasser hält sich offensichtlich an die apokalyptische Tradition, die ihren Ursprung in der persischen Religion hat[2], nach der alles Böse gesühnt, im und durch das Feuer gereinigt wird und aufhört zu existieren.

Es kommt zur Erneuerung des Kosmos. Ein neuer ewiger Himmel und eine neue ewige Erde werden geschaffen. Eine ewige Stadt, das heilige Jerusalem, steigt »als Braut« herab, um die Gemahlin Gottes zu werden. Das Paradies wird wiederhergestellt mit dem Baum des Lebens und mit den Wassern des Lebens. Der Tempel wird nicht mehr als sichtbares Zeichen der Wohnstatt Gottes mit den Menschen benötigt; und die Planeten werden nicht mehr als Spender des Lichts benötigt. Jetzt ist der Kosmos selbst Tempel Gottes, und die Gegenwart Gottes spendet das Licht, das wir zum Leben brauchen. Dieses erlöste Zeitalter ist ewig und unvergänglich. Im ersten Brief des Paulus an die Korinther, ungefähr vierzig Jahre vor dieser christlichen Apokalypse geschrieben, sehen wir, wie sich der Apostel mit der Frage nach dem ewigen Leben auseinandergesetzt: Wie kann der natürliche, verwesliche Leib auferstehen und in die Ewigkeit eingehen? Paulus unterscheidet nicht zwischen einer tausendjährigen Herrschaft der Gerechten mit Christus und der Ewigkeit. Eher stellt er einen Bezug zu einem Prozeß her, in dem Christus

2. Vgl. The Great Bundahis, in: *F. Max Miller (Hg.):* The Sacred Books of the East (Pahlavi Texts, Bd. 5), Oxford 1897, Kap. 30.

regiert und alle bösen Mächte überwindet, bis auch der letzte Feind, der Tod, vernichtet ist. Danach übergibt Christus Gott den vollendeten Kosmos, und es kommt zur letzten Vereinigung zwischen dem Schöpfer und der befreiten Schöpfung.

Bei seinem Versuch, deutlich zu machen, wie ein sterblicher Leib in der Auferstehung unsterblich werden kann, bedient sich Paulus antiker Analogien. Er verwendet das Bild von der Entstehung der Vegetation, die aus der ausgestreuten Saat hervorgeht. Die im Boden begrabene Saat bildet die Analogie zum sterblichen Leib, der wieder zur Erde zurückkehrt, ihr gleich wird und sich dann »wieder erhebt« zu einer neuen Form des Lebens. Doch dieses neue Leben ist ein verherrlichter Leib; das Fleisch wurde gereinigt und von einer sterblichen, von einer korrupten Natur befreit. Es hat die Unsterblichkeit »angezogen«.

Auch in den gnostischen Texten von Nag Hammadi begegnet uns eine dieser dualistischen Interpretationen. Es ist der Dualismus zwischen dem gegenwärtigen vergänglichen und einem zukünftigen unvergänglichen Zeitalter. Bereits zu Beginn des zweiten Jahrhunderts begann die Gnosis, ihr theologisch-philosophisches System auszubilden. In mehreren Städten des östlichen Mittelmeerraumes, z. B. Alexandria, gestattet eine solche Interpretation wahrscheinlich den ersten Einblick in den christlichen Glauben und christliches Denken. Später wurde die christliche Gnosis dann von der Orthodoxie abgelöst[3]. Die Gnosis interpretierte den apokalyptischen Dualismus zwischen Gott und den satanischen Mächten, die gegenwärtig die Welt regieren, dahingehend, daß es sich bei diesen Mächten um gefallene Engel handle. Diese Engelsmächte müßten den Kosmos hervorgebracht haben. Und die materielle Welt ist in ihrer sozioökonomischen und kosmischen Erscheinung Produkt dieser Mächte,

3. Vgl. *Walter Bauer:* Rechtgläubigkeit und Ketzerei im ältesten Christentum (Beiträge zur historischen Theologie, Bd. 10), 2. Aufl., Tübingen 1964.

die sich vom wahren transzendenten Sein entfremdet haben. Da jede Art von Wahrnehmung, selbst das mit Hilde der Vernunft Erkennbare, ja die Realität schlechthin, sich innerhalb der Grenzen einer gefallenen Schöpfung bewegt, muß die Erkenntnis der befreienden Wahrheit *(Gnosis)* in Form einer geheimnisvollen Mitteilung an uns ergehen. Sie gewährt uns einen Blick in eine höhere Welt, die uns bisher verborgen war.

Die Abhandlung »Die dreigestaltige Protennoia« stellt einen solchen Einblick in die himmlische Welt dar: Sie läßt uns das Mysterium von der Überwindung des gegenwärtigen Äons schauen. Wir sehen einen neuen Äon, der das wahrhaftige Licht und das wahrhaftige Leben der wahren Gottheit widerspiegelt. Besonders faszinierend an diesem Text ist die Art und Weise, in der alles Männliche mit der gefallenen Schöpfung identifiziert wird, mit der Welt, in der das Unrecht herrscht. Das spirituelle Weibliche hingegen wird als Offenbarer der höheren, der himmlischen Welt betrachtet. So stellt man sich Protennoia zwar in weiblicher Person vor, aber als androgynes Sein. Wie Sophia (die Weisheit) spricht sie von der biblischen Tradition, nach der sie gestaltet wurde. Protennoia ist der weibliche Offenbarer der höchsten Transzendenz.

In einer früheren Offenbarung wurde sie als Vater manifest, aber jetzt tritt sie in weiblicher Gestalt auf, um als Mutter das nahe bevorstehende Ende des gegenwärtigen entfremdeten Kosmos kundzutun. Sie kommt, um mit dem Ende des alten den Anfang eines neuen herrlichen Äons anzukündigen. Die kosmischen Mächte, die Herrscher über die gegenwärtige Weltordnung, begeben sich in völliger Fassungslosigkeit zum Archigenitor (nach Platons Demiurgos gestaltet). Dieser Schöpfer des gefallenen Kosmos weiß jedoch nichts von der höheren transzendenten Welt. Seine Unkenntnis und Schwäche werden als nahendes Ende des bestehenden Äons enthüllt. An seiner Statt wird eine Zeit kommen, die keinem Wandel unterliegt; denn es ist die Ewigkeit.

Eine so radikale Deutung des apokalyptischen Dualismus

zwischen dem gefallenen und erlösten Kosmos stellte eine gleich zweifache Bedrohung dar: Sie gefährdete sowohl die Einheit zwischen Schöpfer und Erlöser als auch den Glauben an ein letztes und höchstes Gutes innerhalb der Schöpfung. Irenäus setzt sich als einer der Führenden unter den Theologen des zweiten Jahrhunderts gegen den radikalen Dualismus der Gnosis zur Wehr. Obgleich er der Überzeugung ist, daß die Menschheit und mit ihr die gesamte Schöpfung der Sünde verfallen ist und eine befreite Schöpfung die gegenwärtige überwinden und Unsterblichkeit erlangen wird, versucht er, den Sündenfall und die letztendliche Verwandlung des Kosmos dahingehend zu interpretieren, daß die Einheit Gottes sowie das letzte und höchste Gut nicht angetastet werden. Um beides zu bewahren, entwickelt er eine sakramentale Schöpfungstheologie, der zufolge der göttliche Logos oder das göttliche Wort nicht allein das göttliche Leben, sondern die grundlegende Macht einer kreatürlichen Existenz offenbart. Die materielle Welt hat sich nicht von der spirituellen entfremdet; sie ist im Gegenteil die sichtbare Verkörperung dieser spirituellen Welt.

Sünde versteht Irenäus nicht als Fall in die Welt der Materie, sondern als Leugnung unseres göttlichen Ursprungs. Sünde ist die spirituelle Negation unseres wahren ursprünglichen Seins, aber diese Negation hindert den göttlichen Logos nicht daran, die erschaffene Welt zu erhalten. Erlösung ist ein Prozeß, in dem Gott die Schöpfung aufs neue durch die Macht seines Wortes und Geistes ins Leben ruft, durch die er im Anfang die Welt geschaffen hat. Dieser Prozeß erreicht seinen Höhepunkt mit dem Kommen Christi, der die Manifestation der Welt in körperlicher Gestalt ist. Und dieses Wort, das konkrete-körperliche Gestalt angenommen hat, dringt durch die Sakramente in unseren Körper ein, indem es die Wandlung der körperlich kreatürlichen Existenz durch die Macht des Geistes repräsentiert. Auf diese Weise wird die körperliche Existenz allmählich zu einer befreiten Existenz, zunächst befreit von der Sünde und am Ende von der Sterblichkeit selbst.

Irenäus bekräftigt die Unterscheidung zwischen einem Tausendjährigen Reich (Millenium), in dem die Gerechten mit Christus regieren, und einem zweiten Äon, der Ewigkeit. Doch bedeuten diese Zeiten für ihn Stadien eines kontinuierlichen Prozesses. Zunächst wird die Schöpfung durch die sakramentale Macht Christi von allem Bösen gereinigt; daraufhin kehrt der ursprünglich paradiesische Zustand wieder. Es wird eine Zeit kommen, in der die kreatürliche Ordnung in ihrer wahren Güte erstrahlen kann. Wunderbarer Glanz erfüllt das Millenium. Dann wird es eine Zeit in der Wiedergeburt, der geistigen Erneuerung geben, in der die Sterblichkeit überwunden ist. Mensch und Kosmos werden verwandelt: Ihre körperliche Existenz wird verwandelt und ein verherrlichter Leib mit der Fähigkeit ausgestattet, in Ewigkeit mit Gott zu regieren. Der Erlösungsprozeß wird vollendet sein, wenn der gesamte Kosmos zu einer prachtvollen Manifestation des Göttlichen geworden ist.

Obwohl sich die spätere Orthodoxie von der Lehre des Milleniums lossagte – man fürchtete ein Sektierertum, das das Ende des bestehenden christlichen soziopolitischen Ordnungssystems nahelegen könnte –, hat man die Vision eines verherrlichten Kosmos niemals völlig aufgegeben. Weder die Orthodoxie der Ostkirche noch die römisch-katholische Kirchenlehre ließen diesbezügliche Erwartungen völlig fallen. Die Erlösung des Fleisches, d. h. die Erlösung von einer materiellen Existenz überhaupt (sowohl des Menschen als auch des Kosmos), legte ebenso den Gedanken an eine letztendliche Versöhnung zwischen Mann und Frau nahe. Symbolisierten das männliche und das weibliche Prinzip doch den Geist und das Fleisch! Die Himmelfahrt Marias, der Mutter Christi, wird zum Archetyp dieses Geheimnisses der endgültigen Erlösung von der körperlichen Existenz. Der mütterliche Leib erfährt eine Verwandlung und wird in den Stand versetzt, das ewige Leben zu offenbaren.

Die Himmelfahrt Marias wird zur »ersten Frucht« dieser letztgültigen Versöhnung zwischen Leib und Geist, zwischen Frau und Mann. Jungfräulich ist Maria und deshalb nicht der Sünde verfallen. So sieht man in ihr diejenige, die vor den Folgen des Sündenfalls bewahrt wurde. Und die Folge der Sünde ist der Tod. Obgleich auch sie stirbt, verfällt ihr Körper nicht. Christus kommt und trägt ihre Seele auf direktem Weg ins Paradies, oder, wie in einer anderen Version der Geschichte nachzulesen, bringt sie, Maria, leibhaftig in den Himmel[4].

Die Lehre von der Himmelfahrt Marias ermöglicht es einer katholischen Christenheit, eine Himmelskönigin als Ersatz für die Göttin zurückzugewinnen. Also brauchen die Christen nicht mehr auf eine rein männliche Trinität zu sehen, wenn sie ihre Gebete zum Himmel senden. Sie können nun sicher sein, daß sie dort, im Himmel, eine Mutter haben, die zur Rechten ihres Sohnes und seines Vaters regiert. An sie können sie ihre Gebete richten. Weil sie Mutter ist, ist sie gütiger als die männlichen Gottheiten. Und somit wachsen unsere Chancen, daß uns göttliche Gerechtigkeit und Gnade zuteil wird; denn sie tritt für uns ein (vgl. Kap. IV, 8).

In dem Auszug aus Otto Semmelroths Marienbuch setzt sich ein katholischer Theologe des zwanzigsten Jahrhunderts mit der Himmelfahrt Marias auseinander, indem er eine Parallele zur antiken Vision eines erlösten Kosmos herstellt. Die Kirche wird als Leib Christi zur Gemeinde, die den erlösten Kosmos antizipiert. Marias Himmelfahrt weist auf die endgültige eschatologische Vereinigung des Schöpfers mit seiner Schöpfung voraus.

Den Abschluß des Kapitels bildet ein Gedicht von Charlotte Perkins Gilman, Feministin und Soziologin, Autorin des Buches »Seine Religion — ihre Religion«, in dem der hier abgedruckte Text veröffentlicht wurde. Gilman hinterfragt die traditionelle christliche Eschatologie, indem sie zu bedenken gibt, daß die intensive Beschäftigung mit dem Tod

---

4. Vgl. The Passing of Mary, in: *Roberts* und *Donaldson (Hg.)*: Apocrypha of the New Testament (Ante-Nicene Fathers, Bd. 8), New York 1897, S. 592—598.

und einem möglichen Überleben der Seele in einer Religiosität beheimatet sei, die ihre Wurzeln in den typisch männlichen Erfahrungen des Tötens und Sterbens hat. Eine auf weibliche Erfahrungen basierende Religiosität würde sich eher auf das Diesseits konzentrieren, auf Ernährung und Erziehung des einzelnen in der Gesellschaft.

Weiterführende Überlegungen

In den letzten Jahrhunderten hat sich in unserer westlichen nachchristlichen Kultur eine auffällige Wendung vollzogen: weg von der Hoffnung auf ein Leben nach dem Tode hin zum Leben im Diesseits auf dieser Erde. Die Moderne hat die Erde als unser wahres Zuhause bestimmt und bemüht sich, sie wieder für uns bewohnbar zu machen. Selbst den Christen fällt es schwer, noch überzeugend von der Hoffnung auf ein Leben nach dem Tode zu reden. Und sie sind sich ihrer Seele auch nicht mehr sicher: Sollen sie ihre Energien überhaupt noch auf ein mögliches Jenseits verschwenden? Je mehr jedoch die moderne Zivilisation von einer selbst geschaffenen technischen Maschinerie bedroht wird, desto stärker wird der Wunsch, sich von dieser Erde ab- und einer himmlischen Welt zuzuwenden. Können wir uns so etwas wie eine Kultivierung des Himmels wirklich leisten?
Wagen wir es immer noch, unsere Hoffnungen auf derartige Visionen zu richten, die wir in diesem Kapitel behandelt haben? Wir haben gesehen, wie eschatologische Hoffnungen mit der Entfremdung von der Leiblichkeit in Beziehung gesetzt wurden, wie Menschen an der Leiblichkeit litten und auf die Erneuerung der Erde hofften. In unserem Streben nach Unsterblichkeit hegen wir den Wunsch, in unseren Kindern weiterzuleben. Und so erklärt sich die Entstehung einer Eschatologie, die eine rein auf das diesseitige Leben konzentrierte Hoffnung eher verachtet; denn hinter diesem

Streben nach Unsterblichkeit verbirgt sich im Grunde der Wunsch, die Begrenztheit unseres Lebens festzuhalten. D. h., Hoffnung auf Unsterblichkeit kann letztlich auch ein Symbol des Todes sein. Sexualität, Mutterschaft, der weibliche Körper werden zu Bildern eines sündigen Lebens, zu Bildern des Todes, denn sie bringen allein sterbliches Leben hervor.

Ist es dennoch möglich, auf Unsterblichkeit zu hoffen, ohne dabei den natürlichen Verlauf des Lebens herabzusetzen, der den Kosmos sowie den Menschen von einer Generation zur anderen erhält? Deshalb ist zu fragen, ob die feministische Theologie die Eschatologie zugunsten einer Kultivierung und Erhaltung des Diesseits ablehnen muß. Muß sie nicht die Erde zum wahren Lebensraum, zur eigentlichen Sphäre des Menschseins erklären? Doch könnten wir u. U. vielleicht nicht auch das ewige Leben unbekümmert in die Hände Gottes bzw. der Göttin legen, aus denen alle Wirklichkeit am Anfang hervorgegangen ist?

1. Inannas Abstieg in die Unterwelt

Von der großen Erde droben schenkte sie der großen Erde
    hienieden Gehör.
Von der großen Erde droben schenkte die Göttin der großen
    Erde hienieden Gehör.
Von der großen Erde droben schenkte Inanna der großen Erde
    hienieden Gehör.
Meine Herrin verließ Himmel und Erde, um in die Unterwelt
    hinabzusteigen.
Inanna verließ Himmel und Erde, um in die Unterwelt
    hinabzusteigen.
Sie verließ ihr heiliges Amt der Priesterin, um in die Unterwelt
    hinabzusteigen.
…
Sie versammelte die sieben Me um sich.
Sie brachte sie in ihre Gewalt.
Mit den Me in ihrer Hand rüstete sie sich:
…
Inanna machte sich auf den Weg zur Unterwelt. Ninschubur, ihre
treue Dienerin, begleitete sie. Inanna wandte sich an sie und
sprach:

    »Ninschubur, meine stets getreue Gehilfin,
    Mein *Sukkal,* der mir mit klugem Rat zur Seite steht,
    Mein Kriegsherr, der an meiner Seite kämpft,
    Ich steige zu *Kur* hinab, zur Unterwelt.
    Sollte ich nicht zurückkehren,
    Stimm ein Klagelied für mich an, nahe den Ruinen.
    Schlag die Trommel für mich an den Versammlungsorten.
    Umringe die Stätten der Götter.

    …
    Sollte Enlil nicht bereit sein, dir beizustehen,
    Geh nach Ur, zum Tempel Mannas.
    Weine vor dem Vater Manna.
    Sollte Manna nicht bereit sein, dir beizustehen,
    Geh nach Eridu, zum Tempel Enkis.

Weine vor dem Vater Enki.

Vater Enki, der Gott der Weisheit, kennt das Kraut des Lebens,

Er kennt das Waser der Lebens;

Er weiß um die Geheimnisse.

Er wird mich bestimmt nicht dem Tode preisgeben.«

Innana setzte ihren Weg in die Unterwelt fort.

Dann unterbrach sie ihren Gang und sprach:

»Mach dich jetzt auf den Weg, Nischubur —

Vergiß nicht, was ich dir aufgetragen habe.«

Als Inanna die äußeren Tore der Unterwelt erreicht hatte,

Pochte sie an das erste Tor.

Wütend, gar tobend schrie sie heraus:

»Öffne das Tor, Pförtner!

Öffne das Tor, Neti!

Ich komme allein.«

Neti, der Erste unter den Pförtnern der Unterwelt, fragte:

»Wer bist du?«

Sie antwortete:

»Ich bin Inanna, die Himmelskönigin,

Unterwegs gen Osten.«

Neti sprach:

»Wenn du wirklich Inanna, die Himmelskönigin bist,

Unterwegs gen Osten,

Warum hat dich dein Herz auf die große Straße geführt, von der kein Reisender je wiederkehrt?«

Inanna antwortete:

»Weil ... meiner Schwester wegen bin ich gekommen,

Ereschkigal, deren Gatte Gulgama, der Stier des Himmels, starb.

Ich bin gekommen, der Totenfeier beizuwohnen.

Füll den Kelch mit dem rituellen Trunk.

Laß es geschehen.«

Neti sprach:

»Warte hier, Inanna, ich will zu meiner Königin sprechen.

Ich will ihr deine Botschaft überbringen.«

Neti, der Erste unter den Pförtnern der Unterwelt,
Betrat den Palast Ereschkigals, der Königin der Unterwelt,
  und sprach:
  »Meine Königin, eine Braut,
  So hoch gewachsen und gewaltig wie der Himmel,
  So reich und weit wie die Erde,
  So unumstößlich wie die Mauern der Stadt
  Wartet vor den Toren des Palastes.«
Als Ereschkigal die Nachricht vernommen hatte,
Schlug sie sich auf die Schenkel und biß sich auf die Lippen.
Sie nahm sich die Sache zu Herzen, und ihre Gedanken
verweilten bei Inanna. Dann sprach sie:
  »Komm her zu mir, Neti, erster der Pförtner in der Unterwelt,
  Gib acht auf meine Worte:
  Verriegle die sieben Tore der Unterwelt.
  Dann öffne die Tore mit lautem Knattern, eins nach dem
  anderen. Laß Inanna eintreten.
  Wenn sie eintritt, beraube sie ihrer königlichen Kleider.
  Laß die heilige Priesterin des Himmels tief gebeugt eintreten.«
Neti gab acht auf die Worte seiner Königin.
Er verriegelte die sieben Tore der Unterwelt.
Daraufhin öffnete er das äußere Tor.
Er sprach zur Braut:
  »Komm, Inanna, tritt ein!«
Während sie das Tor durchschritt,
Wurde die *Schugurra,* die Krone der Steppe,
Von ihrem Haupt genommen.
Inanna fragte:
  »Was hat dies zu bedeuten?«
Man sagte ihr:
  »Schweig still, Inanna, die Wege der Unterwelt sind voll-
  kommen. Sie dürfen nicht hinterfragt werden.«

*(Als Inanna die sieben Tore passiert, wird sie nach und nach der
Zeichen ihrer Macht beraubt.)*

Nackt und tief gebeugt betrat Inanna den Thronsaal.

Ereschkigal erhob sich von ihrem Thron.

Die Annunaki, Richter der Unterwelt, entschieden gegen sie.

Da richtete Ereschkigal die Augen auf sie und tötete sie
mit ihrem Blick.

Sie brachte ihren Zorn gegen sie vor.

Sie warf ihr Schuld vor.

Sie schlug sie.

Inanna wurde in einen Leichnam verwandelt,

Ein Stück verwesten Fleisches,

Und wurde an einem Haken an die Wand gehängt.

Als Inanna nach drei Tagen und Nächten noch nicht
zurückgekehrt war,

Stimmte Ninschubur ein Klagelied nahe den Ruinen an.

Sie schlug die Trommel für sie an den Versammlungsorten.

Sie umringte die Stätten der Götter.

Sie zerrte an ihren Augen; sie zerrte an ihren Lippen; sie zerrte
an ihren Schenkeln.

Sie bekleidete sich mit einem einzigen Gewand wie ein Bettler.

Allein machte sie sich auf den Weg nach Nippur, zum
Tempel des Enlil.

*(Sowohl Enlil als auch Nanna schlagen ihre Bitten aus. Beide
verweigern ihr ihre Hilfe.)*

Ninschubur ging nach Eridu, dem Tempel des Enkis.

Als sie das Heiligtum betrat, rief sie hinaus:

»O Vater Enki, laß es nicht zu, daß deine Tochter
in der Unterwelt dem Tode hingegeben wird.«

Vater Enki sprach:

Was ist geschehen?

Was hat meine Tochter getan?

Inanna! Königin aller Länder! Heilige Priesterin des Himmels!

Was ist geschehen?

Ich bin besorgt. Ich bin beunruhigt.«

Enki betrachtete seine Fingernägel. Er nahm den Schmutz,

der darunter war, und er schuf daraus ein *Kugarra*-Wesen,

das weder männlichen noch weiblichen Geschlechts war.

Er betrachtete seine Fingernägel. Er nahm den Schmutz,

der darunter war, und erschuf daraus ein *Galatur*-Wesen,
das weder männlich noch weiblichen Geschlechts war.
Er rüstete das *Kugarra*-Wesen mit dem Kraut des Lebens aus.
Er rüstete das *Galatur*-Wesen mit dem Wasser des Lebens aus.
Enki sprach zum *Kugarra*, und er sprach zum *Galatur* die Worte:
»Geht in die Unterwelt;
Schlüpft durch die Ritzen der Tore wie Insekten!
Ereschkigal, die Königin der Unterwelt, wird stöhnen
wie eine Frau in den Wehen.
Kein Linnen bedeckt ihren Körper.
Unbedeckt sind ihre Brüste.
Wie Lauch hängt ihr Haar vom Kopf herab.
Und wenn sie schreit: ›Oh! Oh! In mir ...‹,
Schreit auch ihr: ›Oh! Oh! In mir ...!‹
Die Königin wird erfreut sein.
Ein Geschenk wird sie euch machen wollen.
Fragt sie lediglich nach dem Leichnam, der an einem Haken
von der Wand hängt.
Einer von euch wird das Kraut des Lebens auf sie sprengen.
Der andere wird sie mit dem Wasser des Lebens besprengen-
Inanna wird sich erheben.«
Die beiden Wesen gaben acht auf Enkis Worte.
Sie machten sich auf den Weg in die Unterwelt.
Wie Insekten schlüpften sie durch die Ritzen der Tore.
Sie betraten den Thronsaal der Königin der Unterwelt.

(Die Geschöpfe nehmen teil am heftigen Schmerz Ereschkigals.
Verschiedene Angebote, sie zu belohnen, werden ihnen gemacht,
doch sie werden lediglich den Leichnam Inannas akzeptieren.)

Das *Kugarra*-Wesen sprengte das Kraut des Lebens auf den
Leichnam.
Das *Galatur*-Wesen besprengte den Leichnam mit den Wassern
des Lebens.
Inanna erhob sich ...
Inanna war im Begriff, aus der Unterwelt emporzusteigen,
Als die Annunaki, die Richter der Unterwelt, sie ergriffen.
Sie sprachen:

»Niemand steigt unbeobachtet aus der Unterwelt empor.
Wenn Inanna zurückkehren möchte,
Muß sie für Ersatz sorgen.«

(Inanna stößt auf ihre treue Dienerin Ninschubur und wird nacheinander von ihren beiden Kindern in Empfang genommen, bei denen ihre Abwesenheit Bestürzung hervorgerufen hatte. Die Dämonen der Unterwelt versuchen, die beiden zu ergreifen, aber Inanna gelingt es, sie zurückzuweisen. Dumuzi allerdings begegnet ihr voller Arroganz; er begegnet ihr, als sei er ein Gott und nicht einer unter den Sterblichen.)

In Unruh, bei dem großen Apfelbaum.
War Dumuzi, Inannas Gemahl, mit seinen leuchtenden
    Me-Gewändern bekleidet.
Er saß auf einem prächtigen Thron (er bewegte sich nicht).
Die *Galla*-Dämonen griffen ihn bei den Schenkeln.
Sie gossen die Milch aus seinen sieben Kannen.
Sie zerbrachen die Rohrflöte, auf der der Schafhirte spielte.
Inanna richtete ihre Augen auf Dumuzi und tötete ihn
    mit einem Blick
Sie brachte ihren Zorn gegen ihn vor.
Sie warf ihm seine Schuld vor:
    »Ergreift ihn! Führt Dumuzi hinweg!«[a]

a) Im folgenden läßt der Text darauf schließen, daß Dumuzi dem Todesurteil entrinnen kann, indem er sich an Utu, den Gott der Gerechtigkeit, wendet. In einem Ergänzungstext über die Rückkehr Dumuzis aus der Unterwelt muß er (wie im griechischen Mythos Persephone) ein halbes Jahr in der Unterwelt verweilen. D. h., Dumuzis Hinabsteigen in die Unterwelt und sein Emporsteigen aus dieser repräsentiert den Jahreszyklus. Es steht für Werden und Vergehen in der Natur.

2. Der hermetische Mythos vom Fall und von der Wiederkehr der Seele

»Darum ist ungleich allen anderen Lebewesen auf Erden allein der Mensch zwiefach: sterblich durch den Körper, unsterblich durch den wesenhaften *Menschen*. Denn (von Natur) unsterblich und aller Dinge mächtig, duldet er sterbliches Los, der Heimarmene unterworfen. Über der Harmonie stehend, ward er Knecht in der Harmonie. Mannweiblich entstanden aus mannweiblichem Vater, und schlaflos von schlaflosem, wird er nun (von Liebe und Schlaf) beherrscht.«

Wie dann aus der Physis die irdische Menschheit hervorgeht, können wir in den Einzelheiten übergehen. Da der in sie versunkene *Mensch* »die Natur der Harmonie der Sieben an sich trug«, sind es zunächst sieben mannweibliche Menschen, deren geschlechtliche Teilung später erfolgt. Die Körper sind aus den Elementen der Natur, der *Mensch* aber wurde aus ›Leben‹ und ›Licht‹ zu ›Seele‹ und ›Geist‹: aus Leben Seele, aus Licht Geist. Der geistbegabte Mensch nun soll erkennen (so heißt es nach der Geschlechtsteilung), daß er unsterblich, Ursache des Todes aber die Liebe ist. Wer sich so selbst erkennt, nämlich daß er ursprünglich aus Licht und Leben besteht wie der Vater, der wird dorthin wieder zurückkehren und gelangt zum überschwenglich Guten. Wer aber den aus irrender Liebe entstandenen Körper liebt, der bleibt irrend im Dunkel und erliegt dem Tode. Die Erkennenden darum, bevor sie den Leib seinem eigenen Tode überlassen, verabscheuen die Sinne, deren Wirkungen sie kennen, und der Poimandres-Nus steht ihnen bei, indem er als Türhüter die Eingangspforten für die bösen Einwirkungen des Körpers versperrt und sie nicht zur Vollendung kommen läßt ...
»Dann (nachdem schon der Leib und die Sinne in die materielle Physis zurückgekehrt sind) strebt der Mensch aufwärts durch Sphären, und dem ersten Kreise übergibt er die Kraft zu wachsen und abzunehmen, dem zweiten die listigen Anschläge, entkräftet,

dem dritten den Trug der Begierde, entkräftet, dem vierten den Herrscherprunk, entkärftet, dem fünften den widergöttlichen Trotz und die Raschheit zu unüberlegter Tat, entkräftet, dem sechsten den bösen Trieb nach Besitz, entkräftet, dem siebenten Kreise die listige Täuschung, entkräftet. Dann ist er entblößt von den Kräften der Sphären und kommt zu dem achten Kreise in seiner eigenen Kraft und preist den Vater mit denen, die dort sind. Die dort sind, freuen sich mit ihm über seine Ankunft. Ihnen gleich geworden, hört er Kräfte, die über die achte Sphäre hinauswohnen und mit besonderer Stimme den Vater preisen. Dann steigen sie der Reihe nach auf zum Vater, gehen auf in den Kräften und sind Kräfte geworden in Gott. Das ist das gute Ende derer, die Erkenntnis erhalten haben, vergöttlicht zu werden.«

3. Der platonische Mythos vom Fall und von der Wiederkehr der Seele

Von ihrer Unsterblichkeit nun sei dieses genug; von ihrem Wesen aber müssen wir dieses sagen, daß, wie es an sich beschaffen sei, jedenfalls auf jede Weise eine göttliche und weitreichende Untersuchung ist, womit es sich aber vergleichen läßt, dies eine menschliche und leichtere. Auf diese Art also müssen wir davon reden. Es gleicht daher der zusammengewachsenen Kraft eines befiederten Gespannes und seines Führers. Der Götter Rosse und Führer nun sind alle selbst und guter Abkunft, die anderen aber vermischt. Zuerst nun zügelt bei uns der Führer das Gespann, demnächst ist von den Rossen das eine gut und edel und solchen Ursprungs, das andere aber entgegengesetzter Abstammung und Beschaffenheit. Schwierig und mühsam ist daher natürlich bei uns die Lenkung. Woher ferner die Benennungen sterblicher und unsterblicher Tiere kommen, müssen wir auch versuchen zu erklären. Alles, was Seele ist, waltet über alles Unbeseelte und durchzieht den ganzen Himmel, verschiedentlich in verschiedenen Gestalten sich zeigend. Die vollkommene nun und befiederte schwebt in den höheren Gegenden und waltet durch die ganze Welt; die entfiederte aber schwebt umher, bis sie auf ein Starres trifft, wo sie nun wohnhaft wird, einen erdigen Leib annimmt, der nun durch ihre Kraft sich selbst zu bewegen scheint, und dieses Ganze, Seele und Leib zusammengefügt, wird dann ein Tier genannt und bekommt den Beinamen sterblich; unsterblich aber nicht aus irgend erwiesenen Gründen, sondern wir bilden uns, ohne Gott weder gesehen zu haben noch hinlänglich zu erkennen, ein unsterbliches Tier, das auch eine Seele hat und einen Leib hat, aber auf ewige Zeit beide zusammen vereinigt. Doch dieses verhalte sich, wie es Gott gefällt, und auch nur so sei hiermit davon geredet. Nun laßt uns die Ursache von dem Verlust des Gefieders, warum es der Seele ausfällt, betrachten. Es ist aber diese:

Die Kraft des Gefieders besteht darin, das Schwere emporhebend hinauszuführen, wo das Geschlecht der Götter wohnt. Auch teilt es vorzüglich der Seele mit von dem, was des göttlichen Leibes ist. Das Göttliche nämlich ist das Schöne, Weise, Gute und was dem ähnlich ist. Hiervon also nährt sich und wächst vornehmlich das Gefieder der Seele, durch das Mißgestaltete aber, das Böse und was sonst jenem entgegengesetzt ist, nimmt es ab und vergeht. Der große Herrscher im Himmel, Zeus, seinen geflügelten Wagen lenkend, zieht nun als der erste aus, alles anordnend und versorgend, und ihm folgte die Schar der Götter und Geister, in elf Zügen geordnet. Denn Hestia bleibt in der Götter Hause allein. Alle anderen aber, welche zu der Zahl der zwölf als herrschende Götter geordnet sind, führen an in der Ordnung, die jedem angewiesen ist. Viel Herrliches nun gibt es zu schauen und zu begehen innerhalb des Himmels, wozu der seligen Götter Geschlecht sich hinwendet, jeder das Seinige verrichtend. Es folgt aber, wer jedesmal will und kann: denn Mißgunst ist verbannt aus dem göttlichen Chor. Wenn sie aber zum Fest und zum Mahle gehen und gegen die äußerste unterhimmlische Wölbung schon ganz steil aufsteigen, dann gehen zwar der Götter Wagen mit gleichem wohlgezügelten Gespann immer leicht, die anderen aber nur mit Mühe. Denn das vom Schlechten etwas an sich habende Roß, wenn es nicht sehr gut erzogen ist von seinem Führer, beugt sich zum Boden hinunter und drückt mit seiner ganzen Schwere, woraus viel Beschwerde und der äußerste Kampf der Seele entsteht. Denn die unsterblich genannten zwar, wenn sie an den äußersten Rand gekommen sind, wenden sich hinauswärts und stehen so auf dem Rücken des Himmels, und hier stehend reißt sie der Umschwung mit fort, und sie schauen, was außerhalb des Himmels ist.

Den überhimmlischen Ort aber hat noch nie einer von den Dichtern hier besungen, noch wird ihn je einer nach Würden besingen. Er ist aber so beschaffen, denn ich muß es wagen, ihn nach der Wahrheit zu beschreiben, besonders auch da ich von der Wahrheit zu reden habe: Das farblose, gestaltlose, stofflose, wahrhaft seiende Wesen, das nur der Seele Führer, die Vernunft, zum Beschauer hat und um das das Geschlecht der wahrhaften Wissenschaft ist, nimmt jenen Ort ein. Da nun Gottes Verstand sich von unvermischter Vernunft und Wissenschaft nährt, wie auch der jeder Seele, die, was ihr gebührt, aufnehmen soll — so freuen sie sich, das wahrhaft Seiende wieder einmal zu erblicken, und nähern sich an Beschauung des Wahren, und lassen es sich wohl sein, bis der Umschwung sie wieder an die vorige Stellung zurückgebracht. In diesem Umlauf nun erblicken sie die Gerechtigkeit selbst, die Besonnenheit und die Wissenschaft, nicht die, welche eine Entstehung hat, noch welche wieder eine andere ist für jedes andere von den Dingen, die wir wirklich nennen, sondern in dem, was wahrhaft ist, befindliche wahrhafte Wissenschaft. Und so auch von dem anderen erblickt die Seele das wahrhaft Seiende, und wenn sie sich daran erquickt hat, taucht sie wieder in das Innere des Himmels und kehrt nach Hause zurück. Ist sie dort angekommen, so stellt der Führer die Rosse zur Krippe, wirft ihnen Ambrosia vor und tränkt sie dazu mit Nektar.

Dieses nun ist der Götter Lebensweise. Von den anderen Seelen aber konnten einige, die am besten dem Gotte folgten und nachahmten, das Haupt des Führers hinausstrecken in den äußeren Ort und so den Umschwung mit vollenden, geängstigt jedoch von den Rossen und kaum das Seiende erblickend; andere erhoben sich bisweilen und tauchten dann wieder unter, so daß sie im gewaltigen Sträuben der Rosse einiges sahen, anderes aber nicht. Die übrigen allesamt folgen zwar auch, dem droben nachstrebend, unvermögend aber werden sie im unteren Raume mit herumgetrieben, nur einander tretend und stoßend, indem jede der anderen zuvorzukommen sucht. Getümmel entsteht nun, Streit und Angstschweiß, wobei durch Schuld schlechter Führer viele verstümmelt werden, vielen vieles Gefieder beschädigt; alle aber gehen nach viel erlittenen Beschwerden unteilhaft der Anschauung des Seienden davon, und so davongegangen halten sie sich an scheinbare Nahrung. Weshalb aber so großer Eifer, der Wahrheit Feld zu schauen, wo es ist: Die dem Edelsten der Seele angemessene Weide stammt nämlich her aus jenen Wiesen, und des Gefieders Kraft, durch welches die Seele gehoben wird, nährt sich hiervon.

Und dieses ist das Gesetz der Adrasteia, daß, welche Seele, als des Gottes Begleiterin, etwas erblickt hat von dem Wahrhaften, diese bis zum nächsten Auszuge keinen Schaden erleide, und wenn sie dies immer bewirken kann, auch immer unverletzt bleibe. Wenn sie aber, unvermögend, es zu erreichen, nichts sieht, sondern ihr ein Unfall begegnet, und sie dabei, von Vergessenheit und Trägheit angefüllt, niedergedrückt wird und so das Gefieder verliert und zur Erde fällt: dann ist ihr gesetzt, in der ersten Zeugung noch in keine tierische Natur eingepflanzt zu werden, sondern, die am meisten geschaut hat, in den Keim eines Mannes, der ein Freund der Weisheit und des Schönen werden wird oder ein den Musen und der Liebe dienender; die zweite in den eines verfassungsmäßigen Königs oder eines Kriegerischen und Herrschenden; die dritte eines Staatsmannes oder der ein Hauswesen regiert und ein gewerbetreibendes Leben führt; die vierte in einen Freund ausbildender Leibesübungen oder der sich mit der Heilung des Körpers beschäftigen wird; die fünfte wird ein wahrsagendes und den Geheimnissen gewidmetes Leben führen; der sechsten wird ein dichterisches oder sonst mit der Nachahmung sich beschäftigendes gemäß sein; der siebten ein ländliches oder handarbeitendes; der achten ein sophistisches oder volksschmeichelndes; der neunten ein tyrannisches.

Unter allen diesen nun erhält, wer gerecht lebt, ein besseres Teil, wer ungerecht, ein schlechteres. Denn dorthin, woher jede Seele kommt, kehrt sie nicht zurück unter zehntausend Jahren, denn sie wird nicht befiedert eher als in solcher Zeit, ausgenommen die Seele dessen, der ohne Falsch philosophiert oder nicht unphiloso-phisch die Knaben geliebt hat. Diese können im dritten tausend-jährigen Zeitraum, wenn sie dreimal nacheinander dasselbe Leben gewählt, also nach dreitausend Jahren, befiedert heimkeh-ren. Die übrigen aber, wenn sie ihr erstes Leben vollbracht, kommen vor Gericht. Und nach diesem Gericht gehen einige in die unterirdischen Zuchtörter, wo sie ihr Unrecht büßen; andere aber, in einen Ort des Himmels enthoben durch das Recht, leben dort dem Leben gemäß, das sie in menschlicher Gestalt geführt haben. Im tausendsten Jahre aber gelangen beiderlei Seelen zur Verlosung und Wahl des zweiten Lebens, welche jede wählt, wie sie will. Dann kann auch eine menschliche Seele in ein tierisches Leben übergehen und ein Tier, das ehedem Mensch war, wieder zum Menschen. Denn eine, die niemals die Wahrheit erblickt hat, kann auch niemals diese Gestalt annehmen.

Denn der Mensch muß nach Gattungen Ausgedrücktes begrei-fen, welches eins hervorgeht aus vielen durch den Verstand zusammengefaßten Wahrnehmungen. Und dieses ist Erinnerung an jenes, was einst unsere Seele gesehen, Gott nachwandelnd und das übersehend, was wir jetzt für das Wirkliche halten, und zu dem wahrhaft Seienden das Haupt emporgerichtet. Daher auch wird mit Recht nur des Philosophen Seele befiedert: Denn sie ist immer mit der Erinnerung soviel wie möglich bei jenen Dingen, bei denen Gott sich befindet und eben deshalb göttlich ist. Solche Erinnerungen also recht gebrauchend, mit vollkom-mender Weihung immer geweiht, kann ein Mann allein wahrhaft vollkommen werden.

4. Das Tausendjährige Reich und die Ewigkeit in der Offenbarung des Johannes

Und ich sah Throne, und sie setzten sich darauf, und ihnen wurde das Gericht übergeben. Und ich sah die Seelen derer, die enthauptet waren um des Zeugnisses von Jesus und um des Wortes Gottes willen, und die nicht angebetet hatten das Tier und sein Bild und die sein Zeichen nicht angenommen hatten an ihre Stirn und auf ihre Hand; diese wurden lebendig und regierten mit Christus tausend Jahre. Die andern Toten aber wurden nicht wieder lebendig, bis die tausend Jahre vollendet wurden. Dies ist die erste Auferstehung. Selig ist der und heilig, der teilhat an der ersten Auferstehung. Über diese hat der zweite Tod keine Macht; sondern sie werden Priester Gottes und Christi sein und mit ihm regieren tausend Jahre.

Und wenn die tausend Jahre vollendet sind, wird der Satan losgelassen werden aus seinem Gefängnis und wird ausziehen, zu verführen die Völker an den vier Enden der Erde, Gog und Magog, und sie zum Kampf zu versammeln; deren Zahl ist wie der Sand am Meer. Und sie stiegen herauf auf die Ebene der Erde und umringten das Heerlager der Heiligen und die geliebte Stadt. Und es fiel Feuer vom Himmel und verzehrte sie. Und der Teufel, der sie verführte, wurde geworfen in den Pfuhl von Feuer und Schwefel, wo auch das Tier und der falsche Prophet waren; und sie werden gequält werden Tag und Nacht, von Ewigkeit zu Ewigkeit.

Und ich sah einen großen, weißen Thron und den, der darauf saß; vor seinem Angesicht flohen die Erde und der Himmel, und es wurde keine Stätte für sie gefunden. Und ich sah die Toten, groß und klein, stehen vor dem Thron, und Bücher wurden aufgetan. Und ein andres Buch wurde aufgetan, welches ist das Buch des Lebens. Und die Toten wurden gerichtet nach dem, was in den Büchern geschrieben steht, nach ihren Werken. Und das Meer gab die Toten heraus, die darin waren, und der Tod und sein Reich gaben die Toten heraus, die darin waren; und sie wurden gerichtet, ein jeder nach seinen Werken. Und der Tod und sein Reich wurden geworfen in den feurigen Pfuhl. Das ist der zweite Tod: der feurige Pfuhl. Und wenn jemand nicht gefunden wurde geschrieben in dem Buch des Lebens, der wurde geworfen in den feurigen Pfuhl.

Und ich sah einen neuen Himmel und eine neue Erde; denn der erste Himmel und die erste Erde sind vergangen, und das Meer ist nicht mehr. Und ich sah die heilige Stadt, das neue Jerusalem, von Gott aus dem Himmel herabkommen, bereitet wie eine geschmückte Braut für ihren Mann. Und ich hörte eine große Stimme von dem Thron her, die sprach: Siehe da, die Hütte Gottes bei den Menschen! Und er wird bei ihnen wohnen, und sie werden sein Volk sein, und er selbst, Gott mit ihnen, wird ihr Gott sein; und Gott wird abwischen alle Tränen von ihren Augen, und der Tod wird nicht mehr sein, noch Leid noch Geschrei noch Schmerz wird mehr sein; denn das Erste ist vergangen.

Und ich sah keinen Tempel darin; denn der Herr, der allmächtige Gott, ist ihr Tempel, er und das Lamm. Und die Stadt bedarf keiner Sonne noch des Mondes, daß sie ihr scheinen; denn die Herrlichkeit Gottes erleuchtet sie, und ihre Leuchte ist das Lamm. Und die Völker werden wandeln in ihrem Licht; und die Könige auf Erden werden ihre Herrlichkeit in sie bringen. Und ihre Tore werden nicht verschlossen am Tage; denn da wird keine Nacht sein. Und man wird die Pracht und den Reichtum der Völker in sie bringen. Und nichts Unreines wird hereinkommen und keiner, der Greuel tut und Lüge, sondern allein, die geschrieben stehen in dem Lebensbuch des Lammes.

Und er zeigte mir einen Strom lebendigen Wassers, klar wie Kristall, der ausgeht von dem Thron Gottes und des Lammes; mitten auf dem Platz und auf beiden Seiten des Stromes Bäume des Lebens, die tragen zwölfmal Früchte, jeden Monat bringen sie ihre Frucht, und die Blätter der Bäume dienen zur Heilung der Völker. Und es wird nichts Verfluchtes mehr sein. Und der Thron Gottes und des Lammes wird in der Stadt sein, und seine Knechte werden ihm dienen und sein Angesicht sehen, und sein Name wird an ihren Stirnen sein. Und es wird keine Nacht mehr sein, und sie bedürfen keiner Leuchte und nicht des Lichts der

Sonne; denn Gott der Herr wird sie erleuchten, und sie werden regieren von Ewigkeit zu Ewigkeit.

5. Der Auferstehungsleib bei Paulus

Nun aber ist Christus auferstanden von den Toten als Erstling unter denen, die entschlafen sind. Denn da durch *einen* Menschen der Tod gekommen ist, so kommt auch durch *einen* Menschen die Auferstehung der Toten. Denn wie sie in Adam alle sterben, so werden sie in Christus alle lebendig gemacht werden. Ein jeder aber in seiner Ordnung: als Erstling Christus; danach, wenn er kommen wird, die, die Christus angehören; danach das Ende, wenn er das Reich Gott, dem Vater, übergeben wird, nachdem er alle Herrschaft und alle Macht und Gewalt vernichtet hat. Denn er muß herrschen, bis Gott ihm »alle Feinde unter seine Füße legt« (Psalm 110,1). Der letzte Feind, der vernichtet wird, ist der Tod. Denn »alles hat er unter seine Füße getan« (Psalm 8,7). Wenn es aber heißt, *alles* sei ihm unterworfen, so ist offenbar, daß der ausgenommen ist, der ihm alles unterworfen hat. Wenn aber alles ihm untertan sein wird, dann wird auch der Sohn selbst untertan sein dem, der ihm alles unterworfen hat, damit Gott sei alles in allem.

Was soll es sonst, daß sich einige für die Toten taufen lassen? Wenn die Toten gar nicht auferstehen, was lassen sie sich dann für sie taufen? Und was stehen wir dann jede Stunde in Gefahr? So wahr ihr, liebe Brüder, mein Ruhm seid, den ich in Christus Jesus, unserm Herrn habe: ich sterbe täglich. Habe ich nur im Blick auf dieses Leben in Ephesus mit wilden Tieren gekämpft, was hilft's mir? Wenn die Toten nicht auferstehen, dann »laßt uns essen und trinken; denn morgen sind wir tot!« (Jesaja 22,13). Laßt euch nicht verführen! Schlechter Umgang verdirbt gute Sitten. Werdet doch einmal recht nüchtern und sündigt nicht! Denn einige wissen nichts von Gott; das sage ich euch zur Schande.

Es könnte aber jemand fragen: Wie werden die Toten auferstehen, und mit was für einem Leib werden sie kommen? Du Narr: Was du säst, wird nicht lebendig, wenn es nicht stirbt. Und was du säst, ist ja nicht der Leib, der werden soll, sondern ein bloßes Korn, sei es von Weizen oder etwas anderem. Gott aber gibt ihm einen Leib, wie er will, einem jeden Samen seinen eigenen Leib. Nicht alles Fleisch ist das gleiche Fleisch, sondern ein anderes Fleisch haben die Menschen, ein anderes das Vieh, ein anderes die Vögel, ein anderes die Fische. Und es gibt himmlische Körper und irdische Körper, aber eine andere Herrlichkeit haben die himmlischen und eine andere die irdischen. Einen andern Glanz hat die Sonne, einen andern Glanz hat der Mond, einen andern Glanz haben die Sterne; denn ein Stern unterscheidet sich vom andern durch seinen Glanz. So auch die Auferstehung der Toten. Es wird gesät verweslich und wird auferstehen unverweslich. Es wird gesät in Armseligkeit und wird auferstehen in Kraft. Es wird gesät ein natürlicher Leib und wird auferstehen ein geistlicher Leib. Gibt es einen natürlichen Leib, so gibt es auch einen geistlichen Leib. Wie geschrieben steht: Der erste Mensch, Adam, »wurde zu einem lebendigen Wesen« (1. Mose 2,7), und der letzte Adam zum Geist, der lebendig macht. Aber der geitliche Leib ist nicht der erste, sondern der natürliche; danach der geistliche. Der erste Mensch ist von der Erde und irdisch; der zweite Mensch ist vom Himmel. Wie der irdische ist, so sind auch die irdischen; und wie der himmlische ist, so sind auch die himmlischen. Und wie wir getragen haben das Bild des irdischen, so werden wir auch tragen das Bild des himmlischen.

Das sage ich aber, liebe Brüder, daß Fleisch und Blut das Reich Gottes nicht ererben können; auch wird das Verwesliche nicht erben die Unverweslichkeit. Siehe, ich sage euch ein Geheimnis: Wir werden nicht alle entschlafen, wir werden aber alle verwandelt werden; und das plötzlich, in einem Augenblick, zur Zeit der letzten Posaune. Denn es wird die Posaune erschallen, und die Toten werden auferstehen unverweslich, und wir werden verwan-

delt werden. Denn dies Verwesliche muß anziehen die Unverweslichkeit, und dies Sterbliche ·muß anziehen die Unsterblichkeit. Wenn aber dies Verweisliche anziehen wird die Unverweslichkeit und dies Sterbliche anziehen wird die Unsterblichkeit,
dann wird erfüllt werden das Wort, das geschrieben steht (Jesaja
25,8): »Der Tod ist verschlungen vom Sieg.«

6. Die dreigestaltige Protennoia und der neue Äon in der Gnosis

[Ich] bin die Pro[tennoia,
   der Ge]danke, der im [Vater] w[oh]nt.
[Ich] bin die Bewegung, die im [All] waltet,
   [die,] i[n der] das All seinen Bestand hat,
   [das Ers]tlingsgeschöpf unter dem Gew[ord]enen,
   [die, die] vor dem All [is]t,
   gena[nnt] mit drei Namen
   (und) allein existierend [als Voll]kommene.
Ich bin eine Unsichtbare
   in dem Gedanken des Unsichtbaren,
(und doch) bin ich sichtbar
   unter den Unmeßbaren (und) Unsagbaren.
Ich bin eine Unerreichbare,
   existierend in dem Unerreichbaren
(und) mich (doch) bewegend in jedem Geschöpf.

Ich bin das Leben meiner Epinoia
   (und ich bin) die[e, die exi]stiert
   in jeder Kraft und in jeder Bewegung ewig‹lich›,
   wie in den unsichtbaren Lichtern,
   so auch in den Archonten, Engeln und D[ämo]nen,
   (in) jeder Seele, die in dem [Rei]nen wohnt,
   und (auch in) jeder hylischen Seele;

existierend in dem Gewordenen,
   mich *bewegend in* jedem,
ruhend in allen,
   wandelnd in Geradheit
   und die Schlafenden we[ck]end.
Ja, ich bin das Sehvermögen derer, die im Schlafe sind.

Ich bin der Unsichtbare,
   (existierend) im All.
Ich bin es, der das Verborgene bedenkt,
   kennend alles, was in ihm ist.
Ich bin eine (Summe),
   die keiner zählen kann.
Ich bin eine unaussprechliche (Größe),
   die keiner messen kann.
Wenn ich aber w[ill,
   werde ich] mich selbst offenbaren.

Ich [bin das Haupt des] Alls,
   die ich vor [einem jeden] da bin.
[I]ch bin das All,
   die ich [in ei]nem jeden b[in.]
Ich bin der Ru[f einer lei]sen [Stimme,]
   die ich v[om Uranfang an i]m Schwei[gen] bin.
[Ich bin der (Raum)],
   in [dem] jeder [Ruf] erklingt,
und der verbor[gene Ruf,]
   der i[n] mir i[st],
   ist i[n dem] uner[reichbaren], unmeßbaren [Gedanken]
   d[es] unermeßlich[en] Schwei[gens].

Ich [kam herab in die] Mitte der Unterwel[t].
Ich ging leuchtend [auf über der] Finsternis.
Ich bin es,
   der das W[asser] hervorsprudeln ließ.
[I]ch bin es,
   der verborgen ist in [leucht]enden Wassern.

Ich bin es,
  der aufgegangen ist dem All,
  einem nach dem anderen, durch meinen Gedanken.
Ich bin es,
  der voll des Rufes ist.
Durch mich kommt die Gnosis,
  die ich in den unaussprechlichen
  und erkennbaren (Äonen) bin.
Ich bin die Erkenntnis und das Wissen,
  die ich einen Ruf aus[sende]
  aufgrund eines Gedankens.
I[ch] bin der wahre Ruf,
  rufend in einem jeden,

  so daß sie [mich] erken[nen] durch die (sc. die Gnosis),
  weil ein Same in [ihnen] ist.

Ich bin der Gedanke des Vaters;
  [un]d durch mich kam zuerst heraus [der R]uf
  — der die Erkenntnis des Unendlichen ist —,
  die ich der Gedanke des [Al]ls bin
  und die ich verbunden bin mit dem
  unerkennbaren und unerreichbaren Gedanken.

Ich offenbarte mich in allen,
  die mich erkannten.
Denn ich bin es, der verbunden ist mit einem jeden
  durch den verborgenen Gedanken
  und durch einen erhabenen *Ruf.*

Ja, ein *Ruf* aus dem unsichtbaren Gedanken
  und etwas Unermeßliches,
  das da ist in dem Unermeßlichen, ist *er.*
Ein [unbegreif]liches Mysterium
  aus dem [Unerreich]baren ist er.
Ein Unsichtbarer ist *je[ner,*
  obgleich er si]chtbar ist im All.

Li[cht,
das da w]ohnt im Lichte, [ist *er*].

(Antwort der Gnostiker)

Wir allein sind [es, die du erlöst hast] vo[n der s]ichtbaren [Welt],
die wir er[rettet werden hinsichtlich des] verborgenen [Menschen
in unserem] Herzen [durch den] unaussprechlichen und [un]meß-
ba[ren Gedanken]. Und der in uns verborgene (Mensch) zahlt
mit seinen Früchten die Steuern dem Wasser des Lebens.

Da nun offenbarte der Sohn, der vollkommen ist in jeder Hinsicht − nämlich der Logos, der entstanden war durch den Ruf −,
nachdem er zuerst herausgekommen war in der Höhe, den
Namen in sich tragend und leuchtend, das Unendliche:
und alles Unbekannte
    wurde erkannt;
und das schwer zu Deutende und Verborgene
    offenbarte er;
und denen, die inm Schweigen sind,
    predigte er mittels des ersten Gedankens;
und denen, die in der Finsternis sind,
    offenbarte er sich;
und die, die im Abgrund sind,
    belehrte er über sich;
und denen, die in den verborgenen Schatzkammern sind,
    sagte er die unsagbaren Mysterien;
    u[nd] die unwiederholbaren Lehren teilte er allen mit,
die zu Kindern des Lichtes wurden.
Der Ruf aber, der aus meinen Gedanken kam,
erklingt in *drei Räumen*
‹− sie sind so wie diese drei □□□, nämlich viereckig −›:
dem (des) Vater(s), (dem) der Mutter und dem (des) Sohne(s).
(Es ist) ein Klang,
    der wahrnehmbar ist.
Er trägt ein Wort in sich,

das jegliche Herzlichkeit   besitzt.
Und er hat
    drei Männlichkeiten, drei Kräfte und drei Namen []
    (und ist) im Verborgenen,
(d. h.) i[m] Schweigen   des Unaussprechlichen.

[Diesen] allein, der (so) entstanden ist,
    — nämlich [den Logos] —:
ich bin es, der ihn gesalbt hat
    mit der Herrlichkeit [des u]nsichtbaren [Geistes]
    in Wahr]heit.
[Den Dri]tten also, ihn a[llein] habe ich eingesetzt
    [in e]wiger [Kraft] übe[r die Äonen
der] lebendigen [Erleuchter],
    — nämlich [den ... des Al]ls —.
Der, der zuerst erscheinen ließ
    das Licht den erhabenen Äonen,
und ‹der› (selber) in herrlichem Licht
    von gleichmäßiger Kraft ‹wohnte›,
und [der] in seinem eigenen Licht stand,
    dem, das ihn umgibt,
    der das Auge des L[i]chtes ist,
    — das mit leuchtet in Herrlichk[eit] —
schuf Äonen dem Vater aller Äonen
‹durch mich›,
die [i]ch der Gedanke des Vaters als die Protennoia bin,
    — nämlich »Barbēlō« — die voll[kom]mene, unsicht-
    bare, verborgene und unme[ßbare] Herrlichkeit.
Ich bin die (sichtbare) Gestalt
    des unsichtbaren Geistes,
    und das All wurde gestaltet
durch mich.

Und das Licht, das die Mutter eingesetzt hatte als »(die) Jungfrau«, die »die unerreichbare   Meirothea« genannt wird, ist der
ungreifbare und unmeßbare Stern.
Da offenbarte sich der vollkommene Sohn seinen Äonen,

die durch ihn entstanden waren.
Er ließ sie sichtbar werden
  (und) versah sie mit Herrlichkeit
und versah sie mit Thronen.
Er stand inmitten der Herrlichkeit,
  mit der er sich verherrlicht hatte.

Sie priesen den vollkommenen Sohn,
  (nämlich) Christus,
  den von selbst entstandenen Gott.
Und sie verherrlichten (ihn) mit den Worten:
  »Er existiert. Er existiert.
Der Sohn Gottes, der Sohn Gottes,
er ist es, der existiert.
(Er ist) der Äon der Äonen,
blickend auf die Äonen, die er hervorgebracht hat.
Denn Du wurdest hervorgebracht
durch Deinen eigenen Willen.
Deswegen verherrlichen w[ir] Dich:
›ma mō ōōō eia ei on ei‹.
O Du [Ä]on der Ä[onen!
O Du Ä]on, der sich (selbst) gegeben hat!«

Da verlieh er, der Go[tt, der] (durch sich selbst) hervorgebracht
worden war, ihnen eine Kraft, die [niemand besie]gen [kann].
Und [er] setzte sie[e] ein [an ihre Ort:
  Über den erst]ten Äon setzte er ein
  [den er]sten (Erleuchter)
    (H)armēdōn Nousa [...   Harmozēl.
  Den] zwe[iten] (Erleuchter)
    Phaionios   Ainios   Oroiaēl
  setzte er ein [über den zweiten Äon];
  den dritten (Erleuchter)
    Mellephaneus   Lōios   Daueithai
  über den dritten Äon;
  den vierten (Erleuchter)
    Mousanios   Amethēs   Ēlēlēth

über den vierten (Äon).

Den Äonen nun, die hervorgebracht worden waren durch den Gott, der (durch sich selbst) hervorgebracht worden ist, (nämlich durch) Christus, ihnen wurde Herrlichkeit zuteil; und auch die Äonen ihrerseits ließen Herrlichkeit zuteil werden. Sie traten zuerst in Erscheinung – erhaben in ihrem Denken und jeder einzelne Äon als Geber Zehntausender von Herrlichkeiten – in großen unaufspürbaren Lichtern; un[d] sie priesen alle miteinander den vollkommenen Sohn, den Gott, der (durch sie selbst) hervorgebracht worden ist.

Da ging ein Wort von dem großen Erleuchter Ēlēlēth aus, und zwar sagte er:
»Ich bin der König (des Alls)!
Wer ist der (König) des Chaos,
und wer ist der (König) der Unterwelt?«
Und in jenem Augenblick kam sein Licht strahlend und die Epinoia mit sich bringend hervor, ohne daß die Kräfte der Kräfte ihn (darum) gebeten hatten.
Und sogleich trat auch der große Dämon in Erscheinung, der da herrscht über die Tiefe der Unterwelt und des Chaos, er, der keine Gestalt besitzt und auch nicht vollkommen ist, sondern die Gestalt der »Herrlichkeit« derer hat, die in der Finsternis geboren wurden.
Dieser nun wird genannt: Sakla(s)
und heißt zugleich: Samaēl
(bzw.:) Jaltabaōth,
er, der eine Kraft besitzt, die er der Arglosen geraubt hat, nachdem er sie zuvor überwältigt hatte,
– nämlich der Epinoia des Lichtes, die her[ab]gekommen war, und aus der er (selber) zu Anfang entsprungen war –.

[Als] nun die Epinoia des Li[chte]s erkannte, daß [sie] ihn (sc. Ēlēlēth) um ein anderes Ge[schöpf] gebeten hatte, [das g]eringer war als sie, sagte sie:
»Komm [mir zu Hilfe, damit D]u mir zur [Stärkung] dienest, [denn ich bin] in [schlimme] Unordnung geraten.«

[Und die Gemeinde des] ganzen Hauses der Herrlichke[it war] in Übereinstim[mung] mit ihrer Rede. Sie brachten Segen über sie: Und die erhabene Ordnung vergab ihr den (Fehltritt).

Und der große Dämon begann, Äonen zu schaffen nahe dem Vorbild der wahren Äonen. Er schuf sie aber aus eigener Kraft.

Da offenbarte ich selbst mich durch den Ruf auf geheimnisvolle Weise und sprach:
»Haltet ein, haltet ein,
o Ihr, die Ihr die Hylē bewohnt.
Denn siehe, ich werde herabkommen in die Welt der Toten wegen meines Teiles, der an jenem Orte ist seit dem Zeitpunkt, da die arglose Sophia, die herabgekommen war, überwältigt wurde, auf daß ich zunichte mache ihr (sc. der Archonten) Ziel, das der festsetzt, der durch sie (sc. die Sophia) (erst) in Erscheinung tritt.«

Da gerieten in Unruhe alle, die ‹nicht› in dem Hause des unerkennbaren Lichtes sind, und der Abgrund begann zu beben.
Und der Archigenētōr der Unwissenheit, nachdem er König geworden war über das Chaos und die Unterwelt, schuf einen Menschen nach meinem Bilde, ohne aber zu wissen, daß jener ihm zu einem vernichtenden Gericht werden würde, und ohne die Kraft zu kennen, die in ihm (sc. dem Menschen) ist.
Jetzt aber kam ich herab,
gelangte bis zu dem Chaos,
und war [be]i den Meinen, die an [jen]em Orte sind,
in ihnen [ver]borgen (und) [ihnen] Kraft verleihend;
[und ich] gab ihnen Ebenbildlichkeit.
Und [vom erste]n bis zum [letzten] Tag[e
verleihe ich das, was st]ark [ist], den Mei[nen,
Und ich werde mich verbinden mit] denen,
die [auf dieses Wort ge]hört haben,
nämlich mit den Kin[der]n d[es] Lichtes,
‹de›ren Vater ich bin.

Und ich will euch ein unaussprechliches und unsagbares Mysterium mitteilen:
   »Aus einer Für[sor]ge heraus habe ich alle Ketten
      gelöst *für euch,*
und ich habe die Fesseln der Dämonen der Unterwelt
      zerschnitten für meine gefesselten Glieder,
      die bekämpft werden;
und die hohen Mauern der Finsternis
      habe ich niedergerissen;
und die starken Tore der Unbarmherzigen
      habe ich aufgestoßen;
und ihre Riegel
      habe ich zerbrochen;
und die böse Wirksamkeit
und den, der euch schlägt,
und den, der euch hindert,
und den Tyrannen und den Widersacher,
und den, der König ist,
und den eigentlichen Feind
      (habe ich entmächtigt).«

Alle diese (Dinge) nun habe ich wissen lassen die Meinen,
die die Kinder des Lichtes sind,
damit sie alle diese (Mächte) auflösen
und erlöst werden aus allen diesen Ketten
und eingehen zu dem Ort, an dem sie zuvor waren.

Ich bin der erste, der herabkam
wegen meines verlassenen Teiles,
welcher der Geist ist, der in der Seele wohnt,
damit er (wieder)entstehe durch das Wasser des Lebens
und durch die Taufe der Mysterien.
Ich aber sprach mit Archonten und Mächten,
   — denn ich stieg (durch ihre Regionen) nach unten herab —
in ihrer Sprache,
doch meine Mysterien teilte ich (nur) den Meinen mit,
   (denn es ist ja) ein verborgenes Mysterium.

(So) lösten sie die Ketten
und das von Ewigkeit her bestehende *Vergessen.*
Und ich brachte in ihnen Frucht hervor,
welche die *Erinnerung* an den unwandelbaren Äon ist,
und (an) mein Haus und (das) ih[r(es V]ater(s).
Ja, ich stieg herab [zu denen,
die die M]einen sind von Anbeginn,
und ich bra[chte in Ordnung ihre] erste Schande
die sie begangen ha[tten.
Soglei]ch begann zu leuchten ein jeder, [der i]n mir ist.
Und ich versah mit einer [Ge]sta[lt]
die in mir befindlichen unaussprechlich[en] Lichter. Amen.

Die [Re]de von der Prōtennoia

Ich bin der Ruf,
    der sich offenbarte durch meinen Gedanken.
Denn ich bin der Paargenosse,
    die ich genannt werde: »Der Gedanke des Unsichtbaren«,
    die ich genannt werde: »Die unwandelbare Stimme«.
Ich we[rde] genannt: »Die Paargenossin«.

Ich bin eine [Ei]nzige,
    die ich unbefleckt bin.
Ich bin die Mutter de[s] Rufes,
    die ich rede in vielerlei Weise,
    die ich das All erfülle,
    die ich in mir die Erkenntnis habe,
    die Erkenntnis des Unendlichen.
Ich bi[n es, die] in jedem Geschöpf redet,
    und ich werde erkannt durch das All.
Ich bin es, die den Klang des Rufes ertönen läßt
    in den Ohren derer, die mich erkannt haben,
    welche die Kinder des Lichtes sind.

Ich kam aber zum zweitenmal,
(u. zw.) in der Gestalt eines Weibes,
und ich redete mit ihnen.
Und ich werde sie belehren über das Ende des Äons,
der zunichte werden wird.
Und ich werde sie wissen lassen den Anfang des Äons,
der da kommt und keine Veränderung kennt.
(Glosse:) Der (Äon), in dem unser Aussehen verändert
werden wird und wir rein werden sollen.

7. Die Erlösung des Kosmos bei Irenäus

Töricht sind auch die, welche sagen, daß Gott in fremdes Eigentum gekommen sei ... Widerrechtlich also war seine Ankunft,
wenn er nach ihnen in fremdes Eigentum kam, auch hat er sie
nicht in Wahrheit mit seinem Blute erlöst, wenn er nicht in
Wahrheit Mensch geworden ist, seinem Geschöpfe das Bild und
Gleichnis wiederherstellend, nach dem er im Anfang erschaffen
war ...
Töricht in jeder Hinsicht sind die, welche die gesamte Anordnung Gottes verachten, die Heiligung des Fleisches leugnen und
seine Wiedergeburt verwerfen, indem sie behaupten, daß es der
Unvergänglichkeit nicht fähig sei. Wird aber dies nicht erlöst,
dann hat uns der Herr auch nicht mit seinem Blute erlöst, noch ist
der eucharistische Kelch die Teilnahme an seinem Blute, das
Brot, das wir brechen, die Teilnahme an seinem Leibe (1. Korinther 10, 16). Blut stammt nämlich nur von Fleisch und Adern und
der übrigen menschlichen Substanz, die das Wort Gottes in
Wahrheit angenommen hat. Mit seinem Blute erlöste er uns, wie
auch der Apostel sagt: »In ihm haben wir die Erlösung, durch
sein Blut Nachlaß der Sünden« (Kolosser 1, 14). Und da wir seine
Glieder sind, werden wir durch seine Schöpfung ernährt werden,
und er selbst gewährt uns seine Schöpfung: läßt seine Sonne
aufgehen und regnen, sagt, daß er uns den Kelch von seiner

Schöpfung als sein eigenes Blut reiche (Matthäus 26, 28), mit dem er unser Blut erquickt, und versichert, daß das Brot seiner Schöpfung sein eigener Leib ist (Matthäus 26, 26), mit dem er unsere Leiber erhebt.

Wenn nun also der gemischte Kelch und das zubereitete Brot das Wort Gottes aufnimmt und die Eucharistie zum Leibe Christi wird, woraus die Substanz unseres Fleisches Erhebung und Bestand erhält, wie können sie dann sagen, das Fleisch könne nicht aufnehmen die Gabe Gottes, die in dem ewigen Leben besteht, da es doch von dem Blute und Fleische des Herrn genährt wird und sein Glied ist? So sagt auch der selige Apostel Paulus in dem Briefe an die Epheser: »Wir sind Glieder seines Leibes aus seinem Fleisch und seinem Gebein« (Epheser 5, 30). Das sagt er nicht von einem geistigen und unsichtbaren Leibe – denn »ein Geist hat weder Bein noch Knochen« (Lukas 24,3) –, sondern von einem wahrhaft menschlichen Organismus, der aus Fleisch, Nerven und Knochen besteht, der von dem Kelch seines Blutes ernährt und von dem Brot seines Leibes erhoben wird. Und wie das Holz der Weinrebe, in der Erde wurzelnd, zu seiner Zeit Frucht hervorbringt, und wie das Weizenkorn in die Erde fällt, sich auflöst und vielfältig aufersteht durch den Geist Gottes, der alles umfaßt – und alsdann kommt dieses weisheitsvoll in den Gebrauch der Menschen, nimmt auf das Wort Gottes und wird zur Eucharistie, welche der Leib und das Blut Christi ist –, so werden auch unsere Körper aus ihr genährt, und wenn sie in der Erde geborgen und dort aufgelöst sein werden, dann werden sie zu ihrer Zeit auferstehen, indem das Wort Gottes ihnen verleiht, aufzuerstehen für die Herrlichkeit Gottes des Vaters. Er umgibt dieses Sterbliche mit Unsterblichkeit, schenkt dem Verweslichen aus Gnade seine Unverweslichkeit ...

Es muß aber von den Gerechten gesagt werden, daß sie zuerst bei der Erneuerung dieser Welt und der Wiederkunft Gottes auferstehen werden, um die verheißene Erbschaft zu empfangen, die Gott den Vätern versprochen hat, und um in ihr zu herrschen. Da es sich um wahre Menschen handelt, müssen sie auch auf wahrhaft festem Grund bleiben, in Wirklichem fortschreiten, aber nicht in Gedachtes übergehen. Denn weder die Substanz noch die Wesenheit der Schöpfung wird vernichtet — wahr und zuverlässig ist der, der diese gegründet hat —, sondern nur »die Figur dieser Welt geht vorüber« (1. Korinther 7, 31), d. h. das, worin der Mensch gesündigt hat, da er hierin alt geworden ist. Deswegen machte Gott eine zeitliche Gestalt, da er alles voraussah, wie wir im vorigen Buche zeigten; und auch die Ursache der Zeitlichkeit der erschaffenen Welt haben wir nach Möglichkeit dargelegt. Wenn aber diese Gestalt vorübergegangen und der Mensch erneuert ist und zur Unvergänglichkeit erstarkt, so daß er nicht mehr altern kann, dann wird der neue Himmel und die neue Erde kommen, wo der neue Mensch in beständigem Verkehr mit Gott verbleiben wird. Und da dies immer ohne Ende währen wird …

In all diesem und durch dies alles offenbart sich Gott Vater, der den Menschen erschaffen hat und den Patriarchen die Erbschaft der Erde versprach, der diese herauführt bei der Auferstehung der Gerechten und seine Verheißung erfüllt im Reiche des Sohnes. Dann aber reicht er in seiner Vatergüte, »was kein Auge gesehen, kein Ohr gehört, in keines Menschen Herz gedrungen ist« (1. Korinther 2,9). Denn es ist ein Sohn, der den Willen des Vaters vollendete, und ein Menschengeschlecht, in welchem die Geheimnisse Gottes sich vollziehen, »den die Engel zu schauen begehren« (1. Petrus 1,12), und nicht vermögen sie die Weisheit Gottes zu ergründen, durch welche sein Geschöpf zur vollkommensten Einverleibung in seinen Sohn gelangt, so daß sein Sohn, das eingeborene Wort, hinabsteigt in das Geschöpf, d. h. in sein Gebilde, und von ihm aufgenommen wird. Und das Geschöpf hinwiederum nimmt auf das Wort und steigt zu ihm empor, indem es über die Engel sich erhebt, und so wird es nach dem Bild und Gleichnis Gottes.

8. Die Himmelfahrt Marias in christlichen Apokryphen

Und die Apostel kamen mit dem Leichnam Marias ins Tal Jehoshaphat, das der Herr ihnen gezeigt hatte; und sie legten sie in ein frisches Grab und verschlossen das Grabmal. Und sie setzten sich nieder vor der Grabestür, wie der Herr ihnen befohlen hatte. Und siehe, da kam der Herr Jesus inmitten einer großen Engelschar, mit einem Heiligenschein, dessen helle Strahlen alles erleuchteten. Und der sprach zu den Aposteln: »Friede sei mit euch!« Und sie antworteten und sprachen: »Erbarme dich über uns, o Herr, denn auf dich setzen wir unsere Hoffnung.« Da sprach der Herr zu ihnen die Worte: »Bevor ich zu meinem Vater auffuhr, versprach ich euch, daß auch ihr, die ihr mir als Wiedergeborene nachgefolgt seid, gleichsam dem Menschensohn, der auf dem Thron Seiner Majestät sitzen wird, auf zwölf Thronen sitzen werdet, um über die zwölf Stämme Israels zu richten. Darum wählte ich sie unter den Stämmen Israels aus – auf Befehl meines Vaters –, auf daß ich Wohnung nähme in ihr. Was wollt ihr, daß ich ihr tun soll?« Da sprachen Petrus und die anderen Apostel: »Herr, du erwähltest diese, deine Magd, im voraus, daß sie eine unbefleckte Kammer für dich würde, und du erwähltest uns zu deinen Nachfolgern, daß wir dir dienten. Du wußtest alle Dinge im voraus. Vor aller Zeit wußtet ihr, du, der Vater und der Heilige Geist als die eine Gottheit in ihrer unbegrenzten Macht, um alle Dinge. Wenn es von daher möglich wäre, angesichts der Macht deiner Gnade, dann solltest du, der du den Tod überwunden hast, in Herrlichkeit regierst, den Körper dieser Mutter wiederaufrichten und sie, wie uns als deinen Dienern recht erschien, freudig mit dir in den Himmel nehmen.«

Da sprach der Erlöser: »Es geschehe nach eurem Willen!« Und er befahl dem Erzengel Michael, die Seele der heiligen Maria herbeizubringen. Und siehe, der Erzengel rollte den Stein hinweg von der Grabestür; und der Herr sprach: »Steh auf, meine Geliebte und meine nächste ›Verwandte‹, die du nicht der Sünde verfallen bist durch den Umgang mit dem Manne! Du sollst nicht

die Verwesung des Leibes im Grabmal erleiden.« Und sofort trat Maria aus dem Grab heraus und pries den Herrn. Sie fiel vor ihm nieder, betete ihn an und sprach: »Ich kann dir nicht genug danken, Herr, für deine grenzenlose Güte, die du mir, deiner Magd, zuteil werden ließest. Dein Name, o Herr, Erlöser der Welt, Gott Israels, sei gepriesen in Ewigkeit.«
Der Herr küßte sie und kehrte zurück und übergab ihre Seele den Engeln, daß sie sie ins Paradies trügen. Und er sprach zu den Aposteln: »Kommt her zu mir!« Und als sie zu ihm getreten waren, küßte er sie und sprach: »Friede sei mit euch! So wie ich hier bei euch gewesen bin, so will ich es bis ans Ende der Welt sein.« Und gleich nachdem der Herr dies gesagt hatte, wurde er auf einer Wolke emporgehoben und zurück in den Himmel gebracht. Und die Engel, die mit ihm waren, trugen die gesegnete Maria ins göttliche Paradies.

9. Die Himmelfahrt Marias: Archetyp der Erlösung von Kosmos und Kirche

Die vollendete Erlösung der materiellen Welt muß ebenso in Maria als dem Archetyp der Kirche hervorleuchten. Der wesentliche Gesichtspunkt in diesem Zusammenhang ist folgender: Maria steht für das Wesen der Kirche schlechthin; sie symbolisiert eine Gemeinschaft von Menschen und den mystischen Corpus Christi, in dem das göttliche Leben wohnt. Dieses Leben soll einem jeden geschenkt werden, der als lebendiges Glied dieser Gemeinschaft einverleibt wurde. Die Kirche hat in Maria eine Gemeinschaft von Menschen und den mystischen Corpus Christi, in dem das göttliche Leben wohnt. Dieses Leben soll einem jeden geschenkt werden, der als lebendiges Glied dieser Gemeinschaft einverleibt wurde. Die Kirche hat in Maria eine rezeptive Mit-Erlösung geleistet. In Maria hat sie ihre Erlösung gänzlich empfangen.

Daraus folgt, daß der Leib in einem vollkommen erlösten Zustand in Maria sichtbar werden muß. Das heißt nicht, daß ihr Leib nicht durch das dunkle Tor des Todes gegangen wäre. Jeder Mensch nimmt das Erlösungswerk sowie die daraus gewachsene Frucht der Gnade an, wenn er sich selbst mit seiner ganzen Existenz durch den Tod Gott dem Vater zurückgibt. Maria erfüllte diese persönliche rezeptive und zugleich »Mit-Erlöser«-Rolle der Kirche, als sie durch ihren Tod den Erlösertod Christi zu ihrem eigenen machte und ihn in ihrer Person mit vollzog.

Auch Maria starb; sie starb als Archetyp der miterlösenden Kirche. Tagtäglich muß die Kirche den Tod Christi zu ihrem eigenen machen. Beständig und unaufhörlich muß sie mit Christus sterben. Aus diesem Grunde steht sie mit ihm auf zum ewigen Leben. Maria ist der vollkommene Ausdruck der Miterlöserschaft der Kirche. Aus diesem Grunde paßt es besonders gut, daß sie ebenso wie ihr Erlöser gestorben sein soll, daß sie beide mit ihrer Zustimmung den physischen Tod erlitten.

Zur gleichen Zeit erstrahlt der erlöste physische Kosmos am Ende der Zeiten durch ihren Leib. In ihrem Körper vollzieht sie den Tod Christi nach. In ihr, d. h. in ihrer körperlichen Existenz, dem Archetyp, zeigt sich der gänzlich erlöste Leib der Kirche. Ihr Leib erleuchtet dem Leib der Kirche den Weg und zeigt, daß die Verwandlung wie eine Saat in all ihrer Körperlichkeit wohnt.

10. Seine Religion — ihre Religion: Ein Gedicht von Charlotte Perkins Gilman

Der Mann — ein Jäger; der Mann — ein Kriegsherr;
Dahingeschlachtet um des Profites willen, dahingeschlachtet um
   der Sicherheit willen,
Dahingeschlachtet aus Gier, zum Zeitvertreib, aus
   Ruhmessucht;
   Das Gemetzel war im Atemholen;
Des Mannes Sinn; nach innen gerichtet,

Sah so in allem nur eine rote Strahlung;
Erfüllte die Welt mit düsteren Religionen,
   Gegründet auf den Tod.

Der Tod und das Schicksal der Seele;
Die Seele, losgelöst vom Körper,
Durch Welken, durch Fehlen des Alters,
Durch Schrecken und Schmerz der Krankheit,
Durch entzündete Wunden, Zerstörung und Angst;
In Angst, unheimlicher schwarzer Angst vor dem Dunkel,
Blutroter Angst vor furchtbaren Göttern,
Ganz allein auf die Reise geschickt
Zur Ewigkeit, furchtbar, unbekannt −
   Der Tod und das Schicksal der Seele.
...
Die Frau − eine Gebärerin; die Frau − eine Lehrerin;
Überfließende Liebe und Müh,
Dienst der niemals müden Mutter,
   Erfüllend die ganze Erde;
Ihr Sinn, jetzt erwacht, suchend,
Sieht eine sonnige Welt, jung und wachend,
Sieht endlich unsere wahre Religion −
   Gegründet auf das Leben.
Geburt und Leben, das Wachsen der Seele;
Die Seele, im Körper verwurzelt,
In der immer neuen Schönheit der Kindheit,
Im Wunder der sich öffnenden Macht;
Noch lernt sie, verbessert sich, erreicht etwas
In Hoffnung, neuer Erkenntnis und im Licht,
Wahres Vertrauen auf einen neuen Frühling der Welt;
Gemeinsam leben wir, wachsen wir
Auf der Erde, die wir lieben und kennen −
   Geburt und Leben, das Wachsen der Seele.

XII. Neue Anfänge

Weder das Offenbarungsgeschehen noch der Überlieferungsprozeß können als abgeschlossen betrachtet werden.
Jeder neue Aufbruch des befreienden Geistes muß im
Grunde eine Herausforderung für eine verknöcherte religiöse Autorität darstellen, deren ganzes Streben dahin geht,
»den Kanon abzuschließen« und zu erklären, Gott habe in
einer vergangenen Zeit ein für allemal zu uns gesprochen
und »seine Worte« seien in einer eindeutigen und letztgültigen Gestalt im Schrein einer früheren Textsammlung sicher
aufbewahrt und wahre Theologie sei deshalb auf die
begrenzte Aufgabe einer Kommentierung dieser alter Texte
zu reduzieren. Es ist paradox, daß gerade das Christentum
versucht hat, alle weiteren Offenbarungserfahrungen abzu-
schneiden. Gott habe sein letztes Wort in Jesus gesprochen,
so heißt es, und sogar jenes Wort, das Gott vor Jesus gesprochen hat, wird ausgeschlossen. Jesus wird zum alleinigen
Wort Gottes erklärt. Dies ist deshalb paradox, weil der
Schlüssel zum Verständnis der Botschaft Jesu selbst gerade
darin zu sehen ist, daß das Offenbarungsgeschehen eben
nicht abgeschlossen ist und daß er »mit Autorität« gesprochen hat, wie ein Prophet und nicht »wie die Schriftgelehrten und Pharisäer«, die sich damit zufriedengeben, frühere
Texte lediglich zu kommentieren.
So hat auch der Feminismus erkannt, daß die alten patriarchalischen Texte den Geist, der Frauen befreit, deformieren,
und deshalb eine Theologie, die ihre Aufgabe lediglich im
Kommentieren dieser Texte sieht, zurückgewiesen. Es steht
uns nicht nur frei, verworfenen, nicht in den Kanon aufge-
nommenen Texten eine neue Bedeutung zu geben und sie in

fol onkes mais vom. œuctist. Eimi
œmome morgucin son duel. Si lait
se œe li contes aparler œlui. i. reror
ne a lancelot du lac.

Um neue Texte über die Frauenkirche zu schreiben, müssen wir
uns auf unsere eigenen Erfahrungen konzentrieren und ebenso
lernen, mit den Verfechtern männlicher Texte zu kämpfen und
ihre Lanzen zu brechen.

*Ein Zweikampf zwischen einer Frau und einem Dominikaner,
Miniatur aus dem Codex des Lancelot du Lac, Beinecke Rare
Book and Manuscript Library, Yale University, Yale–Manuscript
f. 110 v.*

die Reihe der kanonischen Texte als gleichwertige Ausdrucksweisen der Wahrheit einzuordnen, in deren Licht kanonische Texte kritisiert werden können, sondern es steht uns ebenso frei, aus unseren eigenen Erfahrungen heraus neue Geschichten zu schreiben, die durch gemeinschaftlichen Gebrauch zu mehr als persönlichen oder individuellen Texten werden können. Sie können maßgebende Geschichten werden; denn gerade durch den gemeinschaftlichen Gebrauch innerhalb einer geschichtlichen Befreiungsbewegung, die in ihnen Beispiele befreiender Erfahrungen findet, erlangen die Geschichten eine maßgebende Bedeutung. Wie die Kirche, so kann auch die Frauenkirche, wenn sie von den Geschichten und Gleichnissen Gebrauch macht, die in ihren Kämpfen entstehen, einigen dieser Geschichten den Status maßgebender Texte verleihen.

Im folgenden sollen zwei Geschichten vorgestellt werden, die in Seminaren über feministische Theologie entstanden sind, in denen wir mit den Texten dieser Zusammenstellung gearbeitet haben. Die Seminarteilnehmerinnen schrieben ihre eigenen Gleichnisse, *Midraschim,* und Geschichten. Die zwei hier abgedruckten Geschichten, »Das Gleichnis von der nackten Lady« von Ann Spurgeon und »Die Reise« von Beth Hamilton, sind jeweils individuelle Äußerungen von besonderer Intensität, die grundlegende Krisen und Wendepunkte im Leben der Autorinnen widerspiegeln. Aber diese Krisen wurden in eine Geschichte umgesetzt, die für viele Frauen und für die Gemeinschaft von Frauen als Frauenkirche beispielhaft werden kann.

Die Botschaft, mit der ich schließen möchte, ist folgende: Der Geist weht, wo er will. Der Geist beschränkt sein Wirken nicht auf längst nicht mehr existente Institutionen und die von ihnen hervorgebrachten Texte. Er führt uns in eine neue Zukunft. Wir kennen den Weg nicht; denn wir bahnen ihn uns, indem wir aufbrechen und ihn gehen. Doch durch neue Geschichten, die von unseren Krisen und Hoffnungen erzählen, sind wir einander ein Licht auf dem Weg.

1. Das Gleichnis von der nackten Lady

Die jungen Frauen versammelten sich um ihn, und eine von ihnen bat ihn: »Meister, erzähl uns von dem Idealbild einer Frau, dem diese gegebenenfalls entsprechen kann. Wir sind unsicher geworden in bezug auf die Lebensweise, die uns unsere Mütter gelehrt haben.« Und Jesus sprach zu ihr: »Frau, was du wissen willst, ist etwas, was ich nicht für dich entscheiden kann.« Und er erzählte ihr folgendes Gleichnis: Eine nackte Frau saß an einer Weggabelung, dort, wo die Straßen, die nach Norden und Süden führten, auf die gen Osten und Westen stießen. Die Menschen zogen an ihr vorüber; einige überkam ein Schamgefühl, andere wurden ärgerlich, doch fast alle brachten in irgendeiner Form ihre Mißbilligung zum Ausdruck. Einige warfen ihr Kleidungsstücke zu − Kleider aller Art, in allen Größen und mancherlei Farben. Die Frau wußte um ihre Nacktheit, rührte aber keinen Finger, um sich zu bedecken.

Da erschien eine Frau in einem Gewand ganz aus Gold. Sie unterbrach ihre Reise, ging auf die unbekleidete Frau zu und sprach: »Nimm mein Kleid. Sieh nur, wie schön es ist, Brokat mit Perlen und Diamanten bestickt.« Sie legte das kostbare Kleidungsstück ab und reichte es der gänzlich Unbekleideten, die sogleich prüfte, wie schwer es war. »Es ist sehr schwer«, sagte die nackte Frau, und die reiche Frau nickte zustimmend. »Die dieses Kleid trägt, muß stets hübsch aussehen, muß stets Anmut zeigen, muß stets stillhalten und ihre Schönheit für den Ehemann pflegen. Sie muß stets ihres Mannes Reichtum zur Schau tragen, ganz gleich, wie lästig, wie beschwerlich es ist. Sie darf weder ihre Figur verlieren noch alt werden. Sie muß sich mit dem Temperament ihres Mannes abfinden, mit seinen Lüsten und mit dem, was er beschließt.«

»Ich möchte dieses Kleid nicht«, sprach die nackte Frau. »Hier, nimm es zurück.« Doch statt dessen warf die reiche und gepflegte Frau ihr kostbares Kleid an den Straßenrand. Sie setzte sich neben die nackte Frau.

Da erschien eine Frau in einem schlichten grauen Kleid, die ihre

Reise unterbrach, auf die unbekleidete Frau zuging und sprach: »Nimm mein Kleid. Sieh nur, wie schlicht es ist. Es bedarf keiner besonderen Pflege, und man kann es schnell an- und ausziehen.« Sie reichte ihr Kleid der gänzlich Unbekleideten, die aber auch dieses als zu große Last empfand.

»Was ist es, das so schwer wiegt an diesem Kleid?« fragte sie.

»Mühsal, die keinen Dank kennt«, sagte die einfache Frau. »Viele Jahre, verbracht mit Waschen, Schrubben, mit geistlosen Arbeiten, mit Kochen, mit Chauffieren, verbracht mit Streiten und Strafen, mit Erinnern, mit Organisieren und dem ewigen Heranschaffen der Lebensmittel. Die dieses Kleid trägt, ist das stets aufrechte Rückgrat ihres Heims; sie kann nicht müde werden, nicht krank werden; sie muß stets dasein, kann niemals allein sein, nicht ihren eigenen Interessen nachgehen. Sie wird farblos, verliert ihre Jugend und beobachtet, wie ihres Mannes Blicke anderswo nach Schönheit suchen.«

»Hier, nimm dein Kleid zurück«, sprach die nackte Frau. Doch die einfache Frau legte ihr Kleid zu dem goldenen an den Straßenrand. Sie setzte sich neben die so gepflegte reiche Frau, und die beiden fingen an zu streiten. Sie stritten darüber, welches der Kleider das schwerere gewesen sei. Die drei Frauen saßen an der Weggabelung.

Da erschien eine Frau in einem roten Minikleid, die ihre Reise unterbrach und auf die unbekleidete Frau zuging. »Mein Kleid könnte dir stehen. Es ist schnell überzuziehen; es ist besonders weiblich und verführerisch. Hier, nimm!« Sie reichte der Unbekleideten ihr Kleid. »Laß dir nichts vormachen«, sprach diese sinnliche Frau. »Auch dieses Kleid ist sehr beladen.«

»Inwiefern?« wollte die nackte Frau wissen.

»Die dieses Kleid trägt, muß die Last frigider Ehefrauen tragen. Sie muß stets verfügbar sein, die sexuellen Bedürfnisse der Männer zu befriedigen. Sie ist es, die Lügen und Betrügen nährt und den Haß der Frauen aushalten muß, die ihr Tun mißbilligen, sich aber im Besitz ihrer Macht wünschen. Die Frau, die dieses Kleid trägt, muß ihre Schenkel öffnen, um sich zu ernähren, sich zu kleiden, zu wohnen und ihr uneheliches Kind versorgen zu können. Sie muß stets sanft und sinnlich sein, wagemutig und unternehmenslustig, berechnend und auf eigenen Füßen stehend. Sie lebt mit dem Wissen, daß sie stets Männer freudig aufnehmen muß, die niemals bleiben.«

»Auch dieses Kleid genügt nicht«, sprach die nackte Frau. »Nimm es zurück.« Aber die sinnliche Frau warf das rote Kleid zu den anderen an den Straßenrand und setzte sich neben die einfache Frau. Sie beteiligte sich an der Auseinandersetzung, die noch kein Ende gefunden hatte.

Da erschien eine Frau in einem langen schwarzen Gewand, die ihre Reise unterbrach und auf die Unbekleidete zuging. »Mein Kind«, sprach sie, »du bist ja nackt. Laß mich dir etwas überziehen. Hier, nimm mein Kleid. Es ist warm und wird dich schützen.«

»Mich schützen?« entgegnete die nackte Frau. »Es wiegt ganz schön!«

»Ja«, sagte diese heilige Frau. »Es bewahrt die Geheimnisse von hunderttausend Seelen. Man muß sehr stark sein, um es tragen zu können, doch muß man jene Stärke durch Schweigen und Dienen zeigen. Die dieses Gewand trägt, muß um die Entstehung des Lebens wissen, darf aber niemals Leben hervorbringen, muß um die Begierden des Fleisches wissen, darf sie aber niemals selbst erfahren, muß um die Dinge dieser Welt wissen, darf aber niemals ein Teil von ihnen sein. Die dieses Kleid trägt, muß sich beständig selbst für die Nöte der anderen opfern, darf aber niemals die eigenen Bedürfnisse befriedigen. Sie muß sich selbst bestrafen, wenn Gedanken und Sehnsüchte in ihr aufkommen, die nicht vor den Klostermauern haltmachen.«

»Ich friere nicht, und ich fürchte mich auch nicht«, sprach die nackte Frau. »Nimm dein Kleid zurück.« Doch die gottesfürchtige Frau legte es zu den anderen Kleidern an den Straßenrand, setzte sich nieder und nahm an der Auseinandersetzung zwischen den drei Frauen teil — der reichen und gepflegten, der einfachen und der sinnlichen —, die immer noch nicht beendet war.

Da erschien eine Frau in einem grauen Kostüm, die ihre Reise unterbrach, auf die Unbekleidete zuging und sprach: »Hier, nimm, in diesem Tweedkostüm wirst du schick aussehen. Es ist eine gute Ware, professionell geschneidert; so garantiert es ein seriöses Aussehen.« Sie reichte der nackten Frau das Kostüm.

»Nun, warum ist *dieses* Kleidungsstück so schwer?«

»Laß dich nicht hereinlegen durch das Äußere. Die dieses Kostüm trägt, muß in einer sterilen Welt leben und darf niemals ein Teil all der Welten sein, die du bis jetzt kennengelernt hast. Diese Frau darf nicht schön sein; sie darf keinen Geschmack beweisen, denn all das würde vom Geschäft ablenken, wenn der Abschluß greifbar nahe ist. Sie darf niemals Kinder zur Welt bringen oder eine Beziehung eingehen. Das würde ihr Anstieg in Richtung auf eine Spitzenposition bremsen. Sie darf niemals sinnlich sein; denn dann würde sie bald zum Ziel der Wölfe, die einen Weg finden, sie und ihre Macht zu zerstören. Sie muß es in Kauf nehmen, stets dem Spott derer ausgesetzt zu sein, die nicht verstehen, welche Ziele sich mit ihrer Geschlechtslosigkeit verbinden. Sie darf niemals eine Heilige sein; denn die Welt des Geistes schwächt ihre Kraft für die Welt, in der die Ratio herrscht. Dies wird ihr als Dummheit angelastet und stellt sich ihr als alberne Moral in den Weg. So muß die, die dieses Kleid trägt, gegenüber allen äußeren Mächten verschlossen sein wie ein Gefängnis; denn diese könnten ihr ihre Macht entziehen.«

»Diese Welt ist furchtbar«, sprach die nackte Frau. »Nimm dein Kleid zurück!« Doch die Karrierefrau warf ihr Kostüm zu den anderen Kleidungsstücken, setzte sich nieder und nahm an der Auseinandersetzung teil. Sie bestand darauf, daß ihr Kleid das schwerste von allen gewesen sei.

An der Seite der nackten Frau stritten die Frauen bis tief in die Nacht. An einem Punkt nahm die Auseinandersetzung eine andere Gestalt an: Das Selbstmitleid wurde aufgehoben zugunsten von Beschuldigungen der anderen. Man machte den anderen Vorwürfe, zeigte mit den Fingern auf sie. Doch dann nahm man mehr und mehr Positives wahr am Kleid der anderen. An jedem Kleid, so entdeckte man, gab es etwas, was sie nicht belastete.

»Ich weiß, wie ich mich an meinem Körper erfreuen kann, wie ich Freude an körperlicher Liebe empfinden kann«, sagte die sinnliche Frau.

»Oh, bring es mir bei«, sagte die heilige Frau, »und ich werde dich das Wunder lehren, wie wir mit Gott eins werden.«

»Ich weiß, wie man ein großes Geschäft führt, es organisiert, für einen reibungslosen Ablauf sorgt und Krisen meistert«, sagte die Karrierefrau.

»Oh, bring es mir bei«, sagte die reiche, gepflegte Frau, »und ich will dich lehren, wie man sich schön macht, so daß du dich an deiner äußeren Erscheinung erfreuen kannst.«

»Bring auch mir bei, wie ich anziehend und verführerisch wirken kann«, bat die einfache Frau, »und ich will dich lehren, ein Kind zu gebären und zu lieben.«

Neues Leben entsprang ihrer Gemeinschaft, und sie entwarfen aus den am Straßenrand abgelegten Kleidern neue, ein jedes einzigartig; und doch hatten alle etwas gemeinsam. Als sie einander belehrten und arbeiteten, erhob sich die nackte Frau und begab sich zur nächsten Weggabelung − östlich von ihnen. Und sie setzte sich nieder.

Und Jesus sprach zu den jungen Frauen: »Wer Ohren hat zu hören, der höre.«

Ann Spurgeon

2. Die Reise

Vor langer, langer Zeit lebte eine Gruppe von Menschen, die sich »Christen« nannten. Sie lebten in der Ebene der Sicherheit. Und wenn sie von denen sprachen, die jenseits ihrer Grenzen lebten, dann war die Rede von den »Nichtchristen«. Da sie die Ebene der Sicherheit niemals verlassen hatten, kannten sie die Namen derer nicht, die das ihnen fremde Gebiet abseits des Weges bewohnten.

In diesem Land wußten die Menschen, was richtig und falsch war, was sie tun und was sie nicht tun sollten und was sie glauben sollten. Sie brauchten sich nicht selbst zu kennen, da sie alle im

Spiegelbild des anderen existierten. Das, was noch kommen wird, so sagten sie, wurde bereits in der Vergangenheit bestimmt. Sie gingen vorwärts, indem sie rückwärts gingen. Die Christen lenkten ihre ganze Aufmerksamkeit auf den unsichtbaren König, einen väterlichen König, von dem sie annahmen, daß er dort oben entsprechend lebte und bestimmte, was für sie unten zu erkennen war. Sie reisten auf ihrem Weg umher, einer schmalen Straße mit Kreisverkehr. Die Hinweisschilder und Wegweiser am Rand waren eindeutig. Sie bildeten Seinen göttlichen Plan ab. Einige Schilder waren »die absolute Wahrheit«, »der Wille Gottes« und »das Wissen, daß du … weißt«. Jeder hatte seinen Platz, Männer wie Mädchen. Es bestand keinerlei Notwendigkeit, etwas zu ändern, d. h. abgesehen davon, daß man Gräben anlegen mußte für solche, die vom Weg abkamen, Spuren hinterlassen mußte für die Geistlichen und Gräber ausheben mußte für alle. Aber diese Veränderungen blieben Ausnahmen und spielten sich am Rande der Ebene ab. Die Gruppe bekam nur selten mit, was sich dort abspielte.

Diejenigen, die nicht auf dem Weg blieben, gingen in der Ebene verloren. Man munkelte, daß sie in tiefer gelegene Regionen hinabfielen, wo es nur Dunkelheit und Schmerz gab. Solche Gerüchte hatten für die Bewohner der Ebene natürlich keinerlei Bedeutung. Sie kannten allein ein glückliches Dasein auf der von der Sonne beschienenen Oberfläche. Da gab es einige, die aus den unteren Regionen heraufgekommen waren, doch ihre Vergangenheit geriet bald in Vergessenheit, lebten sie erst einmal oben im sonnigen Gebiet der Zeichen und Gesetzestafeln. Die Bewohner der Ebene führten ein erfülltes Leben, solange sie im Land der Sicherheit ihren Weg verfolgten.

Eines Tages wehte der Geist der Erfahrung im Land. Einige spürten den kalten Wind, der über den sonnenbeschienenen Weg blies. Sie fragten sich, ob sie nun vielleicht in die unteren Regionen hinabgeweht würden. Viele Bewohner der Ebene ignorierten die Erfahrung und wandten sich der Sonne zu. Sie bauten dicke Mauern zum Schutz vor diesem Geist. Sie wußten sehr wohl, daß sie all dem, was sie hörten und sahen, keine Bedeutung schenkten. Einige der anscheinend besonders Wagemutigen glaubten, der Wind käme aus feindlicher Richtung von jenseits des Weges. Und sie schrien im Namen des Weges, die Böen möchten ein Ende haben. Da verließ sie die Erfahrung.

Aber nicht nur sie! Eine Handvoll derer, die sich wunderten, machten sich auf die Wanderschaft. Diese wenigen erkannten, daß Dunkelheit und Schmerz ebenso real waren wie das Sonnenlicht. Vom Wege abzukommen war einfach fürchterlich. Vielleicht waren sie ja auch zu einem Leben in der Tiefe verurteilt. Auch sie fingen an zu schreien, nicht, weil sie die Erfahrung vertreiben wollten, sondern weil sie eine Erklärung wollten. Die Antwort blieb aus. Die kühlen Brisen zogen durch sie hindurch; sie folgten ihnen. Zu ihrer Überraschung war der Weg im Nebel verschwunden. Nur gelegentlich bekamen sie die sonnigen Regionen der Sicherheit flüchtig zu sehen, doch sie glichen Schatten, die keinen Sinn mehr ergaben. Ihr Zorn steigerte sich. Jetzt, da sie unsicher geworden waren, konnten sie schlecht umkehren; aber sie wußten auch nicht, was vor ihnen lag. Jenseits des Weges, jenseits der Schilder und der sonnenbeschienenen Mauer fegte die Erfahrung die Unvernunft hinweg. Spiegel wurden zerschmettert, Gefühle überwältigt. Jeder mußte der Angst allein ins Auge sehen. Und der Wirbelwind trieb alles Gefürchtete heran.

Einer der Wanderer erreichte die Spitze der Klippe. Die Klippe war im Land der Sicherheit Inhalt eines vagen Geschwätzes gewesen. Es handelte sich um den Abgrund der Verzweiflung im Land des Nichtseins. Endlose Äonen der Dunkelheit wirbelten jenseits des Grates.

Eiskalte Winde der Erfahrung wurden aus den Tiefen emporgeschleudert. Die sonnenbeschienenen Regionen waren bloße Träume, konfuse Erinnerungen an eine ferne Vergangenheit. Sie war allein. Einige von denen die mit ihr gewandert waren, hatten versucht in die Ebene der Sicherheit umzukehren. Andere waren in den Abgrund gesprungen, um weiterer Mühsal zu entgehen. Ob Umkehr oder Fortsetzung der Reise, es wäre gleichsam mühselig. Sie hoffte für die Hinabgefallenen, daß es drüben einen Weg für sie gäbe. Der Augenblick der Entscheidung kam.

Das Land war ihr vertraut und doch unbekannt. Jetzt konnte sie nicht mehr zurück, selbst wenn sie gewollt hätte. Und doch, es gab eine Kontinuität. Sie hatte gedacht, sie hätte sich vom Weg entfernt. Da erstreckte sich eine Straße vor ihr, so neu und doch so alt, daß sie sie kaum erkennen konnte. Das Gras leuchtete purpurrot. Neue Formen und Ordnungen trugen die alten Namen aus der Ebene der Sicherheit, während andere Namen dort zurückgelassen worden waren. Sie hätte diesem Land nicht getraut, wenn nicht Licht und Dunkelheit unter den Namen gewesen wären. Das Gelände war schön und schrecklich, angenehm und aggressiv zugleich. Sie nannte sich selbst »Ich bin«.

Es gab tatsächlich viele Straßen, die sich von ihrem Landeplatz aus verzweigten. Sie alle nahmen ungefähren Kurs auf das Jenseits. Flüchtige Blicke des Endes, falls es ein solches gäbe, konnte sie im Diesseits erhaschen. Über Berge und Täler ging ihre Reise bis hin zur unbekannten neuen Erde. Einige schlossen sich ihr an und begrüßten sie auf dem von ihr gewählten Weg, reisten auf unterschiedlichen Straßen. Sie war überrascht, daß noch andere die Sicherheit hinter sich gelassen hatten. »Ich bin. Du bist. Wir sind.« Sie gingen allein weiter und doch zusammen.

Sie lebte danach nicht in Glück und Freude. Gelegentlich reiste sie durch Täler, die so tief waren, daß sie sich fragte, ob sie je den Abgrund hinter sich lassen würde. So manches Mal mußte sie – wenn auch nicht allzu tiefe – Sprünge wagen. Immer wenn die Straße so lang und der Weg so beschwerlich war, dann hatte sie Lust aufzugeben. Aber niemals waren die Täler so tief wie der Abgrund. Wenn sie einen Absprung wagte, hoffte und glaubte sie jetzt, daß es eine andere Seite gäbe. Und es gab die Augenblicke des Lichts und der Verbindung mit anderen. Die Reise war der Mühe wert. Sie hatte sich selbst gefunden. Sie war eine Frau.

Beth Hamilton

Literaturverzeichnis

Apuleius von Madura: Der goldene Esel. Aus dem Lat. übersetzt von August Rode, 2. Aufl., Berlin 1923.

Philo von Alexandrien: Die Werke in dt. Übersetzung, Bd. 1, hg. von L. Cohn, 2. Aufl., Berlin 1962.

Aristoteles: Politik. Übersetzt und mit erklärenden Anmerkungen von Eugen Rolfers (Philosophische Bibliothek, Bd. 7), Hamburg 1981.

– Über die Bewegung der Lebenwesen – über die Fortbewegung der Lebewesen. Übersetzt und erläutert von Jutta Kollesch, Bd. 2, Darmstadt 1985.

Aurelius Augustinus: Bekenntnisse (Werke, Bd. 1). Übertragen von Wilhelm Thimme, Zürich und Stuttgart 1950.

Johann Jakob Bachofen: Myth, Religion an Mother Right (Reprint 1861), Princeton/N. J. 1967

– Gesammelte Werke, Bde. 2 und 3: Das Mutterrecht, Basel 1948.

Richard A. Baer: Philo's Use of the Categories Male and Female, Leiden 1970.

D. S. Bailey: The Man-Woman Relationship in Christian Thought, London 1959.

Mary Baker-Eddy: Wissenschaft und Gesundheit mit Schlüssel zur Heiligen Schrift (The First Church of Christ Scientist), Boston 1975.

Bernard Frank Batto: Studies of Women at Mari, Baltimore 1974.

Walter Bauer: Rechtgläubigkeit und Ketzerei im ältesten Christentum (Beiträge zur historischen Theologie, Bd. 10), 2. Aufl., Tübingen 1964.

Die *Bekenntnisschriften* der evangelisch-lutherischen Kirche, Göttingen 1979.

Phyllis Bird: Male and Female, He Created Them: Gen 1:27 b in the Context of the Priestly Account of Creation, in: Harvard Theological Review 74, no. 2 (1981).

Murray Bookshin: The Ecology of Freedom. The Emergence an Dissolution of Hierarchy, Palo Alto/Calif. 1982.

Kari Børreson: Subordination and Equivalence, the Nature and Role of Women in Augustine and Aquinas. Übersetzung aus dem Franz., Washington/D. C. 1981.

John Boswell: Christianity, Social Tolerance and Homosexuality, Chicago 1980.

Caroline Bynum: Jesus as Mother. Studies in the Sprituality of the High Middle Ages, Berkeley 1982.

Carol Christ und *Judith Plaskow (Hg.):* Womanspirit Rising. A Feminist Reader in Religion, San Francisco 1979.

Linda Clark, Marian Ronan und *Eleanor Walker:* Image Breaking – Image Making. An Handbook for Creative Worship for Women of Christian Tradition, New York 1981.

Franz Cumont: Astrology Among the Greeks and Romans (Reprint 1912), New York 1960.

– The Mysteries of Mithra (Repirnt 1902), New York 1956.

– Oriental Religions in Roman Paganism (Reprint 1911), New York 1956.

Mary Daly: Beyond God the Father. Toward a Philosophy of Women's Liberation, Boston 1973.

– Gyn/Ecology. The Metaethic of Radical Feminism, Boston 1979.

– Pure Lust. Elemental Feminist Philosophy, Boston 1984.

Stevan Davies: The Revolt of the Widows. The Social World of the Apocryphal Acts, Carbondale/Ill. 1980.

Elizabeth Gould Davis: The First Sex, Baltimore 1971.

Der *Dilmum*-Mythos, aus: Quellen des Alten Orients. Schöpfungsmythen I, Einsiedeln, Köln und Zürich 1964, S. 111–117.

Dorothy Dinnerstein: The Mermaid and the Minotaur. Sexual Arrangements and Human Malaise, New York 1976.

Zillah Eisenstein: The Radical Future of Liberal Feminism, New York 1981.

Friedrich Engels: Die Entwicklung des Sozialismus von der Utopie zur Wissenschaft, aus: *Marx/Engels:* Werke, Bd. 19, Berlin 1969, S. 189–228.

– Der Ursprung der Familie, des Privateigentums und des Staates, Frankfurt/M. 1971.

Elizabeth Schüssler Fiorenza: In Memory of Her. A Feminist Theological Reconstruction of Christian Origins, New York 1983.

Sigmund Freud: Der Mann Moses und die monotheistische Religion, in: *ders.:* Gesammelte Werke, Bd. 16, Frankfurt/M. 1968.

Dieter Georgi: Die Weisheit Salomos (Jüdische Schriften aus hellenistisch-römischer Zeit III/4), Gütersloh 1980.

Charlotte Perkins Gilman: Herland (Reprint 1923), New York 1979.

— His Religion and Hers. A Study of the Faith of the Fathers and the Work of Our Mothers, New York 1923.

Lynda M. Glennon: Women and Dualism. A Sociology of Knowledge Analysis, New York 1979.

Norman K. Gottwald: The Tribes of Yahweh. A Sociology of the Religion of Liberated Israel, 1250—1050 v. Chr., Maryknoll/New York 1979.

Hugo Gressmann (Hg.): Altorientalische Texte zum Alten Testament (Reprint 1926), Berlin 1965 (Das babylonische Weltschöpfungslied »Als droben«, S. 257—260; Klagelied an Ischtar, S. 257—260).

Frederick Griffin (Hg.): Woman as Revolutionary, New York 1973.

Susan Griffin: Woman and Nature. The Roaring Inside Her, New York 1978.

R. Gryson: The Ministry of Women in the Early Church, Minneapolis 1976.

Robert Hamerton-Kelly: God the Father. Theology and Patriarchy in the Teachings of Jesus, Philadelphia 1979.

Susan Ashbrook Harvey: Women in Early Syriac Christianity, aus: *Averil Cameron* und *Amelia Kuhrt (Hg.):* Images of Women in Antiquity, London 1983.

Des Heiligen Caecilius Cyprianus Sämtliche Schriften, Bd. 1. Aus dem Lat. übersetzt von Julius Baer (Bibliothek der Kirchenväter), Kempten und München 1918.

Des Heiligen Irenäus fünf Bücher gegen die Häresien, Bde. 1 und 2. Übersetzt von E. Klebba (Bibliothek der Kirchenväter), Kempten und München 1912.

Hennecke und *Schneemelcher:* Neutestamentliche Apokryphen II., 3. Aufl., Tübingen 1964 (Taten des Paulus und der Thekla, S. 243—251; Thomasakten, S. 297—372).

Hesiod: Theogonie. Hg. und übersetzt von Karl Albert (Texte zur Philosophie, Bd. 1), 3. Aufl., Sankt Augustin 1985.

— Werke und Tage. Sämtliche Werke, Deutsch von Thassilo von Scheffer, Wiesbaden 1947.

Sharon Kelly Heyob: The Cult of Isis Among Women in the Greco-Roman World, Leiden 1975.

Carter Heyward: A Priest Forever. The Formation of a Woman and a Priest, New York 1976.

Joyce Irwin: Womanhood in Radical Protestantism, 1525−1675, New York 1979.

E. O. James: The Cult of the Mother Goddess. An Anthropological and Documentary Study, New York 1959.

− The Worship of the Sky God. A Comparative Study of Semitic and Indo-European Religion, London 1963.

Anton Jirku: Kanaanäische Mythen und Epen aus Ras Shamra-Ugarit, Gütersloh 1962 (Der große Mythen-Zyklus von den Göttern Baal, Anat und Mot, S. 11−76).

Hans Jonas: Gnosis und spätantiker Geist, Teil 1 (und Ergänzungsband): Die mythologische Gnosis, 2. Aufl., Göttingen 1954.

− Gnosis und spätantiker Geist, Teil 2,1: Von der Mythologie zur mystischen Philosophie, Göttingen 1954.

− The Gnostic Religion. The Message of the Alien God and the Beginning of Christianity, Boston 1963.

Carol Karlson: The Devil in the Shape of Woman, Yale 1980.

E. Kautzsch (Hg.): Die Apokryphen und Pseudepigraphen des Alten Testaments, Bd. 2, Tübingen und Freiburg 1900.

Samuel Noah Kramer: History Begins at Sumer, Garden City/New York 1956.

Samuel Laeuchli: Power and Sexuality. The Emergence of Canon Law and the Council of Elvira, Philadelphia 1972.

Denis R. MacDonald: The Legend and the Apostel. The Battle for Paul in Story and Canon, Philadelphia 1983.

Sally McFague: Metaphorical Theology. Models of God in Religious Language, Philadelphia 1982.

George MacRae: The Jewish Background of the Gnostic Sophia Myth, in: Novum Testamentum 12.

Carolyn Merchant: The Death of Nature. Women, Ecology and the Scientific Revolution, San Francisco 1980.

Giovanni Miegge: The Virgin Mary, London 1955.

Robert Murray: Symbols of Church and Kingdom. A Study of Early Syriac Christianity, Cambridge 1975.

Albert Nolan: Jesus Before Christianity. The Gospel of Liberation, Capetown/S. A. 1976.

Juliana von Norwich: Eine Offenbarung göttlicher Liebe. Kürzere Fassung der sechzehn Offenbarungen der göttlichen Liebe, Deutsch von Ellen Sommer-von Seckendorff, Basel, Freiburg und Wien 1959.

Carol Ochs: Behind the Sex of God, Boston 1977.

Judith Ochshorn: The Female Experience and the Nature of the Devine, Bloomington 1980.

John H. Otwell: And Sarah Laughed. The Status of Woman in the Old Testament, Philadelphia 1977.

Elaine Pagels: The Gnostic Gospels, New York 1979.

Raphael Patai: The Hebrew Goddess, Philadelphia 1967.

Judith Plaskow: Sex, Sin and Grace. Women's Experience and the Theologies of Reinhold Niebuhr and Paul Tillich, Washington/D. C. 1980.

Platon: Phaidros, aus: *ders.:* Werke in acht Bänden. Griechisch und Deutsch, Bd. 5, hg. von Gunter Eigler, übersetzt von Friedrich Schleiermacher und Dietrich Kurz, Darmstadt 1983.

– Symposion, aus: *ders.:* Sämtliche Werke 2 (Griechische Philosophie, Bd. 3), Leck/Schleswig 1965.

– Timaios, in: *ders.:* Sämtliche Werke 5, übersetzt von Friedrich Schleiermacher und Hieronymus Müller (Griechische Philosophie, Bd. 6), Leck/Schleswig 1966.

Marjorie Reeves: The Influence of Prophecy in the Later Middle Ages. A Study in Joachimism, Oxford 1969.

– Joachim of Fiore and the Prophetic Future, New York 1976.

Theodor Reik: The Creation of Woman. A Psychoanalytic Inquiry into the Myth of Eve, New York 1960.

Katherine Rogers: The Troublesome Helpmate. A History of Misogyny in Literature, Seattle 1966.

Catherine Romano: A Psychic-Spiritual History of Teresa of Avila. A Woman's Perspective, aus: *Matthew Fox (Hg.):* Western Spirituality. Historical Roots, Ecumenical Routes, Notre Dame/Ind. 1979.

Sheila Rowbotham: Women, Resistance and Revolution. A History of Women and Revolution in the Modern World, New York 1974.

Rosemary Radford Ruether: Mary. A Feminine Face of the Church, Philadelphia 1977.

- The New Woman/New Earth. Sexist Ideologies and Human Liberation, New York 1975.
- Religion and Sexism. Images of Women in the Jewish and Christian Traditions, New York 1974.
- Sexism and God-Talk. Toward a Feminist Theology, Boston 1983 (Sexismus und die Rede von Gott. Schritte zu einer anderen Theologie, Gütersloh 1985).

Rosemary Ruether und *Rosemary Keller:* Woman and Religion in America. The Nineteenth Century. A Documentary History, San Francisco 1981.

- Woman and Religion in America. A Documentary History. The Colonial and Revolutionary War Periods, San Francisco 1983.

Letty Russell: Human Liberation in a Feminist Perspective, Philadelphia 1974.

Die Sagen der Juden. Gesammelt von Micha Josef Bin Gorion, Deutsch von Rahel Bin Gorion, Frankfurt 1962.

Letha Scanzoni: All We're Meant to Be. A Biblical Approach to Women's Liberation, Waco/Tex. 1974.

Anne Wilson Schaef: Women's Reality. An Emerging Female System in the White Male Society, Minneapolis 1981.

Gesine Schenke: Die dreigestaltige Protennoia. Eine gnostische Offenbarungsrede in koptischer Sprache aus dem Fund von Nag Hammadi, eingeleitet und übersetzt vom Berliner Arbeitskreis für koptisch-gnostische Schriften, in: Theologische Literaturzeitung (TH LZ) 99 (1974), S. 734−740.

Miriam Schneir: Feminism. Essential Historical Writings, New York 1972.

G. C. Stead: The Valentinian Myth of Sophia, in: Journal of Theological Studies 20 (1969).

Leonard Swidler: Biblical Affirmations of Women, Philadelphia 1979.

George Tavard: Women in the Christian Tradition, West Bend/Ind. 1973.

Pierre Teilhard de Chardin: Die Zukunft des Menschen (Werke 5), Olten und Freiburg 1963.

Elizabeth M. Tetlow: Women and Ministry in the New Testament, New York 1980.

Walter C. Till (Hg.): Die gnostischen Schriften des koptischen Papyrus Berolinensis 8502, 2. Aufl., Berlin 1963 (Das Evangelium nach Maria, S. 62−77; Das Evangelium nach Philippos).

Phyllis Trible: Depatriarchalizing in Biblical Interpretation, in: Journal of the American Academy of Religion 41, Nr. 1 (März 1973).

− God and the Rhetoric of Sexuality, Philadelphia 1978.

Namen- und Sachregister

402

Bild- und Quellennachweis

S. 2 (Isis führt Königin Nofretete an der Hand): Hirmer Verlag München, Ges. für wiss. Lichtbild-GmbH, 8000 München 19. − S. 18 (Die kanaanäische Göttin Aschera), 66 (Die Göttin Nut), 106 (Lilit) und 218 (Die Geburt der Aphrodite): aus: The Great Mother. An Analysis of the Archetype, translated by Ralph Manheim (Bollingen Series 47), Copyright ©, renewed 1981 by Princeton University Press. − S. 42 (Darstellung der Historischen Dreifaltigkeit in der Kirche von Urschalling am Chiemsee): Leonard Swidler. − S. 136 (Radierung »Hexen« von Goya): Britisches Museum, London. − S. 170 (Die gekreuzigte Frau): Almuth Lutkenhaus. − S. 246 (Die Madonna der Gnade): Sopraintendenza per i beni artistica e storica, Siena e Giosseto. − S. 304 (Women For Life on Earth): Meinrad Craighead. − S. 384 (Ein Zweikampf zwischen einer Frau und einem Dominikaner): Beinecke Rare Book an Manuscript Library, Yale University.

S. 29: Psalm 19, 2−16. Die Bibeltexte werden zitiert nach der Übersetzung Martin Luthers in der revidierten Fassung von 1984, © 1985 Deutsche Bibelgesellschaft Stuttgart. − S. 30: Jesaja 42, 13−16. − S. 31 (Klagelied an Ištar), aus: Hugo Gressmann (Hg.): Altorientalische Texte zum Alten Testament, Berlin 1965, S. 257−260. − S. 35: aus: Apuleius von Madura: Der goldene Esel, aus dem Lat. von August Rode, Berlin 1923, S. 283−287. − S. 39: aus: Mary Baker-Eddy: Wissenschaft und Gesundheit mit Schlüssel zur Heiligen Schrift: Science and Health with Key to the Scriptures, dt. u. engl., Boston 1975, S. 16−17. − S. 40: aus: Gifts of Power: The Writings of Rebecca Jackson, hg. von Jean Malon Humez, Massachusetts 1981, S. 152−154. − S. 54: aus: Dieter Georgi: Die Weisheit Salomos (Jüdische Schriften aus hellenistisch-römischer Zeit III/4, Gütersloh 1980, S. 421−432. − S. 58: übersetzt nach: The Odes of Solomon, hg. von James H. Charlesworth, Oxford 1973, S. 82−83 und 126−127. − S. 60: aus: Des Heiligen Irenäus fünf Bücher gegen die Häresien, Bd. I, übersetzt von E. Klebba, Kempten und München 1912, S. 3–4. – S. 61: aus: Unser Glaube. Die Bekenntnisschriften der evanglisch-lutherischen Kirche (Ausgabe für die Gemeinde), im Auftrag der Kirchenleitung der Vereinigten Evangelisch-Lutherischen Kirche Deutschlands (VELKD) hg. vom Lutherischen Kirchenamt, bearbeitet von Horst Georg Pöhlmann (Gütersloher Taschenbücher/Siebenstern 1289), Gütersloh 1986, S. 45 f. – S. 62: übersetzt nach: Testimony of Christ's Second Appearing, the Shaker Bible, Albany/N. Y. 1956, S. 503–504. – S. 79: aus: Quellen des Alten Orients, Schöpfungsmythen I, Einsiedeln, Zürich und Köln 1964, S. 111–117. – S. 85: aus: Hugo Gressmann (Hg.): Altorientalische Texte zum Alten Testament, a. a. O., S. 108–122. – S. 91: aus: Hesiod: Theogonie, hg., übersetzt und erläutert von Karl Albert (Texte zur Philosophie, Bd. 1), Sankt Augustin 1985, S. 53–59, 61, 81–87. – S. 97: Genesis 1,1–31; 2,1–4. – S. 100: aus: Platon: Timaios, in: ders.: Sämtliche Werke 5, übersetzt von Friedrich Schleiermacher und Hieronymus Müller (Griech. Philosophie, Bd. 6), Seck/Schleswig 1966, S. 154–165. – S. 119: aus: Hugo Gressmann (Hg.): Altorientalische Texte zum Alten Testament, a. a. O., S. 134. – S. 120: Genesis 2,4b–24. – S. 121: aus: Philo von Alexandrien: Über die Weltentstehung, in: ders.: Die Werke in dt. Übersetzung, hg. von L. Cohn, Bd. 1, Berlin 1962, S. 76–82. – S. 123: aus: Lilith, in: Die Sagen der Juden, gesammelt von Micha Josef Bin Gorion, Frankfurt/M. 1962, S. 82–83. – S. 124: aus: Adam und Eva. Die Sagen der Juden, a. a. O., S. 67–68, 2. Teil (Hochmütige Wesen . . .) übersetzt nach: Louis Ginzberg: The Legends of the Jews, Bd. 3, Philadelphia 1913, S. 66–68. Anm. der Übersetzerin: Die Autorin verweist darauf, daß Ginzberg, aus dessen Werk sie zitiert, mit seinem Beitrag eine Verknüpfung der unterschiedlichen rabbinischen Kommentare liefert. Der bei Ginzberg abgedruckte Text ist in der o. g. deutschen Textausgabe nicht vollständig überliefert. – S. 125: übersetzt aus: Judith Plaskow: Wie Lilit hervorgebracht wird, ein Text, der 1972 auf der feministisch-theologischen Tagung von Grailville, Ohio, entstand. An der Entstehung beteiligt waren: Karen Bloomquist, Margaret Early und Elizabeth Farions (erschienen u. a. in: Religion and Sexism. Images of Women in the Jewish and Christian Traditions, hg. von Rosemary Ruether, New York 1974, S. 341–343). – S. 128: übersetzt nach: Aristoteles: Generation of Animals, 729b, 738b, 737a, 775. Anm. der Übersetzerin: Die Schrift liegt in dt. Übersetzung bisher bereits in 2 Bänden vor: Aristoteles: Über die Bewegung der Lebewesen – über die Fortbewegung der Lebewesen, übersetzt und erläutert von Jutta

Kohlesch, Darmstadt 1985. − S. 130: aus: Aristoteles: Politik, übersetzt und mit erklärenden Anmerkungen versehen von Eugen Rolfers (Philosophische Bibliothek, Bd. 7), Hamburg 1981, S. 8−10. − S. 131: aus: Platon: Symposion, in: ders.: Sämtliche Werke 2 (Griech. Philosophie, Bd. 3), Seck/Schleswig 1965, S. 220−223. − S. 152: Exodus 32,1−35. − S. 154: Das Testament Rubens 5 und 6, aus: Apokryphen und Pseudepigraphen des Alten Testaments, Bd. 2, hg. von E. Kautzsch, S. 462. − S. 155: aus: Hesiod: Werke und Tage, in: ders.: Sämtliche Werke, deutsch von Thassilo von Scheffer, Wiesbaden 1947, S. 73−78. − S. 157: Genesis 3,1−24. − S. 159: übersetzt nach: The Hypostasis of the Archons 88,12−91, 12, aus: The Nag Hammadi Library in English, New York 1977, S. 154−156. − S. 162 (oben): 1. Timotheus 2,9−14. − S. 162 (unten): übersetzt nach: Elizabeth Cady Stanton (Hg.): The Women's Bible, New York 1972 (Nachdruck von 1895), S. 26−27. − S. 164: aus: Sigmund Freud: Der Mann Moses und die monotheistische Religion, in: ders.: Gesammelte Werke, Bd. 16, Frankfurt/M. 1968, S. 108−109. − S. 167: aus: Friedrich Engels: Der Ursprung der Familie, des Privateigentums und des Staates, Frankfurt/M. 1971, S. 65−67 und 75−76. − S. 185: Der große Mythen-Zyklus von den Göttern Baal, Anat und Mot, aus: Anton Jirku: Kanaanäische Mythen und Epen aus Ras Shamra-Ugarit, Gütersloh 1962, S. 31−34 und 64−71. − S. 190: Sacharja 9,9−10 und 14,1−19. − S. 192: Offenbarung 19,11−21 und 20,1−3. − S. 193: Matthäus 20,17−28 und 23,1−12; Philipper 2,6−11. − S. 195: Johannes 1,1−5; 9−14; Kolosser 1,15−20. − S. 197: übersetzt nach: The Gospel of the Egyptians, in: Clement of Alexandria, Stromateis, Alexandrian Christianity, hg. von J. E. L. Oulton und Henry Chadwick, Philadelphia 1954, S. 69−70; Das Evangelium nach Philippos, hg. und übersetzt von Walter C. Till (Praktische Texte und Studien, Bd. 2), Berlin 1963, S. 29 und 41−43; dritter Text: übersetzt nach: The Gospel of Thomas, in: the Secret Sayings of Jesus, hg. von Robert McQueen Grant, Garden City/New York 1961, S. 197. − S. 198: Juliana von Norwich: Eine Offenbarung göttlicher Liebe, aus dem Nachtrag der kürzeren Fassung der 16 Offenbarungen der göttlichen Liebe, deutsch von Ellen Sommer- von Seckendorff, Basel/Freiburg und Wien 1959, S. 142 und 144. − S. 199: übersetzt nach: Alfonso de Liguori: The Glories of Mary, New York 1852, S. 279. − S. 201: übersetzt nach: Auguste Comte: A General View of Positivism, Paris 1848, S. 286−288. − S. 203: übersetzt nach: The Testimony of Christ's Second Appearing, United Society 1856, S. 506 und 514−518. − S. 208: übersetzt nach: Nancy Ore, 1983 (unveröffentlicht). − S. 210: übersetzt nach: Nancy

Ore: Winter of Sierra Poetry (1983); ebenso erschienen in: the Monthly Communicator 2, no. 4, Nov. 1983, S. 2. − S. 227 (oben): Jona 3,1−10. − S. 227 (unten): Matthäus 3,1−10. − S. 228: Römer 6,3−23. − S. 230: aus: Hennecke/Schneemelcher: Neutestamentliche Apokryphen II, Tübingen 1964, S. 351−353. − S. 243: aus: Aurelius Augustinus: Bekenntnisse (Werke, Bd. 1), übertragen von Wilhelm Thimme, Zürich und Stuttgart 1950, S. 211−215. − S. 238: übersetzt nach: Teresa von Avila: The Interior Castle, übersetzt von E. Alison, Garden City/New York 1961, S. 207−208 und 213−214. − S. 240: übersetzt nach: Jean McMahon Humez (Hg.): Gifts of Power. The Writings of Rebecca Jackson, Amherst 1981, S. 71−72 und 107−108. − S. 243: übersetzt nach: Nancy Ore: ›Ohne Titel‹, Garrett-Evangelical Theological Seminary Women's Caucus publication, Rough Edges, Mai 1983. − S. 259: Exodus 19,1; 2b−11; 13b−18; 20,1−3. − S. 260: Hosea 2,1−20. − S. 262: Lukas 1,41−56. − S. 263: 1. Timotheus 2,1−6a; 8; 11−12; 3,1−5; 8−13. − S. 264: Epheser 5,1−3; 18b−33. − S. 265: übersetzt nach: On the Unity of the Church, ch. 6, aus: Alexander Roberts und James Donaldson (Hg.): Ante-Nicence Fathers, New York 1899, V, S. 423; über die Haltung der Jungfrauen, in: Des Heiligen Kirchenvaters Caecilius Cyprianus Sämtliche Schriften, Bd. 1, aus dem Lateinischen von Julius Baer (Bibliothek der Kirchenväter), Kempten und München 1918, S. 66. − S. 266: übersetzt nach: Methodius: Symposium (Ancient Christian Writers), Westminster 1958, no. 27, S. 65−66. − S. 267: aus: Das Evangelium nach Maria, in: Walter C. Till (Hg.): Die gnostischen Schriften des koptischen Papyrus Berolinensis 8502, Berlin 1972, S. 62−77. − S. 270: übersetzt nach: Rosemary R. Ruether: Address at the Woman Church Speaks Conference, Chicago 1983. − S. 285: Exodus 15,20−21; Numeri 12,12−16. − S. 286: Richter 4,4−10; 4,13−15 und 17−21; 5,1; 5,3; 5,6−7; 5,12−15; 5,24; 5,27 und 31. − S. 289: 2. Könige 22,11−20. − S. 290: Johannes 20,1−18. − S. 291: aus: Taten des Paulus und der Thekla, in: Hennecke/Schneemelcher: Neutestamentliche Apokryphen II, Tübingen 1964, S. 243−251. − S. 298: übersetzt nach: The Passion of Saints Perpetua and Felicitas, Bd. 3, in: Roberts/Donaldson: Ante-Nicene Father, a. a. O. − S. 303; übersetzt nach: Epiphanias, Haer. 48,2; 48,12−13; 49,1. − S. 318: Levitikus 25,10−12; 25,13−14; 17,23−28 und 39−42. − S. 319: Jesaja 2,1−4; 11,6−9; 40,3−5; 65,17−25. − S. 320: Lukas 4,14−21. − S. 321: übersetzt nach: Antoine-Nicholas de Condorcet: Sketch for a Historical Picture of the Progress of the Human Mind, üb. von June Barraclough, London 1955, S. 196−202. − S. 325: aus: Pierre Teilhard de Chardin: Die Zukunft des Menschen, in:

ders.: Werke, Bd. 5, Olten und Freiburg 1963, S. 107−110. − S. 327: aus: Friedrich Engels: Die Entwicklung des Sozialismus von der Utopie zur Wissenschaft, in: Marx/Engels: Werke, Bd. 19, Berlin 1969, S. 223−226. − S. 330: übersetzt nach: Murray Bookshin: Post-Scarcity Anarchism, San Francisco 1971, S. 69−70 und 80−82. − S. 332: übersetzt nach: Elizabeth Gould Davis: The First Sex, Baltimore 1971, S. 68−69 und 331−339. − S. 350: übersetzt nach: the Descent of Inanna, in: Diane Wolkstein und Samuel Noah Kramer: Inanna. Queen of Heaven and Earth. Her Stories and Hymns from Sumer, New York 1983, S. 52−71. − S. 356: aus: Hans Jonas: Gnosis und spätantiker Geist, Teil 2,1, Göttingen 1954, S. 346−347 und 210. − S. 357: aus: Platon: Phaedrus, in: Gunter Eigler (Hg.): Platon. Werke in acht Bänden, griech. und dt., übersetzt von Schleiermacher, Bd. 5, Darmstadt 1983, S. 70−85. − S. 362: Offenbarung 20,4−15; 21,1−4 und 22−27; 22,1−5. − S. 364: 1. Korinther 15,20−54. − S. 366: aus: Gesine Schlenke: Die dreigestaltige Protennoia. Eine gnostische Offenbarungsrede in koptischer Sprache aus dem Fund von Nag Hammadi, eingeleitet und übersetzt vom Berliner Arbeitskreis für koptisch-gnostische Schriften, in: Theologische Literaturzeitung 99 (1974), S. 743−740. − S. 376: aus: Des Heiligen Irenäus fünf Bücher gegen die Häresien, übersetzt von E. Klebba, Bd. 1 (Bibliothek der Kirchenväter), Kempten und München 1912, S. 155−157, 235 und 249−252. − S. 379: übersetzt nach: The Book of John Concerning the Falling Asleep of Mary, aus: Robert/Donaldson: Ante-Nicene Fathers, a. a. O., S. 578−591. − S. 380: übersetzt nach: Otto Semmelroth: Mary. Archetype of the Church, New York 1963, S. 166−168. − S. 381: übersetzt nach: Charlotte Perkins Gilman: His Religion and Hers. A Study of the Faith of the Fathers and the Work of Our Mothers, New York 1923, S. VII-VIII.

GTB Siebenstern

Die Frau in Kirche und Gesellschaft

Catharina J. M. Halkes
Gott hat nicht nur starke Söhne

Grundzüge einer feministischen Theologie. Ins Deutsche übertragen von Ursula Krattiger-van Grinsven. 5. Auflage. 128 Seiten. Kt. Originalausgabe. (GTB 371)

Feminismus ist mehr als Frauenbefreiung. Feminismus ist auch eine Kritik an der bestehenden Kultur und der herrschenden Religion. Dieser Religion sind durch die Vorherrschaft der patriarchalischen und männlichen Erfahrung Tiefen verstellt worden, denen frühere, archaische Kulturen Ausdruck gaben: Verbundenheit mit der Erde, verwurzelt im Grund, aufgenommen in den Kosmos, in Wasser und Lüfte, in den Himmel. Das männliche Wort allein ist nicht genug; Symbole, Bilder, Gebärden, der Ausdruck mit unserem Körper, Tanz und Erotik sind verschwunden, und uns bleibt nur noch eine strenge Ethik und eine ohnmächtige, dürftige Praxis übrig.

Catharina J. M. Halkes
Suchen, was verlorenging

Beiträge zur feministischen Theologie. Aus dem Holländischen übertragen von Franz J. Lukassen. 174 Seiten. Deutsche Erstausgabe. (GTB 487)

Dies ist ein persönliches Buch. Es geht nicht um hohe Theologie, sondern um die Erfahrung einer Frau innerhalb ihrer Gemeinde und mit anderen Frauen, die sich auf die Suche nach dem begeben haben, was verlorenging. Ein Ausbruch, der scheinbar in zwei entgegengesetzte Richtungen führt: einmal ein Aufbruch zu sich selbst, zur eigenen Identität, zum anderen ein Aufbruch in die Geschichte des Christentums und Israels, um Elemente aufzuspüren, die lange Zeit zum Nachteil der Frau verdrängt und vergessen worden sind. Beide Richtungen werden zusammengeführt in der konkreten Erfahrung von Frauen in der Kirche.

Sybille Fritsch / Bärbel von Wartenberg-Potter (Hrsg.)
Die tägliche Erfindung der Zärtlichkeit

Gebete und Poesie von Frauen aus aller Welt. Bearbeitet und aus dem Englischen und Französischen übertragen von Sybille Fritsch. 128 Seiten. Originalausgabe. (GTB 489)

Diese Sammlung enthält eine Fülle unterschiedlichster Texte von Frauen aus vielen Teilen der Welt. Das Buch vermittelt in ökumenischer Vielfalt und auf bestimmte Lebenssituationen bezogen, wie Frauen beten, ihren Platz in der Kirche und in der Welt suchen, aber auch sich selbst und ihre Beziehung zum Mann zu verstehen sich bemühen.

Gütersloher Verlagshaus Gerd Mohn

GTB Siebenstern

Die Frau in Kirche und Gesellschaft

Elisabeth Moltmann-Wendel
Das Land, wo Milch und Honig fließt
Perspektiven einer feministischen Theologie. 2. Auflage. 205 Seiten mit
12 Fotos. Originalausgabe. (GTB 486)

Es ist faszinierend, wie vielschichtig christliche Tradition ist, wenn sie mit
den kritischen Augen einer Frau gesichtet wird. So versteht es Elisabeth
Moltmann-Wendel, aus ihrer Interpretation der biblischen Überlieferung
und der Geschichte der Kirche heraus Aussagen zu gewinnen, die das
christliche Erbe für die Selbstfindung der Frauen heute fruchtbar
machen.

Elisabeth Moltmann-Wendel
Ein eigener Mensch werden
Frauen um Jesus. 5. Auflage. 150 Seiten mit zahlreichen Fotos. Kt. Originalausgabe. (GTB 1006)

Die Frauen um Jesus waren anders. In ihrem Buch zeigt die bedeutend-
ste Frauenpublizistin des deutschen Protestantismus nicht die dienenden Marthas, die sündigen Magdalenas, die demütigen, im Verborgenen
wirkenden Frauen. Hinter den verstaubten Bildern der Theologie werden
Frauen sichtbar – redegewandte, selbständige, eigenwillige Frauen, die
Jesus aus traditionellen Rollen herausreißt und zu eigenen Menschen
macht. 18 fast unbekannte, meist mittelalterliche Bilder belegen diese
ursprüngliche, ungewohnte Frauentradition; Bilder von predigenden,
schönen, selbstbewußten Frauen. Ein mit Lesetexten, Kommentaren,
geschichtlichen Rückblenden didaktisch aufgearbeitetes Lese- und
Arbeitsbuch.

Rosemary R. Ruether
Sexismus und die Rede von Gott
Schritte zu einer anderen Theologie. Aus dem Englischen übertragen
von A. Eggers, J. Fraser, K. Willms, H. Wegener-Fueter und A.-M. Rath-
schlag-Schaefer. 330 Seiten. Deutsche Erstausgabe. (GTB 488)

Bislang bestand die feministische Theologie im wesentlichen aus Einzel-
untersuchungen, Kritiken und Denkanstößen. Es fehlte eine Arbeit, die
alle wesentlichen Impulse dieser neuen Art, von Gott zu reden, in einen
Zusammenhang bringt. Mit dieser Veröffentlichung legt die Autorin die
erste »Systematik« feministischer Theologie vor.

Gütersloher Verlagshaus Gerd Mohn

GTB Siebenstern

Die Frau in Kirche und Gesellschaft

Phyllis Trible
Mein Gott, warum hast du mich vergessen!
Frauenschicksale im Alten Testament. Aus dem Amerikanischen übersetzt von Marianne Reppekus. Mit einer Einführung von Helen Schüngel-Straumann. 176 Seiten. Deutsche Erstausgabe. (GTB 491)

In diesem Buch werden längst vergessene Texte des Alten Testaments neu zur Sprache gebracht. Erzählt werden die Schicksale von vier Frauengestalten aus dem alten Israel – Geschichten des Schreckens und der Brutalität, in denen die Frauen die leidvollen und gottverlassenen Opfer sind.

Susanne Kahl-Passoth (Hrsg.)
Was meinst Du dazu, Gott?
Gebete von Frauen. 78 Seiten. Originalausgabe. (GTB 485)

Wir sind seit einiger Zeit darauf aufmerksam geworden, wie stark Theologie und Frömmigkeit männlich geprägt sind und wie wenig in ihnen für weibliche Empfindungen Raum ist. Nicht nur im Reden von Gott, sondern vor allem zu ihm wollen sich Frauen ihrem Denken und Fühlen gemäß aussprechen können.

Diese Sammlung exemplarischer Gebete von Frauen ist sowohl eine Lebens- und Praxishilfe als auch ein Beispiel konkreten Glaubens. Sie will Frauen zu weiteren Texten anregen – aber auch den Blickwinkel männlicher Leser, nicht zuletzt in Pfarramt und Gemeindedienst, erweitern.

Carola Wolf (Hrsg.)
zum Beispiel: ich
Ein Lesebuch für Frauen. 122 Seiten. Originalausgabe. (GTB 1076)

Alle Beiträge dieses Bandes handeln von Frauen oder reden aus der Sicht der Frauen. Dennoch werden nicht ausschließlich und einseitig »Frauenthemen« behandelt. Die Geschichten und Gedichte sind Ausschnitte aus der Geschichte unseres Lebens heute und gestern, wie es, von Frauen oft stellvertretend und vielleicht besonders intensiv erlebt, erlitten, empfunden und durchdacht wird. Frauen vergewissern sich ihrer spezifischen Rolle, entdecken aber zugleich allgemeingültig die Konflikte, Aufgaben und Chancen menschlichen Lebens da, wo es sich besonders verdichtet: Ich und Du – Alte und Junge – Beruf und Familie – Krieg und Frieden – Tod und Leben sind die Brennpunkte, unter denen die Texte zusammengefaßt sind.

Gütersloher Verlagshaus Gerd Mohn

Elisabeth Kübler-Ross

Interviews mit Sterbenden

Aus dem Amerikanischen übersetzt von Ulla Leippe. 13. Auflage. 160 Seiten. (GTB 71)

»Die Autorin berichtet über eine neue und wichtige Möglichkeit, den Patienten als menschliches Wesen im Blickfeld zu behalten, ihn ins Gespräch zu ziehen und von ihm zu erfahren, wo die Vorzüge oder Schwächen unseres klinischen Systems liegen.»Die Interviews mit Sterbenden«sind eine hervorragende Hilfe, um diese Stadien zu erkennen und nicht bloß pauschal aufzufassen.

Verkündigung und Forschung

Leben bis wir Abschied nehmen

Mit 80 Fotos von Mal Warshaw und einem Beitrag von Paul Becker. Aus dem Amerikanischen übersetzt von Christa Reich. 176 Seiten. (GTB 955)

Dieser Band dokumentiert am Beispiel von vier sterbenden Patienten – darunter ein fünfjähriges Mädchen – die ungewöhnliche therapeutische Arbeit von Elisabeth Kübler-Ross. In Bild und Text wird hier auf einen Lernprozeß verwiesen, den Tod als einen Teil des Lebens anzunehmen und so in Würde und in Frieden zu sterben.

Reif werden zum Tode

Aus dem Amerikanischen übersetzt von Jens Fischer. 5. Auflage. 190 Seiten. (GTB 1023)

»Seit vielen Jahren findet Elisabeth Kübler-Ross weltweite Anerkennung durch ihre Forschung über Sterben und Tod. Ihre Beiträge sowie die Texte ihrer Mitautoren stellen gleichsam eine Nutzanwendung ihrer Forschungsarbeit über Todkranke dar. Übereinstimmend stellen alle Autoren das Sterben und den Tod wieder mitten in das Leben als Thema der Reifung zum Leben: Der Tod ist der Schlüssel zum Lebenstor.«

Deutsches Ärzteblatt

Verstehen, was Sterbende sagen wollen

Einführung in ihre symbolische Sprache. Aus dem Amerikanischen übersetzt von Susanne Schaup. 2. Aufl. 160 Seiten und 8 Kunstdrucktafeln. (GTB 952)

Schwerkranke und sterbende Menschen benutzen eine ganz besondere Sprache, um ihre innersten Wünsche und Sorgen auszudrücken. Es ist eine symbolische Sprache, die sich in Worten, in Gesten oder auch in spontanen Zeichnungen äußert. Elisabeth Kübler-Ross lehrt uns, diese Sprache zu verstehen.

Was können wir noch tun?

Antworten auf Fragen nach Sterben und Tod. Aus dem Amerikanischen übertragen von Ulla Leippe. 5. Auflage. 142 Seiten. (GTB 369)

Was können wir noch tun, wenn das Sterben umittelbar bevorsteht? Soll man dem Todkranken die Wahrheit sagen? Was antwortet man auf seine verzweifelte Frage: warum gerade ich? Soll man sein Leben künstlich verlängern? Welche Unterschiede bestehen zwischen dem plötzlichen Tod in jungen Jahren und dem Tod im hohen Alter? Soll man die eigenen Gefühle vor dem Sterbenden verbergen? Auf diese und ähnliche Fragen antwortet Elisabeth Kübler-Ross klar und konkret.

Gütersloher Verlagshaus Gerd Mohn